U0767464

此书系国家社科基金重大项目“岭南动植物农产史料集成汇考与综合研究”(16ZDA123)的阶段性成果。

民国农业调查报告辑刊

（广东卷·第一辑）

1

倪根金　陈志国　编

世界图书出版公司
广州·上海·西安·北京

图书在版编目（CIP）数据

民国农业调查报告辑刊（第一辑）/ 倪根金，陈志国编 . -- 广州：世界图书出版广东有限公司，2018.12
ISBN 978-7-5192-5364-6

Ⅰ . ①民… Ⅱ . ①倪…②陈… Ⅲ . ①地方农业经济－调查报告－广东－民国 Ⅳ . ① F329.65

中国版本图书馆 CIP 数据核字（2018）第 284943 号

书　　名　民国农业调查报告辑刊（第一辑）
　　　　　MINGUO NONGYE DIAOCHA BAOGAO JIKAN (DIYIJI)
编　　者　倪根金　陈志国
责任编辑　程　静
装帧设计　苏　婷
责任技编　刘上锦
出版发行　世界图书出版广东有限公司
地　　址　广州市新港西路大江冲 25 号
邮　　编　510300
电　　话　020-84451969　84453623　84184026　84459579
网　　址　http：//www.gdst.com.cn
邮　　箱　wpc_gdst@163.com
经　　销　各地新华书店
印　　刷　广州大洋图文数码快印有限公司
开　　本　787mm × 1092mm　1/16
印　　张　161.25
字　　数　2510 千字
版　　次　2018 年 12 月第 1 版　2018 年 12 月第 1 次印刷
国际书号　ISBN　978-7-5192-5364-6
定　　价　980.00 元（全 6 册）

咨询、投稿：020-84451258　gdstchj@126.com

民国广东农业的珍贵记录

——民国广东农业调查报告及其价值

农业调查在东、西方都有长久的历史。现代意义上的中国农业调查最早出现于晚清，是促进农业进步和近代学术发展的产物。进入民国时期，调查之风更盛，成为当时政府、社会和学者了解、认识中国农业，研究、推进中国农业的有效方法和手段。

一、民国广东农业调查的开展

广东自古以来就是我国对外贸易的重要口岸地、海上丝绸之路主要始发地、西学东渐的最早登陆地和交往地，也是中国近代高等农业教育和科研的重要诞生地。作为最早接受西方物质文明和科学文化的广东，早在清光绪时期，就自发地开展了粤地的农业调查，如以罗振玉提问、南海陈敬彭回答而撰成的《南海县西樵塘鱼调查问答》（1904），姚绍书撰写的《南海县蚕业调查报告》（1904），兴礼撰写的《潮州糖业调查概略》（1904），以及《广州府属茧业情形调查报告》（1904）、《鹤山农务之调查》（1910）等。如果再加上当时包含农业内容的实业调查报告，如祥林的《广东实业调查概略》（1904）、何炳修的《徐闻县实业调查概略》（1904）、赵天锡的《调查广州府新宁县实业情形报告》（1904）、许南英的《广东阳春县实业调查报告》（1904）、刘钰德的《粤闽南澳实业调查概略》（1904）等，数量则更多。可见，广东不仅是我国近代开展农业调查最早的省份之一和重要发源地，而且是当时进行农业调查次数最多的地方，它为民国农业调查积累了经验和树立了榜样。

进入民国时期，随着广东局势的稳定、农林建设事业的展开，以及高等农林教育的发展，加上20世纪二三十年代中国掀起的乡村调查热潮，据学者不完全统计，仅1925—1935年，对全国各地农村、农业的各种调查就不少于九千次。这些都为广东农业调查的开展提供了榜样、动力和环境。为何民国重视农业调查，是因为时人把进行农业调查视为研究、改良农业的根基。时任中山大学校长的国民党元老邹鲁在给邵尧年《番禺增城东莞中山糖业调查报告书》作的序中说“农业之有调查统计，固为国家施行农政之方针、亦为民众改良农业之根据。我国农业，因乏详细之调查，遂无精确之统计，以故国家欲谋奖进，均茫然无所凭藉”，因此需要开展农业调查，弥补不足。又中山大学农学院院长邓植仪在给《广东农业概况调查报告书续编下卷》所作的序言中也说“改良农业之道，大要有三：一曰研究，二曰教育，三曰推广。研究为最初之事功，教育乃推进之准备，推广为最终之目的，而此三者之取材，又均以带有地方性者为主要，然后乃能有裨于实用，而不致流于虚浮，故拟先行从事于本省农业概况之调查，以为研究、教育、推广三事进行之根据”。他们都道出了调查对农业建设的重要性和必要性。从收集到的广东农业调查报告发表时间来看，广东农业调查在民国初期就出现了，如 1913 年《农林公报》转刊的《粤汉铁路乐昌至坪石农业情形调查记》；1914 年《农林月报》第 1 卷第 1 期发表的黄冠的《中国砂糖之调查》；1916 年《广东农林月报》第 1 卷第 1 期发表的钟桃的《花县种烟草业调查记》、张石朋的《广东烟丝商况调查记》，第 3 期发表的周子佩的《莞属种蔗及榨糖之旧法》等。但有组织、大规模的农业调查则始于 1920 年夏由广东公立农业专门学校校长邓植仪主持的广东农业概况等调查。时任中山大学农学院负责人沈鹏飞教授在《广东农业概况调查报告书续编上卷》的序中指出："广东农业之有调查，始自 1920 年前农林试验场场长邓植仪先生建议于省署，在场内增设调查一科，从事蚕业糖业及农业概况之各种调查，以资研究农业者之参考，供改良农业上之根据，其意至善也。"其中在抗日战争爆发前的十余年里调查达到了高潮。当时主持广东农业调查的机构主要有两类：农业院校和农林管理机构。前者主要是中山大学和岭南大学，其中大都出自农学院，如当时国内最大的县级层面的广东农业概况调查就开始于广东公立农业专门学校、完成于中山大学农学院；又当时全国最早、最全的县级农业土壤调查是由中山大学主持的；1925 年出版的影响颇大的《南中国丝业调查报告书》是由岭南大学承担的。即使刚刚创办的仲恺农工学校亦组织教职员和学生走出校门，下乡调查蚕丝业的过去与现状。据余德富、刘信荣编著《仲恺学校简史（1927—1996）》记载：1929 年 3 月，杨邦杰、麦应端、陈颂硕、唐熙年、程树勋赴顺德大良、容奇、桂洲考察养蚕育种及参观丝厂；8 月，何品良、杨邦杰、关乾甫、崔瑛山、程树勋及蚕丝科两班学生赴顺德调查养蚕制丝，参观茧市、桑市及制种售种状况；同年冬，即将毕业的学生刘达诚等 6 人联合考察顺德蚕业，并分赴该县 17 家制丝厂调查，写成详细的调查报告书。1930 年 11 月，关乾甫、崔瑛山、程树勋率领蚕丝科丙班学生考察顺德水藤蚕丝业及丝厂工人生活状况。这些蚕丝业调查，不仅开阔了师生视野，了解了民情，积累和吸收了各方经验和教训，也给我们留下了不少宝贵的蚕丝业调查报告。后者主要是隶属广东省建设厅的农林局（或农林处）。这个主管农林建设工作的专门行政机构，为配合广东农林建设，也主持、推进了一系列农业调查。例如，1930 年起，开展了东江、韩江、琼崖、北江、南路水源林调查；1931 年 11 月，农林局局长侯过又建议调查广东省茶叶出产状况，要求各县就茶叶"名称、产地、气候、土壤、肥料、时期、制法、用费、价值、数量等项，先为详细之调查"（《调查本省茶叶出产状况》）；1932 年，农林局局长冯锐派陈梦士技师到"茂名、阳江、廉江等县，调查天蚕生产情形，并采集蚕茧以供研究"；1934 年，又开展全省各县荒地农地调查；1937 年初，农林局又组织人员对琼崖农林渔牧展开全面调查。上述所列仅为部分。此外，1920 年受政府派遣的彭程万、殷汝骊完成的《调查琼崖实业报告书》、1932 年广东省建设厅编印的《琼崖实业调查团报告书》和 1933 年《南路实业调查团报告书》，绝大部分内容都是大农业的调查。民间团体和个体也有不少调查成果问世，1934 年 1 月成立的以中山大学琼籍学生为主的琼崖农业研究会就开展了数次海南农业调查，并发表多项调查报告，如温文慧《儋县第三区稻作调查报告》（1935）、林缵春《海南岛之农产食粮调查》（1936）、林永昕《海南岛热带作物调查报告》（1937）等。此外，此时也有少量外国机构和学者参与了在广东的农业调查，如受聘于岭南大学的美籍教授高鲁甫著有《广东柑橘属植物调查报告》（1918）、受聘于中山大学林科的德籍教授芬次尔和阿善罗则分别撰写了《海南岛植物地理考察记》（1930）和《广宁县森林调查报告书》（1933）；而日本人对海南农业及资源的调查尤为"热心"，"台湾总督府外事部”和上海东亚同文书院是当时介入最多的两个机构，其中同文书院组织了 8 次对海南的调查，仅 1920 年时就有 6 人赴海口进行以农业、林业为中心的经济调查。平间惣三郎的《海南岛农产业调查》因被汉译而成为大家较熟悉的这一时期日本人的调查报告。

抗日战争时期，广东农业调查受到影响，但并未被战争打断，只是规模缩小了。调查者根据战时需要和条件许可进行了小而精的调查，其中有在 1940—1941 年《广东农业（战时）通讯》上发表的梁启桑的《云浮县天蚕丝业调查报告》、吴守一的《南雄县天蚕调查报告》、温世初等的《英德县天蚕调查报告》、王贵儒的《阳山县天蚕调查报告》等系列天蚕调查。在 1943 年《农贷消息》上发表的《南雄县农田水利调查》《大埔县农田水利调查》《新兴县农田水利调查》等 8 篇分县农田水利调查报告。此外，随着中山大学外迁云南澄江、粤北（农学院驻湖南宜章栗源堡），以农学院师生为主体的农业调查也扩展到省外，如谢申等人的《云南省澄江之土壤》（1940），陈赞弼、王振亚的毕业论文《澄江县西龙潭灌溉设备调查》（1939），吴鹏搏、卢蕴良的毕业论文《湖南衡山草市乡蚕丝业调查报告》（1941），莫少华的《曲江犁市附近土壤管理调查》（1941）等，成为战争时期的特殊产物。占领广东的日本人和汪伪政权在其控制区也做过不少农业调查，特别是海南农业调查，仅 1940—1941 年“台湾总督府殖产局”就组织了 4 次海南岛农林业调查，出版《海南岛の农作物》《海南岛の稻作》《海南岛畜产调查报告》等 16 种。整个日占期间，日本人对海南的各类农业调查不下 40 篇（部），其中宫坂梧朗的《海南岛食粮自给形态确立》（1942）、外务省通商局的《海南岛农业经济调查报告》都是颇为知名的农业调查报告。日军占领广东沿海平原地区，也进行过农业农村调查，如兴亚院广东派遣员事务所编的《广东“和平地区内”第一回农作物状况调查表》（1942）和《广东省农村调查报告》（1943），前者主要是有关番禺、增城、南海、顺德、东莞、三水、中山、新会等县的耕地、人口、水稻、其他粮食作物及水灾等情况的调查；后者则收录了日本人在东莞、南海、番禺、中山、增城、汕头等六地所做的农村现况调查报告 6 篇。汪伪广东政权也对控制的所谓“和平地区”进行了物产、耕地开发及水利调查。

抗战胜利后不久，内战又爆发，刚刚恢复正常的社会又因战争、学潮、金融危机变得动乱不堪。尽管如此，农业调查还是不绝如缕，其关注点，一是沦陷区农业损失和现状调查，如李柏年的毕业论文《战后广州乳业概况调查》（1946），黄永显、梁锦标、谭宝珠的毕业论文《广东省顺德战后蚕丝业调查报告书》（1946），龙定球、龙逊齐的毕业论文《顺德糖厂调查报告书》（1946），广东建设研究委员会的《广东顺德纱绸织造业调查报告》（1946）；二是一些农产的调查，如李梓儒的《广东省水稻品种调查》（1947）、卢善庆的毕业论文《湖南安化茶树品种之初步调查》（1947）、方国华的毕业论文《广东新会葵业概况》（1949）。在这一时期，政府组织的集体农业调查已十分少见，更多的是个体的，甚至是毕业论文形式。这反映出此时农业调查已如强弩之末。

民国时期参与广东农业调查的既有中国人，也有外国人；既有学者、大专院校学生，也有农林部门职员、商人等。在当时的社会经济条件下，进行农业调查是一件艰苦的差事，尽管广东尚属经济条件较好的省份。当时调查者常常面临交通落后、卫生疾病、语言习惯、被访者误会，特别是社会治安方面的困难，被偷、被劫偶有发生。广东土壤调查中就有因在调查中患病而丧生者。笔者在民国时期的广东档案中就不时见到中山大学、岭南大学相关负责人写给地方当政者要求保护调查者人身安全、协助调查的请求函件。从一些农业调查报告的后记和前言中，我们也往往感受到调查者的艰辛和不易。岭南农科大学园艺助理员郭华秀（1894—1924）是民国广东农业调查的佼佼者，也是病倒在调查风雨路上的调查员。这位广东农林讲习所的优秀毕业生，在其投身农业的十年里（包括在讲习所学习的两年），不畏路途险恶和兵匪横行，深入到盛产水果的广州近郊番禺、从化、增城，以及香山、新会、顺德、四会、高要等地，对广东主要水果荔枝、龙眼、柑橘、橄榄、柿、梨、黄皮、菠萝、桃、梅及其他农作物等的品种类型、资源分布、繁殖方法、管理措施、植保技术、用途及销售等情况进行深入调查。广州近郊萝岗是著名水果产区。他在读书期间访问过这里，1920 年再访此地，得荔枝品种 36 种；1922 年再访萝岗，得梅品 10 余种。在调查基础上，他还撰写了大量调查报告，仅发表于岭南农大杂志《农事月刊》第一、二卷的就有数十篇之多。因调查能力突出，被美国农业部聘为调查员，同时主管岭南农大园艺部的工作。可惜，他后来因劳累成疾，英年早逝。

二、民国广东农业调查报告的主要内容

民国时期，农业调查报告的内容十分丰富，而广东的调查报告更是这方面的典型代表和佼佼者。根据调查报告的对象、内容和调查范围，我们将其分为两大类，即综合类农业调查报告和专门类农业调查报告。

综合类农业调查报告是指全方位反映某一区域农业状况的调查。依据调查报告所涉及的地域大小而论，又可以分为三小类，即县域以上区域的调查、县域调查和县域以下区域调查。

县域以上区域的农业调查，是指县级以上，含广东全省范围或广东东部、南部等区域面积超过县域的全面农业概况的调查报告。此类报告最早可追溯到 1921 年张石朋的《广州农业调查》，之后有林缵春的《琼崖农村》（1935）、温文光的《东区十六县农业概况及其改进意见》（1936）、广东省建设厅农林局的《琼崖农林渔牧调查报告》（1937）等。不只中国人重视对海南农业的调查，日本为了入侵和占有海南，也对海南做了许多农业调查，形成平间惣三郎的《海南岛に於ける农业调查》（1929）、野口弥吉的《海南岛农业调查报告》（1940）、土谷正千代的《海南农业报告》（1940）、市原丰吉的《海南岛农业调查报告书》（1941）等多份海南全岛的调查报告。此类调查报告给人以全省或较大区域的整体性认识。

县域农业调查报告，以一县范围进行较深入的农业调查，是民国广东综合性农业调查报告的主体和核心。这类报告主要由 1920 年开始的广东各县农业概况的调查所构成，经过十几年众多中山大学农学院师生努力，最终于 1932 年完成全省 94 个县的农业概况调查，先后编撰出版了《广东农业概况调查报告书》《广东农业概况调查报告书续编上卷》和《广东农业概况调查报告书续编下卷》等三册厚重的成果。这三册书收录了广东每个县的地理位置、地势、气候、耕作状况、农民经济状况、作物、园艺、畜牧、森林、荒山荒地、特产及输出品、农村教育状况等逐项调查材料和提出的改进意见，内容全面，材料丰富，数据准确，所提建议或多或少都有针对性，有指导意义，是了解、研究一县农业具体数据和情况的最佳读本。其次，是抗战前由广东省政府组织完成的各县调查报告和一些零星的独立县级农业调查报告，前者一些县的调查报告中农业占有相当分量，如 1935 年陈允恭撰写的《宝安县调查报告》分位置、地势、气候、交通、耕地状况、水旱情形、耕作情形、农民经济状况、长短工价、农村教育状况、作物、果树、财政状况、县属各机关经费来源、

农村经济机关、公营及私营企业、自治、民众武力和教育状况等细目，当然其中不少材料是照抄《广东农业概况调查报告书》。但也有像游熙撰写的《梅县调查报告》起到补缺作用，如其详记的仙人草、沙田柚均为《广东农业概况调查报告书》所未载。后者如曾琢如的《清远农业调查记》，《农刊》所载阙名《中山县农业调查报告》，饶涤生、张任侠《大埔县农村经济概况调查》等。

县域以下区域的农业调查，是指有关县之下乡村级别的综合农业调查报告。这类调查报告的产生不少是个人行为，数量有限且分散，所见有《粤汉铁路乐昌至坪石农业情形调查记》（1913），谢廷文的《澄海蓬洲都农业调查》（1923），何振欧的《石正乡农业状况》（1924）、《香港新界农业调查》（1924），丁树农的《连瑶农林概况调查报告书》（1935）、《连县河西四和两乡农村概况调查简报》（1944）等。调查内容比较细致，如谢文包括蔬菜、作物、农品制造、经济状况、水牛黄牛、家禽等调查；又如《东莞县第一区周家村农家经济调查》中各项调查均有较全的统计数字，如“全村农作物耕种地面积”记录了水稻（早造、晚造）、甘蔗、芋头、花生、豆类、烟叶、蔬菜、果树、麦类等的种植面积和百分比；“水稻所占耕地及其平均收获量”记录了早造品种罗粘、六十日早、珍珠早、银粘和晚造品种白皮粘、黄皮粘、高脚粘、青眉的播种面积及平均产量。当然，有的以乡村社会经济调查形式呈现，如毕业论文《新会县东南角农村经济概况调查》《旧凤凰五凤康乐三村农村经济调查统计报告》《东莞员溪农村社会之调查研究》等。这些乡村调查在农业调查中占有一定分量。

专门类农业调查报告是指以某一方面为主的农业调查，门类众多，包罗万象。可以分为农业资源调查、物产调查、生产调查和其他四大类，每一大类又可细分为若干小类。

农业资源调查。所谓农业资源就是人们从事农业生产或农业经济活动所利用或可资利用的资源，包括农业自然资源和经济资源两大类，前者含农业生产可以利用的自然环境要素，如土地资源、水资源、气候资源和生物资源等；后者是指直接或间接对农业生产发挥作用的社会经济因素和社会生产成果，如农业人口数量与质量、农业技术装备等农业基础设施等。民国广东农业资源调查重点是农业自然资源调查，尤其以土壤和水源林调查著名。

广东土壤调查的核心是由中山大学农学院、广东土壤调查所完成的16册27个县的广东各县土壤调查报告，这个县数虽只占全省三分之一弱，但基本是广东农业强县、大县，如新会、中山、东莞、番禺、顺德、增城、曲江、梅县、高要、惠阳、花县等，代表了广东各地的土壤主要类型。每县土壤调查主要有4个层次的内容，即本县概况（位置、气候、交通、河流等）、土壤类别、农业生产状况和农业前途之希望。前者体现了很强的专业性，后者充满应用性和学术关怀，直接服务地方农业生产。如《广宁县土壤调查报告书》评论“广宁县属林业，最称发达……堪称为吾粤之森林模范县也！……且土层深厚者众，富保水力……在农业利用上而言，可称为上等之土壤！然乡民智识薄弱，固于习惯，不识利用地力，改植他种植物，以求较厚之利，致令肥美之土，不能尽其利，不亦可概者乎”。值得一提的还有广东省建设厅琼崖实业局编辑出版的《琼崖土壤调查报告书》（1934）、席连之的《广东南沙群岛土壤纪要》（1947）、陆发熹的《广东西沙群岛土壤及鸟粪磷矿》（1947）、赵畯田的《西沙群岛土壤及鸟粪调查》（1947）和余皓的《广州市之一部土壤调查之初步研究报告》（1932）等成果。前四文可弥补之前调查的地域之缺。

以水源林为核心的林业资源调查是民国广东农业资源调查的又一突出成果。广东省建设厅农林局于1930—1933年组织张福达、李觉、陈时森、王显智、许纬东等调研人员分批组队开展系统调查，并出版了东江水源林、韩江水源林、北江水源林、南路水源林、琼崖水源林等5份厚重的调查报告书和《滑水山森林调查报告书》，其中各水源林调查报告书内容大体包括地理环境（气候、地质、本流与支流）、农民生活状况、土砂之崩坏、森林及荒山之概况、森林植物之分布、木竹材之采伐利用、保安林编入区域、林业上今后之设施、结论和附录“调查日程”。这些报告详细调查了上述水源地区的森林状况、破坏程度，并提出了具体的保护措施和建议，强调应对洪涝灾害不仅要筑堤建坝治标，更要保护好中上游森林植被治本。此外，还有彭程万的《琼崖之森林》（1920），梁爱唐的《广东产重要竹类之调查》（1925），中山大学德籍教授阿善罗的《广东省广宁县森林调查报告》（1933），龙遇熙、陆裕光的《南海县森林调查》（1943），侯过的《粤赣边境水源山林之调查与刍议》（1946），严安的《海南岛林木概况及荒地调查》（1949）等。林业资源调查断断续续一直持续到1949年。

农业物产调查是专门类农业调查的大类，包罗万象，数量最多。按其调查对象可分为多类物产调查和单类物产调查，前者如郭华秀的《广东农产品调查记》（1919），彭程万、殷汝骊的《琼崖之农产》（1921），《广东民政公报》连载的《广东全省物产状况之调查》（1930），平间惣三郎的《海南岛农产业调查》（1935—1936），《广宁县物产调查》（1937），《蕉岭第三区农产调查》（1940），寺林清一郎的《海南岛の农作物调查报告》（1942）等。后者数量多，又可下分为粮食作物、经济作物、园艺作物、蚕丝、蔗茶、畜禽、水产等调查。

广东粮食作物调查自然以广东主打作物水稻为主，如林缵春的《海南岛之农产食粮调查》（1936）、李梓儒的《广东省水稻品种调查》（1947）、林永炘的《琼崖水陆稻调查报告书》（1937）、日本“台湾总督府殖产局”海南岛农林业调查团的《海南岛の稻作》（1941）、谢豪的《新会县优良稻种分布调查报告书》、李树清的《高州之稻作》（1948）等。此外，其他粮食作物也或多或少有人关注，如朱耀廷的《调查马铃薯之种法》（1925）、凌化育的《平远甘薯栽培概况》（1925）、杨家义的《广东阳山县玉蜀黍之调查》（1948）、陆觐成的《鹤山县罗汉芋调查报告》（1936）等。调查内容包括品种、分布和种植。

经济作物包罗甚广，根据广东农业区域特点和调查报告状况，我们这里主要将油料作物、饮料作物、嗜好作物、药用作物、热带作物划入。广东地处热带、亚热带，热带作物丰富且具特色，故这方面的调查报告也抢眼，如林永昕的《海南岛热带作物调查报告》（1937）、龙云徒的《琼崖椰子业调查》（1923）、叶少杰的《琼崖树胶之调查》（1937）、宋德荃的《海南岛椰子之调查》（1937）、《西路树胶黄麻调查报告书》（1933）、洪运霖的《琼崖菠萝咖啡园的考察》（1935）等多篇。广东是当时重要的烟叶产地，有关调研报告不下10篇，如张世雄的《花县种烟草业调查记》（1917）、《广东土产烟业之调查》（1926）、《南雄县烟叶概况调查》、《南雄烟业产销概况》、陈少农的《鹤山烟草栽培之调查》（1926）、陆觐成的《鹤山罗汉烟调查报告》（1937），主要集中在南雄黄烟和鹤山红烟调查上。广东各地席草调查也颇受重视，有谢申的《连滩席草调查》（1928）、蔡鹤龄的《雷州蒲包业之调查》（1926）、劭尧年的《雷州特产蒲草之栽培》（1928）、《高要县蒲包席生产调查》（1937）、王廷昌的《东莞碱水草栽培法》（1922）等。此外，广东许多特色鲜明的经济作物也有调查，如方锡皋的《广东新会县葵业调查》（1937）、张福达的《东莞女儿香之调查》（1931）、杜衡的《调查化州特产之橘红报告》（1933）等。而油料作物调查有谢申的《电白花生状况之调查》（1925）、林彦廷的《琼崖花生油业概况及其改良方法》（1934）。

园艺作物调查。广东果蔬卉品种繁多，特别是在果业方面培育了众多岭南佳果。民国时期农界着力最多的是柑橘改良，因而调查报告也占了园艺作物调查之半，超过 20 篇，代表性成果有温文光的《广东省柑橘类调查》（1935）、江秩等的《汕头附近柑橘栽培法之考察及改良之建议》（1934）、郭华秀的《四会县柑橘类调查记》（1918）、郭英材的《潮州柑之调查》（1935）、欧文炎的《化州之柑橘》（1943）、陆松侯的《广东番禺县柑橘调查》（1937）、孔宪乾的《橙业之经济状况调查》（1923）等。挂绿是最负盛名的荔枝品种，民国时仅郭华秀撰写的调查报告就有《一九二十年荔枝调查记》（1920）和《增城挂绿荔枝》（1922）两份。其他果类调查还有汉儒的《淡水沙梨状况之调查》（1924）、郑凤桐的《花地杨桃调查记》（1924）、友圃的《增城县之乌榄业》（1918）、莫古礼的《广东柿类之调查》（1927）、赵荫亭的《广州附近李之品种调查》（1938）、莫文鑫的《益智之调查》（1923）等多种。蔬菜方面所见有覃翰的《开平县沙罔乡大蒜之调查》（1934）、覃武康的《调查草菇记》（1926）、钟宝群的《广州近郊几种蔬菜之栽培方法及单位面积产品之调查》（1950）等。花卉方面所见不多，主要有友圃的《玫瑰业之调查》（1918）和《广东玫瑰业之调查》（1927）等。

蚕丝调查。民国时期是广东蚕丝业由盛转衰的重要时期。为复兴蚕丝业，广东省农林部门、农业院校积极组织相关人员，对各地的蚕桑事业进行实地调查，留下了 50 篇（部）以上的蚕丝业调查报告。综合性的调查有刘伯渊的《广东省蚕业调查报告书》（1922），考活、布士维的《南中国丝业调查报告书》（1925，又译《华南蚕丝业之调查》），邝嵩龄的《南顺各属蚕丝业调查报告》（1936），吴至勋的《合浦蚕业情况调查报告》（1936），邓浩存等的《广东省西江各县蚕丝业》（1942）等 10 多种。调查地域主要集中在南海、顺德主产区。专题性的调查可细分为桑业、蚕业、丝业和生丝贸易等 4 小类，谭自昌的《顺属容桂及大良桑业调查》（1929），沈会儒的《顺香两县各蚕桑区肥料调查报告书》（1925），桂应祥、杨邦杰的《广东蚕及蚕业之初步考察》（1932），陈梦士的《天蚕调查报告》（1932），李威士的《广东缫丝厂调查》（1927），钟斐的《广东顺德纱绸织造业调查报告》（1946），李泰初的《广东丝业贸易概况》（1930），邓植仪的《广东生丝外销调查报告书》（1936），都是各小类调查报告的典型代表，其执笔者不少也是广东农学界佼佼者，如邓植仪、考活、桂应祥、杨邦杰、刘伯渊、邝嵩龄等。

蔗茶调查。蔗糖是民国广东与稻作、蚕桑齐名的产业，陈济棠统治时期为改变蔗糖业衰败的状况掀起了轰轰烈烈的糖业振兴运动并取得良好效果，民国时期广东至少产生了 30 篇以上的蔗糖调查报告。按调查内容大致可分为各地蔗糖业、蔗作技术和糖业生产调查等几类。各地蔗糖业是调查的主体，邵尧年的《番禺增城东莞中山糖业调查报告书》（1925），翟念浦的《粤省新旧糖业调查报告》（1934），董国源的《广东中山县蔗糖农业之调查及我见》（1936），黄建想的《广东蔗糖业调查与研究》（1937），谢铭思、谭子擎的《英德曲江两县蔗糖业之调查》（1940），梁省东的《乐昌县蔗糖业调查》（1941），平尾新三郎的《海南岛糖业调查报告》（1944）等，都是这类调查的代表，其中邵尧年的调查最早，影响较大。蔗作技术调查也是调查重点，主要调查有谢申的《电白甘蔗状况之调查》（1924）、孔昭芹的《中山潭州蔗之调查》（1928）、邝立民的《阳山县甘蔗栽培调查报告》（1945）、谢珍彩的《甘蔗品种性状调查之研究》等。糖业生产调查，如余蔚英、罗仲权的《广东乐昌县片糖制造法之调查》（1942），李锦波的《广州区甘蔗制糖方法之调查及研究》（1947），龙定球、龙逊齐的《顺德糖厂调查报告书》（1946）等。茶叶调查虽不及前者，但也有一些，如梁光商的《从化民福茶园考察记》，陈兴琰的《广东鹤山之茶业》（1936），罗溥鍒、庞孔文的《清远茶叶调查报告书》（1940）等。

水产调查最早可追溯到1916年的《广东省合浦县渔业调查录》，抗战前十年达到调查高峰。全省调查有《广东渔业情形调查报告》（1929）、《广东淡水鱼调查报告》（1944），其他类调查有陈椿寿的《广东西江鱼苗第一次调查报告》（1930），梁端始的《阳江水产业调查报告三则》（1930），丘东珲、邹伦珍的《澳头港渔业调查报告和要说的几句话》（1930）、《调查合浦县之珍珠报告》(1933)，陈同白、陈椿寿的《广东中山县养蚝业调查报告》（1934），农林部广海区海洋渔业督导处的《海南岛之渔业调查》（1947）。特别是1933年《广东省政府建设厅建设月刊》刊载了10篇本省调查报告，内有林书颜的《西江鱼苗调查报告书》、程鉴冰的《珠江口渔具之调查》、林万照的《潮阳县海门渔业之调查》、李实翰的《汕尾渔业调查报告书》、郑宗涵的《中山县湾仔及澳门渔业之调查》、陈炽庭的《广州城鲜鱼业概况》、曾广清的《东莞县沙井蠔业调查》、鲍应中的《潮汕渔业区水产制造之调查》、曾志澄的《潮汕渔业区泋洲之调查报告》和鲍应中的《广东省南路十一县渔盐调查报告书》，可见调查范围和地域都十分广泛。日本人对海南水产也有不少调查，仅《海南岛近海产鱼类调查报告》就有中村广司（1940）和原田五十吉（1943）两种。

相比上面几类调查，畜禽调查数量略显单薄。主要有卢日祥的《三水四会牧牛之调查》（1918），黄启元的《广州市乳业概况》（1931），罗清生、温燿文的《琼崖畜牧兽病调查报告》（1932），霍藻尧的《广州养鸡事业之调查》（1938），加藤浩的《海南岛の畜产调查报告》（1942），李柏年的《战后广州乳业概况调查》（1946），邓文玉的《饲料影响广州土鸡产卵能力之初步调查》（1948）等10来篇。

农业生产调查主要是指生产环节及相关环境的调查，具体包括耕种技术、农业灾害、农田水利和副业生产等领域。

耕种技术是农业生产的重要方面，涉及对作物生长的认识、耕作方法、施肥等内容。具体有丁颖的《水稻开花之调查》（1928）和《水稻灌溉水调查报告》（1929）、姚碧澄的《平远农民种稻之概况》（1933）、麦冠华的《儋县中部及北部水稻耕作法》（1935）、钟崇庆的《梅县水稻耕作法调查报告》（1936）、周东铨的《广东冬种概况调查报告》（1946）、朱德琳的《糖试所海南岛琼山甘蔗交配场甘蔗生育及开花调查报告》（1947）。另叶浩秀的《梅县耕稼的状况》（1933）、梁光商的《东莞沙田农业考察报告》（1934）、黎献仁的《惠阳军垦区之调查》（1934）、叶浩秀的《梅县耕稼的状况》，也属于这方面的调查。此外，朱庭祜的《西沙群岛鸟粪》（1928）、丁颖的《西沙群岛磷矿调查实录》（1929）、苏旭光的《广东化学肥料营养施用概况调查报告书》（1933）、刘远嵘的《北江区曲江仁化南雄始与翁源等县施肥情况概述》等，都是涉及肥料和施肥法的调查。

农业灾害主要指影响农业生产正常进行和对农作物收成起破坏作用的自然灾害。民国这方面的调查报告也有一些，主要集中在作物病虫害调查方面，如韩旅尘的《广州附近经济植物病害调查录》（1927），涂治的《广东经济植物病害调查》（1932），贺辅民的《广东省高雷各属昆虫调查初步报告》（1933），赵善欢的《广东虫害初步调查报告书》（1934），谢其炳的《广东翁源县害虫初步调查报告》（1934），刘调化的《治虫土药调查报告》（1934），谢其炳、胡少波的《民廿四年广东省清远县暨各地晚造水稻剃枝虫调查报告》（1936），赵善欢、林世平的《我国西南各省杀虫植物调查报告》（1942）。其中柑橘病虫害调查是重点，所见主要有黄启元的《从化县天牛为害柑橘类损失调查》（1936）、广州商品检验局植物病虫害检验组的《广东番禺县柑橘主要病虫害发生状况之调查》（1937年）、陈其傑的《潮柑黄龙病研究报告》（1-2）、郑天熙的《乐昌柑橘属病虫害之调查及其防治法之初步实验》（1941）等。此外，畜病、水灾等方面也有少量调查报告，如韩江治河处的《查勘韩江水患报告书》（1922）、林健滋的《民国三十六年广东水灾影响稻作减收之调查》（1948）、血清制造所的《虎门太平一带牛瘟调查报告》（1932）、罗清生的《[南路]畜牧兽病调查报告》（1933）、山本正笃的《海南岛家畜寄生虫调查报告》（1944）、李景星的《仓库害虫调查》（1941）、韩觉伟的《中山新会风灾水患调查报告书》（1944）、谢其炳等的《英德县受灾农村调查报告书》（1940）等。

农田水利。在多雨酷热和台风众多的广东，兴修水利是农业发展的基础和保障。民国广东这方面的调查报告主要有邓植仪的《视察开平县九冈坪洞水利报告》（1931），李炳芬的《南路水利调查报告》（1933），《粤省南路及西江沿岸各县农田水利查勘报告》（1942），粟宗义的《海南岛水利建设调查报告》（1947），梁沃瀛、宗志芳的《广东南路盐田水利查勘概况》（1948），《农贷消息》1943年第9—10期分载的南雄、大埔、新兴、高明、平远、合浦、茂名、化县的农田水利调查报告，以及汪伪政权刊物《经济月刊》在1943年和1944年陆续刊发的《广东和平地区耕地开发及水利事业调查报告书》。

副业生产调查，也是农家重要农作和收入来源。这类调查也有一些，如卢金炎的《香港九龙竹园村腐竹制造之调查》（1924），黄昌贤的《番茄加工制造调查》（1933），刘东初的《广东之粳米造酒调查》（1933），何家俊、杜衡的《调查梅菉博茂村之榨油报告》（1933），《调查防城县东兴那良出产之桂心及八角报告》（1933），李展奇的《河源县之松香业》（1923），《调查信宜县之松脂及制蓝报告》（1933），《河源县之草菇业》（1923），覃武康《调查草菇记》（1926），《广东土制纸料之调查》（1927），《调查信宜县德亮区金洞水涧村之纸业报告》（1933），《调查茂名县马坑村之皮纸报告》（1933），《南雄县土纸概况调查》等。其中乡村土纸生产调查相对多一些。

其他调查。民国广东还有些跟农业相关的调查报告，如农产贸易、农家经济和异地调查，不便归入前面几类，姑且纳入“其他”这一类。

农产贸易是农业生产的重要一环，这方面的调查报告必不可少。所见有陈同白的《日本水产品输入广州状况》（1932），《广州米行储存谷米之调查》（1934），邹定纯的《始兴县农产运销情形》（1941），中山大学经济调查处的《坪石米市状况》（1943），黄绍英的《广州沙基米市概况》（1946），方烨坤的《广州市麦粉事业之调查》（1946），郑以明的《广东茶叶产销概况》（1944），畜牧兽医股的《广州市畜产品调查报告》（1931），方其光的《年半来（民国二十六年至二十七年四月）广州市肉用牛之调查》（1938），梁定蜀的《广州市糖糠面及化学肥料之调查报告》（1923），莫朝英、郭佩玉的《番禺河南敦和市蔬菜调查记》（1924），《广东澄海县物产状况及行销情形调查表》（1929），《广东万宁县物产状况及行销情形调查表》（1930）等。其中调查的重点在米粮。

农家调查。农民是农业生产的主体，有关其生存状况的调查也有不少，如刘禹轮的《各地农民状况调查——大埔》（1927），汤擎民的《连县东陂的农民生活》（1940），伍锐麟的《广州市河南岛下渡村七十六家调查》（1941），陈汝廷的《粤北罗定农民的生活》（1942），《东莞县第一区周家村农家经济调查》（1943），魏双凤的《梅县揩阳乡103户农家经济调查研究》（1946），夏新民的《湖南攸县农民生活调查》（1949）。租佃制关系到农家负担，故受到时人重视，调查报告有《广东农佃情形》（1926）、《东莞县农业情形及租佃关系调查报告书》（1929）、赵承信的《广东新会慈溪土地分配调查》（1931）、黄毅刚的《广东的一种永佃制——“粪质田”制》（1934）、刘禹轮的《广东大埔佃农状况》（1935）、黄业锦的《饶平农佃概况》（1935）、田舒的《潮州的佃农》（1937）。以渔农或农猎为生的疍民和瑶民也有重要调查报告，如陈序经、伍锐麟的《沙南疍民调查报告》（1934），伍锐麟的《三水河口疍民生活状况之调查》（1936）、《三水疍民调查》（1948）和王启澍的《粤北乳源瑶人的经济生活》（1943）等。

异地调查。民国时期广东一些政府部门、院校和个人还对广东省以外的区域进行农业相关的调查，留下不少珍贵报告，也是广东农业调查报告的一个重要组成部分。根据地域关系，可分成省外和国外两小类。

省外农业调查。此类调查有应当地政府邀请而展开的，但更多是抗战中广东高校辗转外省办学时，根据当时条件和需要，就地取材，服务地方而进行的农业调查。前者有邓植仪应湖南省人民政府而做的《视察南岳及沿途农林概括报告》（1936）、谢申等接受国防任务完成的《滇缅公路昆明至保山段土壤概况》（1942）等调查报告。后者数量较多，内容丰富，如侯过的《台湾产业视察报告》（1929），谢申的《云南省澄江之土壤》（1941），余蔚英、罗仲权的《云南红糖制造法》（1942）；但更多的调查报告是以毕业论文方式呈现，如龙尚武的《澄江桑树之调查》（1939），赵春玲的《澄江县城五百三十五家农田之调查》（1939），李振邦、张嘉寿的《澄江县东龙潭灌溉设备调查》，丁正云的《湖南宜章县之农佃制度》（1942），凌绍淦的《湖南宜章县长乐乡土壤调查》（1942），黄悦和的《成都蔬菜供应时间之调查及其温床栽培方法之关系》（1946），黄家章的《江西雩都蔗糖业调查》（1948）等。而后两者可能是家乡调查。

国外农业调查。他山之石，可以攻玉。广东省人民政府和高校教师还十分重视向国外先进农业学习，数次派遣考察团或利用出国机会，考察调研国外先进农业技术、管理制度和教育方法，留下一些调查报告，如刘土木的《瓜哇种茶之调查》（1917），沈会儒的《檀香山之农业》（1921），黄干桥的《日本农业教育考察谈》（1924），李泰初的《日本丝业之状况》（1928），黎献仁的《菲律宾糖业考察记》（1934），邓植仪的《出席国际土壤学大会既沿途考察农业与农业教育概况报告书》（1935），梁光商、黎献仁的《国立中山大学东亚农业考察团报告书》，郑天熙的《美国柑橘区域考察记》等。考察地域不限东亚、东南亚，还远达欧美。

上述介绍可见民国时期形成的广东农业调查报告内容十分丰富，涉及的领域和层面也很广泛，真实、全面地记载和反映了民国时期广东农业历史状况及发展变迁的过程。

三、民国广东农业调查报告的特色与价值

在民国众多的各类调查中，广东农业调查报告是一道美丽的风景线。与国内其他区域的农业调查报告相比，广东有共同点，也有不少自身的特点。归纳起来，下列几点特色较为鲜明。

第一，调查地域广泛。就目前所见的调查报告来看，省内调查所覆盖的地域范围，东到饶平、大埔；西到与越南交界的钦州；北到乐昌、南雄；南到西沙、南沙群岛，涵盖了当时广东省的全部县市，这在其他省是罕有的。有的还是当地首次调查，如 1947 年南沙群岛的土壤调查。省外调查主要集中在云南、湖南，数量上比不过南京高校的跨省调查，

但在国内各省中排位仍居于前列。国外调查涉及欧美、东亚和东南亚，在各省中也较为突出。

第二，调查持续不断。广东农业调查最早可以追溯到清末，民国初期，调查继续，并在20世纪二三十年代达到调查高峰，以后虽经抗日战争、国内战争之影响，但仍不绝如缕，一直迟续到1949年。其间调查不断，成果层出不穷，如蚕丝调查、海南农业调查更是数量众多。农业调查的延续性和长久性在全国各省中较为突出。

第三，调查内容丰富。几乎涵盖了农林牧副渔的各个领域，既有《广东农业概括调查报告书》这样综合性的农业调查，层面从全省到乡村；又有分类的专门调查，涉及森林植被、土壤肥料、各类物产、蚕丝蔗糖、畜禽水产、种养技术、农业灾害、农田水利、农品贸易等领域，甚至小到香港一个村腐竹制作的调查和东莞县沙井一地的蠔业调查。调查对象的丰富性超过满铁调查，在国内各省农业调查中也居前列。

第四，调查专业性鲜明。对比阅读和检索到的民国时期各省农业调查报告，不难发现它们的热点在农村社会、农家经济和乡村习俗等。民国广东农业调查虽也有这方面的调查报告，但它的核心和主体是分县农业概况调查、分县土壤调查、分区水源林调查、产地天蚕调查，以及像潮柑黄龙病调查、西南各省杀虫植物调查那样专业性极强的农业调查报告。其中有些调查报告产生早、成体系、影响大，有的还是唯一的。专业性强是民国广东农业调查报告的又一突出特点。

第五，调查紧密联系生产。农业是实用科学，认真阅读民国广东农业调查报告的前言后语，可以看到大多数调查都是为了解决生产问题、促进农业生产发展而开展的。如蚕丝报告，从早期刘伯渊、考活，到中期邓植仪、叶超、邓浩存，再到晚期张之煌、韩惠卿，完成的调查报告都是为了解决生产上存在的问题。即使西沙、南沙群岛调查也是为了促进开发和维护权益而展开的。而民国广东农业两大主打产业蚕丝、蔗糖调查报告数量最多是又一佐证。此外，我们在分县农业概况、土壤、水源林等成体系的调查报告书上都可看到有“改进意见”“农业前途之希望”“林业上今后之设施”等应对策略一环，显示以生产为导向的宗旨十分明确。

第六，农科学生参与突出。目前收集到的民国广东农业调查报告数百篇（部），绝大多数以出版发行的书、论文的形式存在，但也有少量以手稿、政府档案和学生毕业论文形式出现。其中以农业调查为选题作为毕业论文的，仅中山大学、岭南大学、海南大学、仲恺农工学校里遗留下来的，数量合计就有数十份，有的质量还很高，如中山大学农学院学生林缵春深入海南各县实地考察，撰写《琼崖农村》一书，受到专家、学者好评，由此完成的毕业论文荣获中山大学金质奖章。我们在其他农业调查报告中也不时看到农科、法科学生的身影。毕业论文在民国广东农业调查报告中占有一些分量。就我们目前所见，这种现象在国内其他省份中也不多见。

史料是史学的基础。民国广东农业调查报告的发掘、整理和利用对民国广东农业历史的研究和学科发展至关重要，是我们研究民国广东农业历史的珍贵原始文献，在许多研究方面具有不可替代的作用。下面，例举两则说明之。对于淡水沙梨，这个让霍英东念念不忘，在民谣、戏曲中与石硖龙眼、南华李并称的广东著名水果，当今许多广东人已不知是何物，即使在产地，有的年轻人还视之为传说之物。考其史实，方志、史书记载简单、零散，倒是元和的《惠阳县莲塘浦沙梨调查记》（1917）、叶汉儒的《淡水沙梨状况之调查》（1924）和曾壮图的《淡水沙梨》（1948）等三篇民国调查报告提供了较翔实和全面的史料，特别是曾氏的岭南大学本科毕业论文，通过深入产地亲自调查，参考前人论述，分别从栽培历史及现状、生态及性状、气候、地势及土壤、品种、栽培方法、病虫害、装桶及运销、贮藏及加工等方面对淡水沙梨作了全面介绍，且图文并茂，所配图片形象地展示了产地种植盛况和品种外观特征。如果没有这些调查报告，我们对淡水沙梨的知识就不会比 19 世纪中叶吴其濬《植物名实图考》的记载增加多少。又比如广东天蚕调查。天蚕是野蚕中价值最高的一种，是鱼钩丝和手术缝线的最佳原料，被誉为“绿色金子”“丝中女王”。过去历史上记载很少。20 世纪 80 年代初，东北宁安发现天蚕并由新华社《半月谈》刊发了天蚕照片，引起国内外的关注。此后，国内许多研究介绍天蚕的论文追溯天蚕历史时往往会引用《旧唐书》、100 年前东北日本人报告书和广西、湖南等省的记载，以反映中国对天蚕的认识和利用历史。然而这些研究都没有提及民国广东的天蚕调查、利用和研究。其实，清初《广东新语》对天蚕就有明确记载。民国时广东省人民政府曾先后组织了专门的天蚕调查和研究，留下了陈梦士的《天蚕调查报告》等数份天蚕调查报告，另一些地方农业概况调查和林业调查中也有不少天蚕的记载。这些报告记录了广东天蚕的认识历史、产地分布、放养技术、贸易路线等，显示了民国时期广东在天蚕认识、利用和研究方面，不管是规模还是水平均走在全国的前列。故广东这些民国天蚕调查报告可以弥补天蚕学术史研究的缺失，丰富我国蚕桑历史的内容。对于民国广东农业调查报告的价值，早在 90 多年前，岭南大学农科的开启者、美籍教授高鲁甫就对调查员郭华秀的农业调查工作予以高度评价，在《郭华秀先生行述》中认为郭氏“卷帙盈箧”的调查资料“将来对广东及全世界，必有重大之贡献”。中山大学刘志伟教授高度评价民国广东农业调查报告，认为其学术价值不亚于同时代的满铁调查资料。的确，两者各有偏重和特点，广东这些调查报告更偏重农业和技术，甚至当时就受到日本人的重视，参考、翻译和出版，如 1943 年日本人出版的《广东省农村调查资料》主要是翻译广东学者的调查，有《南海县农业概况调查报告》《增城县农业概况调查报告》《旧凤凰村调查报告》等。另为日本人翻译的调查报告还有林缵春的《海南岛之农产食粮调查》等。需要说明的是，尽管民国广东农业调查报告十分珍贵，对我们的研究很有价值，但它也存在问题，如有些记载缺漏、有的数据不准、文章观点错误等，这些都需要我们在利用时注意、勘误。

近年来，晚清民国各类调查报告越来越受到人们的重视，被收集、整理、出版，其中涉农的，在国内除日本人的满铁调查资料以《满铁农村调查》《满铁调查报告》为名分类整理出版外，还有《近代农业调查资料》《民国铁路沿线经济调查报告汇编》《豫鄂皖赣四省农村经济调查报告》《民国时期经济调查资料汇编》和《民国时期社会调查资料汇编》等。这些汇编收录了众多有价值的各类调查，然而相对于民国时期浩如烟海的调查资料而言，仍属冰山一角。特别在农业调查方面（《近代农业调查资料》除外），收录更有限，分摊到各省，数量又更加少得可怜。即使专门的《近代农业调查资料》收录也不全且不平衡，广东收录有 17 种，不及实际数的二十分之一，广东邻居、民国农业调查做得比较多的模范省广西则 1 份未收，这固然有篇幅限制的原因。鉴于此，我们希望做一个更大规模、更系统的民国农业调查报告辑刊，建立一个民国农业资料库，现在推出的广东卷就是这一工作的尝试。

倪根金

2018 年秋

目　录

综合编·甲　县域以上调查

综合编·乙　县域调查

综合编·丙 县域以下调查

县域以上调查

综合编·甲

廣東農業概況

葉向陽

廣東爲我國最南部之區域，屬亞熱帶範圍，總面積凡625,000方里，北至25°N，南至18°N，東至117°E，西至107°E，該省農業情形，可由其所在之經緯度，測知大略，然欲悉其底蘊，則非從事實際調查不可，以下所述，乃廣東農業之實况，兹爲節省篇幅起見，祇述梗概，以見一班。

1、土壤及肥料：—— 該省之農作物栽培面積，共計37,265,961畝，全省土壤，均呈酸性，南部土質較肥，酸性尤強，農民多施石灰，藉以中和酸性，使之變弱；故有機物之分解，異常迅速，致土質劣化(Deterioration)，缺乏腐植質而呈灰白色，各地土質，優劣不一，以粘性者居多，農田肥料，以天然肥料爲主，人造肥料，用者尚少，天然肥料，種類甚多，通常用者，凡三十餘，而以人糞尿爲最普遍，石膏及亞麻餅(Linseed cake)，僅有一二縣用之，下表爲常用之天然肥料及每百斤之價格：

人糞尿	0.20元
厩肥(各種家畜排洩物)	0.1—0.2元
牛骨灰及牛骨粉	6.00—10.00元
石膏	0.8—1.40元
石灰	1.00元
烟草末烟草幹	3.0—5.50元
烟子餅	5.0—6.50元
菜子餅	5.0—6.00元
豆餅	6.0—7.00元
茶油餅	4.0—4.80元
花生餅	8.0—9.00元
草木灰	0.4—0.80元
廢物殘屑(Garbage)	0.6-0.80元
其他	——

2.溫度及雨量：—— 廣東氣候，純係海洋性，冬溫夏熱，不見霜雪，故一年四季，皆適於作物之生長，夏季平均溫度，在85°F左右，冬季在60°F左右，晝夜溫度，相差極微，全年平均雨量約70吋，在春夏雨季降落者達50吋，空氣常保持潤濕狀態，故廣東之氣候，對於該省農作物之生長，實有莫大之裨益，若甘蔗與水稻，皆好高溫多濕之氣候，故二者在該省之產額，俱佔全國第一位，其他若柑橘，香蕉，荔枝，波羅蜜諸果品，亦馳名海內，兹將廣州之溫度及雨量記錄列表於下，藉資參證：

廣州温度及雨量表（温度以華氏表計，雨量以吋計）

月份	1	2	3	4	5	6	7	8	9	10	11	12
温度	52	52	64	64.9	78.1	82	84.9	84.9	82	73.9	71.1	61
雨量	2.0	3.0	3.0	6.2	10.1	10.6	10.8	11.3	5.4	2.5	1.8	1.4

3.農作物：—— 欲觀一地農業之興衰，祇需考查該地所產農作物之種類及產額，即可瞭然，廣東爲我國南部主要農產區域，其農作物之多寡及種類，足以影響全國，故不可不加以注意，廣東之主要農產品，爲稻，甘蔗，花生，馬鈴薯，小麥，大豆，水果，及蔬菜等，大麻，苧麻，玉蜀黍，藍，茶，番薯，稿，棗，芝麻，產額亦不少，玆分述於次：

A.稻——稻田面積約51,871,000畝，每年產量約14,885,000,000斤，爲全國之冠，分水稻（Lowland）及陸稻（Highland）二大類，水稻爲主，所佔面積亦最廣，陸稻生長於高地，用直播法，無須移栽，需水量亦不多，稻因收獲時期之遲早不同，分爲早中晚三類，其播種期，移栽期，收穫期，均各異；如下表：

	陸稻			水稻		
	早	中	晚	早	中	晚
播種期	三月	三四月	四月	二月至四月	四月	四月至六月
移栽期	——	——	——	四月	五月	六月至八月
收穫期	六月	六七月	七月下旬	六七月	八月至十月	八月至十二月

水稻全省遍栽之，以饒平，博羅，吳川，陽江，諸縣所產爲多。栽陸稻者，祇十四縣，即新會，茂名，化縣，海康，平遠，大埔，和平，恩平，高明，曲江，鬱山，陽江，惠陽，德慶，用於稻田之肥料，以人糞尿爲主，玆將各種肥料之施用量，列表於下：

肥料	每畝施用斤數
人糞尿	600—1500斤
石灰	70—1000斤
牛骨灰	50 — 100斤
介殼粉	30— 100斤
廢物殘屑	1000—1500斤
豆餅	100斤

石膏 15斤

亞麻餅 60斤

B.甘蔗——廣東土質肥沃，雨量充足，純爲亞熱帶氣候，栽培甘蔗，極爲相宜，全省栽培面積約674,000畝，產量約1,222,000,000斤，亦爲全國之冠，著名品種，凡二十餘，而栽培方法，則各地相仿，先選成熟之甘蔗，切成小段，每段長四五寸，各帶莖節及蔗芽，冬季藏於地窖中，堆積成層，覆以泥土，隔日澆水一次，至萌芽而止，翌年早春，翻耕田土，待風化數日，然後耙之，施肥作畦，將去冬切成之小段，埋於畦中，相距一尺八寸，每兩段之間，栽豆類作物，長成後，即刈其莖葉，翻入土中，以充肥料，此時約在陽歷四五月間，至六七月，施花生餅一次，若土質瘠薄，須同時施以稀釋之人糞尿，花生餅大部由廣西輸入，本省所產者，品質較劣，農民不常用之，施用時，先破餅爲小塊，次乃散播於蔗苗之周圍，以土覆之，每畝約施百斤，甘蔗虫害甚少，惟有一種白色之菌，常爲害甘蔗葉部，致葉面被覆一層粉狀細粒，使蔗汁消耗，糖分損失，該省土名呼爲"甘蔗鹽"，蓋就外部之病狀而言也，普通防治法，於每月用竹帚將甘蔗葉部掃除一二次，至天寒而止，該省主要甘蔗品種有二：一名竹蔗，一名蠟蔗，竹蔗用以製糖，蠟蔗多供生食，竹蔗莖細皮薄，色黃綠，高可八九尺，糖分極富，大部產於東江與韓江流域。通常食用之砂糖蜜餞，均以此製之。蠟蔗莖亦纖細，皮色棕綠，略帶淡紅，具光澤，如被蠟質，故名，汁多而甜，新會產者最佳，甘蔗成熟期，隨地而異，無一定之季節。大都於十一月至次年二月間刈取之。廣東各縣，均產甘蔗。而以惠陽，潮陽，揭陽，惠來，潮安，普寧，中山爲著。

C.花生 — 花生亦爲亞熱帶最適宜之作物，廣東栽培面積，約603,000畝，產額約132,843,000斤，分大粒小粒兩種，大粒種謂係美洲傳入，小粒種則爲本地原產（此說未必可靠），前者多供食用，後者多供榨油。又因成熟早晚不同，分爲二期。早種在六月末七月初收穫，晚種在八月初收穫，播種時期，自二月至四月之間，無不相宜。肥料以石灰、草木灰，豆餅，人糞尿，及屠場殘屑爲主，在河源，豐順，寶安，諸縣，花生與甘蔗行輪栽制。和平，平遠諸縣，與馬鈴薯小麥輪栽，南雄則與秈草輪栽。花生產額，以惠陽，博羅，河源，紫金，澄海，揭陽諸縣爲多。

D.馬鈴薯及甘藷——馬鈴薯之品種，因顏色香味不同而分者，不下十餘。栽培面積約493,000畝，產額約271,244,000斤。一年播種收穫各二次，第一次播種在二三月間，六月間收穫；第二次播種在七八月間，十二月收穫。肥料以人糞尿，猪牛糞，草木灰爲普通。栽培者凡五十餘縣，以惠陽，博羅，河源，潮安，澄海，揭陽，潮陽爲著。甘藷之栽培面積，凡1,938,000畝，產額凡1,736,832,000斤，其中產量最多者，爲揭陽，南海，台山，東莞諸縣。

E.小麥——小麥性喜寒冷，故栽培面積，遠不及稻。約1,200,000畝，產額約261,587,000斤，栽培法與他省同，惟成熟較早，大都於十一月下種，次年三月下旬收獲。每畝平均產二三百斤，產量以英德，曲江，惠陽，饒平諸縣爲多。

F.煙草——栽培面積凡71,000畝，產額凡14,316,000斤，播種期各地不同，普通在九十月間。播種用精細之苗床，經45至60日，苗長六七寸，即行移栽，株距18至24寸。每畝可植煙苗1,200至1,600株。肥料以猪牛糞，人糞尿，草木灰，豆餅，花生餅爲主；在移栽前施之。煙苗移栽後八九十日，始充分發育。平均每畝可收鮮葉600至800斤，栽培煙草者，有潮陽，英德，南雄，高明，佛岡，清遠，新會，茂名等二十餘縣。

G.玉蜀黍——栽培面積凡142,000畝，產額約24,915,000斤，普通於三月下旬或四月上旬播種，基肥於播種前施之，及苗長六寸及一尺六寸時，各施追肥一次。玉蜀黍生長期不甚長，就廣東氣候而言，自播種至收穫，最多不過100至120日。該省栽培玉蜀黍者，僅惠陽，博羅，紫金，澄海，南雄，大埔，連縣，信宜八縣。

H.大豆——廣東栽培各種豆類，極爲普遍，而以大豆爲首，栽培面積約1,200,000畝，產額約261,600,000斤，三四月播種，六月至八月收穫。收穫往往在完熟期以前，將植科拔起；太遲則豆莢乾燥，稍振卽裂，損失甚大。種大豆者，有惠陽，博羅，紫金，南雄等十餘縣，產量以潮安省首屈一指。

I.茶——廣東雖不宜於茶之生長，而栽茶者，亦不下二十餘縣。繁殖法於九十月間，收集種子，妥爲保藏，翌春掘土作穴，深二寸許，下種二三粒，並施基肥少許，然後以土蓋之。一月後，卽萌芽生長，至第三年春季才可開始採茶。第一次於三月間行之，摘取半開之幼叶，香味最佳；但不宜多摘。五月行第二次摘取，收量較多，爲一年中之主要收穫，七月九月各行一次，但此時所採者，葉片大而肉厚，品質較劣，產茶最著者，有揭陽，豐順，饒平，佛岡，從化，羅定，信宜，興寧，新豐九縣。

J.藍(Indigo)——藍分蓼藍槐藍二種，皆爲製造藍靛之原料，廣東栽培甚廣，尤以蓼藍爲著，栽培法先育幼苗，至三月間，移栽於低濕或灌溉便利之田中，至六月下旬，卽可收割。常與小麥行輪栽，藉以恢復地力，因小麥吸肥力甚強，而藍則否。亦有與玉蜀黍行間栽者，每畝平均可收鮮葉1,200至1,500斤，每150斤鮮葉可製藍靛20至25斤。廣東所出之靛青，售價甚廉，每斤祇需二三元，以潮安，羅定，雲浮諸縣所產較多。自給之外，均運銷各通商口岸。

K.桑樹——該省蠶業亦頗發達，所產粵絲，名聞遐邇，故桑樹栽培甚廣，而以羅定，南海，順德，東莞，德慶，鬱南諸縣爲最多，桑田肥料，每畝施人糞尿40担，牛糞18担，豆餅12担，桑葉15担。每年摘葉六次，於四，六，七，九，十，十一諸月行之。 （完）

參攷書：

中國作物論：原頌周

The Production of Field Corps:Hutcheson & Wolfe

統計月報(農業專號)：國民政府主計處

Chinese Economic Journal Vol. 13, No.4, 1933

（出自《科学世界》第二卷第十二期，一九三三年）

廣州農業調查

張石朋

生人之要素有三：曰衣，曰食，曰住。衣與食仰給於農業，可無論矣。即居處之棟宇之器用，亦取林木以爲用；可知農業與人生之關係，至爲密切。然而吾人對於農業之感想，果何如乎？五穀不分，菽粟不辨者，不知若而人。其尤甚者，並衣與食之來源亦不察焉。以至密切之要素，而觀念之粗略如是，奚可哉！雖然，未嘗無因而至此也。考其原因，厥有三端：一爲習俗所囿。士首四民，由來已漸，遞嬗而下，士之子恆爲士，農之子恆爲農，累代相沿，階級之相去愈遠，緣是鴻溝分畫，會通愈難，以至士流之不察農事，猶農人之不解文字，各囿於其所習，而不足怪者也。一爲地域所限。土地不同，氣候褰異，而農時之差異以起，物類之不齊以生，品種之滋生亦以繁，欲事研究，斷非旦夕之事，而研求之者鮮矣。一爲事物所畫。農之爲功也，春耕夏耘，秋收冬藏，四時不輟；其取材也，與時俱進，春韭秋菘，其品類尤爲不一；苟非專心致志，鮮能詳焉。綜上述情形，昧於農事者，殆十人而九。如是而欲平四民之階級，戛戛乎其難哉！不寧惟是，我中國以農立國，亙數千年，食爲民天，農稱國本，烏可恝然置之不理不論之列耶！且也，吾輩寄名學籍，學校定章，博物一科，列爲必修科目，欲求實驗，當以農事爲始，是又宜稍事研究者也。僕也不敏，來自田間，習爲農事，爰先就農業之一，如蔬菜一種，彙舉其品類，詳列其種期。其地域則以廣州爲限，外此未及詳焉；且不能詳焉。右表所列，以季節爲綱，以蔬菜爲目，又皆爲一般通用之時節，其速成栽培者，季節常較此爲早，未盡詳舉之，以其未能普及於農民社會也。南荒農時之一斑，及瓜蔬品類之一臠，其在斯乎。若夫其他農作，俟後有所得，再行賡續調查，以貢諸閱者。

廣州蔬菜栽種時期表

節氣	蔬菜品名											
小寒				遲花青梗菜心		大種白菜心	君達菜					
大寒	花邊芥菜	三月青芥菜	矮腳白菜	遲花青梗菜心		大種白菜心	君達					
立春	武昌莧	北京六葉茄			水蔥		君達		牛閘[illegible]早黃瓜	水蔥	江西興國長身紅茄	
雨水	武昌莧	北京茄	圓葉莧		水蔥		君達		早黃瓜	水蔥	興國長身茄	
驚蟄	武昌莧	尖葉莧	圓葉莧	蕹菜金針菜	水蔥				早黃瓜	短身絲瓜	興國長身茄	
春分	武昌莧	尖葉莧	圓葉莧	蕹金針菜	水蔥	西瓜 南瓜	東瓜 節瓜	葫蘆 水瓜	早黃瓜	短身絲瓜	興國長身茄	
清明	南風芥菜	尖葉莧		蕹金針菜	藤菜	南瓜	金山豬仔豆	秋茄	扁豆 豇豆	短身絲瓜	長身絲瓜	
穀雨	南風芥	尖葉莧		蕹金針菜	藤菜		金山荳	秋茄				
立夏	南風芥				藤菜		金山荳	秋茄	大青皮秋黃瓜			
小滿	南風芥				藤菜		金山荳	秋茄	秋黃瓜			
芒種	南風芥	馬耳白菜			藤菜		金山荳	馬蹄·茭筍	秋黃瓜			
夏至	南風芥	馬耳白菜			藤菜		金山荳		秋黃瓜			
小暑	南風芥	馬耳白菜	滑莖芫茜	白莞芹菜	藤菜		金山荳		秋黃瓜			
大暑	南風芥	馬耳白菜	滑莖芫茜	白莞芹菜	藤菜		金山荳		秋黃瓜	中花早熟平頭椰菜		
立秋	南風芥		滑莖芫茜	白莞芹菜	黃花滑葉芥藍	白花滑葉芥藍			秋黃瓜	早熟椰菜		早花椰葉菜心
處暑	南風芥		滑莖芫茜	白莞芹菜	滑葉芥藍				秋黃瓜	早熟椰菜		早花菜心
白露	潮州芥菜	高腳芥菜	江門白菜	高腳白菜	滑葉芥藍	黃花雞冠芥藍	白花雞冠芥藍		枸。杞。	大花遲熟椰菜		早花菜心
秋分	潮州芥	高腳芥菜	江門白菜	高腳白菜	蕃茄				枸。杞。	遲熟椰菜		早花菜心
寒露	潮州芥	高腳芥菜	江門白菜	高腳白菜	青莞芹菜	白芽白菜	黃芽白菜	新會荷塘芥藍		遲熟椰菜		遲花青梗菜心
霜降	潮州芥	高腳芥菜	江門白菜	高腳白菜	青莞芹菜		黃芽白菜			遲熟椰菜		遲花菜心
立冬			江門白菜	高腳白菜	青莞芹菜		黃芽白菜	辣椒 番辣椒	牛角椒	指天椒		遲花菜心
小雪			江門白菜	高腳白菜	青莞芹菜			辣椒 番辣椒	牛角椒	指天椒		遲花菜心
大雪					青莞芹菜			辣椒				遲花菜心
冬至					青莞芹菜							遲花菜心

									早·芋·				
								菱角	早·芋·	鷄卵茄	龍牙豆		日本節成胡瓜
								菱角	早·芋·	鷄卵茄	龍牙豆		節成胡瓜
芋·香·芋·黃·	各·種·紅·芽·	荷·蘭·薯·	韭菜	紫蘇				菱角	早·芋·		龍牙豆		節成胡瓜
各種芋		荷蘭薯	韭菜	薑·紫蘇				蕃茄菱角	五月豆角	西園豆角	龍牙豆		節成胡瓜
各種芋		荷蘭薯		薑·	大豆小豆	樂昌青豇豆		法蘭西豇豆	五月豆角	西園豆角		增城烏豆	甜瓜刀豆
各種芋		荷蘭薯				樂昌青豇豆			五月豆角	西園豆角			甜瓜刀豆
各種芋		荷蘭薯				樂昌青豇豆							甜瓜
各種芋		荷蘭薯				樂昌青豇豆							
各種芋		荷蘭薯				樂昌青豇豆							
各種芋		荷蘭薯				樂昌青豇豆							
各種芋		荷蘭薯				樂昌青豇豆							
各種芋		荷蘭薯				樂昌青豇豆							
各種芋		荷蘭薯								火葱洋葱	水葱		
										火葱洋葱	水葱		
湖州莞茜		蔘豆荷蘭豆	君達菜		黃葉菠菜	江南正菜	大頭菜		軟尾生菜	火葱洋葱	蒜青水葱	蕎青	
莞茜		蔘豆荷蘭豆	君達	黑葉菠菜	黃葉菠菜	江南正菜	大頭菜		軟尾生菜	火葱洋葱	蒜青水葱		
莞茜	蠶豆	蔘豆荷蘭豆	君達	黑葉菠菜	黃葉菠菜	江南正菜	大頭菜	四川高苣	軟尾生菜		大種白菜心		
莞茜	蠶豆	蔘豆荷蘭豆	君達	黑葉菠菜	黃葉菠菜	江南正菜	大頭菜		軟尾生菜		大種白菜心		
莞茜	蠶豆	蔘豆	君達	黑葉菠菜	黃葉菠菜		安南牛利生菜	玻璃生菜	軟尾生菜		大種白菜心	油蔘菜	
莞茜	蠶豆		君達	黑葉菠菜	黃葉菠菜		安南生菜	玻璃生菜	軟尾生菜		大種白菜心	油蔘菜	
莞茜			君達	黑葉菠菜	黃葉菠菜		安南生菜	玻璃生菜			大種白菜心	油蔘菜	
莞茜			君達	黑葉菠菜	黃葉菠菜		安南生菜	玻璃生菜			大種白菜心	油蔘菜	

芋·等·	薯·蕷·粉·葛·	麻·葛·沙·葛·	茨·菇·藕·						
	薯蕷粉葛	麻葛沙葛	茨菇藕						
	薯蕷粉葛	麻葛沙葛							
	薯蕷粉葛	麻葛沙葛							
				蜡竹蔓蘿蔔					
				蜡竹蔓蘿蔔					
				蜡竹蔓蘿蔔	鈀齒蘿蔔				
					鈀齒蘿蔔				
上海芫茜	天津芫茜				大水蘿蔔	冬瓜蘿蔔	紅蘿蔔		
		惠州枚栄			大水蘿蔔	冬瓜蘿蔔	紅蘿蔔		
		惠州枚栄	木蒿		大水蘿蔔	冬瓜蘿蔔	紅蘿蔔	細葉茼蒿	大葉茼蒿
			木蒿		大水蘿蔔	冬瓜蘿蔔	紅蘿蔔	茼蒿	
			木蒿			冬瓜蘿蔔		茼蒿	
						冬瓜蘿蔔		茼蒿	

附注

(一)蔬菜本分葉莖菜、根莖菜、蓏果菜、香辛料菜等類、本表合爲一表、不復分列、以歸簡便、

(二)本表所列、多屬播種時期、其分芽繁殖者從兩圓點、插株繁殖者從兩圓圈、以區別之、

(出自《学生杂志》第八卷第十一期，一九二一年)

南海番禺農村合作預備社及農村經濟調查報告

陳廸農

本省事變後的農村經濟，已瀕於疲敝之途。今後應如何培養扶植，使之欣欣向榮，此爲目前最急切的任務。

復興農村，第一須對農村情況，有精確之調查。明察其原因所在，再加以嚴密之分析，從而指導農民組織農村合作社，幷貸放資金、肥料、種籽，以奠定其經濟基礎。經濟基礎既已建立，則對於一切農田之整治，作物之栽培，水利之修理，畜種之蕃殖，動植物病虫害之防除，均可依其經濟能力按步實施。

爲要切實救濟農民，復興農村，建設廳於三十二年年底，與廣東省清鄉局，會同擬定進行辦法，先由清鄉地區東莞、寶安兩縣着手，舉辦農村合作事業，至本年五月，已將該兩縣農村經濟狀況調查完竣。正擬繼續推動合作事業，時適本省清鄉局機構，奉令調整，隨將清鄉地區東莞、寶安兩縣之農村合作事業，撥由廣東省第一區行政督察專員公署負責辦理，其餘非清鄉地區之各縣，則由建設廳負責推行。

本省非清鄉地區，範圍廣濶，其中農產較富者，首推南海、番禺兩縣。故欲求非清鄉地區合作事業順利推行，當先於該兩縣樹立合作事業之基礎，與優良成績之表現，使遠近聞風景從，將來推行各縣，自易收效。迨至本年九月由建設廳派員先到南海縣中心區域第二區、第九區調查，指導成立農村合作社二十三個，共有社員三百五十四人。番禺縣中心區域，第三區、第四區、第五區、第六區、第七區、第八區，成立農村合作社十九個，社員四百二十七人，合計四十二社，社員七百八十一人，現將結果表列如下：

甲、調查方面

(一)南海縣(第二區第九區)

戶數		農民分析		
總戶口數	農民戶口數	自耕農	半自耕農	佃耕農
五四〇八〇戶	二〇八〇一戶	佔農民全數百份之三三	佔農民全數百份之一三	佔農民全數百份之五四

農作地及魚塘面積		
稻田	果園菜地	魚塘
一四九四八一畝	七三一畝	三六五畝

（二）番禺縣（第五、六、七、共三區）附註一

戶數		農民分析			農作地及魚塘面積		
總戶口數	農民戶口數	自耕農	半自耕農	佃耕農	稻田	果園菜地	魚塘
一一五〇八戶	一〇八一三戶	佔農民全數百份之三〇	佔農民全數百份之五	佔農民全數百份之七五	三二三一〇畝	一二七畝	三四三畝

（附註）第三區第四區調查表因時間關係尚未寄到。

乙、組織方面

一、南海縣（第二區第九區）

區別	鄉別	合作社名稱	社員人數
第二區	和聲鄉	南海縣第二區和聲鄉農村合作預備社	一八
	裏水鄉	南海縣第二區裏水鄉農村合作預備社	二三
	建安鄉	南海縣第二區建安鄉農村合作預備社	二〇
	東善鄉	南海縣第二區東善鄉農村合作預備社	一三
	金溪鄉	南海縣第二區金溪鄉農村合作預備社	一四
	白沙鄉	南海縣第二區白沙鄉農村合作預備社	一五
	象嶺鄉	南海縣第二區象嶺鄉農村合作預備社	一二
	草塲鄉	南海縣第二區草塲鄉農村合作預備社	一三
	橫沙鄉	南海縣第二區橫沙鄉農村合作預備社	一五
	豐北鄉	南海縣第二區豐北鄉農村合作預備社	一八
	郭和鄉	南海縣第二區郭和鄉農村合作預備社	一四
第九區	鹽步鄉	南海縣第九區鹽步鄉農村合作預備社	二一
	大瀝鄉	南海縣第九區大瀝鄉農村合作預備社	一八
	扶南鄉	南海縣第九區扶南鄉農村合作預備社	一八
	東梯雲鄉	南海縣第九區東梯雲鄉農村合作預備社	一一
	西梯雲鄉	南海縣第九區西梯雲鄉農村合作預備社	一九
	平地鄉	南海縣第九區平地鄉農村合作預備社	一九
	橫江鄉	南海縣第九區橫江鄉農村合作預備社	一一
	黃竹鄉	南海縣第九區黃竹鄉農村合作預備社	一〇
	泌冲鄉	南海縣第九區泌冲鄉農村合作預備社	一一
	秀水鄉	南海縣第九區秀水鄉農村合作預備社	一五
	海心沙鄉	南海縣第九區海心沙鄉農村合作預備社	一二
	龍溪鄉	南海縣第九區龍溪鄉農村合作預備社	一四
合計	二十三鄉	二十三社	社員共三五四人

二、番禺縣（第三區四區五區六區七區八區）

區別	鄉別	合作社名稱	社員人數
第三區	瑤頭鄉	番禺縣第三區瑤頭鄉農村合作預備社	三六
	敦和市	番禺縣第三區敦和鄉農村合作預備社	三五
	芳村鄉	番禺縣第三區芳村鄉農村合作預備社	三二
	瀝滘鄉	番禺縣第三區瀝滘鄉農村合作預備社	二七
	南浦鄉	番禺縣第三區南浦鄉農村合作預備社	二八
第四區	東圃鄉	番禺縣第四區東圃鄉農村合作預備社	一五
	沙河鄉	番禺縣第四區沙河鄉農村合作預備社	二七
	茅崗鄉	番禺縣第四區茅崗鄉農村合作預備社	二五

第五區	南崗鄉	番禺縣第五區南崗鄉農村合作預備社	二二
	南灣鄉	番禺縣第五區南灣鄉農村合作預備社	二六
	夏元鄉	番禺縣第五區夏元鄉農村合作預備社	二四
第六區	嘉禾鄉	番禺縣第六區嘉禾鄉農村合作預備社	二〇
	龍歸鄉	番禺縣第六區龍歸鄉農村合作預備社	二七
	均和鄉	番禺縣第六區均和鄉農村合作預備社	二〇
	石井鄉	番禺縣第六區石井鄉農村合作預備社	二五
第七區	竹料五村	番禺縣第七區竹料五村農村合作預備社	二〇
	鐘落潭	番禺縣第七區鐘落潭農村合作預備社	一八
第八區	江村鄉	番禺縣第八區江村鄉農村合作預備社	該社現在成立中人數未定
	高塘鄉	番禺縣第八區高塘鄉農村合作預備社	同右
合計	十九鄉	十九社	社員共四二七八

南海縣第二九區農村經濟調查統計表

類別	量與比／數字	數量或面積	百分比
戶口比較	農戶	20,801	38.46%
	其他	33,279	61.54%
農民分析（單位戶）	自耕	6,864	33%
	半自耕	2,704	13%
	佃	11,233	.54%
農作地及魚塘面積比較（單位畝）	稻田	149,481	99.27%
	果園菜地	731	0.49%
	魚塘	365	0.24%
畜產比較（單位隻）	牛	731	1.57%
	猪	2,919	6.3%
	羊	30	0.06%
	鷄	20,780	44.76%
	鴨	21,760	46.9%
	鵝	200	0.41%
	其他	0	0

番禺縣第四五六七區農村經濟調查統計表

類別 數字 量與比		數量或面積	百分比
戶口比較	農戶	10,313	94%
	其他	695	6%
農民分析(單位戶)	自耕	2,162	20%
	半自耕	541	5%
	佃	8,110	75%
農作地及魚塘面積比較(單位畝)	稻田	32,310	98.6%
	果園菜地	127	0.4%
	魚塘	343	1%
畜產比較(單位隻)	牛	2,611	34.6%
	猪	316	4%
	羊	0	0
	鷄	3,770	49.4%
	鴨	860	11%
	鵝	75	1%
	其他	0	0

根據表列調查結果，當知南海番禺兩縣一般農民之貧乏。其中南海縣農民，平均每戶祇耕七·二畝，較之番禺縣屬之平均數三畝，已感豊裕。然兩縣農戶，率多佃耕農，約爲全數百分之六十五。每年收入，除扣除佃租外，所得甚微，供求懸殊，生活自屬困難。且除田畝外，菓園菜地，魚塘之面積，又極狹小，加以飼養牲畜之副業，不甚發達，農民之經濟枯竭，更不待言。至于組織各鄉村合作社，與徵求社員之成績，在量方面，實屬無多。此蓋由推行伊始，農民對合作社眞義，未盡了解，懷疑觀望，在所難免。須俟將來成効顯著，此種困難，當可克服。現在一方面擬定信用合作社社員貸欵辦法，補助資金之欠缺，減少高利貸之盤剝，俾解除農民困苦。另一方面并擬定生產合作之肥料，及種籽配給辦法，以免除商人居間削奪。其餘關於消費合作，運銷合作等，亦在聯絡擬辦中。務期急切援助農民，復興農村，增加生産。但仍須本省全體農民，及合作社全體社員，體念政府援掖之至意，協助推行，始能順利推進也。

（出自《建设季刊》第一卷第一期，一九四五年）

東區十六縣農業概况及其改進意見

—— 温文光 ——

本年(廿五年)五月間，出發東區各縣考察農業概况。計此次所經歷之縣份，爲：增城、博羅、惠陽、紫金、五華、興寧、潮陽、澄海、梅縣、豐順、潮安、揭陽、普寧、陸豐、惠來、海豐、等十六縣。就地理上言，東區位於本省之東，南濱海北，毗閩贛，爲吾粵要區。境內有東江及韓江，流通各縣，水路有電輪可通，陸有公路及潮汕鐵道，交通便利。本區農產豐富，首推穀米，其餘如潮安之柑，淡水之沙梨，增城之荔枝，揭陽之蔗糖，潮陽之甘薯，紫金之猪牛等等，素稱吾粵名產，每年輸出，數達二千萬元以上，於農村經濟之裨補尤大。然而年來各種農作物，因天災匪禍之蹂躪，土質出產力退化，收成益見減縮；加以不景氣瀰漫全球，向外銷路大滯，復受捐稅之遞增，舶來物品之充塞市場，及鄉間富豪高利貸之剝削，以致造成目前本區各縣農產品價格暴跌之景象，農民之生計愈形困苦。總觀東區農產物情形，除紫金縣之猪，及興寧之茶，能保持原日狀况外，其餘舉皆落後。茲將本區幾種主要農作物之大概狀况，記述如下：

A. 農業概况

(1) 水 稻

凡有水源灌溉所及之地，幾盡闢爲稻田，其出產穀米，除增城博羅揭陽足以自給，並能供隣縣之用外，其他如惠陽，紫金、五華、興寧，豐順、梅縣、潮安、潮陽、普寧、澄海、陸豐，海豐等縣，皆未能自給。其中五華、紫金、普寧、因農民勤於耕作，尚有雜糧，如甘薯、芋頭、麥、黍、豆等補充，可以維持，此外各縣糧食，不敷之數　全賴外米接濟。茲根據各縣報告，缺乏糧食數目，及缺之時期，表列如下：

縣名	糧食不足數	缺乏時期
惠陽	一百萬餘担	三、四、五等月
五華	不敷三個月	
興甯	不敷三個月	四、五、六、月
豐順	不敷三分之一	三、四、九、十月
澄海	不敷六個月	三、四、五、八、九、十月
潮安	不敷九個月	一月至六月八月至十月
陸豐	三十萬担	三、四、五、六月
海豐	九萬担	三、四、五、六月
梅縣	不敷六個月	

品種： 本區各縣稻種，分爲早晚兩造，品種之多，不勝枚舉，計早造種，約有三數十種；晚造約有百餘種。若以米質良，收穫豐而論，首推揭陽晚造之絞盤矮種，紫金之大紅米及早造花羅齊種，增城之晚造白絲苗種，澄海早造之仰光種，陸豐晚造之油黏等爲最。

耕作情形： 大概分爲梯田與洞田兩種。以梯田言之，則以紫金、梅縣爲最精密，其耕作法與灌溉法，極有條理，而豐順、五華、則極爲粗放；至洞田耕作，以揭陽、潮陽、增城爲佳，興寧次之，惠陽最劣。

陸豐、海豐南部一帶，土地平坦，惟因灌溉排水方法不良，致稻禾生長時，常受水浸或天旱之災，呈極劣之狀，若能整理水利，加相當肥量，收成亦有希望。

澄海附一城帶之稻田，因地勢低下，常受潮水漲落影响，及淫雨爲災，稻禾往往失收，若築基圍與開渠疏水，收成當有希望；且間有冲積之低下荒地，亦能利用以增加生產。

肥料： 本區各縣，所用肥料種類，大約用豆餅，廐肥，人糞尿，及肥田料等。施肥期與施肥量，各因土質種類而異。就揭陽言之，大都未插秧以前，每畝先施用豆餅三數十斤，以作基肥，約半月後，施人糞溺或硫酸錏以作補肥，尤以硫酸錏爲最速率。（查二年前，用硫酸錏者甚多，然以其能固結土質，現用之者日少。）

輪栽： 稻田除早晚二造外，可利用冬耕，以保持地力而增加生產。查梅縣、潮安、澄海，對於冬耕一事，頗屬風行。潮安農民每於晚造收後，則將稻田種麥、豆以及菜蔬等類。澄海則有將禾稻與蒜行輪栽者，該縣統計，每年輪栽之面積，約三千畝，每畝平均可產蒜二十六担，總值二十餘萬元，每年輸出南洋一帶者，為數不少。此外各縣則行冬耕者甚少。當此糧食不足之秋，政府應設法提倡，使充分利用土地也。

增加耕地，以解決糧食，不僅為東區各縣本身問題，實與廣東全省大有關係。本區荒地究有若干，雖無精確統計，但就此次視察所見，亦即不少，如途經惠博兩縣，常見有冲積之土，仍多荒廢，此或因潦水為患所致，是宜築堤壆，以防水害而利耕作；沿陸豐、惠來、海豐之省道，所見荒地亦不少，應宜設法改良，或從事水利設備，以求適合各種作物。如是土地既可經濟利用，而糧食自可增加，希政府注意及之！

病虫害：　本區各縣，稻禾受病害者極少，除少數枯死病及穗粒病外，概無關重要；惟虫害則甚烈，禾稻被害時，常致稻心枯萎，稻穗夭折，或變白而粒不充實，收成減少，甚至完全失收。其最要之虫害：為增城陽揭之螟虫，惠陽之蜢類二種，農民無法治之，良堪浩嘆！

(2) 甘　蔗

查東區各縣，蔗糖產額，首推揭陽，佔全區十分之五，潮陽、惠陽次之，潮安、澄海、普寧又次之，其他如增城，博羅、豐順，陸豐、海豐等，亦有出產。據各方面統計，東區各縣，植蔗面積，約計百餘萬畝，每年每畝平均產蔗額約六千株，每元可購八十餘條，則每畝收益可達七十元，本區各縣合計，每年產額，為數約在一千萬元以上。

近年來本省當局，目睹農村經濟破產之危殆，因積極復興糖業，廣植甘蔗，料近年本區各縣，植蔗較往年更盛，蔗糖產額，亦必較增。惟廣東各縣農民培植甘蔗，均仍墨守舊法，加之蔗種太劣，且又病虫害劇烈，農民無法防治，致生長不良，收量減少，且各糖廠收買甘蔗手續繁雜，農民恒得不償失，殊為憾事！希本省當局，亟宜從速設法指導之！

蔗種：　蔗種有臘蔗，竹蔗二種，竹蔗更分為尖葉種與大葉種，尖葉種汁多水分多，糖質少，故多供生食之用，大葉種則反是，汁少糖多，故多為製糖之用。臘蔗皆爲生食用，栽植無多。

栽植： 蔗地整理，有先將土耕起，造畦後，始植蔗苗；亦有先將土面犂鬆，然後將蔗苗植下，一月後苗高約三尺時，始行整畦。每畝植苗可由一千株至一千五百株，所施肥料，多用豆餅或用人造肥料，每年除草三次，栽植季節在春季二三月。

蔗糖爲本區主要農產之一，每年產量極豐富，約達千萬元，自民十而後，洋糖源源輸入，且因地方不靜，土匪騷擾，致土糖銷路，頓受巨大打擊，產額逐年低減，農村經濟所受影响絕大。迨民國廿三年春，本省政府爲謀補塞漏巵，决心整頓糖業，實施統制，擬定復興糖業計劃，在本區揭陽縣，設立大規模之新式糖廠，設備完善，出品精良，糖業得此扶植，本應蓬勃，惟農民植蔗，徒守舊法，加之蔗種不良，病虫害劇烈，不但使蔗量之產減少，而蔗所含之糖質，亦因之頓失。其次糖廠購蔗，手續繁多 以致農民不樂於栽培 影响糖業前途甚鉅，希當局對上述諸點，急爲設法補救，卽改良栽培法，推廣優良蔗種，指導病虫害防除法，及改善收買甘蔗手續等，使蔗農有所得益，庶種蔗面積，可日漸拓展，產量日益增加，則大宗製糖原料，方可逐漸增進也。

(3) 甘 薯

甘薯爲東區各縣特產之一，尤以潮陽、澄海、五華、揭陽爲大宗，其中以潮陽、澄海兩縣出產最豐富，年產價值，合計在五百萬元以上。查該兩縣所以栽培特多者，厥有數因：(1)該兩縣地勢過高，水利不便，不適於禾稻，而適於甘薯之栽植；(2)甘薯所需肥料， 比其他作物爲少，而收穫則較豐， 每畝可値銀三十餘元；(3)管理簡單，稍行灌漑除草，便可坐待收成，又可爲補助糧食之需，因此該兩縣農民多喜植之。

潮陽所產之甘薯，多用以製粉，故其出口貨並不以甘薯爲大宗，乃以薯粉爲大宗。製成之薯粉，運往本區韓江上游各縣銷售者居多，運銷暹羅、安南、上海等次之。近年來因受舶來品影响，加之出口税捐過重，從前輸出價値二百餘萬元，逐漸減存百餘萬元，最近僅値七八十萬元而已。

品種及用途： 甘薯之品種，約計有百數十種，其中最普通而爲一般人所明瞭者，爲甜果種，紅心種，英哥番種，蓬種，接芋種，方虎種，石叻種，白肉種，紅肉種等等○紅心種，英哥番種，甜果種，乃供人食用，其中以英哥番種肉之味爲最香，甜果種糖之分爲最多，接芋種之澱粉爲最富，此三者爲番薯中之最貴重品種者也○價值亦因之而較高，尤以英哥番種爲最，每元買只四五十斤而已○餘外，較劣之品種，多用作飼料及製澱粉之用，價亦較賤○查番薯主產區域，如潮陽產品，供製粉用者約佔百分之八十，供食用者僅佔百分之二十○

甘藷蕃殖，用插條法，其栽培時期，分爲二季，然每年于田地（稻作地）只可栽一次，亦有栽二次於園地者○每年八月栽植，翌年二月收穫○其所用肥料爲人糞，草木灰及豆餅等○

甘薯之製造品爲薯粉，粉條及粉圓三種○每當薯收甘穫時期，該地富足之農家，招集附近之男女工，集於製粉塲，用缽磨粉，缽有粗尖之齒 工人以薯置缽內磨擦之，使其糜爛，然後盛入布袋中，傾入多量清水，將粉洗出，待其沈澱後，取粉晒於太陽乾燥之 是爲薯粉○其成分之多少，因甘藷之品質而異，大約每百斤製成粉五斤至十斤○查東區製薯粉之手續，既屬笨拙，出品又不精，復受舶來品之影响，捐商之苛剝，現呈一蹶不振之象，以前輸出約值二百餘萬元，今僅值七八十萬元，若再不設法補救，將來更不堪設想○整頓之法，當先以合作方式，改爲機械製造，再進而推廣優良薯種，取消苛捐雜稅，改良包裝等等，皆爲重要之補救方法也○

(4) 果 樹

東區各縣農產，除稻、薯、蔗糖外，則以園藝品爲大宗，每年產額，數在二千萬元以上○無論蔬菜與果實 皆爲特著之產品，例如蔬菜類，則有澄海之西瓜、蒜，潮州之芥菜、蘿白，惠州之梅菜等；果實類則有潮安之蜜柑，增城之荔枝，惠陽之沙梨等○今就果實而言，則爲全國四大產果區域之一，尤以出產亞熱帶果實爲唯一特色○統計全區所產果實種類，不下百數十種，如柑橘類、荔枝，龍眼 沙梨、桃、李、梅、枇杷，蕉、楊桃等等，種類甚多，而以柑橘爲其中之佼佼者，產額佔全果實之大半焉○今就調查潮州柑業狀況記述如次．

潮州特產之蜜柑，世界各國，莫不稱美，每年運銷上海、天津、南洋、及美洲各地，數達二三百萬元，潮籍農民，賴此維持生活者，約計二十餘萬人○查本區栽培柑橘，僅有四五縣爲最盛，其餘各縣，產額甚微，尚不足供本縣銷費○計柑橘栽培最盛縣份，當以潮安縣居首位，潮陽佔第二位，普寧佔第三位。潮安農民藉種柑以維持生計者，約佔全縣農民十之七八。現總計全縣柑園面積，約一萬畝，較前減少一倍，其減少原因有四：(1)栽培不得其法，(2)繁殖種苗不良，致種苗植後其品種變惡劣；(3)病虫害劇烈，農民無法防除；(4)日本蜜柑侵奪我潮舊有之柑市，廣柑年來出產亦復不少，於是潮柑在南洋之銷場，大受打擊，不能不謀補救之方也。

統上所述，乃爲東區主要農產之大略情形，此外尚有烟葉，茶，畜牧，產額亦多，他如花生，黃豆，玉蜀黍等，各縣均有種植，惟產量無多。至本區各縣農民耕作法除梅縣最爲集約外，其他各縣一向因循，無甚改善，對於病虫害更無法防除，致每年損失極大，殊可惜也！

查東區各縣農民，每年耕種稻作物，收穫僅足敷數月粮食，餘則仰賴外米輸入接濟。至其特產之果蔬等，年來或受匪共之刼奪，或因天災旱潦而歉收，幸而存在可收者，又因世界經濟恐慌，各國商戰激烈，關稅壁壘森嚴，以資力極薄弱之東區農民，自不得不遭失敗，所有出產，到處碰壁，跌價滯銷，農村經濟，益呈恐慌，在此情況下，亟宜速謀補救之方也。

B. 改進意見

於此次考察中，覺東區各縣，交通尚稱便利，欲求農業之發展，似有可能。蓋水田與旱田之面積雖有限，倘能從事集約之經營，其農作物之出產，亦足以供給全區糧食而有餘。惟惜農民對於農作物之栽培，得諸天惠之獨厚者居多，得諸人事之改良者尚少，以致各縣有名之品種，其產量日見低落，品質日漸惡劣，在此情況之下，而謀補救之法，自當一面極力提倡技術上之改良，一面則從農民經濟上之補助，使農民能得實際之利益，庶或有濟焉。茲就管見所及，畧陳一二，以供採擇：

(1)設立東區農業試驗場．　東區氣候溫和，土地肥沃，各縣之農產物，各皆有其特殊之種類，故宜先從本區固有之優良種類，搜集繁殖，分給農民栽培，較用他地不同風土之種類爲佳。查陸豐與惠來之葵潭，及內湖附近一帶荒地，計數千畝，交通便利，若闢作試驗場所，以資研究，中兼以經營，料數年之後，經費當可獨立，且農民將來所需大量之優良雜糧種籽，將可由此育成而供給，方法之善，莫此若也，宜速行設立之。

（2）宜注意冬耕及間作： 東區各縣農民，對於冬耕一事，頗不注意○其中如惠陽施行冬耕稻田，僅佔十分之一，揭陽、潮陽亦極少，紫金則全無○查冬耕缺小原因：(一)由各該縣農民之習慣；(二)冬季多亢旱，作物發育不良；(三)因耐旱之作物種類極少；(四)秋冬作物，收成過晚，影响冬耕收穫期遲○有此四因，故其冬耕未能十分普遍，影响糧食甚鉅，希當局設法指導之○其法先從鄰近縣屬中，所能栽培之冬耕優良種類，由政府搜集，發賣與無冬耕各縣之農民，實行强迫種植，并獎勵農民冬耕之成績，則各縣冬耕當日見增加，雜糧自能充足也○至間作亦爲目前農家一重要之收入，因東區各縣，人口稠密，耕地有限，如梅縣，澄海，每方里約有四百人，每人平均土地不過半畝，以此有限之地生產，而供給多人之糧食，如無集約之經營，施行間作，則糧食無由充足，故政府當從速調查各縣地勢狀況，研究何種作物可爲稻田及旱田之間作，并適於與某種作物同時栽培，列成作物間作表及淺說，分發農民，而指導其實行，斯爲上策○如梅縣農民，利用稻田四週之田基，栽培芋頭，或薑，是亦一良好之間作也○

（3）設立農民貸欵所： 查東區各縣，如陸豐，海豐、豐順、紫金、五華、興寧等縣之農民，多資本短少，其耕種所獲，不敷所出，往往不能維持，多中道荒廢，或勉欲維持，而資本缺乏，不能不向鄉間富豪，借高利貸以供應用，（考潮梅農戶貸款之用途，十分之三是因爲疾病，十分之七是青黃不接，統計東區農戶，至少有百分之六十五是屈伏於高利貸之下，如興寧負債戶有百分之五十，五華百分之六十，揭陽百分之八十五○）普通月息爲二分至三分，亦有多至五分至六分者，一但凶年失收，則衣食問題，付之無着○故爲救濟農村經濟周轉起見，政府應速設立農民貸欵所，（查目前政府雖有農民貸欵所之設立，然是否能確實普遍借與農民應用，政府亦當一檢其成績也○）輕利簡便貸與農民資本，則東區農業發展前途，方有希望也○

（4）設立柑橘繁殖場： 東區各縣農作物，除稻作及蔗作外，厥爲潮州之蜜柑，年產數達四五百萬元，潮人以柑業爲生者，數達二十餘萬人○近年來柑橘日見衰落，其原因已如前述，故今後潮州柑如欲展拓，政府宜速設柑橘場以爲指針，一面研究柑之各種改進事宜，指導農民，使農民知所改良，一面繁殖優良種苗，分發農家，以資推廣而收實效，此潮州柑橘場之設立，實迫不容緩也○

（5）宜在汕市設立大規模之冷藏庫：　近年來潮柑價格低落，其原因固由受日本柑之打擊，厦柑之輸入，而亦因潮柑一時生產過剩，未能調節出售，以致供過於求，而價格低落，每百斤不過十元，或低至七八元，較於前時，相差三培，因此潮轄以柑業爲生之二十萬農民，即首蒙極大之損失，故我人欲潮州柑之能終年供給市場，并能待價而沽，以維持農民之收益，應設置大規模之冷氣貯藏庫，以租給產柑之農民或商人，則市場終年供給不絕，足以抗舶來果品之侵奪，而價格亦因之能調節，可免暴跌暴貴之弊也○此舉不僅對潮柑販賣上有極大利益，即對整個東區各縣之果實蔬菜及各種鮮物輸出品，皆有極大助益也○

（6）設立農產販賣合作社：　查東區各縣，農產品輸出價格低落，因交通不便，（如紫金、五華、豐順環境皆山嶺，）運輸困難，故農民僅望耕足自食，不願多求，以致該縣等農業前途，無大希望○近年來省道建後，交通利便，其產品仍無甚起色，農村經濟落後，其原因由於產品販賣方法不良，其產品價格常受中間商人操縱，因此農民得不償失○故欲發展本區各縣生產，使農民經濟流動，週轉充裕，而增加生產面積，惟有於各縣組織販賣合作社，免除各種販賣之繁雜手續，以增進農民之收入，乃能復興農業○惟東區各縣，農民智識幼稚，故應先由農政機關及合作事業機關，分別指導促成之，或由政府設立統制之○

（7）地方政府宜切實注意指導農業：　查各縣地方政府，對於農業，現仍多漠視，如惠陽、紫金、豐順、普寧、潮陽、陸豐，皆未有設置農業技術人員，其他各縣，雖有設置，亦不過僅用一二名東區農業講習班畢業之低級人材而已○考改進地方農村事業，增加生產，固有賴於農業機關及學校之研究指導；然地方政府，亦應聘置農業人員，負完全責任，根據事實，分別緩急，努力督促及指導農民，方能迅速收效也○

附東區十六縣主要農產品調查表（據各縣政府及建設局報告）

縣別	農產品	種類	分佈區域	產額	銷路	備考
增城	米穀	揀赤，大赤，糯，白絲苗，赤絲苗等	所屬各都	除自給自足外豐年盈餘百餘萬担	廣州等處	糧食有餘

	雜糧	小麥，花生，甘薯，高粱粟，黃豆等	所屬各都	萬餘担	同右	
	荔枝	掛綠，黃葉淮枝，玉荷包，水晶丸等	牛，慶，坊，上，下，湖，寧，甘等都	六萬餘担	廣州，外國等處	
	橄欖	烏欖 白欖	賢，梅，牛慶，上，雲、福，湖，等都	六萬餘担	廣州等處	
	雜果	龍眼，柑橘類，黃皮，菠蘿等	甘、湖、寧，福，牛等都	萬餘担	同右	
	煙草		牛都梅都	四千餘担		
	黃麻		慶都	五千餘担		
	畜產	猪，牛，雞，鴨，鵝等	所屬各都	猪八千頭，牛四千頭，其餘約二十餘萬斤		
惠陽	米穀	苗粘，冬白白殼粘，油粘，糯等	所屬各區	不能自給每年缺乏約百餘萬斤		糧食缺乏
	雜果	李，荔枝，龍眼，楊桃等				
	雜糧	甘薯，芋，玉蜀黍等	所屬各區			
	蔗糖					
	沙梨		第二區淡水	數十萬斤	本省及港澳南洋各地	
	梅菜		第七，十，六等區	十餘萬担		
博羅	米穀	西粘，馬尾赤，糯，汕尾早，黃粘等	所屬各區	糧食自給有餘		如遇災荒則於五月間稍爲欠缺
	雜糧	麥，甘，薯，黃豆，花生，粟等	所屬各區			

	雜果	黃皮，荔枝，桃，柑橘類等	第四區第八區			
	畜產	雞，鵝，鴨等	所屬各區			中以鵝爲最多
	蔗糖		所屬各區			
紫金	米穀	花羅齊，白絲苗，白早赤，烏苗，江西赤等	所屬各區	百萬石		加雜糧補之本縣糧食畧可自給
	雜糧	大麥，小麥，甘薯，黃豆，花生等	所屬各區	七十餘萬担	多近市發售	
	雜果	荔枝，古竹，柑橘，黃皮等	第四區較多	甚少		
	椒醬		製者係在縣城	萬餘担	多銷售於附近各縣	
	畜產	猪，牛		百萬元以上	銷售各縣	
五華	米穀	川早，青禾早，冬白，黃梗等	所屬各區	二百萬担		糧食缺乏四個月
	雜糧	甘薯，麥，粟，花生等。	所屬各區	一百餘萬担		
	雜果	柿，荔枝，桃，李，柑橘等	第三七八區	甚少		
興寧	米穀	百日早，嘉慶早，海禾，矮子禾	所屬各區			本縣糧食不足三個月
	雜糧	麥，芋，甘薯	所屬各區	甚少		
	甘蔗		所屬各區均有生產其中以刁坊爲最多	二十餘萬担	多運往梅縣等處	
梅縣	米穀	早子穀，糯穀，番薯穀，降粘等	所屬各區			

	雜糧	大小麥，甘薯，花生，芋等	所屬各區			
	茶		清涼山，三台山，蛤冊山，石坑等地	三千担		
	木炭		丙村，雁洋，西陽，畲山，石扇等地	三十萬担	運往潮汕一帶	
	松杉		松源堡	二十萬元	同右	
	鷄		所屬各區	二萬餘担	除本縣銷售外多運往大埔	
豐順	米穀	糯，粘等	所屬各區	四十五萬担		本縣產量只夠全縣人民四月糧食
	雜糧	薯，芋，粟，麥	所屬各區	五十萬担		
	竹		第二四區	二十餘萬元	運往潮汕一帶	
	柴炭		所屬各區	七十萬元	同右	
潮安	米穀	銀魚，湖溝等	所屬各區			本縣產額只够全縣三月之糧
	柑橘	蜜柑，蕉柑，雪柑，桔等	第二四七區	二百萬元	多運往天津，香港，廣州，南洋等地	
	雜果	蕉，白欖，梅，龍眼，柿等	第二、四區	八十萬元	多運往汕頭及附近各縣	
澄海	米穀	仰光，烏葉，銀魚，矮稀，烏壳等	所屬各區	四十餘萬石		本縣產額只够本縣六個月之糧食
	雜糧	甘薯，大小麥，玉蜀黍，花生，黃豆等	同右	三百萬担		
	蔬菜	西瓜，蘿蔔，芥菜等	第五七八區	一百萬元	多運往南洋群島一帶	
	鹹草		第七區	一萬六千担	汕頭，南洋等地	

揭陽	米穀	北種，百日早，銀魚，龍牙仔	所屬各區	三百萬元	運銷潮安，汕頭，豐順，普寧，一帶	除供自給外年餘數十萬石
	甘薯		所屬各區	數十萬担		
	蔗糖		第三四六區			
	蘿蔔		第四區	十五萬担	安南，暹羅，緬甸一帶	
普寧	米穀	百日早，龍牙，銀魚，紅種	所屬各區			勉強足食
	柑		第一八區	五十萬担	汕頭，天津，廣州，南洋等地	
	雜果	柿，烏欖，梅等	洑水，鐵都等地			
	蒜頭		所屬各區		運銷南洋各地	
潮陽	米穀	東莞白，糯快種，綫種等	所屬各區			自給不足
	雜糧	甘薯，玉蜀黍，花生，大豆，赤豆，麥，烏豆等	所屬各區	二百萬元以上	薯粉多運銷汕頭韓江一帶	
	雜果	柑，柿，楊梅，李，鳳梨，梨等	同右		除供本縣外多運往汕頭	
	蔗糖		第一六七八區	數十萬元	運銷汕頭一帶	
陸豐	米穀	早赤，山東白，赤壳，大肚白等	所屬各區			每年缺乏三十萬担
	雜糧	甘薯，花生	所屬各區	一百五十萬担	運銷於潮汕一帶	
	蔗糖		同右	二萬担	同右	
	蒜		同右	五萬担	運銷汕港	

	(附)水產		碣石，甲子，金廂，東湖等區	八萬担	同　　右	
惠　來	米　穀	饒平種，川赤種，夜公赤，田赤等	所屬各區			全縣產額僅足本縣三季之粮食
	雜　粮	麥，甘薯，花生	所屬各區	三萬担		
	蔗　糖		第一二三四區	一百萬元	多運銷汕頭等地	
	雜　果	荔枝，柑橘，梅，梨，烏欖	所屬各區	三萬餘担	同　　右	
	(附)水產			八十五萬元		
海　豐	米　穀	東莞白，紅脚赤油粘，芒公慢等	所屬各區			全年缺乏粮食約九萬担
	雜　粮	甘薯，芋，大豆等	所屬各區	一百二十萬担	多運銷汕尾等處	
	畜　產	牛 猪		一五六〇頭一三四〇〇頭	多運銷廣州，香港，汕頭等地	
		雞 習		二一二〇件一三〇〇〇件	同　　右	每件約值三十餘元
	(附)水產	水　貨 海　味	汕尾，馬鬃，后門，田乾	一二五〇〇〇〇件七〇〇〇〇〇〇斤	同　　右	每件約卅七元

（出自《农声》第二〇二期，一九三六年）

四會廣寧二縣之農林調查記

李展奇

第二編 廣寧縣之農林

第一章 廣寧縣之農林概況

廣寧縣山多田少。其農業殆無足觀。以言糧食、類。每年禾稻產額。僅敷全縣四五月之食。其他南階之香橼。曲水之柑橙。江谷之葵草。雖有輸出於外。然爲量不多。品質平常。至花生芋薯等。農人類皆自種少許以供家用。要而言之。求一主要農作物爲出產大宗著名於世者。殆未之聞。蓋平田既少。無農業發展之地步。固莫如何也。惟林業則頗發達。蓋其山多高峻。土質頗稱肥潤。以造林木。大都適宜。且田既少而不足耕。自不得不轉趨乎山林之作業。而其農民罕與都會交接。大都忍耐勤儉。能保農家本色。故造林具有可觀也。余此次調查時。初至四會。觸目類皆童山。及溯綏江而上。入廣寧縣界。經石狗、黃田、春水、等以至縣城。沿途所見。幾於無山不樹。綠色濃陰。森森滿目。與四會殆有霄壤之判。今試就全縣林木概況言之。沿綏江及各支流之兩岸多種竹。縣之東部及東北部多種松及茶。南部多種石果、山松、荷木、山竹、茶油樹、落葭。西部西北部與懷集交界處多種杉。此其大略也。今夫附省如南順等縣。山少田多。擁有廣大肥沃之平原。其所植農作物。快者年收數造。少亦一造。收成速而獲利捷。以視乎廣寧之山農。須種植十數年或數十年後。始有利之可獲者。未嘗不竊笑其緩。顧無何而水旱見告矣。無何而虫病發生矣。失收時聞。凶年屢嘆。以較之經營林業如廣寧者。無水旱之虞。無虫病之害。其收成時期雖覺遲緩。而一達成林以後。生生不已。採之無盡。管理又極單簡。幾於年年坐食其利。又能不恍然於林業之未可輕視耶。且觀廣寧以多種林木故能涵養水源。坑水分布乎四境。雖鮮可以通航運。而取資灌溉。使農作物無旱乾之虞。則獲益正自不少。林業興而農業并受其利。從可觀矣。林業與農業實相濟以成。而不可偏廢。更從可悟矣。吾國林業頹廢。荒山遍地。而如廣寧者。其造林規模。雖未若歐美之宏遠而完備。然固具有可資參考研究者在也。顧該縣之造林者。究仍有缺點。即以保守性重。而進取念輕。往往承其先祖造下之林。至今尚因仍舊貫。縱明知改造之較為有利。亦憚於更作者。故以彼今日之林業與百年前相較。當無甚顯著之進步。欲企斯業之愈益發達。當先闡開通風氣。貫輸以林學新識也。

第二章　廣寧縣之重要農林作物

（一）青竹

青竹葉中大而修整。普通離地十節以上始發枝葉。各節相距甚長。（最長者可一尺四五寸）節結平細。竹質甚韌。其種於地者別名地竹。種於山者名山竹。品種同一。而因所植之地不同。產品之形質與用途遂異。當以分別名稱為便也。查地竹幹較長大。適於製器用。收益與價格均優於山竹。山竹幹較短小。大抵供破篾、造籮、及製紙原料用耳。然此特就普通一般而言。若十分肥沃之山。其所產竹固直可與地竹抗衡也。

栽植情形及產額　該縣林木出產。當以青竹爲最多。試自綏江溯流而上。一入廣寧縣界。便覺沿岸竹林。數十里絡繹不絕。不禁令人想及廣寧竹之諺。信非虛語。試查其栽培面積。當以縣屬之新招舖、拆石舖、官塘舖、爲最多。石澗舖、曲水舖、羅坑舖、平岡舖、思舖、永太舖、（該縣地方約共分　十舖）次之。其他各舖亦有多少至產額。以彼素無統計。未得其詳。但據四會倉岡墟竹行廣亨號司理羅元綱君所說。每年廣寧竹輸出量約如下。

輸出地名及把數約計	每把重量	伸算總重量
南海鹽行八十餘萬把	五十餘斤	四千餘萬斤
省城佛山石灣共四十萬把	六十斤	二千四百萬斤
陳村四十三萬把	六十斤	二千六百萬斤
橫江五萬把	百斤	五百萬斤
肇慶		百萬斤
四會大沙一萬八千把	四十餘斤	七十餘萬斤
四會倉岡墟約十五轉	每轉二萬斤	三十萬斤
另船頭散沽約十萬把	五十餘斤	五百餘萬斤
合計每年輸出竹量		約一萬萬餘斤

另銷於該縣內地者。地竹約占全產額百分之五。山竹約占百分之十云。

氣候土質

一、宜稍陰之地　竹以莖幹長大。皮色青綠爲上。惟光線稍弱之地。始可得此。若陽地種竹。不特生長較難。且皮色帶黃。收量品質均不及也。故以平地言。則園內之竹勝於園邊。以山地言。則最喜高山間之深谷。而山腳勝於山頂。山北勝於山南。獨立而四面開豁之山。不如互相遮護之叢山也。

二、宜乾濕適宜之地　竹雖比一般農作物較耐旱濕。然過旱過濕。亦屬不宜。過旱則水分不足。根難伸長。因而出筍稀弱。莖幹短小。甚致有開花之病。過濕則發根亦難。且每易腐。又竹當春夏抽筍之際。若遇水浸過筍尾。僅二三日猶可。至浸五七日以上。則筍多數腐死矣。試觀竹生在距水面三尺許之岸邊者。必較秀茂。是亦竹喜乾濕適宜之証也。

三、表土宜厚　竹之根甚長。若表土薄者。則有礙其伸長。彼山地之竹每不及乎桑地者。殆表土較薄。爲其一要因也。大抵最適者爲河邊之冲積土。蓋以其由各處土質被水運至某地沉澱而成。則表土自厚也。

四、土質宜砂粘適中　其此土質者。亦大抵爲流水冲積而成之幼砂泥土。若砂質土瘠而且旱。所種之竹。必較短小。粘質土韌而多濕。雖比砂土較肥。而所產竹往往幹大節短。囊厚質脆。不堪作上竹論。

五、地宜平不宜斜　斜地易旱。且難蓄養分。彼山竹不及地竹者。以地勢傾斜。亦其一原因也。

由上數端觀之。則竹之適於何種風土。可推而知矣。

種法

一、種期　宜於春社前至清明。擇天氣濕潤溫和無北風之日。

二、採種　凡竹種概用山竹。蓋以用地竹則頭大難挖。成本重而生長亦不如用山竹者之佳云。採種法即以竹鑿挖採山竹。單枝連頭爲一科。或數枝連頭成束爲一科。挖起後。除去細根。每枝僅留下部三節。而由第四節下方寸許處截斷之。俾第三節上方餘竹管數寸。以便灌水。又或更用黃泥漿糊過竹頭(或不用亦可)然後定植或假植。凡竹秧以成束種下者爲佳。彼種單枝者。殊不及也。然成束之竹秧。鋤掘既難。且或掘起後。更假植於苗圃一二年。然後取而定植。工本固較單枝竹秧掘起即行定植者爲鉅。故其價值自較昂。惟平地種竹將來入息厚者用之。若山地則俱用單枝竹秧。以圖省本也。

竹秧圖

第四節

共留三節

須除去之細根

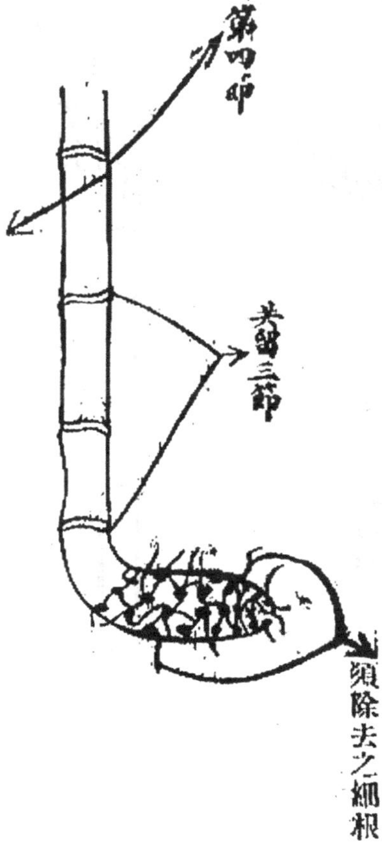

三、山地移植　最好上年先種芋薯或其他雜粮一次。然後於本年種竹。但無論如何。必須於上年秋冬間掘翻泥土。任日曝晒。至本年春社前乃行移植。法以竹鑿作穴。深二三寸。濶四寸。置下竹秧一科。其竹頭先端宜內向。并以竹鑿略壓之使人泥。然後覆土踏實。凡種竹無論山與平地每科均距離四尺。每畝約用竹秧三百六七十株。植後酌行淋水。其法要向上端竹簪斟滿。并澆及根部。如是經一月後。便由節部發芽矣。

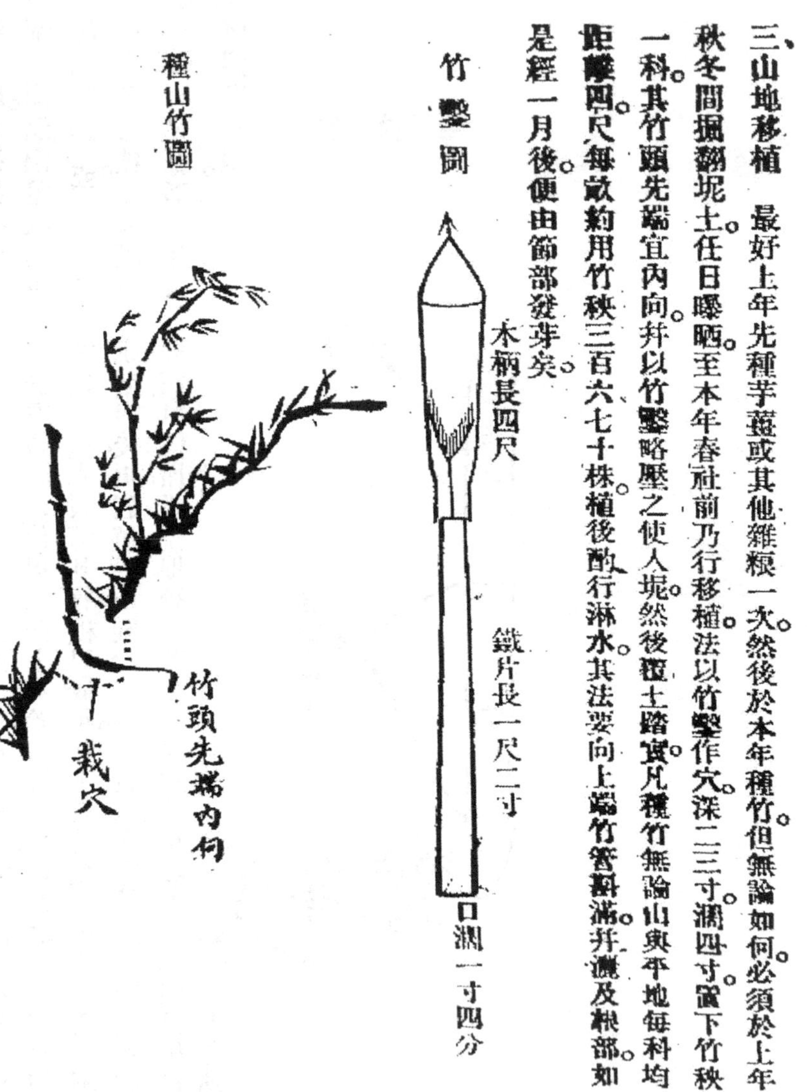

竹鑿圖

種山竹圖

四、平地移植　於上年冬間犂翻田土。至本年移植。法與前同。又平地種竹之初年。每有起畦植竹於其上。而夾種以其他農作物者。

管理　地竹管理較山竹爲雜。約山竹每常工一名可管百畝之地。地竹則常工一名僅管三四十畝耳。其事務如下。

一、除草　年行一次。或二年三年行一次。多於秋冬間行之。法以鋤連泥反轉。不用牛犂。恐傷竹根也。

二、排水　平地竹園每有積水。大碍竹之生長。宜挑溝排去之。至溝之大小深淺。因地酌定。大抵面積百畝之竹園。類有三五條深闊四五尺之大溝。及零星之小溝也。

三、補植　通常竹種後廿年多開花。然亦有數年即開花者。亦有數十年不開花者。凡竹經開花者必死。須掘去補植新秧。

四、留竹　年年任筍發生多少。不須行汰弱留强之事。惟留竹常分四等。即祖、父、子、孫、是也。發生經四年者爲祖竹。三年者爲父竹。二年者爲子竹。現年生之筍爲孫竹。凡祖竹始可伐。採父竹以下概不可伐。故須按上四等逐年留之。

五、除虫　虫害最甚者爲筍擒。乃茶褐色之甲虫。口都有一長吻。前翅角質。後翅膜質。體之大小則因竹而異。生於地竹者。體長八九分。闊約四五分。生於山竹者。不過長約五六分。闊三分耳。發生期爲舊歷六七月。治法用竹笠捕殺之。笋擒害產卵於當年生竹笋之尾部。卵黃白色。如稻米大。其產卵處有傷痕腫起。宜以尖嘴之刀刮去之。否則此卵化爲幼虫。是名笋蛆。笋蛆頭尾部尖小。腹部大。全體如橄核狀。而較扁。其大小亦因竹而異。生於地竹者。約長八九分。闊四分。生於山竹者。則較小。其爲害蝕入幹內。由虫孔流出黃液。舊歷八九月間老熟。則咬斷笋尾。鑽入地下。經一二時。即入土中。翌年復化笋擒爲害。治法宜隨時巡行園中。見笋有現傷痕流出黃液者。以鐵線捕殺之。見笋尾墜地者。即拾之。查有虫否。若無。即此虫已入地。可抓土搜殺之。笋蛆用以作食用。味頗美。當其墜下期節。每有兒童來園尋拾云。而笋經被其咬斷者。不能長成大竹。只可作下竹用耳。此外又有一種名鷄毑虫者。專在土中食害竹根。能令竹開花以死。治法甚難云。凡山竹害虫。常較地竹爲多也。

保護　保護不力。偷伐時聞。此爲造林失敗之重大原因。前述四會林業可鑒也。惟廣寧對於此者。辦法頗善。余觀多數地竹園。皆以刀向各竹幹劃一記號。以防爲人盜伐。易於稽查。又各地設有竹會。會中所辦者。不限於偷竹事件。凡有盜及各種林木者。皆按會章懲治。殆一山林保護會也。特因該縣林木以竹爲最多。故名竹會云爾。此會與其林業之發達。至有關係。凡造林者不可不參考之也。茲據春水坊竹會總理羅銘三君面述竹會章程如次。

一、本會以保護竹木協防盜伐爲宗旨。

一、如見人盜伐竹木。即來會報信者。由會酬賞花紅銀一元至二元正。當堂連賍帶賊捉獲到會者。

由會酌賞花紅銀五元至十元正。

一、盜伐竹木者。由會員公議罰欵若干。如不照數交出者。送縣官究治。

一、所得罰欵。會取四成。失主取六成。

一、捉賊所有一切費用。會出四成。失主出六成。

一、各會友每年可收竹萬斤者。一次過科銀五毫。二萬斤者科銀一元。爲入會基本金。多少照此計算。

一、本會設總理一人。協理三人。會員無定額。

收獲及收量　竹經年愈久而愈長大。品質亦愈良。過嫩之竹。質脆不適於用。通常生長經四年者始可伐採。又植秧後五年始有收獲。以後年伐一次。伐竹季節爲舊歷正月至四月。及九月至十二月。蓋在七月筍尚未高而嫩。伐竹易被誤傷。不宜也。至收量地竹每畝約二三千斤。山竹則五六百斤耳。

銷路及價格　從前多由四會倉岡墟竹行收買。轉售各處。近則惟新會縣江門商人向該竹行承買。其他各埠商人。多直到廣寧竹園。就地看貨議價交易。至價格或全園統計。或分等而議。全園統計者。統全園現年合伐之竹。不論多少優劣。價格一律。分等而議者。伐後分竹爲上中下三等而定價格之高下。大抵徑一寸二分以上。長約三丈。每株可重十斤至廿斤者。爲上竹。徑八分至一寸許。

每株重約五六斤至七八斤者。爲中竹。徑五六分以下。每株重不及五六斤者。爲下竹。又秤竹用九八碼秤交銀照九九六天平。除伐竹由買家料理外。其他運搬等費。均係買家自出。茲將近數年地竹價格略列如次。

民國元年至七年每竹萬斤價銀

上竹七十元　中竹六十元　下竹五十元

現年正月至五月每竹萬斤價銀

上竹六十元　中竹五十元　下竹四十元

按現年數月間竹價大跌。吾友羅煥章兄有大竹園在黃田地方。其竹可居中上等。余到調查時。適定價沽竹全園統計每萬斤價銀五十二元耳。

以上係論地竹價格。至山竹優等者價格約等於地竹之中下者。然亦罕矣。通常山竹之長大作可破篾用者。每百斤價銀三毫半至四毫。次者作織竹用。每百斤價銀一錢八九分。最下者供製紙用。俗名紙竹。每百斤價銀一錢五六分耳。

種地竹收支概算以種地竹四十畝歷廿五年計

支出表

費目	支出額	數量	單價	備考

种山竹收支概算

種山竹收支概算

支出表以山地百畝種廿五年計

費目	支出額	數量	單價	備考
地租	六〇〇〇、元	四〇畝	每畝年租六元	
種苗	八八八、	一四八〇〇束	每束銀六仙	
整地工	三六、〇	一二〇工	每工銀三毫	
種植工	四四、四	一四八工	每工銀三毫	每工日種百束
管理常年工一名	一二五〇、	二五年	每年工食銀五十元	
伐竹工	六三〇、	二一〇〇工	每工銀三毫	每次伐竹十萬斤須工百名共伐廿一次
合計	八八四八、四			

收入表

年度	每年收竹量	總收量	每萬斤價格	總值
自五年至廿五年	十萬斤	二百一十萬斤	六十元	一二六〇〇

收支比較得純利銀三千七百五十一元四毫

平均每年純利 一五〇、九六元

山地息銀	五〇〇、元	百畝	每畝年息二毫　山地罕有租佃。但中等山百畝約值五百元。以四厘週息計。每年應有息銀廿元。下仿此。
種苗	一一一、	三萬七千株	每萬株銀卅元
墾地工	六〇、	二百工	
種植工	三六、九	百廿三工	每工銀三毫　每工日種三百株
常年管理工一名	一二五〇、	廿五年	每年工食銀五十元
伐竹工	七八七、五	二千六百廿五工	每工銀三毫　每次伐竹五萬斤須工百廿五名共伐廿一次
合計	二七四五、四		

收入表

年度	每年收量	總收量	每萬斤價銀	總值
自五年至廿五年	五萬斤	百零五萬斤	卅元	三一五〇、元

收支比較得純利銀四〇四、六元

平均每年純利銀　一六、一八四

（附）其他各竹

該縣除上述之靑竹外。尚有撐篙竹、苗竹、籣竹、文笋竹、四種。雖無大宗出產。然連類及之。亦可爲研究種竹者之一助也。

撑篙竹　種於平地及山脚。皮色青而較暗。不若青竹之滑澤也。節粗大突起。各節距離約八九寸至一尺。離地三四節便出枝葉。葉幼而多。幹徑寸餘。肉厚約三分。質硬。作撑篙及搭棚竹等用。收量每畝約二千斤。每百斤價銀四五毫。

苗竹　亦種於平地及山脚。各節距離三寸許。離地四五尺便出枝。葉頗長大。幹徑寸餘。肉厚三分。質韌而硬。其枝作竹掃用。其穉質韌。作塡香粉笠底用。每百斤價一兩。其筍味亞於甜筍。可食。其幹生長頗難。種後十年始可斬伐。收量每畝約二千斤。每百斤價一元二三毫。供作担竿、竹椅、竹盤、及船篷用。

蔬竹　亦種於平地及山脚。葉長五寸許。闊寸餘。各節相距一尺。幹徑大約三四寸。肉厚三四分。質硬而脆。每幹重、可四五十斤至七八十斤。其葉製雨帽及香粉笠船篷用。每乾葉一斤錢四文。其筍用水浸過可食。又可製筍衣及酸筍。其幹供製竹枕、竹椅、竹床、等用。每百斤價銀三四毫。

文筍竹　以產於近縣城之扶樓嶺者爲最有名。葉幼。枝多。幹短而小。徑約五六分耳。其筍自舊曆正月有收。至四月中旬止。如拇指大。供食用。味頗佳。

（附）製紙

該縣之製紙法與四會同。茲不復贅。惟其取材尤近。成本益輕。斯營利亦自較易。是以其發起雖後於四會。而至今則將有與之抗衡之勢。他不具論。就春水地方言之。宣統元年間。統計槽隻不過七十餘。現則增至百二三十槽隻。每年出紙十餘萬股云。茲將其收支概算于下。

支出表以笋把一個造紙一股計

費目	支出額	備考
笋把一个	三、分三	
浸把工	○、二	
石灰五斤	二、五	
斬把工	○、六	
舂碎工	二、○	
繰紙一股工	四、○	每工日可製紙四股
做晒起紙一股工	一、八	
槽隻租	○、六	每槽隻年租五兩約可共出紙八九百股
合計	一五、○	

收入

紙一股沽諸春水街商人　現在價銀一錢八分

收支比較得純利銀三分

（二）杉

產額及栽植情形　綏江杉之每年產額未詳。惟據四會倉岡墟海安杉行司事梁儼之君云。懷集縣產約占五之三。廣寧縣產約占五之二。而總值則每年約銀卅萬兩。二縣植杉分糠蕊青蕊二種。懷集青蕊杉占三之二。糠蕊杉占三之一。廣寧則二者各居半數。又廣寧種杉地方。以與懷集交界之西北部爲多。其他不過於松竹林中夾植少數而已。

品種概說　糠蕊杉木質浮脆。成長迅速。然生卅年間便多通心。故宜擇黑土深一尺以上鬆浮肥潤者種之。使易於長大。得以及時伐採。若種諸瘠劣土地。則發生較緩。恐未長大合度而已通心矣。凡良好之地。種後十八年。約徑四寸。高丈五六尺。至廿五六年。約徑八寸。高三丈。伐採即須於此數年間行之。過此則通心而不適用也。此杉之用途。適於鋸板。蓋以幹身圓直。而頭大尾小。若筝狀然。能出多板也。青蕊杉木質堅實。成長遲緩。然愈老愈佳。永不通心。利於遲收。故可於土質稍次者種之。種後五十年。始可與糠蕊生十八年者同其高大。然至百年後。則局亮不復增高。惟幹身加大。杉骨加多而已。其生至百四五十年者。約徑尺餘。高三丈。頭尾勻稱。乃稱最佳之杉也。其用途大宗。爲供建築材料云。

土質　地位宜陰。宜避風。土質宜鬆軟肥潤。故以高山之腳與深谷含有機質腐植土多者。爲最適。

種法　淸明前後行插枝繁殖。法以刀伐採杉之嫩枝長二三尺徑三四分者。削其下端。成尖三角形。每距四尺揷下一株。約入土五六寸。最好於上年先種芋蔬等。而本年種杉。次爲前種松而後種杉。至種植工銀。不須現交。多少亦無一定。惟將種時種工與業主預立契約。日後沽杉際所得之值。照約分取。業主値若干成。種工値若干成。其各値成數。以山之遠近。來往之難易而定。多少。通常則業主値四分之三。種工値四分之一。云。故該地往往有今日爲人種杉。至其子孫始獲收工銀者。亦異聞也。

管理　病虫害甚少。管理單簡。其山較僻遠者。殆種後即坐待收成。無管理也。惟種生四五年後。杉高五六尺至一丈時。勤者每酌行鈎枝。以速其增高。惰者亦不理也。

收穫

一、**伐採年齡**　糠蕊杉種後十八年至廿六七年伐採。青蕊杉種後五十年至百餘年伐採。

二、**伐採季節**　最適者爲舊曆十月初旬。是時杉質結實。木色黃白優美。次爲秋分。品質亞於前者。又次爲夏至。品質中等。色白。又其次爲春分。斯時杉身水分足而鬆浮。但品質平常也。杉之伐採季節。惟上四者。此外舊曆十月下旬至十一二月。天氣寒冷。杉皮過結。伐後不易脫下。清明後杉生機初發。身有皮衣。皆不宜於伐採也。

三、**伐採方法**　先將各杉枝僅留尺許。餘悉鈎去。全體望之。狀如有柄之球。乃暫置約四十日。俾排去水分多少後。即剝開下部皮。以便用斧斫斷之。隨更去盡外皮及枝球。截成長一丈二尺一條。可以搬運求售矣。按杉如上鈎枝放置四十日。可即斫伐。過時則太乾。不及時則水分過多。每易生虫。且放水際。常致因太重而沉下云。

四伐採工值　因路遠近及杉大小而定。太抵每條約給伐採工銀一分六厘至二分四厘。

銷路　業主大抵將全山杉木拌賣與人。承買者、將杉伐後放水流至四會倉岡墟轉賣諸各杉行。各杉行再轉賣諸各埠。最多者為省城。次陳村。次佛山。又次瀾石江門九江云。

價格　通例按拍議價。每拍長一丈二尺。幅二尺五寸。杉之大者每四條為一拍。其他五條、六條、七條、八條、不等。以上為長度杉。另有短度杉。則每條長六尺。而十二條為一拍。或廿一條為一拍。或七把為一拍云。價值早晚不同。茲略述如下。

拍別	各年正月每拍價格 丁巳	戊午	現年
丈二長四條拍	八、四両	七、〇両	六、四両
仝五條拍	四、七	四、二	三、七
仝六條拍	三、五	三、一	二、七
仝七條拍	二、四	二、一	一、七
仝八條拍	一、九	一、八	一、三

以上為糠蕊杉價

至青蕊杉價銀。通常四條拍比糯蕊杉多二兩。五條拍多一兩。六條拍多八錢。七條拍多七錢。八條拍多六錢云。

又每條長六尺之短度杉。現年價銀十二條拍二兩五錢。廿一條拍一兩九錢。七把一拍者二兩云。

餘論　以上均據梁儼之君面述。梁君作杉商數十年。於箇中情形言之綦詳。他又云杉稅征收頗爲複雜。即懷集一抽。四會城一抽。三水河口一抽。沿途征稅有行厘、坐厘、台炮經費之別。曾憶光緒年間。(在始創厘金制後四十六年約係光緒廿二年云)經由全省巨商聯合各行試行包辦。年納欵四百萬於政府。此外盈虧由商家担任。政府不容過問。試辦一年。成效大著。各行稱便。後以人心不一。各思自利。不得已罷手。復交還政府辦理。以迄於今。詎意各行納厘均較包辦時爲重且苦。而政府年中所入厘金。不過百餘萬。則其間中飽於官吏者不知凡幾。可慨也。梁君又云論杉之品質。以北江清華杉爲第一。但現已甚少輸出。其他之北江杉。則屬平常。西江杉以產自撫江者爲佳。柳州爲次。然世人每稱道柳州杉者。則徒嘗其杉身最大而未察及木質也。至東江杉則推爲最下。而廣寧懷集杉(綏江杉)則可居中上之列云。

(三)石果

石果科屬未詳。乃常綠樹。葉尖長爲披針形。互生。樹皮多膠質。木材堅實。供製香粉及燃料用。此樹生長容易。萌芽力强。舊歷十二月開花。至翌年清明前後果熟。

栽植情形　石果木以供製香粉用為大宗。從前神權發達。香粉價昂。故人多相率種之。今雖香粉之價日低。然已種者類安故常。不圖改植。且其木除供製香粉外。以作燃料。少烟耐火。紙綵家每喜用之。沽價頗優。故獲利仍相當也。今查全縣中以程村舖、曲水舖、西岸舖種植石果為最多。次則拆石舖、新招舖、官塘舖。其他各處亦有多少。試就西岸舖中之春水地方而論。每年亦可出香粉七八百萬斤。可知其栽植之盛矣。

種法　石果不擇土質。俱用山地種之。法於上年冬間燒除雜草。鋤轉泥土。至本年清明前後。取核點播。每橫直距離一尺。以小鋤作坎。播下三四粒。覆土一寸。約一月後便發芽。種石果之地。通常每隔數尺遠夾種以山松、荷木、杉、薯莨等。惟竹則不宜。以其生勢過盛。恐碍石果之生機也。又於種植初年。及每次斫伐後。可夾種以芋、薯、豆、粟等。則不特增多別項收入。且令石果生長倍盛也。此樹管理頗簡。無施肥。無剪枝。無病虫害。但每伐木一次後。除草一次耳。

收獲　種後五年。高五六尺。徑七八分至一寸。便可刈伐。法如通常冬天之斬桑枝。向頭部全株刈斷。刈伐季節。最適者為舊歷十二月、正月。以方春初易於萌芽也。然此外二月至五月、八月至十一月。亦無妨。惟六七月則不宜。以時方酷暑。恐伐後萌芽為烈日所傷。致窒生機也。此樹伐後能自萌芽。不須再播。以後每隔三四年伐一次。每畝每次收量一千斤至二千餘斤。

銷路及價格　通常沽諸本地之製香粉廠。濕木每百斤價銀二毫至二毫五仙。乾木則三毫至四毫餘。又選石果木之粗大而皮老者。削取淨皮沽之名爲石皮。每百斤價銀九毫至一元五毫。（每石果木百斤。可削石皮卅斤。每工日可削得石皮七八十斤）其削皮殘餘之木。作燃料用者。每百斤價銀三四毫。

收支概算以山地百畝種植五十年計

支出表

費目	支出額	數量	單價	備考
山地息銀	一〇〇〇元	百畝	每畝年一毫	
種子	三〇	十石	每石銀三元	
整地播種	九〇	三百工	每工銀三毫	
中耕除草	九六〇	三千二百工	仝右	每伐木一次除草一次約共十六次又山地除草較易
伐木工	七二〇	二千四百工	仝右	伐木十六次每次百五十工每工日可伐濕木一千斤
合計	二八〇〇			

收入表

伐木次數	每次濕木收量	總收量	每萬收價	總值
十六次	十五萬斤	二百四十萬斤	廿元	四八〇〇元

收支比較得總純利　　二千元

平均每年純利　　四十元

（附）製香粉業

該縣林產製造除製紙業外。當以香粉業爲大宗。茲約略述之。

香粉凡分三種。一、石青粉。二、石膠粉。三、青粉。

石青粉之製法　以石果全木爲原料。先將石果連皮帶木削片。每片約長七八分。厚一分。晒乾。乃放入水碓舂之。水碓前述之舂紙者同。但四圍築一密室遮之。以免舂時香粉飛散各處。舂碎後。以篩篩取精者。其粗者入碓再舂。余所見之某製香粉廠（近舂水坊桑田壟村幾者惜忘廠號）。其水碓共裝坎六個。每日可出石青粉二百斤。每百斤價銀八九毫。供製中上香用。

石膠粉之製法　以淨石皮爲原料。舂碎法同上。但水碓坎六個。日可出粉三百斤。每百斤價銀一元八毫至二元五毫。供製塔香及上等香用。

青粉之製法　以雜樹葉爲原料。水碓坎六个。日可出粉四百斤。每百斤價銀四五毫。

銷路　以上各香粉用竹笠裝載。沽諸舂水街商店。各商店轉沽於陳村省城汕頭爲多。次則江門小欖等處。

此業以近年神權衰落。香粉價低。營利概難。然以其爲該縣工業之一大宗。故並列其收支概算如下。

製石靑粉支出表

費目	支出額
乾石果木二百斤	〇、元七
製粉竹笠遲個	〇、二二
工人一名	〇、三
水碓租	〇、〇六
沽貨担工	〇、一
合計	一、三八

收入

石靑粉二百斤　價銀一元七毫

收支比較得純利三毫二仙

製石膠粉收支概算

支出表

費目	支出額

項目	數目	附註
石皮三百斤	三、元九	
竹笠六個	〇、二八	
工人二名	〇、六	此粉要舂至精細故需工較多
水碓租	〇、〇六	
沽貨担工	〇、一五	
合計	四、八九	

收入

石膠粉三百斤	價銀六元
收支比較得純利	一元一毫一仙

(四)荷木

荷木生長不擇土質。木材堅實。作柴薪用。燃燒力甚強。蓋雜柴中之著名者。世人所熟知也。

種法　有搜掘野生苗作種者。有向人購苗者(每百株常價五六仙)有自行播種育苗者。其播種法。於上年霜降後收種。至本年二月作苗床播下。翌春苗高六七寸。可行移植。法選春天濕潤和暖之日。每橫直距離二尺五寸至三尺作穴。植下一株。每畝約植六百五十株。至九百四十株。通常多與石果夾植。每石果二株夾種荷木一株。植後遇旱天酌行淋水。荷木比石果長大雖緩。而生勢尤強管理種苗。惟樹高五六尺以後。每年或間年以鈎鐮鈎枝一次。鈎下之枝束成柴把沽之。

收穫　種後十年。約樹高丈餘。徑二寸。斯時可行斫伐。伐法同石果。伐後能自萌芽。不須再播。以後每隔五六年伐一次。每次每畝收量二三千至四五千斤。另鈎枝時所得之枝。每次每畝亦可數百斤。

價格及銷路　濕木每斤價銀二錢。乾者四毫。荷枝每百斤價銀二毫五仙。均照沽諸本地柴商計。柴商收買後。又轉沽各處。

收支概算以山地百畝種五十年計

支出表

費目	支出額	數量	單價	備考
山地息銀	一〇〇〇。元	百畝	每畝年息一毫	
種苗	六六	六萬六千株	每萬株十元	以每株距三尺計每畝約須六百六十株
整地種植	九〇、	三百工	每工三毫	
伐木	九六〇	八次共須三千二百工	仝	每人日伐木七八百斤每次伐木卅萬斤約須四百工
運木至河步費	一二〇〇	八次共木二萬四千担	每担運費五仙	以山地距河步十里內計

合計　三五一六

收入表

伐木次數	每次收量	總收量	每萬斤價格	總值
八次	卅萬斤	二百四十萬斤	卅五元	八四〇〇元

收支比較得總純利　平均純利　百〇一元六毫八仙

(五)山松

種法　秋冬間燒除雜草。鋤翻泥土。然後種植。則松之發生倍速。此余在春水附近親見者也。但當有全不整地。即行種植者。種法有植苗。有播種。前法先作苗床播種育苗。至高四五寸時移植。每坎一株。適期爲舊歷十二月至正月。後法於霜降後收種。十二月至正二三月直播於山地。每坎四五粒。種松有與石果荷木等、夾植。或單純植。單純植者。每株距離一尺五六寸。與石果等夾植者。每株距離三尺。種後五六年。樹高五六尺時。每年汰枝一次。即以鐮鈎去下部之枝。大抵每株汰枝三分之一。使合其生長弱而枝少者或全不汰之。汰枝適中。固能促松之長大。而過度則又反窒松之生機。以致衰弱也。除汰枝外。無何等之管理。

收獲　種後十五年。徑二寸許。高丈餘。可行斫伐。然通常生至十七八年。徑三寸左右時。斫伐者較多。伐後截成截。每條尺餘長。幷去其皮。存淨木出賣。每工日伐松、連截斷、去皮。可得濕木五百斤。單純植松經十八年間始砍伐者。每畝收量一萬三四千斤至萬八九千斤。另每汰枝一次。每畝可得柴枝數百斤。

價格及銷路　乾松木每百斤價銀二毫五仙至三毫。乾松枝每百斤價銀二毫五仙至三毫五仙。均照沽諸本地柴商計。其有大宗松柴。則有自行放坑流至綏江邊再用船運去省佛等處發賣。是名流坑松。其價格自較沽諸本地者爲優也。夫松木以供燃料爲大宗。世人固熟知之。上所言價格。亦係照作柴計算。若歷年久遠之老大松樹。即以改作別項用途爲較得優價。如作站板、木壢、連州磨齒、船板、等是也。又近來造火柴廠需用松木頗多。其出價比作柴賣者爲高。其所需松木亦不甚粗大。余在春水街見有標貼收買此項松木者。大意云「不拘乾濕。不用去皮。以每條要鋸成足排錢尺八寸或一尺六寸。徑口濶以除皮有五寸以上至一尺、爲合度。紐紋有節者不取。每百斤價銀二錢二分云」。查該處松柴。濕者每百斤不過價銀二毫。且須去皮。而改作製火柴料用。則濕木連皮。轉得每百斤銀二錢二之優價。可知造林者對于各木之用途、與買賣行情。須隨時詳查也。

收支概算

支出表

費目	支出額	數量	單價	備考
山地息銀	三六〇元	百畝	每畝年息二毫	以種植十八年計

種子	一、	五升	每升二毫	
整地播種	六〇、	二百工	每工三毫	
伐木	一二五、二五	一萬五千担	每担工值八仙三五	原係每担工值五分今改作毫計
運木至河步費	七五〇、	仝	每担五仙	以山地距河步十里以內計
合計	二四二、三五			

收入表

每畝收量	總收量	每萬斤價格	總值
一萬五千斤	百五十萬斤	二八、元	四二〇〇元

收支比較得總純利　一七七六五

平均每年純利九十三元一毫餘

（六）藜蒴

藜蒴葉長大。形似白玉蘭葉。而色較深綠。多而且密。望之殆滿蓋全山。曾無隙處。生長力比果里荷木尤强。伐後能自萌芽。無須再播。木質不甚硬。供燃料用。收成速。收量甚豐。但該縣從前種此者尚少。近來始喜種之。

種法　此樹以枝葉茂密。故造單純林者多。然亦間有與松夾植者。霜降後收種。舊曆十二月至正二三月播下。每坎三粒。距離二尺五寸至三尺。未種之先。行除草鬆土。種後二三年。便枝葉密蔭。雜草不生。又無剪枝無病虫害。殆不須管理云。

收穫　種後五年。徑二寸左右。高四五尺。可行斫伐。以後每隔三四年伐一次。伐時擇取正幹徑寸半以上者。綑成柴碌發賣。其餘小枝斬為二尺四長一條。以竹篾箍之。合一尺八寸圍為一把。每把約重十四五斤。每次每畝收量二千至四千斤。即約柴碌六七百斤至千餘斤。柴枝百廿把至百五十把。

價格及銷路　柴碌每百斤銀一錢六分。柴枝每把銀三分二厘。均照沽諸本地柴商。計柴商又轉沽于東莞香山等處。

收支概算

支出表　以山地百畝每五十年計

費目	支出額	數量	單價	備考
山地息銀	一〇〇〇、元	百畝	每畝年息二毫	
整地	六〇	二百工	每工銀三毫	
播種工	一五、	五十工	仝上	

種子	二〇、	十石	每石價二元	常價每斗價一毫半至二毫半
伐採柴枝工	二八八九、	十六次共伐二百零八萬把	每把工銀一仙六強	實際每把運送至步河。給工銀一分。上數不過折合銀毫計。
伐採柴碌工	九四〇、八	十次共伐百十二萬斤	每萬斤工銀八元四毫	此工銀連運柴至河步計
合計	四九二四、八			

案伐木工銀。因山地距河步遠近而異。上所述者。係就距河步十里以內言。

收入表

斫伐次數	每次收量	總收量	價格	總值
柴枝十六次	萬三千把	二百零八萬把	每把銀四仙四	九一五二、元
柴碌十六次	七萬斤	百十二萬斤	每百斤銀二毫二仙	二四六四、
合計				一一六一六、
收支比較共得純利銀				六六九一、二

平均每年得純利銀百三十三元八毫餘

（七）鴨脚木

鴨脚木生長迅速。亞於㯆蒴。伐後能自萌芽。木質韌而柔軟。徑小者供燃料、及燒灰製梘砂用。徑大三寸以上者。可供製器。如作餅印木履等。

種法　二三月下種。每株距離三尺。大抵與種蘿蔔同。

收獲　若作燃料用者。種後五年。徑二寸餘。可行斫伐。以後每三四年伐一次。每次每畝收量約二三千斤。但欲作製器用者。須待其大至適度時。始可斫伐。故伐期自較上爲長。而每次收量亦較多也。

價格及銷路　每百斤濕木價銀二毫五仙。乾者三毫餘至四毫。

(八)黃藥

黃藥葉長大。(約長四五寸幅寸餘)葉背葉柄及枝均有毛茸。據土人謂取其葉沽皆佛山元寶紙店。至用途未能確知云。此物該縣種者不甚多。惟羅坑常有出產云。

種法　播種或插生。每株距離一尺。管理與石果同。

收獲　種後七八年。經如指大時。便可刈取。晒乾。連枝葉束成把。以便運售。以後每隔五六年伐一次。每畝收乾枝葉量約二三千斤。

銷路及價格　銷路詳上。每百斤價銀八九錢至一兩餘。

(九)白花茶

白花茶枝葉樹形。與通常玩賞用之茶花樹相似。幹高丈數尺。習歷十二月開花。翌年霜降果熟。採其果晒乾脫核。供製茶油用。脫核後殘餘之殼。可燒灰製梘砂、及浸水作肥料用。製茶油殘餘之渣。供製茶麩用。該縣潭舖拆石舖、永義舖、多種此樹。

種法　霜降後收果陰乾。脫取其核作種。翌春播下。每坎三粒。每株距離三四尺至五六尺。大抵疏密由人意而定。疏者長至二三十年。時發育較優云。播後一月便發芽。每年或間年除草一次。無剪枝。無施肥。病虫害亦極少。

收穫　種後三年便有果收。惟其量尚少。五六年後每畝可收果七八百斤至一千斤。十五年至廿五年時結果最多。每畝可收果一二千斤。廿六年後生勢漸衰。結果漸少。至卅年樹多老弱。可伐去令再萌新芽。由此經三年。又可如常收果矣。但收果後宜向日曝晒。令殼破裂。採取其核。約果三百斤。可得淨乾核百斤。此核或出賣。或自行搾油。每核一斤可得油四兩。

價格　茶油每斤價銀約一錢六分至二錢。淨茶核每百斤價銀二元五毫至三元餘。

收支概算（以山地十畝種卅年計）

支出表

費目	支出額	數量	單價	備考
山地息銀	六〇、〇元	十畝	每畝年租二毫	
種子	一、五	六十斤	每斤銀二毫半	
墾地及播種	九、〇	卅工	每工銀三毫	
除草中耕十五次	一二〇、〇	每次廿工共四百工	仝右	

收果工	九五、一	三百一十七工	仝右	每工約收果百五十斤共收果四萬七千五百斤故總工數如上
合計	二八五、六			

收入

年度	平均(以準核計)每年收量	總收量	每百斤價格	總值
三至四年	五〇〇、斤	一〇〇〇、斤	二元五毫	二五、元
五年至十四年	一五〇〇、	一五〇〇〇	仝	三七五、
十五年至廿五年	二五〇〇	二七五〇〇	仝	六八七、五
廿六年至卅年	八〇〇、	四〇〇〇	仝	一〇〇、
合計				一一八七、五

收收此較得總純利　九〇一、九

平均每年純利銀約三十元

(十)大油茶

大油茶樹比白花茶爲高大。普通幹高二丈許。徑大尺數寸。葉亦與白花茶相似。而較長大。樹命亦較長。惟樹老後。斬去不能復出芽。舊曆十二月開花。翌年霜降果熟。果大如柚。破之內含核十數粒。如柢椰大。供搾油用。每斤可得油四兩。此種種者較罕。岡羅坑尾有人種之。

種法　春天直播或育苗移植。每株距離五六尺。播後一月出芽。除除草外。無何項之管理。

收獲　七八年後樹高七八尺。徑寸餘有果可收。

價格　全白花茶。

（十一）三年桐

此種羅坑尾鹽洞等有種之。取其核供製桐油及舖用。

種法　春天播種或植苗。每株距離一丈。管理極簡。

收獲　種後四年有收。每株收二三斤至十餘斤。

（十二）茶

栽植情形　此茶係取其葉以供飲料用者。縣之北部、如永義舖、拆石舖、廟溪舖、諸地方。從前種茶頗盛。試查永義拆石二舖交界之江屯墟。常公設一茶秤。所有茶青（即生茶葉）沽出。均要交其秤過。每擔抽秤頭銀一分。年可抽銀二百兩之譜云。由此而推。是該墟年有茶青二百萬斤左右沽出也。惟是近年各茶山。每以盜賊過多。不便看管。竟任其荒廢者。殊可惜也。又縣東部百簝大山產茶頗佳。

品種　有山茶觀音茶二種。山茶樹高丈餘。產品及價格均優。惟不易栽植。觀音茶樹高二尺左右。七八年後已老。須伐去令再出芽。然種生較易。今該縣所種者多屬觀音茶云。

種法　種於山地。冬末春初播種。每株距離一尺五寸。第一年夾種芋。第二年夾種番薯。第三年再種芋。第四年後則單純種茶矣。每年八月除草培土一次。無施肥。

收穫　種後三年有收。年凡三次。清明穀雨採者爲頭降。茶質最良。收量最多。舊歷五月採者爲二降茶。七月採者爲三降茶。而二三降茶收量品質。均遠不如頭降。每畝年可收茶青三四百斤。每人日可採茶青三四斤。若雇人採者。則大抵採工與事主將採得茶青各半均分。不另給工值云。

價格及銷路　採得茶青概沽諸江屯墟製茶商店。每百斤價銀二兩至四兩。茶商將茶青製成乾葉。乃行轉售。

（十三）　薯莨

薯莨蔓生。葉略似薯蕷。冬期落葉。十二月開花。翌年降霜子熟。可收採作種。其根莖之用途。主供染料。此作物以高要縣水南地方爲多。廣寧不過種有少許。聞因易被偷盜之故云。

種法　十二月至本年正月間。行播種。或分根繁殖。經一年成苗。至明年二月移植。多種於石果荷木山松等林間。每科距離四尺。最好上年種芋。薦本年始種薯莨云。每年除草一次。無施肥。無引蔓。任其蔓伏地而生。或攀援樹木可也。薯莨喜鬆浮土質。不忌旱云。

收穫　種後五年可收。收期在冬間。以抓耙開泥土三四寸深。見有三根莖者。取其二。二根莖者。取其一。總之每科須留回一根莖。作下次種用。不可盡取。自後每三五年收一次。但薯莨經年愈久。

而根莖愈大。品質愈佳。沽價愈昂。故間有七八年始收一次者。此時每枚重可斤餘。破之出汁如血。乃為上好之染料也。若三五年收一次者。每枚重約十兩。品質自不及耳。

價格及銷路　每枚重五六兩至十兩者。每百斤價銀三元。重一斤者。價銀四元。重斤半以上者。價銀五六元。均運至高要縣水南祿步地方沽之。

收支概算以山地十畝種五十年計

支出表

費目	支出額	數量	單價	備考
山地息銀	一〇〇、〇元	十畝	每畝年二毫	
種籽	二一、	七百斤	每百斤銀三元	每畝三百七十五枚每枚重二兩餘至三兩
育苗費	五、一			地一畝年租一元整地播種八工除草三次共九工每工銀三毫
整地移植工	九、〇	三十工	每工銀三毫	
除草工	三〇〇、	一千工	仝右	
收獲工	一四四、	四百八十工	仝右	每次收獲工卅名共收十六次
合計	五七九、一			

收入

次數	每次平均收量	總收量	每百斤價格	總値
十六次	三五〇〇斤	五六〇〇〇	三元	一六八〇元

收支比較得總純利　一一〇〇、九

平均每年純利廿二元餘

（十四）各種雜粮

土人又於山林間混種雜粮。例如芋、薑、陸稻、薄豐芝蔴、粟、等。他處多種於水田或畑地者。（旱田）惟該縣類於傾斜山坡種之。其故一由平田過少。不足於用。迫而顧及山地。二因混種雜粮於林木間。不惟可增加某項收益。且其間類要行整地除草施肥諸業。因之林木亦沾其餘惠。生長倍盛。三因該縣之山。以歷年種樹。類含有腐植質土。而疎鬆肥潤。比之一般畑地。無甚遜色。或且過之也。余曾到春水街附近之番山調查時。値五月初旬。見所種陸稻。稈高二尺餘。山芋苗高約二尺。以視一般之種於畑地者。何以遜焉。

種法　或於山之空處整地種植。或於林木初種之年。又皆伐之後。行鬆土除草。而夾種以雜粮。若至林木生經數年。枝葉密閉時。殊不適也。其最慣於夾種雜粮者。惟石果、荷木、猴樸、黃葉等林。以其每數年即皆伐一次。若竹、松、杉、桐油、白花茶、等林。惟初種之一二年間夾種之。迨成林後。或只行擇伐。或採收子實。其樹時常蔥閉地面。則不適於雜粮之夾種矣。至整地法。類鋤土成階級形。按級下種。故大抵山之傾斜在五十度以下。鋤土不至傾瀉。而可成級形者。皆爲該處種雜糧之常用地。施肥量則因作物種類而異。所施肥料。以人糞尿、豬糞、火灰、火燒土爲常。茲更分述如次。

一、陸稻　土人名岡禾。又名旱禾。三月間條播。每畝施人糞尿十担。六月收獲。每畝收量百斤。

二、山芋　此種與通常稱旱芋者極似。當即是一種。據土人謂山芋概種於山。亦有種於水田者云。

二三月下種。每株距一尺。每畝施人糞尿廿担。五月培土一次。七月又九月收穫。每畝收量千斤。每百斤價一兩。

三、山蕹　此蕹之根莖比大肉蕹較細。小而辣味則厚。三月下種。株間六七寸。五月培土厚一寸。每畝施人糞尿卅担作補肥。以火燒土或火灰作基肥。據土人謂多雨時不宜踐踏。否則易起蕹瘟。致死。又蕹種過立冬方可收。連種二年。以後隔三年可復種。每畝收量三千斤。每百斤價三元。

四、沙蕹　三月下種。種後四五年方收穫。收量每畝千五百斤。每百斤價五元。

五、芝蔴　多與芋蕹夾種。株間一尺。每畝收量五斗。

六、狗尾粟　三月下種。六七月收穫。每畝收量三斗餘。

七、高粱粟　每畝收量四斗。

八、藷豊　土人名木番薯。又名樹番薯。春間下種。株間尺五寸。據土人謂此物收成甚佳。每蔸長可二尺。如臂大。有一科收量至十餘斤者。收後切片晒乾。每百斤價三元。

九、涼粉草　二月插枝。株間一尺。十二月收。每畝收乾草三百斤。每百斤價銀二元五毫。

（十五）香櫞

栽植情形　縣城南階附近之莫二洞。種有香櫞。面積統計不過十餘畝。蓋並無大宗經營。惟農家間種畝幾分地。以爲副業而已。

土質　莫二洞長約數里。橫闊里許。兩邊皆山。中有東鄉坑水縱貫之。坑邊田地屬幼沙坭土。通常距水面約二尺至三尺。

品種　有五指櫞及牛蛋櫞二種。五指櫞樹形高大。約高四五尺。面積卅方尺。果實大者約長六寸餘。圍九寸。一端有指狀數個外伸。如人手開指然。故名。然指數實不限於五也。牛蛋櫞樹形矮小。約高三尺餘。面積廿方尺。果雖有指。而較短小。且向內拘攣。土人謂其全體如牛蛋形。故名。二種之開花結果同時。惟前種之果供玩賞及製櫞片用。後種則專供製櫞片用。

種法　春間插枝於苗床。是年冬末至翌春之初。移植於本圃。整地作平畦。畦闊五尺。高五六寸。畦坑闊一尺。向畦之中央每距六七尺作穴。（五指櫞距七尺。牛蛋櫞距六尺。）植下一株。每畝約植百株至百廿株。

管理　有除草。無培土。無剪枝。炎夏及冬燥。皆無貯水於畦坑。初種之一二三年。樹苗幼小。常夾種瓜菜於畦上。迨樹大有收成後。則已。每次將開花前。須行屈枝。年凡二次。大暑後將開花時屈一次。

十月末十一月將開正造花時又屈一次。言要屈枝乃多花實云。屈枝法將枝之斜直向上者。互相扭結。務令橫出又下垂。其不能扭結者。以竹篾牽之。全樹望之枝葉平覆若傘蓋然。肥料每年二月、五月、十二月、施以人糞尿或花生麩共三次。虫害有天牛虫。四五月又八月由樹脚或枝蝕入。又有一種小金龜虫。如綠豆大。頭胸腹部黑色。翅黃色專食嫩橡葉。治法只有隨時捕殺之。又最忌黃犬。(蚼)凡根際有此虫時。每至不發新根。令根腐爛而死云。

收獲　收獲分正造與秋造。正造於四月末五月初旬橡如雞卵大時。摘收一次。名曰取橡青。其餘令生至八九月間。半熟而色轉黃時。始盡收之。名曰收正造橡。秋造即大暑後開花所結之果。比前造者尤快大。可於十月後收穫。是名秋橡。凡橡種後三年即有果收。最多收者爲五六七三年。斯時每畝年可收量二千餘斤至五千斤。通常約三千餘斤。至八年漸少。九年十年樹概老死。須隨時掘去。補植。蓋橡之壽命。罕過十年以外者。據土人謂其由黃犬害根所致云。

價格及銷路　概由本地商人收買。轉沽省城上海等處。但沽諸本地。則二種橡果同價。約橡青每百斤。價銀六元至十元。正造大橡每百斤三元至八元。常價爲五元。秋橡每百斤六七元。惟轉沽別處。則五指橡之價常高於牛蛋橡云。

收支概算 以地五畝種九年計

支出表。

費目	支出額	數量	單價	備考
田租	三一五、元	五畝	每畝年租七元	
種苗	一二〇、	六百株	每株銀二毫	
整地移植工	一二、	四十工	每工銀三毫	
管理工	七二〇、	常年工一名每年七十元另散工十元	每年工銀八十元	此等工要多少技術故工價較管理所者爲高
人糞尿	二七六、	卅四萬五千斤	每百斤價八仙	一至三年共四萬五千斤四至九年共卅萬斤
合計	一四四三、			

收入以每百斤價五元計

年次	平均一株收量	總收量	總值
三年	二、五斤	一五〇〇、斤	七五、元
四年	六、〇	三六〇〇、	一八〇、
五年	一五、〇	九〇〇〇、	四五〇、
六年	三〇、〇	一八〇〇〇、	九〇〇、
七年	三〇、〇	一八〇〇〇、	九〇〇、
八年	一〇、〇	六〇〇〇、	三〇〇、

九年　五、〇　三〇〇〇、　一五〇、

合計　五九一〇〇、　二九五五、

收支比較得總純利　一五一二、

平均每年純利一百六十八元

案上述各種作物。除地竹沓椽二者係種于平地外。其他俱種在山地者。至如曲水之柑橙江谷之葵草。雖係種於平田有多少輸出于外。惜聞該處道路頗不平靖。未便親往調查。罔悉其詳。故弗載。

第三章　雜錄

地價及租　平田上等者。每畝價銀百兩。中五十兩。下卅兩。山地上等者。每畝山稅價銀千元。中五百元。下二三百元。所謂每畝山稅者。其面積與平田六十井為一畝者絕異。蓋該處計山地面積甚屬粗略。相傳古時由山頭鳴鑼。至山尾不聞聲時。即作為一畝山稅。其說未知是否。顧今日則買賣山地時。兩家只憑目力估定面積。不用丈尺。大抵一畝山稅。約當平田之八十畝至百畝云。至山地多係自耕。罕有出租。惟田地則上田每畝年租穀三百斤。中二百斤。下百斤。

交通　綏江發源于廣西懷集縣。流入廣寧縣之西北部。更斜貫縣之中部。由東南流出。經四會以入北江。今論廣寧之交通。甚倚綏江之賜。以行旅來往言之。每年晚春至夏秋間。由省城至四會城凡一日。更由四會城搭輪船溯綏江而上。通過廣寧縣。以至懷集縣之坳仔。又一日。由此而下省城亦如之。故晚春夏秋間。廣寧與省城之來往。各僅二日。惟冬及春初水涸時。則須三日或四日。因此時輪船只可通至四會城。由此而上廣寧。惟行帆船耳。以貨物運輸言之。廣寧每年出產大宗爲竹、杉及松雜各柴等。皆屬笨重之物。而得以運輸無阻者。皆賴此綏江也。又該縣四處殆皆有坑水流入綏江。此等坑水雖罕通舟楫。然以之放流松柴及轉動水碓。胥獲其利也。

肥料　舖類之購自外處者不具論。至本地人尿每担一毫。人糞每担四分。石灰每担七毫。

農資　平時散工每名日給工銀一毫五仙。夏天穫稻蒔秧。每名日給工銀二毫五仙。均另供食用。長年工。不另供食者。年値五十元。供食者廿元。又肩挑柴穀等八九里至十里遠者。每百斤給工銀五仙至一毫。

運柴船費一例　他不具悉。茲查由春水街雇船載柴至省城。每萬斤賃銀十両。但冬天水涸時。須用駁艇載至津口。每萬斤賃銀五両。再由津口轉船載至省城。每萬斤賃銀六両。

春水街　在綏江北岸。全街舖戶五十餘間。多營酒米柴紙香粉等業。平均約一日賣米三四百石。(米均由外處運來)收柴五萬斤。山竹三萬斤。紙千股。香粉二三萬斤。

製炭　拆石舖最多。以雜木爲原料。

居民　全縣人口約卅八萬。多傍山而居。百數十家成一村落。

民風與職業　人民多勤儉耐勞。少鄉鬬。然頗好訟。是其缺點。又縣之中部各地方尚平靖。惟西南北三邊與鄰縣交界處。則時以刧案聞。然亦外賊爲多云。全縣無娼寮。賭館亦少。余所聞者。如縣城、石狗、江谷墟、春水街、等。皆爲該縣商業最盛之處。而賭館亦只一二間而已。至職業則農居多。工則除破篾製紙舂香粉外。無甚大宗。商則大經營者。多係三水及高要二縣人。本地人經商尚少。有之。亦十九作小生涯耳。

（出自《广东农林月报》第三卷第四期，一九二〇年）

廣東南路各縣農民政治經濟概況

甲　總說

南路範圍，依廣東省農民協會劃定南路辦事處所統轄之縣共有陽江，陽春，(兩陽)茂名，信宜，電白，化縣，吳川，廉江，(高州六屬)遂溪，徐聞，海康，(雷州三屬)合浦，靈山，防城，欽縣，(欽廉四屬)十五縣。已有農民運動之縣，共有陽江，信宜，電白，化縣，吳川，廉江，遂溪，海康，合浦九縣。遂溪，海康比較發展，陽江次之，其餘正在開始。遂溪，海康在鄧本殷佔據時代，已秘密運動，陽江收復較早，全路農民狀況，在經濟政治文化各方面除欽廉方面尚未經過調查無從知到外，其餘各縣梗概畧說如下：

(一)南路地理位置：東南皆濱海，從陽江東平(與大澳接近)起，至防城東興(止皆海。雷州半島，爲中國三大半島之一，(遼東半島山東半島，雷州半島稱中國三大半島。)南接瓊州島，相隔以瓊州海峽，峽中水流頗急，雷州，徐聞之海安，與瓊州之海口相望，水路之長，幾與廣州市之于黃埔相等。從瓊州而南，可與非律賓南洋羣島相從，雷州半島起沿欽廉海面至安南東京止，中間海灣名東京灣，在此海灣中，與雷州廉州陸地相隔不相甚遠，有圍州嶺仔兩小島，晴天在雷州樂民江洪一帶，海峯佇立可見。前歸雷州遂溪管轄，今歸欽廉州合浦管轄，雷州遂溪與高州吳川之間海安名廣州灣中有淞川(一名東海)硇洲大小两島。滟川原屬遂溪，硇洲原屬吳川，此灣于亡清光緒二十五年（?）被法帝國主義佔去，陽江之南有海陵島，去年鄧本殷曾典賣與英帝國主義。西由高州之信宜茂名化縣廉江，廉州之靈州，欽州之欽縣，西南由欽州之欽縣防城，接法屬安南，並與廣西相接，北由信宜接羅定，陽春接新興開平，陽江接恩平；東北由陽江接台山而至新會江門；從陽江東行，水路更可通澳門香港；西沿廣西境皆大山。內地兩陽山嶺亦頗多。高州，茂名，電白，化縣及欽廉次之。雷州全境皆平原，但亦有雷高嶺一小脉。徐聞有森林一片，縱七十餘里，橫四十餘里，土人名之爲徐聞山，內地鮮河流，就可通舟者言，陽江河流較別縣較多，陽江西北沿陽春河可由梅菉西北至化縣，東北至茂名，東南至吳川，皆有河流可通。雷州之通明港，從城，月斗門可通廣州灣。由西營廉州北海至欽州，亦有河流可通。（以上兩處皆海水冲入）內地公路。雷州全境，除徐聞外，所有幹線，已有雷州至廣州灣西營赤坎一路，及雷州至城月，安舖一路，有汽車通走。從高州由茂名而化州而廉江安舖，而遂溪城月，及梅菉，至水東亦有車行駛。由茂名至電白，至信宜均在建築中。電白至陽江儒洞，路已築好，祇未通車。由電白至水東，由梅菉至化州，各祇建築一半，不能通車。由北海至廉州，由廉州至防城，亦可通車。由廉州至欽縣而廣西，由龍州至南寧，及廉州至靈山而廣西，南鄉江口（西江上游）兩路，均在建築中，此皆鄧本殷時代，强迫人民出資出工建築，以利便行軍之建築物也。

（二）南路交通狀況：水路方面陽江城有拖渡二隻，直走江門，陽江沙扒有火船一隻，（船名爹祖）直走閘坡。江門，電白。水東有火輪一隻，（船名不亞）拖渡一隻，（渡名人和）直走江門。江門有火船一隻（船名富利）直走廣州。陽春至陽江，陽江城，閘坡，閘坡至黃村，平岡，織篢，儒洞，沙扒或閘坡，或由陽江城一直至梅菉，水東，電白，廣州灣，或一直至台山，廣海，荻海，斗山，開平，赤坎，新會，江門。或由電白至水東梅菉而廣州灣，而雷州，而瓊州海口。或由梅菉至茂名，化縣，吳川，廣州灣，黃坡，斗頭，新埠，雷州。或由雷州海安外羅流沙企水烏石江洪欒民至安舖北海欽縣東興而安南。而瓊州各處，皆有帆船可通，內地各市塲，鄉村之小商人，皆用此帆船運貨儎客。廣州灣，有小汽船二隻通梅菉。有火船一隻通海口。有小輪十一隻通香港或澳門。雷州十年前有汽船五隻，直走澳門或江門。兵燹之後，久已滅跡不行，北海有火船三隻直走海口香港。由靈山，信宜步行，至西江上游，可從西江直達廣州。安舖至北海與海口之間，北海至東興與欽縣之間，除帆船外，亦有小火船通走。帆船運費甚廉，如搭客一人，船行六七十里之水路，祇收船費二毫，若火船及拖渡，運費甚貴，如從水東至江門，祇二十四小時可到，每人收船費十元。由廣州灣至香港水路二十四小時至卅小時，每人收銀十元，陽江至江門，水路二十四小時，每人收銀五元，北海至香港，水路四十八小時，每人收銀七元至十元。從前由雷州至澳門，水路卅小時，每人收銀竟超過十四元，汽船船費比帆船雖貴，因行駛較帆船爲快，不致虛延時日，搭客均喜乘汽船，帆船不能與之相競。陸路方面，從前交通非常不便，今公路築成，搭客運貨，多用汽車，從雷州起不及半日一直可至廣州灣，赤坎，而遂溪，而安舖，而廉江，而化縣，以至高州城。但公路建築不甚好，崎嶇之處頗多，車行多轟動。且該項汽車完全是買了香港購的舊車，腐敗難堪，乘坐極不自在。至于車費尤貴，從赤坎至遂溪城僅三十餘里，每人收費一元，由遂城至安舖路祇七十里，每人收費一元六毫，由安舖至廉城百一十里路每人收費二元四毫，由廉江至化縣城一百二十里路每人收費三元。由梅菉至水東不過六十里，每人收費一元四毫。各路路政，雖由民辦，費竟由官收。且收費太昂，貧窮之人，對於此等交通便利之益，就享不到了。

(三)南路實業情形：南路實業可說完全築在農業上面，市中曾有多少手工業，但亦不過是幾家打銅打鐵打錫的人罷了，在數年前北海曾有公司開掘煤礦，因該處煤源不足，故開採者虧本停辦。蠶業在圍洲嶺仔兩小島中，一年出產頗多，製成之絲式布，多消售于內地，而北海高德欽州等處每年出產約值廿萬元，多消售于香港上海廣西各處。

(四)南路各市場商業狀況：(一)北海與外人訂約，開埠最早，中外人民雜居，人數在十萬以上，帝國主義的工具基督教徒更多，福音堂，天主堂，教會學校，遍地皆見，昔時商務最發達，自廣西南寧設立省會，直接與法屬安南發生關係後，北海商業被奪去大半，但現仍不失爲南路第一大市場。商人多販賣農產品，如花生，米穀，蔗糖，魚類。各種手工業比較別處亦發達，市內早已設有電燈電話，今省政府劃爲獨立市。(二)梅菉在南路中心，水運甚便，居民有十萬之譜，土人稱爲小佛山，商務頗發達，與北海相差亦不甚遠，自法佔廣州灣後，商業受極大影响，手工業工人頗多，今省政府亦劃爲獨立市。(三)陽江城水運交通甚便，與江門，廣州，香港，澳門各處，均有發生關係，居民數萬，工人多營皮箱生意，因皮箱爲陽江工業特品，其餘經營事業與北海相似。(四)東興市場不甚大，但商業發達，因水運利便，與安南之東京，河內，海防，及欽廉，廣西方面，均發生關係。近年商人多販賣鴉片。此外高州，廉州，欽州，安舖，黃坡，高德，各城市，商業尚呈佳象，其餘各縣，商業多是零落不堪了。

(五)南路物產狀況：雷州之蒲包，番薯，化縣之桔紅(地祇有礞石)茶，合蒲海面之珠；圍州嶺仔及欽州之蠶桑，靈山之花生，白尖米，第針茶，皆南路之特產。其餘各縣，皆產谷米薯甘蔗花生等，且沿海各縣，雜產魚鹽，牛羊猪雞等亦多畜養，各種出產品除供本縣應用外，其餘多運往香港澳門消售，蒲包則遠消于日本。靈定第針茶，欽州及各縣之鹽，多消售于廣西雲南四川各省。欽州更有一山洞，專門養牛，每年出售牛價約有二百萬元之譜。

（六）南路人民職業之分配： 南路的人民，工商人皆少，農民大抵佔全人口百分之九十六以上，但濱海一帶，多在海面捕魚，有的年中專以捕魚爲業，有的除耕種外，暇則捕魚，此爲農民副業之一種。在欽廉方面，除耕種外，作販賣魚鹽谷米等之小販者亦多，有的專以小販爲業，有的半耕種半小販，此亦爲農民副業之一種。年來政局變動，地方政治不良，土匪騷擾，經濟恐慌，又因接近廣州灣之故，農民多賣身當猪仔，到南洋方面去作苦工，高州方面，（特別是信宜化縣）每年都有五六千人到南洋去，今年一二月之間，已有五千餘人入廣州灣，經西營奸商錦綸泰號（高州人設）手賣到南洋去的，刻下尚有六百人左右，在西營候船，在現代資本主義社會組織之下，此等景象，想各地正多着哩。

（七）帝國主義勢力，侵入南路後，對于經濟政治文化各方面之變化：安南與欽廉接壤，廣州灣爲南路中心，兩地極關重要，均被法帝國主義佔去，因此南路新經濟的不能發展，完全被法帝國主義勢力壓服了，且廣州灣與香港遙相涵接，廣州灣與香港發生關係，法帝國主義與英帝國主義的聯合進攻，因此南路更難堪了。廣州之北海與瓊州之海口，早與帝國主義訂約開埠，兩地滿佈英美帝國主義勢力，教會學校與外國商店銀行，多比中國人所辦爲多，圍州嶺仔名義上雖不屬法，實際上已完全被法帝國主義的工具基督教勢力所支配，該地民衆幾完全入了基督教會。陽江之閘坡，(海陵島)去年曾被英帝國主義垂涎，英之兵艦已寄泊閘坡口內，英人已繪了全圖，且加以測量，如何開闢成商港，早在計劃中。根據以上情形，南路之經濟，政治，文化，當受極大之影响。兹分析言之：(一)經濟方面：就農業而言，花生爲南路各縣出產大宗，自帝國主義勢力侵入卽以煤油代花生油，今城市完全用火水而不用花生油，農民之業花生者，日益減少，今則煤油專賣，價格非常昂貴，鄉曲農民，日間所用各項物品，昔時完全是用土貨。當內地交通未便，洋貨亦不得充分運進鄉曲消售。今則公路築成，汽車通行，洋貨卽充分運輸于鄉曲，而農民盡用洋貨矣。，就商業而言，一般有錢商人，喜歡洋人勢力保護，大半拋棄內地商業，而就商于廣州灣各處，且廣州灣各處有鴉片經營，可以發財。因此廣州灣各處之鴉片，可于大消特消于內地矣。英法兩國之紙幣，可以通行於內地，鄉間之農產品，雖然比較十年前價格增加倍餘，但泊來品如火水火柴布疋各種價格，比較十年前却增加二倍至三四倍，農民受了此痛苦，爲得不日益加甚。(二)政治方面：第一，南路土匪，昔時雖不敢說完全沒有，但的是絕少，民國五年以後，廣州灣變成土匪大本營，土匪可以全隊駐紮在赤坎各處。土匪刼殺凶品，—槍彈特別是駁殼槍彈—可以從香港購囘及廣州灣法帝國主義者之成千成萬供給。土匪所掠刼之物件人口，可以在廣州灣發賣吊贖，因此土匪人數衆多，槍彈充足，所向無敵。 雷州因與廣州灣比較接近 ，受禍遂比較別處爲慘。十年來雷州農村人口幾消滅至三分之一，農田荒棄千萬畝 ，婦女被刼而發賣在外當娼者， 猶復不少。土匪在廣州灣香港的人數各在千數以上，江門，澳門，海口，北海，安舖，梅菉，水東，各有數百人。此帮匪類，不但爲害雷州南路瓊州各處，而且爲禍于廣西，現在廣西陸川，博白一帶，許多土匪係從高雷方面竄入，爲害人民，實在不淺。第二，南路的軍閥貪官劣紳及一切反革命派，均齒集在廣州灣。龍濟光割據南路時，法帝國主義已慶祝其成功，及其失敗，又收留其槍枝。鄧本殷及其一般逆徒，割據南路時，法英兩帝國主義，助力不少，及其失敗，法帝國主義又收留其槍枝，并招致一般逆徒，如陳禹疇，陳宅中等，（皆雷州劣紳）在廣州灣西營當審判官。（三）文化方面：帝國主義者到處皆設有福音堂及各種教會學校，以引誘一般頭腦不清的民衆，入其圈套，基督勢力最兇者爲北海，圍洲，嶺仔三處，其次爲陽江，水東，梅菉，雷州，各處。圍洲，嶺仔兩處民衆，幾全數加入了基督教會，傳教的神父奉了法國政府意旨，發給許多槍枝與當地民衆，統共歸化他們，在雷州之紀家地方，此種情形較別處爲甚。北海之教會學校，英，美，法，德，各國皆有設立者，在滿清時代，教徒完全包攬訴訟，鄧本殷時代教徒更兇燄萬丈，氣勢逼人，以上情形，乃帝國主義勢力侵入南路後之大概。然而帝國主義之侵略和壓迫，多引起一般民衆——特別是農民之反抗爲烈，當法佔安南時，欽州人劉義與馮子材曾率軍大戰，法人且敗之，今欽廉民衆們念念不忘法帝國主義，一提起打番鬼，郎距躍三百，法佔廣州灣時，雷州農民與吳川農民，曾與法兵血戰三月之久，黃略村農民鼓其勇氣，曾戰抵法兵數次，後雖失敗，法人仍怕其難服，不敢佔其地，麻章一帶農民，以勇敢之氣，壓退法兵，故此間與廣州灣相距咫尺，法人仍讓回華人統治，可見農民反抗帝國主義之勢力矣。現在國人知道欲求解放，必先打倒帝國主義。此次革命軍恢復南路，許多人就反教會了，於是遂溪雷州之福音堂，天主堂，教會學校，完全停辦，遂溪紀家地方農民，更相約不入基督教徒之村，圍洲嶺仔之神父，更怕民衆反抗，完全收回槍枝，而民衆亦多脫離之者。

乙　農民經濟狀況

(一)農民人數佔全人口百分之九十六以上，自耕農佔總數十分之二，半自耕農佔總數十分之二五，佃農佔總數十分之四，傭農佔總數十分之一五，吳川與雷州之農民比較爲苦，所食均是番薯，所住幾全是茅屋。因農民一年辛苦所得之穀物，大多數要納地主的租，剩下的則爲軍閥貪官汚吏攫取去矣。

(二)農民每家普通約五人，均係小家庭制。自耕農與半自耕農所耕田地，豐年大抵够食，若遇水旱之災，則入不敷出，尙要典賣家常什物，或借債營生，則佃農無論豐年與否，皆要虧本，因爲田租過貴，普通中等每年兩造每畝收割五担谷，田主至少掠奪去二担半，在雷州方面的田，大半數是旱田，一年兩造，早造種禾，晚造種薯，其收獲之穀，完全交與田主，收獲之薯，則歸佃農，或者除田中所收之穀外，佃農尙要補貼若干斗穀與田主，而佃農才可以完全取得薯。這是因爲田主所定之租額如是。若田中收獲不豐，佃農要求田主減少租穀，田主那是不許的。至于佃田在立契約時，要納筆金。納租時要給與各種多多少少田。各縣情形，略有不同，但大概還是一致。傭農工資甚廉，特別是雷州及信宜方面。普通工資，要好漢子一年才得十六元左右，其餘各縣，好漢子一年只得卅元之譜，信宜方面，傭農多往新會各處找工做，因本地雖廉，尙無工可作，所以一般傭農或佃農以田租太貴，無法承佃，以工値太廉，且無工可做，相率賣身當猪仔到南洋去當苦工者，每年約以千百計。

(三)農民副業，則有男人或捕魚，或取鹽于海面，或賣勞動力，與人挑担于城鄉市井，女人或在家結網，織布(舊時的織機)或到山間斬柴伐草，至于牧猪牛羊畜雞鴨鵝等，則男女兼營，此是補耕田之不足。

(四)農民借貸分借銀借穀兩種，借銀普通每元每月利息三分計算，有的借銀以穀計算，普通粘仔穀，每年價格以錢計算，值一千二百文至二千文　借銀仰爲錢算，每借錢一千文，利息穀一斗。有的借銀一百元由債權人先扣回十元之譜，仍要當借一百元計算，借銀時要有抵押品，或以田押，或以屋按。大若田屋契據價值千元者，可以借得二百元之譜，若利息過高，債權人并約定在三年內必要還清。蓋債權人之意，以爲田屋所値過高，若三年後債務人無力償債，田屋即歸債權人所有了。

借谷方面，有的借穀一石，先由債權人扣回二斗之譜，還時以一石計，有的每斗穀時價只値銀八毫，即借出時即以一元四毫左右計算，並須在一定期內償還，否則債主還有嚴厲方法對付農民也。

此外有一種宰猪會，當夏歷正月初旬，農民中之有錢者，聯合若干富戶，組織一股份資會，每股出錢若干，合在一塊，即以該欵，借貸于貧苦農民，夏歷年末收回，此種欵項的本利盡數買猪來宰，按股分肉，以過年關，俗人稱爲猪會。此會放出之債，其利甚貴，普通借銀一元，按月還利一毫至三毫，且以一月爲限，到期本利須一概還清，否則以利轉本計利，農民中每因借債累息，幾年即有破產者，至若極窮苦之農民，因借債累息，無力償還，或買身爲猪仔，往南洋一帶去作工，其苦狀誠不堪言了。

(五)有錢人掠奪農民的方法，雖有很多，壟斷谷價以漁利，尤是其重要方法之一，當農民收割時，要錢使用，而自己無錢，每不惜以低價將自己之谷，賣與有錢人，(地主或商人)及至農民要谷食時，又要以高價向有錢人買谷，農民不知被掠奪去血汗若干了。此法原來如此，尙不足怪，新近發現一種掠奪農民的驚異法子，是將農民與農民間所用之散錢，可一文散錢可製一個銅仙，每個銅仙可買散錢八文至十文，這種掠奪的方法，眞是苦而刻矣。在雷州方面，調查所得，已知有八副此種機器，但秘密製造，仍未破獲。國民政府方面，須注意及之。

(六)鄧本殷佔據南路時代，鑄造不少僞銀，成價甚低，强迫人民使用，人民久已苦之，今鄧本殷打倒，僞銀完全不用，鄉間農民留存不少，農民聰明不及城市商人，各城市久已不用，農民尙被騙不知，尙拿了在鄉間使用，此亦農民新近一大痛苦也。

(七)鄧本殷佔據南路時代，久已誣衊廣東國民政府要實行共產，向民衆作反動宣傳，革命軍來經過各縣，地主大起恐慌，廉江、化縣、雷州之地主，多將田地賣去，聞廉江地主某，大賣田地，以換取金錢，其愚眞不可及了。況國民政府未行共產麽？後幾經解釋方始了然。

丙　農民的政治狀况

(一)田賦狀况：鄧本殷佔據南路時代，各縣錢粮已預征到民國十六年。一縣在數月之內，可易幾十縣長，其征收新舊錢粮，不要問其能否完納，只問其受差丁敲打去的雜費亦用去了不少了。各縣署設立之粮站，更包辦收粮，詐取雜費，今革命軍來，各縣依照廣東財政廳辦法，對于新舊錢粮，設有附加，且過期懲罰，農民不知眞象，多說鄧本殷收粮尙無各種附加，多有閒言。現在農民相率提出要求官廳豁免了。

(二)田賦以外，在水東黃坡陽江各處有厘金局，高雷欽廉各處，有府稅，梅菉，水東，北海，雷州各處，有航政牌稅，印花稅，鹽務稅，鹽埠稅，海關稅，酒捐，屠捐各種。或向廣東財政廳承批征收，或向各屬財政處承批征收，鄧本殷佔據南路時代，所收之各種苛細雜捐，革命軍來，未見完全取消，但比鄧本殷時代要好多所抽及之糖捐了。

(三)南路各縣長，大半是頭腦陳腐，雖掛名國民黨籍，若問及國民黨政綱如何，均是莫名其妙。前日南路行政委員甘乃光先生召集在陽江開個各縣長會議，在會席上曾經議決許多議案，如何改良地方警察，民團，建築公路，安設電話，建築中山公園，中山林等，但若輩離開議席已多忘去議決案矣，在表面上看來，各縣長曾有建築公路，改良民團，各種有利于民衆之事業，且各縣如吳川，遂溪，海康，曾有召集全縣人民代表大會討論地方建設事宜之事，但在此民衆尚未有組織以前，此種人民代表大會，當然是代表少數人，(因代表大多數是紳士及民團局中人)只可供其縣長利用，以欺騙民衆，及沽釣上峯之名譽而已。如遂溪先後曾召集人民代表大會兩次，第一次是前縣長黃河澧召集，第二次是現在縣長伍橫貫召集，當第二次人民代表大會開會之際，我用國民黨廣東省黨部南路特別委員會會員名義參加，詎該縣長及一班隨人，完全無開會常識，又視此會爲自己御用的，所以開會之前，會塲設在師範學校，完全無佈置，亦無來賓坐位，只用學生課堂上坐椅寫各代表名字，令各代表就坐，不掛國旗黨旗及中山先生遺像，不用開會秩序，講壇設一坐椅，供主席—縣長坐，似全無一件開會事，只外邊鵠立幾位游擊隊兵而已。將開會時，遂溪黨部人致他去黨部取國旗黨旗及總理像來掛在會塲裡，寫出開會秩序單，他才照辦，而秩序中無演說一項，我和各代表要求他多增演說一項，以便我們演說，他堅執不肯，無奈他宣佈開會後，才呼各人有什麼偉論可以發表，我當登講壇，將要發言，他叫標出座號數，形形色色却是非常好笑。他對第一次大會議決案完全不執行，此次亦只是討論建築公路，中山公園，中山林，建設電話數項而已。其代表雖然有各界人民及各區鄉農民協會亦有代表參加，但仍是長衫者之民團局先生佔最多數，若輩對于農民運動不聞亦不問，我們若到衙門裏請其帮助，他却是不理。遂溪縣長我們請他執行全縣第一次人民代表大會議決的「裁撤各區保衛局將所有欵項撥給各區農民協會支配」一案，並請他如何設法帮助全縣農民運動，他却不允許，該縣第二區農民因受該地保衛局長魚肉過甚，要更換該局長，該縣長反責難農民，暗示對方到法庭去起訴。他並不滿意黨部，及我們去做農民運動。化縣長我們請他裁撤舊時農會，以免與農民協會名稱相混，且可留存一宗公欵。他却以此乃改良農業之機關，設立已久，不應裁撤，並加委一個會長，給以養優費每月廿五元。我們由化縣縣黨部請他每月津貼農民運動費五十二元，他就以給欵要財政廳允許，方可照辦答覆。海康縣長對於農民運動頗帮助，除首先撥給六百元作籌辦費外，又擬裁撤各區民團局，將所有之欵撥給各區農民協會支配，各區協會成立，他亦親到參加，此亦無中僅有也。

（五）土匪狀況：南路土匪之多，爲廣東全省冠，亦可說爲全國冠，而雷州土匪之多，又爲南路各屬冠。土匪多的原因，上面已經說過，是因廣州灣製造出來的，但經濟與政治之壓迫，亦土匪產生一大原因也。雷州方面土匪的原因，在民國十年以後該地多被舊土匪壓迫良民，不能安居，並壓迫其而作新土匪，因爲作土匪，可以保自己及家人性命。當鄧本殷佔據南路時代，不但不剿土匪，且借土匪之力，以保全地位。故土匪與兵士合混，匪即是兵，兵即是匪，匪首愈大其獲官愈大，革命軍來驅逐鄧軍之後，即着手清剿。而兩陽綏靖委員會負督促防軍陳章甫部清剿兩陽之匪，高州六屬剿匪委員會，負督促防軍姚之桀呂春榮陳濟棠各部，清剿高州六屬之匪，雷州除暴安良會，負督促防軍陳濟棠清剿雷州之匪。陳銘樞負清剿欽廉之匪。目前兩陽闔境已告安靖，高州電白與茂名之間，有徐東海部土匪，吳川與化縣之間，有陰隨仔部土匪，廉江有雷州方面及廣西，博白，陸川方面侵入之土匪。吳川經姚之榮部力剿，化縣經呂春榮部力剿，廉江經陳銘樞部力剿，陸路雖頗告安靖，而水路仍梗塞如前。現在陳濟棠已開一團人到水東梅菉進剿，高州不久想可安靖。雷州匪首幾完全擊斃，遂溪海康境內路上已可行人，逃亡的人民，亦漸次回鄉，而大股土匪，幾完全走去徐聞森林內藏匿，三五成羣之匪，有的潛回鄉間，或自首于軍隊，或要求鄉人容納，許多要求農民協會容納，願終身變為良民，從事耕種，有的逃去圍洲嶺仔兩小島，今仍派代表回本地要求自新，陳濟棠今開大兵去徐聞進剿，并設法開斬伐森林，使匪類不能匿跡，如此進行，雷州不久想無大患矣。欽廉方面情形如何，須候調查也。

（六）民團狀況：南路各屬民團，沒有什麼組織，不過在縣城及鄉間，各設有空洞的民團局或稱為保衛局，或稱團保局，縣稱為民團總局，或聯團總局，或稱為保衛總局，或稱為團保總局．區稱為某區民團局，或某區聯團局，或某區保衛分局，某區團保分局，鄉稱為某鄉鄉團局，局內有的設置十數團兵。擁護局長局董（皆紳士）坐局苛抽農民田畝谷，牛捐，猪捐，戶口捐等，以保護田主階級之利益。其餘不說，就陽江電白兩縣民團征收畝捐計算，一年各在六十四萬元以上，化縣，廉江，吳川，遂溪各縣保衛團總局，或團保總局之局長權力甚大，可以支配全縣行政。即縣長亦須依賴他們，因縣中財政收入，多要賴局長輩之助力故也。農民對於團局之苛抽久已知其慘刻，惟敢怒不敢言，今陽江海康之農民，有組織地方，均以解散民團為請。遂溪海康之保衛總局，已解散，各區保衛總局亦決解散，一般局紳均知農民協會與自己利益有關，絕端反對，但此乃時勢所趨，欲罷不能，又以協會有相當勢力，且在國民黨和國民政府之下，不敢明白反對罷了。

丁　農民的文化狀況

（一）南路各縣農村裏絕少有學校設立，貧農子弟極難得到讀書機會，其中有兵燹匪禍未曾騷擾地方，雖有幾個蒙童館，但貧農子弟，爲迫于謀生，至多亦讀不過三四年，離開學館，鄉間全無書報可閱。（卽有錢人智識界亦絕少購書報）地方狀況，國內外新聞，一概不知，有的男子，尙留很長的辮，有的農餘在空曠地方，或在老大樹下，坐談世事，尙稱道滿淸好處，幷以民國以來之戰亂，都是因失掉了眞命天子，不久就有眞命天子出世，可見農民知識之一般了。

（二）農民因迫于經濟生活困難，如孟子所說：「救死唯恐不贍，奚暇治禮義哉。」故五六歲的稚子，已牧牛于野，六七十歲的老翁，尙負重于田間。他們一生只知應該作苦工，供役于人，幷不知自己農民階級的意義，因此稍有爭執細故，卽毆打起來，纏訴于官塲，或民團局裡，受貪官汚吏及局紳們之宰割。而大村的農民，欺凌小村的農民，大姓欺凌小姓，强房欺凌弱房，是一個更普遍的現象。

（三）各縣農村，每村皆設有神廟，奉拜某個木偶，謂之地頭神，在年首夏歷正月初旬或十幾裡，三月廿前後，遊神賽會，演戲酬神，或打齋建醮，所費甚大，此乃一村公共之事，至于個人仍時有念經拜佛，求神禱鬼，算命占卦，乞求風水等迷信行爲，這雖是農民知識程度太低，大部原因還是宗法社會之遺毒，特殊階級欺弄農民之所致耳。

（四）婚姻制度，係買賣式的盲婚制，甚有指腹爲婚，及童養媳之制度，幼年夫婦，若有神情不合，夫則賣婦，婦或逃夫，其痛苦之狀，不可言喻，老幼尊卑，男女界限甚嚴，子弟必屈服于父兄，妻必受制于夫，否則爲逆倫，照家規族規處以相當懲戒。

（五）男子裝束與東西北各江相同，惟瀕海一帶農民，冬季均用長布一條，纏束頭部，高州各縣一般人的手足頸三部，多帶白銅製成的圓圈，婦女裝束，陽江方面，大半頭部戴竹篠織成的大笠，欽廉方面的女子，大抵頭部戴頂一面用竹子，一面用布織成的大笠，高州方面的女子，頭部遮蓋很長的帕，其手足頸三部，各處均與高州男人一樣的帶白銅製成的圓圈一個，據陽江土人云，彼方婦女如此裝束，即是有禮之義。雷州方面，婦女頭部尚亦蓋帕，但無似高州方面之長至足部也，

（六）各縣婦女在滿清時代，有許多纏足，特別是吳川為多，今多數已放足，從梅菉至吳川城，路上所見之婦女，幾完全是纏足者，因為俗人均以女子纏足為貴氣，故有如此現象。

（七）南路言語，可分白客海三大系，雷州及高州電白雖雜有些少客白二種話，但完全懂得海話。（即福建話與潮州差不遠）陽江，廉江，亦雜有海話，信宜客話居多，茂名化縣吳川欽廉白話居多，惟欽廉及吳川言語，各具一種特別口音，非慣難懂。

（八）各縣宗教，大半數信孔教道教二種。亦信仰佛教及基督教者。近年來一般復辟派之縉紳，及失意官僚政客軍人，別倡一種同善社，所有城市鄉曲，皆設有事務所，只梅菉市及吳川縣城尚少，社員亦不過三千人。

（九）南路印刷業及報紙狀況：印刷業方面，陽江高州城各有一所印刷局，雷州城有二所，安舖新舊雷州道南印務局分設一所。北海有一所，廣州灣赤坎有一所，梅菉新購來印刷機一副，尚未開印。報紙方面，陽江城有兩陽公報一所，言論多反動。民國日報正在計劃開辦中。高州城新辦民國日報一所，統計南路有十五縣，關于印刷及報紙事業，只有此數，其一般文化可想而知矣。

戊　南路農民運動之狀況

南路在鄧本殷盤據時代，已由農民部派遣特派員黃杰，陳材幹，黃廣淵等，在雷州方面秘密運動，革命軍南下，首先派遣何穀歐赤等同志，在陽江方面運動；蘇其禮王會東廖華卓敖華袞等同志在欽廉方面運動；次派遣盧寶炫同志在化縣方面運動；劉堅，馮振騰等同志，在雷州方面運動；吳鋒民馮年同志在陽江方面運動；廉江方面受雷州方面之影响；電白方面受陽江及梅菉南路辦事處設立之影响；已由各該縣黨部自起運動了。信宜方面由梁本榮去做運動農民的工作，現雖未得普遍到南路各縣，然其空氣已普遍到南路各縣矣。統計雷州方面農民協會會員將近一萬，遂溪，海康，兩縣，農民協會即日均可成立。陽江有農民協會會員三千人上下。信宜有十餘鄉農民協會之成立。電白，化縣，合浦各成立農民協會了。廉江吳川均有三鄉以上農民協會之籌備，兹將各縣的狀况，分述如下：

一　遂溪縣

甲　總說：遂溪土地平原，頗宜種植，全縣劃分爲十區，第一，三，四，五，八，九，等區，地質頗乾燥，因無河海之故，而第二，六，七，等區，皆瀕于海，第三，五，四等區，毗連廣州灣。田地以第四區爲多，次爲第二區，再次爲一，五，八等區，其餘三，六，七，九等區，皆以坡園爲多；但各區荒地亦不少。全縣人數，約三萬左右，而農民佔十分之九，五，自耕者佔十分之四，佃農十分之三，僱農十分之一，半自耕農十分之一、五，其餘則爲紳商輩。其地主以沙羅塘村蘇慶衙家資約二十萬，第二區荳坡市鄭行可家資約三十萬，第四區古盧山村洪維奇家資約十餘萬，其有家資在十萬以下者，各區均有之。第三區平石村鄭練愚有家資二十萬，第一區遂城北門外梁陳两姓(約二十家口)共約有家資二百萬，但各地主剝削農民，亦頗利害，但其勢力不大。自民國七年至十四年，兵匪禍民，均無虛歲，計全縣三十萬民命中，被兵匪殺斃及餓死者，達五萬餘人。全縣高小學校，現只七間，師範學校現只一間，其各校員生，均爲資產階級，或屬小資產階級，而農民之子弟，則絕無入校求學者。

乙　歷年來政治變更之狀況　溯自法人以帝國主義侵佔廣州灣之際，第三區之黃畧文章平石等村民衆，羣起反抗，故該村等，均得免法國帝國主義之魚肉，皆民力團結之效果也。民國七年龍軍既敗潰，所餘之殘兵，潛伏於各小鄉中，遂與土匪作動，而匪風之猖獗，實基於是。民國八九年間，黃强駐雷州城清鄉，枉殺數千民命，并藉請鎗爲名，欺騙民間鉅欵三十餘萬，同時勾結帝國主義有其走狗陳學談者，經陳炯明令其爲雷州處長後，即勾結土豪劣紳，擅作威福，私鑄僞銀，大開烟賭，脅抽民鎗，縱容刼掠，無所不至；同時復勾結鄧本殷，而願爲之手足，後爲鄧成先所奪，是時殘害人民，與鄧本殷不相上下。至十四年間，黃廣淵潛身縣之第六區，實行秘密組織農會，先後成立，共有數鄉，乃至本年十一月中，爲鄧賊所察覺，竟派兵捕拿黃廣淵等，並解散農民會，其時適革命軍南來，使鄧賊自顧不暇，而該鄉農會之組織得無障礙矣。

丙　遂溪縣之位置　在廣州省城之南，東連廣州　　，南接海康縣，東北界吳川縣，北毗廉州，西瀕大海。

丁　交通狀況　西通安鋪及轉達廉江，東通廣州灣，南通雷州，均有馬路及汽車路，東有新埠，西有江洪港及樂民港，東南有斗門，通明，等港，但港水不甚深，只可通帆船耳。

(戊)物產之概況　全縣生產，以甘蔗，糖，蒔，香油，猪，牛，鷄，鴨等物爲夥，漁業亦有之。

(己)人民職業之分配狀況　第一，三，四，五，八，九等區，人民多業農，其第二，六，七等區之人民，多數業農，少數業漁。

(庚)團局抽收農民之狀況　農民穫得谷一担，則團局收四升，牛一頭每月稅銀二毫至八毫，猪一只抽稅銀一毫至二毫，(指既被宰而言)片糖每百斤抽稅銀二毫至四毫，此外市上之担頭什物，每担抽收二先至二毫不等。

(辛)貸借狀況　普通生錢，如無親屬担保，均須將田屋或妻女抵押，其生錢利率，以按月二成至四成爲度。

(壬)僱農工資狀況　每日工資自二毫至七毫。

(癸)農民之生產品及其消耗之狀況　食品僅可支應，其他日用品多購自外面，及衣服，均向外埠取求。

(子)現在用品價與十年前之比較　凡一切食用品，比前均增加四倍或十倍不等。

(丑)本縣政治之狀況　縣長伍橫貫，台山人也，其帶來辦事人員有二十餘名，他對農運方面，頗不滿意，在十五年一月間，全縣人民代表大會之議決案，均無執行，近爲個人色彩起見，又擬于三月三日另行招集全縣人民代表大會，但未知其如何。

全縣最近分區活動之報告如下

1第一區本年一月十四日起，始派周紀，薛經輝，從事農運，現在成立鄉農會的村，共有六條，(沙坡村，坑里園村，南和村，歐屋村，梘溪鄉，東市鄉六鄉)查第一區之農民素受團局聯防隊之苛抽雜捐，及連年所受鄧賊之摧殘，而農民非常覺悟自身之痛苦，如非舊歷年關之阻碍農運之進行，定當無若是之少。

2.第二區——在本年一月十八日始派人去活動，現在鄉農會已成立者有八鄉——同文鄉，合溝鄉，東邊鄉，（其餘鄉名稱未得正式報告）按該區農會這麼容易發展！都是環境造成的。該區所派鄧足恒往辦黨務，該區保衛團局長楊文川恣意苛抽，各市面新抽稅捐，民衆因之譁然，遂羣起反抗，且一方面見鄧足恒懸貼標語，更加憤激 農民皆曰：（如能打倒楊文川那毒蛇我們盡數加入農會。）于是數日間能够成立數個鄉農會；并定于本年二月五日在界砲市舉行示威巡行，我們這樣報告，即派周紀薛經輝等前往參加，當開會時，所派人員，見羣衆憤激，誠恐發生意外暴動，及改名為反對日本出兵滿洲示威運動大巡行，冀銷羣衆憤激，至巡行時大呼口號（捕毒蛇）（打楊文川）……巡行至街，適有聯防隊兵，因收稅重次，與小販者爭論，觸起衆怒，便大呼，（打！打！）于是該兵被民衆包圍，微受民衆打傷！繼羣擁至界砲團局，將楊文川拉出，拳足交加，甚至婦孺女子，亦以一擊為快；此時非有所縣派之委員，極力制止，則文川成肉醬矣。但至打楊文川之時，人數增至數千，雖十萬雄兵，亦難制止，其暴動實意外事也。此事發生後，有一班怯葸的官僚派，及紳士們，僉謂「此風一開了得嗎」，又謂此次變舉，實為國民黨所使，而此地縣長伍橫貫，亦同一口吻。可是我們對此袒然自在，而農友們猶以為文川不死，運動不止，伍縣長為調解此事，乃於黨部特派韓盈，薛經輝同赴界砲市（時在本二月八日）抵步時，即行召集各人民大會，（露天的）到會者約五百人，（因是臨時的，且伍縣長不欲多集農民，而以農民為主動者，我們幾運動，始克招集此會，蓋伍縣長總以集合團商界，才可得公理而解決，）大半農民，首由縣長演說，其大意——：（一）農民不明法律，不應擅自毆人，倘果楊文川有罪，應呈請縣署查辦。（二）聯防隊之租捐，原為維持地方之治安費起見，倘人民對租捐有負担不起者，應具禀縣署減少或撤消，不應擅自反抗。(三)毆傷人民案，屬於刑事範圍，應歸法庭辦理，本縣長無裁決權，倘傷者不服，可向法庭起訴。繼由韓盈同志宣解組織農會的意義，及今日農民團結之必要。當開會時民衆大罵楊文川之惡。當縣長演說既不能把楊文川殺死，甚不滿意，旋卽散會。先是我們已知縣長之下界砲，是：(一)敷衍職位(二)向農民解釋仍須納租稅之理由。(三)敷衍團紳。多是要我們和他進行的意見，這是(一)不使他和團紳勾結，重行壓廹暴動人民。(二)解釋并安慰人民。(三)敷衍他的要求。然此案可算再沒有問題發生了，蓋傷者三人只望農民寬恕其生命，不敢有甚麼要求，唯農民仍未遂意，恐楊文川等再行壓廹他們也，

3 第四區農會已於一月廿七日正式成立，所屬鄉農會，現有八個。查自去年鄧逆敗走後，黃杰卽起手在該區活動，計自他手成立有鄉農會三四個，但自他囘去海康活動後，該地的農運，便交與黃榮等負責，但黃榮不會應付事實及做事沒有計劃，致該區農會雖成立，然鄉農會與區農會不能發生關係，變成很空洞的。(該區鄉農會，是—寇竹鄉，文里鄉，竹葉塘鄉，城月市鄉，嘉埠鄉，朝棟鄉，五里塘鄉，土扎鄉)，且其區農會之職員，選舉不甚妥當，如黃榮(他是該區區長，頗肯努力工作，但名利心稍重)是正委員長，葉語(他是留穗學生，現已輟學)，爲副委員長。因爲該區農會成立時，黨部不知，故沒有派人去參加監督，

4 第六區—在去年鄧逆將倒時，黃廣淵等已在該區活動，計至今已成立正式農會十七個(鄉農會)卽樂民城鄉，田西鄉，新市鄉，海山鄉，內塘鄉，敦民鄉，調神鄉，芋園頭鄉，共有會員一千五百餘人，該區區農會在本年正月廿一日開成立大會，并示威巡行，是

日到會代表者，有十餘鄉，代表每鄉農會派代表員六人至十人，計共百餘人，均是武裝，至參加農民巡行者約八百餘人，每人紙旗一杆(寫各種標語)幷各種農具，化裝軍閥，土豪，劣紳，資本家，各帝國主義，學生，革命軍，農婦，帝國主義所征服之印度非洲各等人。巡行時從由各糾察督隊，大呼各種口號，聲振如雷，幷獅子班，麒麟班，參行，幷派出演講隊，人如山集，至下午四時纔散。是日劣紳土豪，聞聲心慄，此爲最近之狀况也。

5 第七區——區農會在本年二月六號開正式成立大會，鄉農會共五個（恬神鄉，上朗鄉，西月塘鄉，蓢仔坑鄉，房膏鄉，）即係黃廣淵等所組織也。

6 其餘第五區現已有人在該區活動，但未得正式報告，第三，八，九，十，數區，現未從事組織，不久必開始運動，後容再報也。

以下統計農民協會及會員之目錄

第一區——鄉農民協會共六個——（沙坡鄉，坑里園鄉，南和鄉，東市鄉，桃溪鄉，歐屋村鄉，）約共會員共二百五十個。

第二區——鄉農民協會共八個——（大塘鄉，海田鄉，楓樹鄉，山猪窟鄉，曲港鄉，老馬鄉，東邊鄉，同文鄉，山塘鄉，斗崙鄉，）會員總共三百人。

第四區——鄉農會八個（寇竹鄉，文里鄉，土扎鄉，五里塘，朝棟鄉，嘉埠鄉，城月鄉，竹葉塘•）共會員約三百二十人，（區農會地址在城月市白馬廟）

第六區——區農會有十七個鄉農會，（鵝倉鄉，調神鄉，芊園頭鄉，松樹仔鄉，內塘鄉，敦文鄉，海山鄉，田西鄉，挾仔鄉，余屋鄉，樂旺鄉，樂民城鄉，）共會員一千五百三十七員（區農會設在樂民市正街）

第七區——區農民協會有五個鄉農會，（恬神鄉，上郎鄉，西月鄉，簕仔坑鄉，房嵤鄉，會員人數，未得確知。

全縣農會會員數約共二千八百人。

武裝農民系統之報告

第一區——共有槍枝三十餘桿，種數，七九，六八十餘桿，九响，村田，共十餘桿，

第二區農會——共有槍枝五十餘桿，七九，六八十餘桿，九响村田共十餘桿，其餘均是土製的單响，

第四區農會——共有槍枝四十餘桿，凡七九，六八，七桿，其餘均是九响，村田，或土製單响。

第六區農會——共有鎗三百二十餘枝，七九，六八，凡七十餘桿，駁壳四枝，村田，九响，共六十餘枝，土製之七九鎗，五十餘桿，其餘均是土製單响，在於三月四日黃廣淵召集各團兵作體操大會，並向各有匪鄉進行，作勦匪示威，時到會操者二百七十餘人，已劃定某鄉爲第幾隊，尙未選隊長，殊以無軍事學識之操練故也。

第七區農會—共槍枝一百一十餘桿，駁壳五枝，七九，六八，三十餘枝，村田，九响，三十餘枝，其餘均土製單响。

附加報告

第六區—田西鄉農會會員，經第二次大會決議，組織「義農社」定於三月四號開成立大會，當成立時該鄉農會員親來廹捉黃廣淵去指導參加，各農友皆已齊集，宰生猪，焚香燭於孫總理遺像，擬飲血酒，向孫總理遺像宣誓，黃廣淵因見此革命精神，階級覺悟，乃令

其秘密組織，開會時個個簽名，不識字者令印指模，各向總理遺像致跪，恭讀其遺囑，繼誦誓詞，飲血酒，誓詞畧謂，「繼續總理遺囑以奮鬥犧牲，如當有事發生時，農會有命令，則不顧生命財產父母妻子以身救國」云云後由黃廣淵演說各國革命，及蘇俄革命之失敗和成功，及階級鬥爭，等由，乃散。

第六區農民連年受土匪劣紳土豪地主的禍，生活好生危險，前年曾餓死了許多，對各資產階級之生錢，約每千文，每年須納谷四升半，或六升半，或七升，計每升谷值錢一百七十文，(因谷價高故算谷不算銅錢)現各鄉農民要制止他此一手段，以免餓莩，擬由今年舊歷二月拾五日起，所有生欵，不得以谷計利，還轉同銅錢計利，限每千文，年息作二分計算。

自法佔廣州灣後，雷州各處，均起教堂，第七區聖三教堂，共計農民之入教者，五百餘家，已入教者每恃帝國主義以作不入教者之壓廹，黃廣淵在六七區農民運動時，曾組織『反天主教宣傳團』向各入教者宣其利害，現六七區退出教堂者幾六拾家，神父(卽教師)見此情形卽返廣州灣與第七區對面之『園洲嶺』教堂(島)住二千餘家，完全入教，神父前數年間，曾在法國運來九响鎗二千枝分散給各入教者，自革命軍南行和第六七區反對教會之民聲，現將所散之鎗枝收同運返法國。

雷州匪首陳伯烈，經鄧逆本殷編爲統領，當革命軍打化州時，陳伯烈早知鄧逆之敗，與部下十餘人逃至第七區之榮盤鄉，陳敬齋家藏之：查榮盤鄉素是匪鄉，陳敬齋又是接匪的，陳敬齋現是團局長，陳伯烈所掠之鉅欵數拾萬元，完全在他家裡收藏，敬齋父子圖財，因將伯烈斃命，該區人民見私通匪首，罪不容逭，後經縣長黃河灃到區嚴辦，則陳某自願交出駁壳一枝，曲尺二枝，毫銀四百元。然該區人尙未滿意 現河灃下台，此案仍未究决。

工人運動

遂溪——江紅港，住口約四百餘戶，均以採漁爲業，計有船二百三拾餘艘，每艘用採漁工七人，年中得利，多則二千七百元，少亦二千元，年來受土匪焚去船一百二拾艘，現只存得一半，但漁利所得，總歸該處鹽埠及局紳之手，船家苦之，乃于民國之拾二年每船各備土打鎗（單响）四五枝，在鄧逆本殷盤踞的時期，已由黃廣淵去秘密組織，但各工人之腦根，已深印入庄壓裡，故尙不敢反抗，及革命軍南下時，黃廣淵復對各漁人大加鼓吹，後各工人覺悟起來，遂組織雷州江洪漁業工會，在本年元月二拾二號已正式成立，計加入會工人，約有九拾，現黃廣淵已無時間在該處運動，而亦不甚明白工會組織，至本三月二號工會工人，武裝巡行，計其數凡三百七拾餘人，其餘參加巡行者，亦有許多人。

（出自《中国农民》第四期，一九二六年）

瓊崖農業研究會叢書之二

瓊崖農村

林纘春著

廣州

國立中山大學

瓊崖農業研究會發行

1935

黃　序

廣東的海南島，簡稱爲瓊崖，這個形勢險要物產豐富的地方，因爲是處在極南的一個邊疆，國人大多數都不很注意，或竟把它忘掉了。瓊崖的農村機構，頗爲複雜，一面保持着腐舊的因子，一面又滲透有新進的勢力，於是皮相觀察者，不免以主觀的見解，速下不正確的結論，這在瓊崖的改革上是很有妨碍的呢。本來農村問題的探討，不是一椿容易的事體，但憑臆斷，純恃主觀，決不能覓得癥結所在，診斷它的病症；所以觀察、調查、分析、研究等的工作，實屬重要，而此亦屬煩難的事體，許多人不願意或沒能力去幹的了。林君纘春在大熱的天氣和短少的時間這樣條件之下，實行調查的工作，可謂難能可貴，並且能夠把所得資料，很小心的加以分析，作成瓊崖農村這本有價値的小册子，使大家看了，能夠明瞭瓊崖農村的機構是怎麼樣，由此又可以導引出改進上的方針及途徑來。那麼，林君此作，可說是旣經耕耘便得收穫，不致白費氣力的了！

黃枯桐　二四、五、三十。

張　序

中國農業學術界的著作，關於社會科學者不多，關於農村經濟者尤少，深入農村，實地調查，根據調查結果，研究探討者，更屬罕覯。其故安在？蓋中國之農村，內容複雜，問題繁頣，拖於調查，無從研討，尤以目前之農村爲甚也。

我國農村疲敝，社會不安，識者莫不視農村爲我國立國之根基，農民爲我國人口之命脈；故爲國家前途計，非先事救濟農村，繁榮農村不爲功，尤非先事農村調查，分析清楚，不能有所根據。是則農村調查，實爲目前當急之務。

然我國幅員廣大，調查匪易，內地諸省，基於人民習慣，及地勢交通之便，較易着手，但實際調查者，倘乏其人；而況遠隔數千里外，水土惡劣，蛇蝎蟠據，孤懸南海之瓊崖，農村調查，更有難於此者哉？余友林君纘春，不畏艱苦，深入瓊崖，實地調查四縣五十二村之農業經濟狀況，即以所得，著成卷帙。研究淵深，議論精當，插圖十餘幅，統計二十餘表，附錄調查之範圍及方法，瓊崖農村經濟崩潰中一小農村的實況等，計上下二篇，都凡十萬言。叙述瓊崖底蘊，一目瞭然。足供治瓊當局計劃設施之借鏡，研究瓊崖農村經濟問題者之參考。誠不可多得之傑作。因爲之序。

廿四年六月一日張農識于石牌農場。

自　　序

關於瓊崖農村經濟底書籍，從未見過；不消說，這是因爲歷來很少有人注意到瓊崖，縱有注意到的，亦不過在于各種奇異瑰瑋之物的考察，對於農村經濟則全未注意過○

這本書原不很想公諸于世；但因上述的關係，便决意把它印行了○書底內容，分爲上篇瓊崖農村經濟研究，下篇瓊崖考察記，是作者去秋花了月餘工夫深入農村調查底結果，和參考各種書籍中，關於瓊崖農村經濟的零星資料整理而成的○此外並附錄調查之範圍及方法和瓊崖農村經濟崩潰中一小農村的實況，以便讀者參照○

調查本非易事，尤其是農村經濟的調查；瓊崖十三縣，作者祇能調查到四縣(文昌、樂會、瓊東、及儋縣)，而在這四縣中又祇能調查到五十二村，似此，其遺漏的地方很多，自不待言；而且農村經濟又是個複雜繁難的問題，以作者見識底粗淺，更覺得有很多錯漏的地方，深望讀者進而教之！

本書蒙黃枯桐教授底審閱，黃教授和張農教授底賜序，對於本書增光不少，作者特在此敬致謝忱！

本書頁數，因排印錯誤，「上篇」由頁一起至頁四八止，「下篇」由頁一三起至頁八三止○深望讀者注意焉！

二四年，六月，作者識於廣州國立中山大學農學院

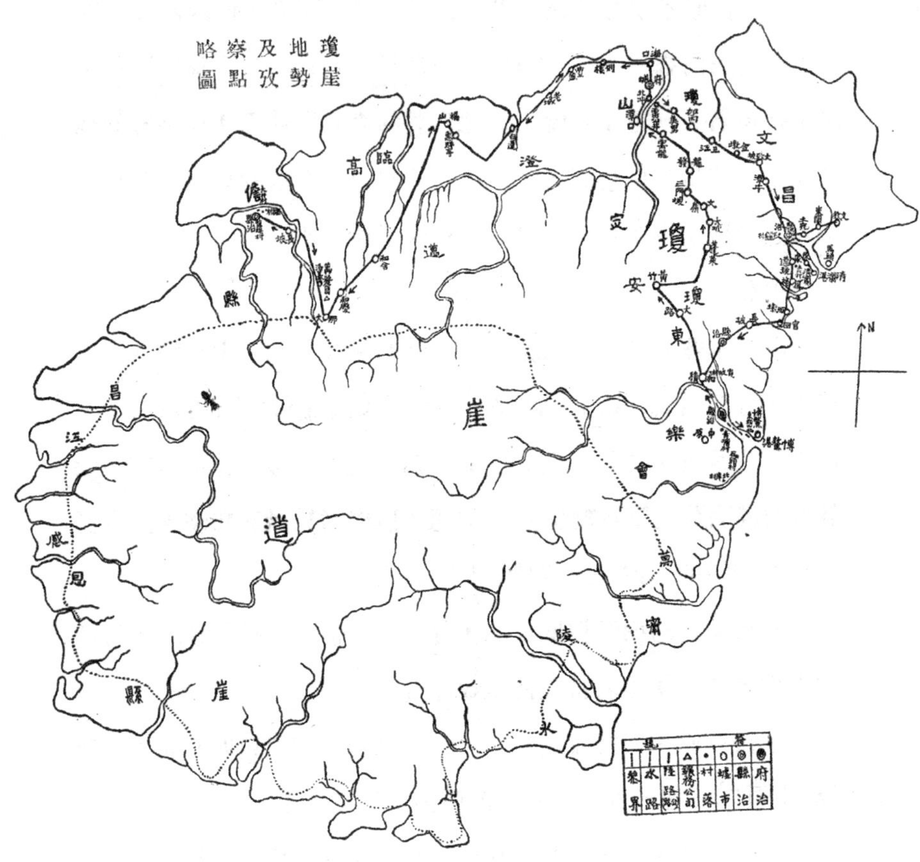
瓊崖地勢及攷察點略圖
府治
縣治
墟市
村落
聯絡公司
陸路
水路
黎界

萬泉(全)河風景之一角

椰樹林景一

椰樹林景二

椰樹林景三

嘉劳(石壁西三十五里)之梹榔林

文昌　清瀾港椰樹

崖縣　三亞港海南曉霧

陵水　籐橋港之短脚椰樹

崖縣　三亞港之漁船

定安　農民耕作情形

樂會　文堆西岸嶺李文開樹膠林受風災之情形

瓊崖　農村風景

文昌　清瀾港之椰林

定安 南牛山（石壁东北廿里）
南兴公司十六年生之树胶林

海口 法国病院近景

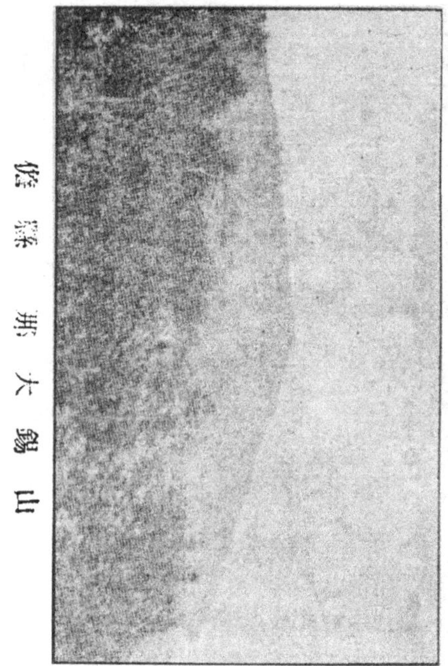

儋县 那大锡山

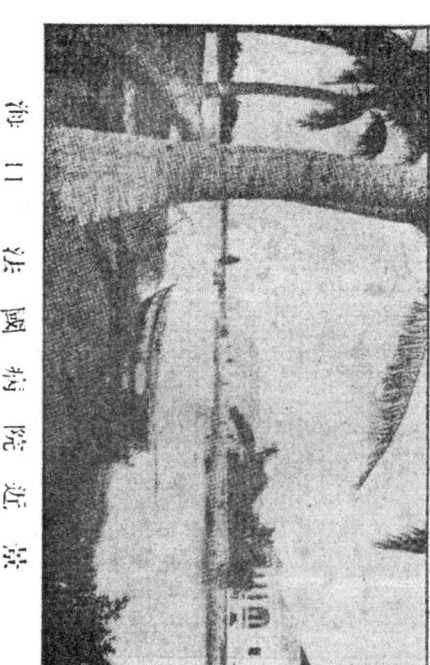

海口 港口之椰园

目 次

瓊崖農村

上篇

瓊崖農村經濟研究

下篇

瓊崖考察記

上編

瓊崖農村經濟研究

一　引言

跟着歲月俱進的瓊崖，已逐漸地爲國人所重視了，其原因是這樣：

(一)因爲它是我國唯一的產生熱帶物產底區域，它的氣候、土質、地勢、天產又均較勝于世人所視爲日本的寶庫底臺灣；所以當這全國經濟陷于極度危機的時候，倘能把它開發起來，則一部份的失業人民或可得而救濟，廣東的米慌糖慌或可得而解决，國民經濟或亦可因以繁榮。

(二)因爲它是處于我國極南的政治和軍事的要地；所以際此國際風雲，日形險惡的時候，倘能把它開發起來，以充實其實力，我國的疆土或可保無虞。

這足見開發瓊崖，實爲目前當務之急了。然而開發瓊崖，並不是一件容易的事體。開發之先，必須調查其地勢、土質、物產等情形，固不待言；而對於農村經濟，尤爲不可忽視。因爲農村經濟，在目前是瓊崖整個社會經濟底槓杆，它把握着全島社會發展底動向。這個問題，如果忽略了或研究不清楚，儘管改良農村，發展農業，以至建設新瓊崖（當然開發瓊崖並不限于開礦和造林等的工作），恐怕也是徒勞而無功的。這即是說，開發瓊崖底鎖鑰，如果沒有把握到，猶如「緣木求魚」，永遠是不會成功的呢。

可是農村經濟，是一件最複雜最繁難的事體，研究是很不容易的，它包含着內在的土地、農業、農民等等和外部的世界經濟、都市經濟等等，這些都是具着相互的作用密切的關係底複雜錯綜的因子○假使忽視了這些因子底具體的事實，僅僅研究一般的抽象的理論，結果就容易流爲形而上的玄學，得不到一個切實的結果○反之，另一方面，假使離開了抽象的理論來研究這些因子底具體的事實，則又會陷于支離破碎找不到問題底核心○所以必要在一方面採用正確的抽象的理論來分析和研究它的事實；他方面基于它的事實底分析和研究來充實理論底內容，才能得到整個事實問題底核心○所以作者根據這一點來研究——用正確的抽象的理論來分析和研究作者這次——去年（二三年）八月二日至同年九月八日——返瓊所實地調查四縣五十二村（調查之範圍及方法，見本書附錄）底農村經濟的結果，及在各種書籍中所搜得關於瓊崖農村經濟底零星的資料○在作者的主要目的，除上述而外，是在暴露瓊崖的整個社會形態，並窮究其問題核心所在，以期供政府於將來開發瓊崖時有所參考，區區之意，不過如此○

二　土地分配

一般而論，瓊崖不能算是一個十分地瘠民貧的區域○它是處于熱帶，農作物生產比較豐富的地方○它的地勢是中部高而濱海低；很少高山峻嶺，沿海一帶，多屬平原，而山與山之間，也有很不少的坦坡曠野○據海南島志（註1）載，綜全島面積計之，這平原與坦坡曠野（係荒地）約占百分之四十，計三萬八千八百七十九方里強，其中可利用爲耕作的地方必有很多○據瓊崖水源林調查報告書（註2）載，全島面積約十萬方里，可利用爲耕作的地方，其面積約占百分之二十，計九百九十八萬八千八百畝，其中除適于造林或僅堪爲種植各種農作物者外，約有一百三十五萬五千畝是適于農作的，計其面積約占總荒地面積百分之十三·五強○全島農業之不發達，于此可見○適合於農業發展的地方，而農業竟不發達，至于工商業，更不消說了。所以全島的生產仍須仰賴於農業；而農業經濟，竟占了全島經濟底主要地位。據四縣五十二村的調查，農戶占總戶數百分之九十四(表一)，足見依靠農業生產手段(土地)來過活的人民有這樣多，而引起我們對於農村經濟的研究是如何地重要了。

瓊崖4縣52村村戶中自耕農佃農和雇農戶數統計

(表一)

縣名	調查村數	村戶總數	農戶數			
			自耕農	佃農	雇農	總計
文昌	25	2174	1668	430	55	2153
瓊東	4	411	177	77	12	266
樂會	16	1264	973	227	—	1200
儋縣	7	424	252	153	6	411
4縣總計	52	4271	3070	887	73	4030
4縣各類農戶數對農戶總數%			76.18%	22.01%	1.81%	—
4縣農戶總數對村戶總數%			94.35%			

普通說來，農業不發達，農村不繁榮，或甚至於由疲敝而破產，一方面是由於人類與自然之間的技術關係，他方面是由於人與人之間的社會關係，而尤以後者的關係爲最密切。質言之，其主要的原因，就是農村生產關係從中作祟。瓊崖農民不能盡量地去利用其廣大可耕的農地，這種關係，是否爲其要因，實成問題。不過我們如果想認識這種關係，是要從農村生產關係中耕地底占有和使用上去探討。在耕地底占有上，據四縣五十二村中富力較大的十村殆全爲自耕農底調查結果，平均每戶所有水田(作者所調查的，只限于水田，旱田在瓊崖農家所有的很少。)畝

數，文昌最多不過四・七六畝，儋縣一三・一四畝，樂會四・七畝，總平均每戶不及六畝(表二)○在耕地底使用上，據廣東省政府秘書處統計股的土地與人口一書所載，全島十三縣農田面積共三丶八五二丶七〇〇畝，戶口共三八五丶三〇六，據此推算，平均每戶使用農田約十畝(表三)；若於全島人口中，除城市人口至多約占百分之二外，以農戶占總數底百分之九十八(除商業較發達的縣份，如瓊山丶文昌丶樂會等外，餘均殆爲農民人口，故與「表一」畧有出入○)計算，則平均每農戶使用農田約在十畝以上；但此數是否可靠，實成問題○不過據四縣五十二村中同「表二」的十村農戶使用農田的調查，則平均每戶使用水田畝數，文昌祇有五・六九畝，儋縣八・四二畝，樂會四・一五畝，瓊東二・八六畝，而其總平均尚未及六畝（表 四）；若根據國府統計(註3)，全國平均每一農戶所占耕地計有二十一畝，則瓊崖每農戶所占耕地，實在是小得很了○所以瓊崖佃農底數量較少，自耕農底數量較多（參看表一），並不是表示瓊崖耕地分配均勻的好現象，而是暴露其耕地分佈底分散和零碎，是很顯明的了○一般每以自耕農爲富農或至少爲中農的辯護者，觀乎此，可以徹然大悟了！

瓊崖4縣10村自耕農每戶平均所有田畝數（表二）

縣及村名		村中富力	村戶總數	所有田畝數	每戶平均畝數
文昌	昌錦村	中	75	600	8
	下鐸村	下	8	20	2.5
	邊塘村	中下	34	160.6	4.72
	嘉美村	上	70	333.3	4.76
儋縣	宣泮村	下	90	333.3	3.7
	榮山村	中	62	814.6	13.14

樂會	北岸村	中	80	262.6	3.28
	石頭村	中	85	400	4.7
	孟居園	中	54	180	3.33
瓊東	春田村	中	35	100	2.86
總平均		一	593	3204.4	5.403

全瓊農戶每戶平均使用田畝數（表三）

縣名	戶數	畝數	每戶平均使用畝數
瓊山	64057	1086000	16.95
文昌	68157	850200	12.47
定安	35430	451300	12.76
儋縣	38224	364000	9.53
臨高	41165	245200	5.96
陵水	16423	68400	4.17
萬寧	22471	94300	4 20
崖縣	14469	261500	18.08
澄邁	34870	107400	3.09
樂會	18382	59400	3.23
瓊東	13725	200000	14.64
感恩	7321	37400	5.11
昌江	9612	27600	2.87
總平均	385306	3852700	9.99

瓊崖4縣10村農戶每戶平均使用田畝數(表四)

縣及村名		村中富力	村戶總數	所有田畝總數	租田畝數	每戶平均使用畝數
文昌	昌錦村	中	75	600	24	8.32
	下鐔村	下	8	20	0.67	2.58
	邊塘村	中下	34	160.6	33.33	5.7
	嘉美村	上	70	333.3	100.00	6.19
平均		—	——	——	——	5.69
儋縣	宜冲村	下	90	333.3	——	3.7
	榮山村	中	62	814.6	——	13.14
平均		—	——	——	——	8.42
樂會	北岸村	中	80	262.6	33.33	3.7
	石頭村	中	85	400	6.67	4.8
	孟居園	中	54	180	33.33	3.95
平均		—	——	——	——	4.15
瓊東	春田村	中	35	100	——	2.86
總平均		—	593	3204.4	231.33	5.80

能夠表示農民所處的經濟地位而揭破農村生產關係中的內幕的,最要是基于富力而同時參照僱傭關係來爲它底類别○但據四縣五十二村的調查結果,如果要根據這一點而同時參照陳翰笙氏底農戶類别的標準來分别之爲富農、中農、貧農、僱農等(註4),則我們可以毫無懷疑地說一句,一般而論,瓊崖農民幾乎全是貧農了○據四縣五十二村的調查結果,占有農田六十六畝以上的,僅文昌縣雲樓村一戶,占有十畝以下三、四畝左右的,最普通○樂會縣石頭村二十八戶農家所有農田畝數底分配,十畝以上的祇

三戶，三·三三畝的，爲數最多（表五）；又據海南島志載，普通農戶耕作畝數，平均每戶耕五畝以下的，約占百分之七十，五畝至二十畝的，約占百分三十，其耕至二十畝以上的，殆不可多覯○由此可見農民因缺乏耕地殆盡爲貧農了○至于僱傭關係，據「表一」看來，可以說是微乎其微○雖然有極少數的農家確是因爲農田過多而僱工經營；但是因其壯丁出洋傭工，缺乏人耕作而僱工的，確爲最多數；此外，如果要在農村中找出那佃農或自耕農像內地那樣租入農地僱工經營的，可說是簡直沒有了○由此更足見瓊崖農村生產關係中耕地底占有和使用情形的一斑了○

瓊崖樂會石頭村二八戶農戶所有田畝階段分佈

（表五）

田畝階段	0.66	1.33	1.66	2.00	2.66	3.33	4.00	5 33	7.33	8.00	10.00	18.66
戶數	2	4	1	4	1	7	3	1	1	1	2	1
原單位担數	10	20	25	30	40	50	60	80	110	120	150	280

註：田畝以担數計算，十五担稻田等於一畝○

近年來瓊崖農村也和內地的同樣陷于破產，而且有日加深刻之勢○際此時期，土地問題，尤見嚴重○我們除了以上在靜的方面觀察外，在動的方面看來，土地所有權底集中，最近五年來，並不見得如何顯著○上面說過，瓊崖農民殆全是貧農；地方上又少有地主、商人、軍閥之「三位一體」的階級○所以在這農村經濟破產的時候，大家同是急需現金而出賣或出典田地，田價惟見其日趨跌落，承買或承典者，則並無其人○據四縣五十二村的五年間田地價格的變遷，五年前文昌普通水田每畝值價一百五十七元一角，今則僅值一百二十八元七角；同樣瓊東、樂會也有跌落的趨勢（表六）；惟儋縣則因近年來移居者日增，供需的關係及穀價較貴，故其田價有略高之勢；然而一般而論，田價跌落，實爲無可諱言的事實。田價跌落，在別的地方，正爲商人、地主、軍閥們收買田地，實行土地集中的最好機會；但在瓊崖，則可以說是絕無僅有（這也許是暫時的現象）。民國十八年以還，瓊山、文昌、定安、瓊東、樂會、萬寧、陵水、澄邁等縣，屢因共產黨擾亂的影响，不消說，從前地主的田地不是被人瓜分去，便是自己相互破壞，即是稍有資產的人，對這事實，也是「談虎色變」沒有人敢冒險去購買這有危險性的田地。所以在最近，土地分散的現象，或可窺見，至其集中的現象（極矛盾），可說是簡直很少了。但在別一方面，則又似乎不同，這也許是基因于瓊崖自然的（地理和土質等）條件關係的原故。在崖縣土地所有權的移轉，民國十九年至二十年兩年間，共有三百一十四件，其中流入軍警界手裏的，計一百六十七件，占總數約三分之一（註5）（表七）；同時，在儋縣、定安、萬寧、樂會、瓊東、文昌、瓊山等縣，農田以外的土地投資，以經營各種農場的，計椰子園有三處，樹膠園有八十六處（註6），咖啡園有十四處，臨高馬裊有寶慶成公司的苧蔴栽植。土地集中的趨勢，似頗顯著。但崖縣是個土壤肥沃的區域，同時也是地廣人稀，黎區占全縣面積約十分之八的地方；所以漢人到該處購地經營，設置產業者，自然較多。同樣定安也是土地較爲肥美的地方，故投資經營樹膠園者，共有三十八處，竟約占了全島樹膠園總數十分之五。由此足見土地集中底趨勢，是在特殊的情形之下而進行着。然這種集中情形，非由分散而集中（崖縣所有權的移轉，據余推想，並非如張一凡氏所論——見註5那樣；其中當以購地經營，設置產業者爲多。），不能與那由分散而集中的「相提並論」，說是有碍于農業生產，是很顯明的○與其說瓊崖土地分配不均而趨向集中，毋寧說土地被利用的很少○即農民不能盡量去利用其廣大可耕的農地，以致大家同處於土地缺乏的苦境來得顯著○國聯專家拉西曼氏以中國農業底衰落作爲現時農村經濟破產底直接動因，他說：「統計全國人口與土地分配，倘屬地浮於人；不苦人不得地，只苦地不整理○………職是之故，認爲經營及整理問題，實更急於分配問題」○(註7)這話雖爲全國而說，然而不嘗針對着瓊崖土地問題底癥結！所以問題的主要點是在如何能使靠耕地過活的百分之九十四的農民，取得約占荒地面積百分之十三・五强的可耕的農地去盡量地去利用○反言之，就是爲甚麽瓊崖農民的自耕農占農戶總數百分之七十六以上這樣多，而只各自獲到五畝左右的農地？農地底分配是何等的分散！零碎呵！

瓊崖4縣52村19與23兩年每畝田平均價格（表六）

縣名	文昌		瓊東		樂會		儋縣		四縣總平均	
年份	民19	民23	民19	民23	民19	民23	民19	民23	民19	民23
平均	157.1	128.7	42.5	31.5	164.08	127.08	13.03	21.14	94.18	77.1

瓊崖崖縣民19年與20年兩年土地所有權移轉數

（表七）

新買主職業	商界		軍警政界		教育界		不明	
年份	民19	民20	民19	民20	民19	民20	民19	民20
買賣件數	37	55	62	105	14	10	8	23
地價總額(元)	4,215	11,002	10,849	18,658	2,604	1,644	174	2,813

以上問題底解答，我們可做這樣的研究：

據海南島志載：「海南孤懸海外，距中土遼遠，在昔水土氣惡，視爲虫蛇所居。漢晉之間，一再罷棄。洎乎唐代，乃復置版籍，移軍屯戍，而謫官罪囚竄逐流配之跡，遂由是日繁。自唐代訖宋，其間五百年，中土之人，流寓島中，子姓蕃衍，已萬有餘戶。高雷對海之民，或遠漁留居，或避亂南徙，生聚日衆。濱海之地，編氓散布，北部尤稠。」由此可見來瓊的初民，不是流民，便是難民了。他們既難于奔命，則其缺乏資金以多置田地，或擴大其經營，可不待言。而且在他們只得到一塊安身之地，即已引爲滿足而不事多求。至其後來者，及其蕃衍的子姓，又因地廣易獲，多遷別地耕種，先由交通較便的瓊山、文昌、瓊東、樂會而漸至較僻的萬寧、陵水、儋縣、崖縣等地。今在陵水、儋縣、崖縣、臨高等處，這種現象，還時發現。瓊崖各處所以散佈小農經營，其原因即在乎此。及後帝國主義的政治經濟的侵畧中國，海口開闢爲商埠，繼而地方多故（此因最大），鄉間謀生不易，且跟着南洋群島的開發，需要華工，於是東北部居民，如文昌、瓊東、樂會、萬寧、瓊山、定安、澄邁等縣，就競向安南、暹羅、南洋群島間，經營農、工、商諸業。外洋經營，致富較易，其昔日視爲主要地位的家庭的小農經營，遂漸被置于次要（與工業區域小農經營，截然不同。）因此，農村生產關係中耕地底佔有和使用，便不大發生問題，而昔日小農經營底形態，亦多得以保持。此外，從前在家鄉「貧無立錐」的，跑到外洋後，便把逐漸積集下來的金錢，從外國滙回託其戚族代購田地，以爲祭祀先或將來回鄉時食用之需，這也是瓊崖自耕農戶數最多的一因。總之：瓊崖自耕農爲數之多和耕地底分散，初因雖由於歷史的人口和土地底分配所形成，而其能夠保留至今不大變的，帝國主義資本的作用，實爲其重要因素。崖縣、儋縣、陵水、臨高等縣，土地底分配，如陵水，每農戶耕五畝以下的，不及百分之一；五畝至二十畝的，約占百分之三十；二十畝至五十畝的，約占百分之四十；五十畝至百畝的，約占百分之二十；百畝以上的亦頗多(註8)。這即因爲該縣地僻，交通不便，出洋者少（甚至沒有），未受帝國主義資本的作用——地廣人稀，地價便宜（註9），亦有多少關係——，得以進行其耕地底集中。研究瓊崖農村經濟的人，對於這一點，不可不特別注意！

此外，在瓊崖耕地底占有上，族田（即祖嘗田或太公田或祭田）和廟田、學田，也是很重要。據四縣五十二村的調查，文昌二十五村中有族田的占二十四村，樂會十六村中，占十五村，瓊東四村中占一村，儋縣七村中也占一村。五十二村中族田最多的，是文昌嘉美村一百畝，占全村農田十分之三；樂會青塘園村一百畝，但此竟占全村農田十分之十一；其餘最少的，也有一畝。茲將陳翰笙氏廣東的耕地所有與耕地使用一文中關於瓊崖各縣太公田占耕地的百分數列表於後，以供參閱(註10)。

瓊崖各縣太公田占耕地的百分數

瓊山	文昌	樂會	瓊東	定安	萬寧	陵水	澄邁	臨高	感恩	昌江	儋縣	崖縣
一五%	二〇%	二〇%	一五%	二〇%	缺	一〇%	一五%	缺	缺	缺	五%	缺

見中山文化教育館季刊二卷二期P.742.

太公田是祭太公(祖先)而設的，所以田租通常是錢租，以便于祭祀之需。族分大宗祠、小宗祠、房、派等。族中掌管族產的人，普通是輩數最高，年齡最長，或屬清末做過廩生、監生、秀才等的。族產多由他們把持舞弊，有時甚至有拿太公田底田租暗中支付他們私家底田賦，或藉詞獎勵教育，津貼他們子孫出外讀書，以備將來繼續他們底位置。

太公田通常是取輪租或投票法出租的○農民們與太公田不但有田租的關係，而且有利息的關係○佃農借嘗穀和嘗錢的很多，年利一分半或二分；若果年內還不清，就要以利併作本，本上再加利；到本利相等的時候，負債底農民若是族外人，其財產就要被沒收，族內的，或許通融一年，或沒收其財產底一部份，以充利息○太公田是不能出賣的（家庭私有田產轉移的時候，多少也不能十分自由，即要經過家長的同意○），正因其如此，它的數量累積起來便成了集團地主底最穩固的基礎○但是近日因為各房子孫急需現金，召集會議决議出賣得欵平均的亦不少○總之：太公田到了現在，已是開始崩潰了；其不崩潰的，亦只養活了活太公（甲長、里長、鄉長們把持祖產，暗中舞弊，無人過問○），其對於族中一般農民，可以說是沒有多大利益的關係了○

其次，廟產亦是重要的東西，不過自共匪作亂打倒神權後，多已變產發賣或歸地方公益團體○如朝錫廟（樂會第二區）公產，近日被區長串同鄉中無賴變賣其一部份，被與廟產有關係的人發覺，正在預備控告中○

總之：瓊崖土地底占有，目下還是帶着很濃厚的先資本主義（封建的）土地所有底色彩○這是來瓊的初民，帶自中土所特有的封建思想保留下來的○我們斷不能只看見其佃農和雇農數量的稀少，或田地買賣自由而且用貨幣購買，即忽畧了土地所有底形態，如族田、廟田、學田、和家庭私有田產具有家族共有的性質（如產權底轉移多少要經過族長家長的同意等等），而盲加斷定；不過近來因受了帝國主義資本底影响，使其或急或緩地趨於崩壞，走入土地所有權漸趨於近代化的傾向罷了○我們研究瓊崖農村經濟的人，就應該明瞭帝國主義資本和封建性之於瓊崖土地底分散和農民不能盡量利用其廣大可耕的土地，是有密切的作用！

三　農業經營

瓊崖地廣人稀，可耕的農地很多，已如上述。可是就全瓊而論，農業經營的平均面積，遠在其他水田區域之下，較之華北各省，更爲狹小。據四縣經濟狀況較好的十村的調查結果：文昌每戶平均經營面積五·六九畝，儋縣八·四二畝，樂會四·一五畝，瓊東二·八六畝，而總平均不及六畝(參看表四)。但在華北黃土區域的河南輝縣四村各類農戶底經營面積，其經營面積最少的貧農，亦在十畝以上（註11），華南水田區域的廣西二十二縣的平均每戶耕地面積，其經營面積最少的蒼梧道，亦有六·八畝(註12)；卽就德國以小經營馳名的巴登(Baden)地方而言，每個經營的平均面積，亦有三·六公頃（約等於六三·十畝）(註13)。可見瓊崖農業經營每戶平均面積狹小得很了；因爲這樣，細小的經營，便形成了瓊崖農業生產底形式。

我們知到，瓊崖農民殆全是貧農，其使用耕地面積，也殆全是狹小的（卽使有地主或富農——半自耕農與佃農並沒有向地主租入田地雇工來行大規模經營，這里的富農實卽指地主而言。——也不過是少見的事，不能占到農村經濟中重要的位置。)。所以這里可以無須像其他的區域類別之爲富農、中農、貧農等去研究，更無須統計出地主或富農所有地中出租的畝數去研究。農村生產關係中耕地底占有和使用比較的來得平均，經營面積則特別地來得狹小，這便是瓊崖農村經濟的特徵。農民耕地較少的，除了租耕祖嘗田外，很少租耕其他的農田，這原因並非因爲祖嘗田的田租比較其他農田的來得便宜（些少便宜），或是祖嘗田爲數較多；因爲是想租也租不來。大家都是陷于缺乏耕地的苦境。這種情況，在交通較爲發達的地方，如文昌、瓊山、定安、瓊東、樂會、萬寧、等縣的農民，迫得競向暹羅、安南、南洋羣島等處去謀生(其他如地方不靖，也是一個原因)；所留下來的小小耕地，就由他們的妻室、幼稚的小孩子和殆屬廢疾的祖父母去操作。他們是村中的壯丁，家屬中最優秀的勞力者，不過爲着取得貨幣去維持全家的生活計，不得不如此。據四縣五十二村的調查，除儋縣七村外，其餘文昌二十五村，樂會十六村，瓊東四村，都有農民出洋做工。因此，女性參加田間的工作，佔着重要的位置。據四縣五十二村的調查，女性參加田間工作的，文昌二十五村中，占百分之九十的有十村；百分之八十的也有十村；樂會十六村中，占百分之八十的四村；百分之七十的五村，百分之六十的七村；其餘瓊東、儋縣，亦並不下於男性(表八)。由此可見瓊崖農業經營技術的低劣了。土地愈小，則其對於副業的依賴愈深；副業愈占重要地位，就越發會令其妻室、幼稚的小孩子及殆屬廢疾的祖父母去操作(與工業區的小農經營絕對不同，注意！)。專賴自己的家屬底勞力去耕作，因爲丟開其他慾望底念頭，孜孜屹屹地去勞苦，有時還可以得到多少盈餘；但是有些因爲田地較多(十畝左右。男子每人可耕水田約十畝，女子只可耕其三分之二，約六·七畝。)，或其他原因，自己或妻室不能勝任的時候，不得已而僱用長工或短工來耕作的，那就要虧本了。因爲靠工資勞働者來耕作，要給養工人，每年每人需三十餘元至五十元(註14)。據四縣五十二村的調查，文昌二一五三農戶中五十七戶僱長工的，殆全陷于這種苦況。四縣五十二村中農戶僱長工的，僅文(文昌)儋兩縣，而僱長工的又僅限于自耕農。文昌二一五三農戶中五十七戶自耕農僱長工的，昌錦村(占六十三戶)和雲樓村(占二十戶)已占五十六戶(表九)，這兩村都是因爲出洋的人數太多(昌錦村占全村男性人口十分之七，雲樓村則占十分之五)，所有的田地，不能耕作；所以迫得用這僱工的法子。並非因爲他們所有的農田多到自己不能盡耕，或在實行着集約的經營○然而他們還是把這小塊土地緊緊地抱着，非到破產不肯放手○這是因爲有了這小塊土地，一方面可以減少些微的家計負担和少受市場上食糧變動的威脅，不像都市工人那樣在食糧價格，繼續增漲中，惶惶不安；方面他在勞動市場變動以致勞力無法出售的時候，也可以忍耐比較長期的失業○這種情形，在出洋人數較多的地方，如樂會、瓊東、瓊山、定安、萬寧等縣，固然是事同一轍，即在出洋人數很少的儋縣、陵水、崖縣、澄邁、臨高、感恩、昌江等縣，其現象也不見得有若何的良好○例如儋縣四一一農戶中，祇有十一個自耕農戶是僱用長工的○這數目固然是少；而他們僱長工的重要原因，又並非大部份在于有廣大的農田，或全部份在于行着集約的經營，實則殆全在于該地底工資低廉(註15)和民情懶惰（註16）○地處偏僻，交通不便，而民風粗陋，生活簡單，乃理所當然○世所謂簞食瓢飲，陋巷粗衣，爛漫天眞，不求進取者，即此等縣民底特徵○因此，東路一帶如文昌、樂會等縣底農民，雖屬「胼手胝足」，亦僅能自給，其于土地占有的慾望和耕作的勞苦，不消說，是很厲害了(指人口較密和出洋人數較多的縣份而言)！

瓊崖4縣52村女性參加田間工作占男性之百分數

（表八）

百分率	90%	80%	70%	60%	50%	40%
文昌村數	10	10	1	1	——	3
樂會村數	——	4	5	7	——	——
瓊東村數	——	——	1	——	1	2
儋縣村數	——	——	——	——	5	2
總平均占百分率	62%					

瓊崖4縣52村農戶僱長工戶數（表九）

戶 別 縣 別	農戶數	自耕農	佃 農
文 昌	2153	57✳	—
樂 會	1200	—	—
一 東	266	—	—
儋 縣	411	11	—
合 計	4030	68	

✳其中昌錦村占36戶，雲樓村占20，共56戶。

細小的經營，既已構成了瓊崖農業生產典型的形式，已有如上所述。但這未必就是小規模經營，反轉來說，土地面積廣大的經營，也不一定就是退步的，技術優良的企業。經營面積，在觀察農業經營的構成和性質的時候，決不是一個充分決定的條件。因爲土地面積，不過是實證其經營規模底一個因素而已。在資本主義的農業發展上，以土地面積而言，小經營依然還是小規模的，但其生產額的增加，畜牧的發達，肥料的使用，機械應用的發達等等方面，它已轉化爲大經營了。這就是說，在小面積土地上進行高度的集約經營，與大面積土地上進行比較粗放的經營，是被列於同一類的。所以我們應根據這一點來觀察瓊崖這細小的農業經營。

瓊崖農業細小的經營，如上所述，在其由於婦女、小孩子、老人和以家庭本身的消費爲目的底生產經營，已顯然地暴露了不少它的本身是屬退步的，技術低劣的經營，不過在我們觀察到它的耕畜的使用，肥料的使用，機械應用的發達，以及種子改良和栽培方法的改善等等，更足實證它是遠不能與大面積土地上進行比較粗放的經營的同屬一類。就是說，它還遠不能踏上集約化的經營。據四縣五十二村的調查，耕畜使用方面，文昌共有四四三戶沒有耕畜，占總農戶數百分之二〇·六，一頭耕牛的爲數最多，占總農戶數百分之七五·八(表十)，二頭耕牛和三頭耕牛的最少。同樣，在樂會、瓊東、儋縣也「大同小異」，都是以有一頭耕畜的爲數最多；合計四〇三〇農戶共有耕牛三九三八頭，平均每戶得不到一頭。可見耕畜的使用上，不但不發達，而且還在缺乏着。至于肥料方面，一般說來，也很退步，除了較爲普遍利用廐肥外，很少利用化學肥(註17)。據調查所知，文昌農田竟有四年而未下肥者(註18)。瓊東、樂會、儋縣，下肥的也很少，其他如崖縣更有不下肥的(註19)。灌漑方面，樂會是于數十畝處，合掘一井，深約數十尺，置車身水輪(用木做)於中，用人工踏轉其輪，卽世所謂「龍骨車」是也。定安、陵水澄、邁、瓊山等縣，則于溪水大河之處，竪立木柱堵水，架以竹筒水輪，卽世所謂「天車」是也。崖縣則築壩堵水，水由山下阻積而泛濫於田間。至于其他各處，則多用戽斗取水，其在水源缺乏的地方，惟有聽天由命，無所設置。灌漑方法之劣，可謂無過于此！其他如選種用風，耕種用犂鋤，收穫用鎌刀，水、旱、蟲災，各聽天命，農忙時只能看到隣家相互幫忙，絕少僱用短工等，都足徵其經營技術的低劣，工資勞動的低下。一般而論，在農業成本方面看來，農耕仍以人工比較的集約爲特徵。瓊崖農業資本有機的構成這樣的低下，農村中說得上帶有資本主義方式的初期形態也沒有；只是經營技術異常低劣的零細田塲，安排了最堅實的基礎的非資本主義農業的經營！

瓊崖4縣52村4030經營耕牛底分配（表十）

縣名	類別	無耕牛	一耕牛	二耕牛	三耕牛	小計

文昌				樂會				瓊東				儋縣				合計			
戶數	百分比	牛數	百分比	戶數	百分比	牛數	百分比	戶數	百分比	牛數	百分比	戶數	百分比	牛數	百分比	戶數	百分比	牛數	百分比
443	20.6			184	15.3			44	16.5			41	10						
1494	69.4	1494	75.8	896	74.7	896	78.1	196	73.5	196	79	279	68	279	48.7				
172	8	344	17.5	108	9	216	18.8	26	10	52	21	103	25	206	36.1				
44	2	132	6.7	12	1	36	3.1					29	7	87	15.2				
2153	100.0	1970	100.0	1200	100.0	1148	100.0	266	100.0	248	100.0	411	100.0	572	100.0	4030	100.0	3938	100.0

但是，在另一方面，特别是在土壤肥沃，人口稀少的地方，瓊崖也同綏遠，河套一帶的墾殖區域，有集資組織公司，作規模較大的經營。據瓊崖實業局最近的調查，樹膠園業：在樂會有樹膠園十八家，定安十七家，儋縣五家，文昌四家，萬寧三家，瓊東一家，瓊山一家，計其大小樹膠園共四十九家（此數及各縣所有園數與民二三年十一月十四日瓊崖民國日報所載，頗有出入。），樹膠二十一萬七千餘株，占面積一萬零五百七十五畝，資本總額三十六萬一千餘元（表十一）。椰子園業：僅三亞榆林二港，有椰子園九家，共種椰子約二萬七千餘株，所占面積約一千七百畝，資本額約在三萬元左右（註20）。咖啡園業：計有咖啡園十四家，共植咖啡三萬餘株（註21）。以上各園業的調查，現正進行未已，將來數目當不止此，可想而知。總之：它們的確是以市場為目的，僱用工資勞働者，投下較多的農本，講究農耕的技術，顯然地帶着資本主義企業的性質。但是，以全島農業而論，這種企業，現在不但還未占到支配的地位，而且已顯然地逐漸跑入沒落之途。「近數年來，本島膠園，因受種種之打擊，無力維持，園主棄園他徙，十九停業，任其荒蕪，野草雜木叢生；建築物及用具，亦多被共匪或附近人畜所毀滅，蒼凉滿目，殊堪浩歎」（註22）。又「民十七年間，有寶慶成植麻公司，集中外（外人投資瓊崖經營實業，不止此處——作者）資本三十萬元，在臨高馬裊附近之洋古村購地五千餘畝，設立工廠，用機器墾植；但今已零落荒蕪，野草叢生」（註23）。由此，可見其沒落的一斑了。

瓊崖樹膠園調查表（表十一）

（錄自瓊崖實業月刊國慶特號瓊崖樹膠園業調查）

園名	現有株數	園地面積	資本額

僑植公司	二〇〇〇〇	八〇〇	一〇〇〇〇〇
易通公司	二〇〇〇	六〇〇	五〇〇〇
聯昌公司	九五〇〇	六〇〇	九〇〇〇〇
阮開富膠園	六〇〇	四〇	未詳
梅瓊公司	四〇〇	一〇〇	未詳
王克祿膠園	六〇〇	四〇	未詳
培林公司	二〇〇〇	一五〇	一〇〇〇〇
水口樹膠園	一二〇〇	一五〇	五〇〇
馮運時公司	三〇〇〇	二〇〇	八〇〇〇
振興公司	三〇〇〇	四五〇	未詳
廣興公司	一〇〇〇	七〇	二〇〇〇
錦興膠園	五〇〇	一五〇	未詳
張明龍膠園	一〇〇〇	七〇	八〇〇
錦益公司	二〇〇〇	二五〇	五〇〇〇
茂林公司	四〇〇〇	三七〇	一七〇〇〇
和順公司	四〇〇〇	三五〇	六〇〇〇
黎會通公司	八〇〇	七〇	未詳
何基楹公司	二〇〇〇	一五〇	未詳
南生公司	一六〇〇	一〇〇	七〇〇
王爐運膠園	一〇〇〇	七〇	四〇〇
南新公司	五〇〇〇	三〇〇	六〇〇〇
南發公司	六〇〇〇	三七〇	未詳
亭父公司	三〇〇〇〇株	二五〇畝	五〇〇〇〇元

瓊安公司	二〇〇〇株	二五〇畝	一八〇〇〇元
南興公司	五〇〇〇	五〇〇	一〇〇〇〇
瓊南公司	一〇〇〇〇	六六〇	未詳
南合公司	三〇〇〇	一九〇	一〇〇〇
南盛公司	四〇〇〇	二五〇	未詳
黎志如膠園	二〇〇	一五	未詳
李文高膠園	三〇〇	二〇	未詳
益利公司	八〇〇	五〇	六〇〇
彭澤南膠園	七〇〇	四五〇	未詳
錦興公司	一〇〇〇	七〇	未詳
[illegible]興膠園	二〇〇〇	一五〇	六〇〇〇
凌發如膠園	一〇〇〇	一〇〇	四〇〇〇
龐習成公司	三〇〇〇	二〇〇	四〇〇〇
合和公司	三〇〇〇	四〇〇	四〇〇〇
曾光甫膠園	一〇〇〇	七〇	八〇〇
龐位卿膠園	六〇〇	七〇	六〇〇
美崖膠園	一〇〇〇	一五〇	一〇〇〇
啓清膠園	一〇〇〇	七〇	一〇〇〇
王清楊膠園	一〇〇〇	七〇	一〇〇〇
新濟公司	八六〇〇	六〇〇	未詳
南華公司	七〇〇〇	五〇〇	三〇〇〇
馮誦滄膠園	六〇〇	三〇	未詳
李學煌膠園	二〇〇	一五	未詳
合計	★一三一・二〇〇株	★一〇・五六〇畝	三五八・四〇〇元

總之：瓊崖產業發達的遲緩，或甚至于轉向沒落，究其原因都是由于半殖民地的關係，關稅的不能自主，以及在這帝國主義的影响之下的所謂封建勢力的支配所致(註24)。在這種狀態下，不但新的產業不能振興，舊的產業亦無法維持。結果，唯有停留於先資本主義之下的細小經營的低微生產力中，永成爲恰與印度之在英國支配下的同樣狀態！

✱該數字與作者計算不同(132,200株，10,040畝——作者計算)，且與該調查文中所謂樹膠217000餘株，及10575畝亦殊異，料必係誤。又該查調表尙有四公司園因風火人畜禍害，玆不錄出。又該調查表連四公司園因風火人畜禍害者合共50家，而該調查文中僅謂四九家，料必亦係錯誤。

四　農民階級

這停留于先資本主義之下的細小經營的低微生產力中底瓊崖農業，自其農民階級分化上看來，很可以給我們一種認識。這種認識，就是農民階級中的富農和雇農底階級分化，是和這低微生產力中的農業有着密切的關係。一般而論，在農業的發展上，農業機械的引用，是可是以排擠僱農的；但是有一般人這樣說，僱農的數量多寡，總可以指示着農業發展的程度。即僱農的數量增多，是指示着農業底發達，而且已達到資本主義化的途徑；反之，僱農的數量低微，是指示着農業底不發達，而停滯於先資本主義的組織之下，或許是資本主義化正在萌芽。中國僱農的數量，據說可以充分估定爲百分之八以上(註25)；這不是一個很微小的數量，所以他們決定中國農業是資本主義化。這種論調，姑莫論其正確與否；但在我們決定一個社會的典型時，不能僅抓住「特殊」而抹殺「全體」；也不能單把握着「全體」而忽略了「特殊」。不過在富農和僱農底階級分化不顯著的某種社會（除非社會主義底社會）中，其農業的不發達，而停滯於低微的生產力中，成爲先資本主義社會而存在，是毫無疑義的○因爲在農業的經營上，於某種社會狀態之下，農業底生產力增高，是要有大規模經營即大經營，始克收效○所以富農與僱農底階級分化之顯著與否，在某種社會中，於農業發展上，實爲一重要因子○

現在我們且來看看瓊崖農民階級中，富農與僱農底分化程度究是如何，所占的地位又是怎樣○據四縣五十二村的調查，四〇三〇農戶總數中僱農有七十三戶，占總戶數百分之一・八二（參看表一）○這數較之廣東番禺六十九村二零八一零農戶總數中僱農有二二零四戶，占總戶數百分之一〇・六（註26），實相差甚遠；即較之僱農人數最少的省份如福建，八口數一八七零零人中僱農有一零九零人，占總人數百分之五・八三（註27），亦相差不少○至於富農，則其數量據調查所得，四縣五十二村四〇三〇農戶中，僱用長工的僅有六十八戶（參看表九），占全數百分之一・七○這很微小的數量，不消說，單就其每戶所僱用的數量最多不過二人，和普通耕種五畝至十畝左右的就多有僱用長工的情形看來，已足斷定其爲非屬于富農○即如上面所說，他們所有的田地，殆全是因爲出洋的人數太多，自已不能耕作，不得已出於這僱工的法子，更足知其底蘊○上面我曾說過，瓊崖農民，殆全是貧農，其意即在于此○所以祇能出賣自己勞動力的生產者——僱農，與那些生產手段的所有者——地主或富農，相爲對立，而所發生的關係，在崖瓊農村中，可以說是不大普遍而且不大重要○不過我們也不可把它忽畧過去○在僱農中，有分爲長工與短工兩種○長工僱傭時期，普通以半年至一年爲單位○僱傭手續多憑介紹人「口頭契約」○此種長工，大概多爲年富力強的成年農民，他們有的有些少田地，有的連一小塊田地也沒有○在文昌，此種長工多僱自臨高、澄邁，在樂會則自萬寧，本縣的是很少。其餘各縣，如儋縣、崖縣、陵水、澄邁等，則殆爲本縣人。這是因爲文昌、樂會兩縣出洋的人數很多，無地的或田地很少的農民，得鄰里或親友的幫助，都可以出洋傭工。而且在他們自己，倘能刻苦勤儉，有時還可以把積蓄下來的工錢，滙回家鄉購置田地而升爲自耕農。這是很好的現象。至于短工在各縣中，殆爲本縣人。短工普通稱爲散工，係臨時僱傭性質，大多以日計，亦有以半月一月計的。在農忙時僱傭的很多，但鄰里的互相幫助，亦爲數不少。通常於鄰里人數不足以帮忙時，才僱用短工。此種互助情形，不但不必支付工資，而且有時連膳食亦沒有供給。不消說，這是顯然地帶着很濃厚的封建色彩。短工中，通常有很多婦女（長工中絕無僅有），工作多是挿秧，割稻，和灌漑等，僱傭的手續，並無契約，隨時可以進退。長短(男女)工資均爲貨幣(現金)。農忙時男工工資，在文昌每日四角半，樂會三角半，瓊東二角半，儋縣二角。女工工資在文昌最多，三角六；瓊東最少，二角半。農閒時男工工資，在文昌三角九，女工三角，亦皆爲數最多。其餘如樂會、瓊東、儋縣，男女工資，則在角半至二角半之間(表十二)，未有超過三角以上者。據瓊崖民國日報(民廿三年十二月十二日)載，瓊崖各縣田[illegible]短工的工資，最多爲文昌、瓊山，由三角至五角；次爲樂會，由三角至三角半；再次爲瓊東、澄邁、臨高，由一角至二角；最少爲崖縣、陵水。崖縣每月二元半，平均每日〇·〇八元，陵水每月四千文（照現在大洋每元三千計），平均每日〇·〇四四元。工資的低廉，眞是目所未覩。一般而論，五年前，四縣短工工資均較現在爲高，文昌高十分之二，樂會、瓊東、儋縣亦較爲畧高；這在長工方面，亦是同樣。在文昌長工的工資，今已跌到一一四元，儋縣亦跌到一五元。工資之日趨跌落，對於僱農固爲不利(直接)，即終令其爲雇農或降爲苦力，以至流爲匪共，而不能升爲佃農或由佃農而爲自耕農○而對於雇主(簡接)亦有日趨破產之勢，而或有甚於僱農之不利者（工資跌落，結果農村購買力低，穀價廉賤，致傷雇主）○在文昌有數雇主因爲雇工耕作而致損失者○其原因即是在此○但在小經營(甚至較大經營)之依靠工資勞動者去耕作，須支付工資給養工人底不利益（穀價有時還不夠抵償工資），亦爲一大原因(註28)○故近日來，一般而論，農田之多者或其田因故不能自耕者，多願拋荒○不消說，這在社會生產方面看來固然是會致食糧的減少；而在農業勞動者工資方面看來，亦是更加會演成勞動的過剩，工資的愈低○瓊崖近日社會之不安，恐此亦是其重要的一個原因吧！

4縣短工男女工資底比較 （表十二）

縣		別	文昌	樂會	瓊東	儋縣	平均
類	忙工	男	0.45	0.35	0.25	0.20	0.31
		女	0.36	0.16	0.15	0.16	0.21
別	閒工	男	0.39	0.20	0.25	0.17	0.25
		女	0.30	0.16	0.15	0.15	0.19

此外，關於瓊崖長短工的僱傭，這里亦應再加以討論的，就每農戶所僱用長短工的數量與其所有農田的畝數○上面說過，瓊崖農家每戶所僱用長工的人數最多不過二人，普通耕種五畝至十畝左右的農戶便多有長工的僱用○這點，我們是不應只注意到小農經營之工資勞動的僱用，可以表示小農底貧產階級化和資本主義不僅侵入於大資本所有的大農，而且深入於小資本的小農，便証實瓊崖農業之資本主義的深化，而忽略了這僱工的農戶，殆全是因爲出洋的人數太多，自己不能耕作，不得已出于這僱工的

事實；或在短工的工資勞動上，只看到短工的工資勞動在農業上有很大的作用，其數量雖微小，而已不能穩蔽了資本主義的農業之發生與發展(有人這樣主張)，而忽畧了僱工的農戶，通常於鄰里人數不足以幫忙時，才僱傭短工(數量不定)，和因出洋的人數太多，有時不得不如此，並非爲要擁護資本主義的農業企業家的利益起見而採用短工。所以我們與其說瓊崖農業爲資本主義化，毋寧說其農業是停滯於帝國主義資本勢力支配之下的帶着殘餘的封建勢力的作用中；它正如烏龜跑路地由封建性向着資本制的蛻變。瓊崖農業至今仍不會急激地發展，這種作用，實爲一個重大的原因！

現在可再從農民階級底佃農方面來觀察瓊崖農業與農村的封建性。據四縣五十二村的調查，四〇三〇農戶總數中，僅有八八七戶是佃農，占總戶數百分之二二・〇一(參看表一)。這個數目，若果從中國各地農家中佃農所佔的比率上看來(註29)，則瓊崖佃農數量，確是很少。有人說，佃農的衆多，可以看出農民的失去耕地，經濟的困難，日趨農村半普羅列塔利亞化和農民普羅列塔利亞化，即指示着農村經濟的資本主義化。更有人這樣說，凡是愈在資本主義化的程度較高的地方，佃農所占的比率愈覺加大。這兩種論調，如果是正確的話，則瓊崖農村經濟不是資本主義的中心，而是封建經濟的中心無疑了。然而這還不足以證實。因爲在整個生產關係中間，它並不占有主要的地位。最要的是在農村與農業底主要的生產方法和生產關係中去决定。但是這點，在後面的「租佃關係」一章裏是要詳加研討的；所以這里暫且把它擱下不提。不過在另一方面，關係這個問題，還可以給與我們多少的回答。這就是，佃農們還沒有成爲農業企業家(自耕農亦然)。瓊崖佃農，可以說他們的農業經營完全是小農經營。他們並沒有像其他地方的佃農向地主租入土地來僱傭農業勞動者經營；而且這小農經營亦沒有資本主義底影响。即他們租地經營的目的，並不是以市場爲目的，而是以經營者家庭本身的消費爲目的。所以並不能把它分爲富農、中農、貧農等階級；因此在璵崖農村經濟中，我們亦只好說是存着封建的等級，而這封建的等級，換言之，就是表示璵崖農村與農業的封建性。這些佃農，不用說，是由于自耕農破產而來的。其數量，現正增加。其原因不外由於自耕農所有的耕地太少。據上海市統計所載上海市陸行等八區百戶農家種地多寡與盈虧關係表（表十三）看來，耕地漸多，折虧戶漸少。在耕種三十畝以下者，虧折戶數最多，五十畝以上者，則盈餘戶數多于虧折戶數一倍以上。現在璵崖自耕農所有農田畝數，平均不及六畝（參看表二），則其虧折數之大，不言而喻。由于耕地太少而受虧折，已可把他們（自耕農）降爲佃農；若再由于封建性的作用和帝國主義資本的打擊，那就更易而且快了。由自耕農而淪爲佃農，由佃農而淪爲僱農，在這農村經濟破產的時候，越發顯著。

上海市陸行等八區百戶農家種地多寡與盈虧關係

（表十三）錄自中國經濟二卷十二期從農民上看中國農村經濟

耕作面積	五畝未滿	五畝以上	十畝以上	一五畝以上	二〇畝以上	二五畝以上	三〇畝以上	三五畝以上	四〇畝以上	四五畝以上	五〇畝以上	五五畝以上	百畝以上
盈餘戶數	三七	四三	四〇	三〇	三四	二六	一八	五	二〇	五	一一	二五	六
虧折戶數	一〇二	一〇四	九三	六四	四六	三五	二〇	八	一七	二	五	一一	—

貧農(自耕農及佃農)的經濟困難，再加上天災人禍的摧殘和壓迫，結果由地主或自耕農而淪爲佃農，而僱農，而至于苦力；這樣農民階級的低下，在今日瓊崖農村社會中，極呈示着令人悲觀的急速度。農民到了破產而赤貧化的時候，如果農村裏不能以僱農、苦力、游民、乞丐等來把他們吸住，他們便如飛鳥般地，流離四散，離開農村到軍隊或都市中去，甚者則冒險而爲土匪共匪。瓊崖自民元起至民十六年止連綿十餘年的土匪擾亂，和民十七年以後的共匪作亂，可以說都是根由于此。玆且單就其流亡到海外的數量來說，竟有下述驚人的數目。

據海南島事情(註30)一書所載，瓊崖各屬出洋做工的華僑，不下數十萬人，每年出洋做工的平均約三萬人，歸國的平均約二萬人。又據海南島志所載(註31)各縣在外僑民，最多的爲文昌，約九萬人，次爲瓊山、瓊東、樂會、定安等縣，俱有數千人，再次爲澄邁、萬寧、陵水、臨高、崖縣，各數百人，儋縣、昌江、感恩爲最少，僅寥寥數十人。再據最近華僑中心之南洋一書(張相時著海口海南書局出版)所載，歷年新嘉坡登陸瓊人移民統計表(表十四)看來，則一九一四年至一九二四年止，出洋人數有逐年增加之勢。僅以新嘉坡一埠而論，其出洋人數平均每年已約有六千三百三十八人，若再就南洋各埠和法屬安南，英屬緬甸以及暹羅各地而言，則其數量，當更足驚人。此外，據作者四縣五十二村的調查，五十二村中有人出洋做工的占四十五村，占全村數十分之八·七。如文昌之雲樓村，其出洋的人數，竟占全村人數十分之五；樂會之石頭村，在男子中，出洋的竟十有八九。可見出洋人數之衆多。他們一般是在華僑名義之下出國的，其中十分之九都是出國做工。這等農民，不消說是由于內在的農村生產關係和外鑠的都市及世界經濟作用所發生的農村人口過剩而然的，並非由於農村本身(或自然)有過剩人口的存在，或農村有過剩勞動的存在而發生的。這農村的相對的人口過剩，在土地所有者不能實行資本主義的經營，而採用僱役、分益佃戶、小農民租地等非資本主義的形態的時候，尤其顯著。農村人口過剩的各種典型的形態發生，常作爲落伍國家或偏僻地方的農業及各種農業關係的一種特殊現象。這種現象，是農業上的先資本主義的(註32)現象。由此可見瓊崖農村人口發生過剩是在於何種典型的形態下發生的了。

新嘉坡登陸瓊人移民統計表（表十四）

年度	一九一四	一九一五	一九一六	一九一七	一九一八	一九一九	一九二〇	一九二一	一九二二	一九二三	一九二四
自海口來人數	二・二九二	六・五一五	八・一四〇	四・六一五	・三三七	—	三・三〇九	二・二八四	七・六七八	一〇・八二一	一七・五〇八

農村的分解和農民階級的分化，結果，發生農村人口過剩，農民離村。離村的農民愈多，阻碍農業的發展愈大。近年來，瓊崖離村的農民，似乎逐漸減少。據四縣五十二村的調查，除儋縣離村農民稍爲增加外，文昌、樂會、瓊東三縣，都是受了世界經濟不景氣的影响，在海外失業歸國的人數，每村都在增加。據瓊崖民國日報(二四年一月廿一日)載，「自南洋商業失敗後，本島華僑，失業殆盡；且受當地政府之虐待，不得不相率歸來，別作良圖。計前數年返瓊華僑，每年至少有五、六千人，而由本島赴南洋各埠之華僑，僅有三數殷富者而已。查去年南洋商業，漸有轉機，本島居留南洋各埠之華僑，已有生活可圖，多中止返里，已

返里者，亦絡繹前往。計調查所得，去年返瓊華僑，約有二千餘人，較諸前數年，減少二倍有奇，惟此二千餘人，係根據入口數量而言，其中失業歸來者，約數四分之三，餘則爲常時往返性質。」這種現象，很明白地告訴我們，並不是一種常態。即就現況而言，這等失業歸國的華僑(計約十餘萬人——註33)，在前既爲普羅列塔利亞特 (Proletariat)，歸國後當然也是無所歸依。據作者調查時所經各村，年富力强的成年農民，無工可作的，在在皆是，甚或流爲乞丐或冒險而爲盜匪的，亦不在少數。現再加以內地失業者十餘萬人，流離失所（註34），社會不安，以至由農村解體中發生出來的革命，在不久的將來，恐難保其不爆發吧！由封建的等級解體，正向資本制的階級轉化；但將來能否轉化爲資本制的階級或其他的名稱，還是一個「謎」。不過現在這種力量，已握住了瓊崖農村底生機，農民底生命了！

五　租佃關係

上面說過，決定瓊崖農業底本質，最主要的，是要在農村與農業底主要的生產方法和生產關係中去探求。這一點，在上面各章中都曾約略述過，現在詳細地來討論它吧。

租佃關係，是租佃制度上農民由地主租入土地耕作，並對地主支付地租，以作租入土地的代價底關係，是農村與農業底主要的生產方法和生產關係中底槓杆。所以瓊崖農村底本質，由此是可以表露其眞相。

關於租佃關係上的租約，在瓊崖普通不外二種：一種是口頭契約，一種是書面契約；其中以口約爲最普遍。書約底內容，非常簡單，其措詞不外是請求租地。此外還有二種，一是屬於投票定租，租地者按地底生產力而用票書租額，額多者得租，此和集錢會所取會錢投票法同；一是輪種，用不着書約，也無須口約，只要按着長房、次房的次序去輪流耕種。後二種是屬於太公田所採取的辦法，私家田通常是採取前二種的辦法。據四縣五十二村的調查，太公田少的村，太公田多是採取輪種法，多的則採取投票法，間亦有訂立契約的。租期通常是一年，半年的亦有（太公田和私家田同樣）。租期的短暫，當然是地主藉機增租的手段，其阻碍農業底發展，至爲重大。因爲租地者所投下的資本不能於此短期間內得到充分再生產底時間，他們便不肯多投下資本，和使用工資勞動者，故多以自己勞力去經營，且租入田地的面積，亦因之不足以從事於適當的企業的經營之大小爲前提。此種租地，很明白的，不是資本主義的租地關係，而是基於隸屬的——高利貸的關係（資本主義的租地，主要的是租地契約的期限有一定卽至少是投下資本得到充分再生產底時間）。租期的短暫，有碍於農業底發展，已如上述；在所調查的四縣五十二村八八七家佃戶中（參看表一），沒有一戶是租入相當面積的田地以做企業底經營的。他們租進土地，是以家庭本身的消費爲目的，卽以直接消費爲目的。他們是小生產者——農民，往往又是小土地所有者，惟因自家食糧的缺乏，或爲以單純商品生產者之資格從事販賣而租入土地的；所以與資本主義的租入地之中心人物是經營商品，卽營資本主義的經營之資本主義的租入地者，大不相同。在地主方面，他們所租出的土地，其質往往是下等而且又是零碎地租與佃戶。在地租方面，他們多是採取分租制。據四縣五十二村的調查，採取分租制的，樂會十六村中有十二村，儋縣則七村俱採取此法（表十五）。可見分租制底普遍性。分租底租額普通業（地主）佃各半，次爲業四佃六，再次爲業三佃七。所調查的四縣中，各縣平均起來，其佔產量底百分率，文昌爲四二・八，瓊東爲四〇・〇，總平均爲四四・六（表十六）。這些租額，一般而論，殆全是在產量中除去了一部分作爲種子（等於佃農所投下的種子量）歸還佃農以後所剩下來的餘剩部分依照一定的比例分配的。所以這種分租制，可以這樣說：是與普通分益佃租的形式，即由地主借給佃農一部分資本(生產手段)以資經營，生產物則依照一定的比例分配的法式，殆全相同。不消說，這種地租形式，是絕對非資本主義地租的形式了；而其租額底高度，又已表現了剩餘價值之全額多爲地租所吞沒的形態，在支付地租的佃農（生產者）方面，縱欲殘留一些利潤也已不可能了。M.N.Меяшенко（廖謙珂)氏說：「自從資本主義的地租發生之後，農業地租，就不能算爲普通價值的總量之中，除去了平均利潤以後所剩下來的餘剩部分罷了：所以不過是剩餘價值的一部分。」(註35)可見瓊崖地主之對於佃農所採取的地租率，已不許佃農有些微利潤發生的餘地了。從這樣一種超度剝削所獲得的地租，在資本主義的社會中，可以說是變態的，這種變態的本質，當然不能不說是封建式的了。

分租與定租村數比較表(水田)（表十五）

縣別	文昌	樂會	瓊東	儋縣	合計
調查村數	25※	16	4	7	25
分租村數	14	12	3	7	36
定租村數	1	4	1	——	6

※文昌有十村沒有租佃關係

分租中穀租租額底高度(水田)（表十六）

縣別	文昌	樂會	瓊東	儋縣	總平均
平均占產量百分率	42.8	45.6	40	50	44.6

地租以外，佃戶還有特別的負担，如押租(批頭)，，臨時無償勞力底提供和節季的進貢等。「電白好些村莊裏，批頭以外還要送禮和供給地主勞役。海南島的臨高縣多賢村，也是如此。」(註36)諸如此類不能不說是農奴制度的殘滓；其所具封建性的濃厚，誰也不能否認的了。

上面所說的分租制，其租物當然是以農產物爲限；而其實數分得若干，則須視年景的豐歉爲準。因此，對於佃戶方面，似較定額租爲有利；但是在小農需要土地經營以維持自家直接消費逼切的場合，他必多費些資本和勞力來經營，以期于這小塊土地底收入得以較豐；收入較豐，則他方面，分與地主的，亦較多。因此以所投下的資本和勞力看來，仍然不能得到補償。換句話說，其利倒不如定額租的稍爲較好了。因爲業佃雙方，既經訂定了額租，則佃戶方面所多投下的資本和勞力以期多獲些收穫物，當然是與地主無關；這就是說，多獲的產物，地主是毫無均沾的權利。這是很顯明的事體。

定額租制，其租物是以貨幣爲主。在地主離田地太遠，不便于收受農產物的場合，多採用此制，收受貨幣；但這種情形，在田地缺乏的瓊崖，却比較的少。盛行此種貨幣定額租的是那些太公田、學田、廟田及其他性質的公田。因爲這些公田，尤其是太公田，收貨幣的目的，一方面是在利於祭祀，他方面則利於納賦；其租額之較低，實則頗有祭祀和賦稅的作用。據四縣五十二村的調查，定額租收貨幣底租額(太公田)，在文昌、樂會爲最多，其平均占產量底百分率爲四〇·〇，瓊東爲最低，祇三〇·〇，而總平均則爲三六·六(表十七)。租額較低，可見一斑。

定租中錢租租額底高度(水田)(表十七)

縣別	文昌	樂會	瓊東	儋縣	總平均
平均占產量百分率	40	40	30	—	36.6

註：私田和公田的錢租租額相差甚微

一般而論，在瓊崖，分租的穀(農產物)租是比較定額租的錢(貨幣)租爲盛行的。在文昌二十五村中除去十村沒有租佃關係而外所剩下來的五村中，行穀租的村數有十村，錢租的祗一村，而穀租、錢租的有四村；同樣，在樂會、瓊東，行穀租的村數，亦是較行錢租的爲多(表十八)。穀租或錢租，不論其那一種是盛行，而其直接地作爲地租納付，貢獻於地主的目的則一。有人說，地主收穀租的目的，是在以穀租去做投機的商業，故不願意單單地收一筆現欵。又有人這樣地說，地主收錢租的目的，是在取得農產市價漲落的利益，因爲在地主收地租的時期，正是農民收穫終了的時期，同時也正是農產物市價暴落的時期。實際上地主是商人，買辦，他們在這時期，儘可操縱市場使農產物市價暴落，在別一個時期，則又提高市價。)他方面佃農爲急得貨幣以完納租，不得不在這暴落的價格之下，賣却他們勞動的結晶，這對於他們是如何地痛苦呵！這二種論調，總括一句說來，都是可以承認的，因爲不論其爲穀租或錢租，在地主方面，都可以藉機操縱壟斷從中取得地租以外的利益，這是很明白的。不過這種情形，在大地主(大地主才可以有能力來做這種事體)較少的瓊崖，是沒有多見罷了。

穀租與錢租村數底比較(水田)(表十八)

縣　　別	文　昌	樂　會	瓊　東	儋　縣	合　　計
調查村數	25	16	4	7	52
谷租村數	10	8	1	7	26
錢租村數	1	2	1	——	4
谷錢租村數	4	6	2	——	12

穀租和錢租，這兩種租額總算是高度○這顯明地是超過從剩餘價值的總量之中，除去了平均利潤以後所剩下來的餘剩部分(註37)○這在資本主義的社會裏，是不會發生的○所以在我們觀察瓊崖的地租由於實物地租（穀租）轉化爲貨幣地租（錢租）的時候，愼勿誤認以貨幣地租來表示資本制的租佃關係，斷定了瓊崖農村與農業是踏進了資本制的途徑○須知資本制的貨幣地租和封建制的貨幣地租是有嚴格的區別的○即一方面封建制的貨幣地租，常只是折租，是地主和商人，利用貨幣以額外搾取農民的，資本制的貨幣地租，則地租本身，是以貨幣計算的○另方面，資本制的貨幣地租是剩餘價值的一部分；封建制的貨幣地租，則爲普遍的吸收一切剩餘價值的形態○所以「這個轉化，僅是形態的變化而已○在本質上，貨幣地租仍不免是一個剩餘生產物及剩勞動的普遍而包括的形態，與當時尙未存在的利潤及生產價格等等經濟範疇，無所關係○」(註38)它不過是社會經濟的各種關係，向前發展，及至於本質上，達到了非常進步之域罷了○

穀租和錢租的繳納時期•一年租的，分爲春秋二次繳納○太公田的租約，以一年爲限的，爲最普遍○其繳租時期，通常於祭祠前(正二月)或淸明節日；亦有分爲上期(春)和下期(秋)○繳納手續普通多如下所述的辦法○穀租的繳納手續，因爲習慣上的因襲，在業佃住處相距不遠，或共居一村的場合，佃戶在收穫時通知地主，得地主的允許，在地主監視之下收割作物，待到收割完竣，按約分配（並無他種作弊）清楚之後，佃農即須送穀上門，或送到地主指定的地點（不能較地主住處太遠），並無减租或給脚力的習慣。錢租的繳納手續，係由租耕私人田的，在收割後，即須上門繳租；租耕太公田、廟田或其他性質的公田的，則須於一定期內（太公田係在祭祠前繳納的多），送租到理數家中，斷不能有欠租的通融。所以租種公田的，佃戶往往因一時繳租不來，便要高利貸借，蒙受高利貸者的剝削。

佃租關係之於瓊崖，其帶着濃厚的封建色彩，已如上述；至其土地的集中情形，雖不顯著；然而多數農民缺乏土地，常使他們只得屈伏於高額租田之下，任受地主的剝削和壓廹！假使我們將定額穀租折合成金錢或錢租租額來與每畝田價比較看看，則很可以看出幾年的穀租或錢租能等於田價。在文昌，田價每畝一二八·七元的田，穀租租額爲五·九八元，錢租租額爲五·六；樂會田價每畝一二七·〇八元的田，穀租租額爲六·三八元，錢租租額爲五·六元（表十九）。換句話話，就是在文昌田價每畝一二八·七元的田，須要還值五·九八元的穀租，或五·六元的錢租；錢租還到二十三年，穀租還到二十一年半的時候，則租價和田價可以相等。赤貧的佃戶，納了二十餘年租，說不定還要出賣兒女。不勞而獲的地主，收了二十餘年租，所有權便可以擴張一倍。佃戶終爲佃戶，或降而爲僱農、苦力、流氓和乞丐；地主終或地主，或升而爲大地主、大商人和大買辦。這是多麼值得我們注意的呵！

四縣52村平均每畝田價與佃租底比較（水田）

（表十九）

縣別	文昌	樂會	瓊東	儋縣	總平均
田價	128.7元	127 08元	31.5元	21.14元	77.1元
錢租額	5.6	5.6	4.2	——	5.13
穀租額	5.98	6.38	5,6	7.0	6.9

註：田價爲民23年田價（叁着表六），每畝田平均約產米四石，每石米價當時3.5元，由表十六、十七推算得此表。每畝田產米值十四元，在文昌除5.6元錢租還地主外，佃戶得8.4元，餘類推。

六 剝削作用

瓊崖地租租額的高度，已如上述；至其苛捐雜稅的繁重，更足令人可驚。據海南島志載：「本島之縣地方款之收入，爲三十萬零三千六百六十五元六角六分九厘，團警學雜捐爲十七萬四千零九角二分四厘；其中遺漏者尚多。且瓊山、文昌、瓊東、陵水、崖縣五屬雜捐亦未查明列入，瓊山、文昌俱屬大縣，其雜捐數目，當然不少。今假定爲十萬元，合之則爲五十七萬七千六百六十六元五角七分七厘，以十三縣分之，每縣當得地方費四萬四千四百三十五元八角九分一厘。再以全島業經編查完竣之保甲人口數二百一十九萬五千六百四十五人除之，每人當負担地方費二角六分有奇。」（P.181）這種估計，很明白地在告訴我們最少有很多不正確的地方：例如樂會縣之石頭村，其農民所負担之苛捐雜稅的繁重（註39），便可爲證。農民受了封建式的高度地租的剝削，再受繁重捐稅的搾取，其不走向高利貸之一途以維持其生活者幾希！據四縣五十二村的調查，文昌二一五三農戶中負債者有一六五四戶，占總戶數百分之七十六·八；樂會最少，一二〇〇農戶中亦有六〇四戶，占總戶數百分之五十以上；總計四縣五十二村四〇三〇農戶中負債者二六五一戶，占總戶數百分之六十五·八（表二十）。若以之與內地諸省，如浙江八縣農家負債者平均占全村農民戶數百分之五十八·八一（註40）比較起來，則相差遙遠。茲再舉樂會石頭村八十九戶收支狀況來看，收入總計一一〇元，支出總計二一五元，扣除不足一〇五元（表廿一）。這足見瓊崖農民經濟狀況的困難了！

四縣村戶負債統計（表二十）

縣	別	文昌	樂會	瓊東	儋縣	總計
總戶數	農戶	2153	1200	266	411	4030
	其他	20	64	145	13	242
負債戶數	農戶	1654	604	186	207	2651
	其他	16	20	108	6	150
負債戶數對總戶數的百分比	農戶	76.8	25.3	69.9	50.4	65.8
	其他	80.0	31.2	74.5	46.1	62.0

樂會石頭村89戶收支狀況表（表廿一）

收入	米	60 元
	雜作	50
小計		110
支出	食費	110
	衣服費	20
	婚葬費	30
	交際費	10
	家屋費	10
	農具修補費	10
	教育費	6
	地方警衛隊費	6
	區公所費	2
	醫藥費	10
	錢糧	1
小計		215
扣除不足		105

註：見瓊崖農村經濟崩潰中一小農村的實況，本書。

農民經濟愈困難，則其受高利貸者底剝削愈劇烈。瓊崖現行借貸的制度，不消說，顯然是帶着極殘酷的剝削。據調查所知，其借貸的形態，主要的有貨幣借貸和穀物借貸二種；比較起來，貨幣借貸是最盛行。在文昌二十五村中，除行貨幣借貸外，其兼行穀物借貸的僅有十村，樂會則十六村中祇有二村；惟在交通偏僻的儋縣，則其兼行穀物借貸的較爲普遍，計其七村中兼行穀物借貸的有六村。

穀物借貸，在穀物產量較豐的儋縣多不計利息，如第一區的保山村、大井村、鹽埸村等；這種情形，在穀物未變爲商品化的場合，較多發生。在文昌的新民村，亦有此種情形；不過其原因是在于穀物的借貸很少，和親友情誼的關係。反之，在另一方面，其有計利息而其利息有時並不下於貨幣借貸的，如儋縣的宜洋村，借穀一斗，計月利一升（伸算當時穀價約等於借錢一元月利分半）；文昌的地源村、下東村、南里村等，皆爲月利二分，並不下於借錢的利息。

貨幣借貸，普通可分爲長期短期兩種：長期要用土地或房屋抵押，數額較大，每年繳利一次，如不欠利，借期可延長至數年或十年。這種長期借貸，利率並不低，和短期借貸的差不多。短期借貸，不一定要有物品抵押，數目較小，月月繳利，這在瓊崖較之長期借貸底盛行畧遜。長短期借貸，不論其爲農產物或金錢（穀物或貨幣），一般說來，其本利仍以所借原物名支付爲最普遍。（即借穀還穀，借錢還錢；有時也有借穀還錢利，但很少有借錢還穀本利）。這種現象，在表面上看來，好像只有利息上的剝削，而很少有借穀還錢或借錢還穀提高穀價或降低穀價於市價的手段底剝削。近年來，瓊崖因受南洋不景氣的影响，農村經濟破產，錢債的利率，不消說是較前五年爲高。計文昌民十九年平均年利爲一九%，今則爲二〇%；儋縣變更最大，民十九年平均爲二三·六%，今則爲三五%（表廿二）。廣東農村生產關係與生產力一書中說：「廣東農村中錢債普通月利爲二分至三分，年利爲二分上下○海南島各縣月利通行四分或五分○」足見高利貸資本剝削的慘酷了○ 但高利貸者的剝削，並不單止於此； 而其更甚的剝削，便是貨幣在其中的作用○關於這一點，王宜昌氏曾這樣痛切地說過：「借貸時如果是用貨幣，則在向市場購買時，爲賣估商人所剝削；如果是用實物是折價計算時，便爲債主抬高了物價○還債時，如果用貨幣，則出賣農產物時受買估商人所剝削，如果用實物時則又爲債主抑低物價以便折算了○借貸者農民是非貨幣所有者；債主則是貨幣所有者○貨幣在一轉移間，甚至並未有實際的轉移而只是名義上的轉移，便搾取了農民○」（註41）所以不論其爲貨幣或穀物，只要借貸就被高利貸者剝削了；至其借穀還錢或借錢還穀的，更不消說了○

民19年與23年平均年利底比較(錢)(表廿二)

縣別		文昌	樂會	瓊東	儋縣	總計
每年利率	91民年	19 1%	19%	20%	23.6%	20.4%
	民23年	20%	20.4%	20%	35%	23.9%

高利貸資本和商業資本是相連的雙生兒，地主、商人、高利貸者三者在農村中是「三位一體」的東西○它往往於農民「青黃不接之秋」賒放食糧，種子，甚至一切鹽、油、酒、菜及其他零星雜物（城市鄉村都有它這麼一類的雜貨店）○到收穫時，便須以農產物抵償，或以貨幣高利清還○不消說，農產物是抑低其價格計算而再加上利息來還的；若不是這樣，而以貨幣支付的話，則新穀登場，價格低落，也是要受它底剝削○這在儋、崖、萬（寧）、臨（高）各屬，尤爲普通○

瓊崖商業資本底發達，是在家庭手工業時代。那時商業資本，已如上述，成功了商業高利貸資本；他方面又藉家庭手工業底發達，插足於運銷販賣中分取居間人的利潤。到了民六、七年以來，更憑藉帝國主義商品的侵入，一變而爲外貨推銷的商業資本，狂風暴雨般地摧殘了舊有的家庭手工業（東路一帶，如文昌、定安、瓊東、樂會等縣，家庭手工業經已絕跡；西路一帶，如儋縣、臨高、澄邁等縣，則多少仍在這狂風暴雨中撑持着。家庭手工業是瓊崖農村唯一的副業，如今被外來品打敗了，正是農民最痛苦的事情），互相勾結地來加重農民的剝削（舊的家庭手工業崩潰，新的工業並沒有代興）。直至今日，可謂至于極度了。

目下瓊崖農村經濟的破產，其癥結所在，並非全由於受了南洋不景氣的影响，其最大的，是由於商業高利貸資本和帝國主義資本一氣地來加重農民的剝削。在民六年至民十六年間，此種剝削作用，已極猖獗了；不過當時幸有華僑滙回的欵，其數足以彌補其不足而有餘。故當時（民六——民十四年）瓊崖的特產，如椰子、樹膠、咖啡、益智、黃麻等，亦因此衝動而有盛極一時的投資種植。農業的商品生產化，迅速地走上單一之道。但自民十六年以降，則因受了世界經濟恐慌的打擊，各種特產跌價；南洋不景氣的影响，滙欵減少，不能以彌補其不足，於是農村破產，立呈露骨化。這在查看瓊崖近兩年來金錢外溢底數額，便有如下重驚人的指示：（表廿三）

瓊崖對外貿易總值（民21，22年）（表廿二）

年　　份	民廿一年	民廿二年
洋貨進口總值	10070885元	4439559元

土貨出口總值	5274147元	2284456元
相抵不足	4796738元	2155103元

註：採自瓊崖實業月刊第十一期，瓊崖實業局印行。

這所受帝國主義剝削去的數額，與這兩年來華僑所滙回的欵項，比較來看，是有這樣的指示：（見表）

（表廿四）

年份	民廿一年	民廿二年
華僑滙欵數	10000000元	5000000元
與表廿三相底不足數	4796738元	2155103元
尙餘數額	5203262元	2844897元

註：華僑滙欵數係據通信調查概數

這多餘下來的數目（但已比從前減少得多了），能否足以彌補瓊民底各種負担（如捐稅、區公所費、兒童教育費等）和消費（如生活費）等，實成問題（其實只看上面廿、廿一兩表便瞭如指掌）。現且再來觀察其近年來各種主要物產的輸出數量和價值。例如花生，自民十三年至民廿一年止九年間，其輸出數量由一二二四担減到二七担，價值由六九二九両減到九五両（表廿五）；同樣，帶殼、家畜、鮮蛋、鴨毛、糧食及產品，以至加工品紙、草蓆等等，都在減低。又如生猪，其價格大跌，每百斤只值二十餘元（註42）；魚絲，民廿二年自一月份至十月份以後，由每担千圓跌到六百餘圓（註43），其餘各種物價，雖無多大起跌（註44），然其輸出數量逐年減少，已足令人驚倒了！

瓊崖花生出口歷年統計 （表廿五）

年別	民13年	14年	15年	16年	17年	18年	19年	20年	21年
數量（担）	一・二二四	四九三	二八六	六六七	九五七	三〇二	二〇三	—	二七
價值（两）	六・九二七	二・二七三	一・六一九	三・九九三	八・八一二	一・八六〇	一・二一五	—	九五

註：採自瓊崖實業月刊第九期，林彥廷：瓊崖花生油業概況及其改良方法

牛自民廿一年至廿二年，由總值三三二・五七八元減到二二九・八八〇元；猪由二・二八二・八一一元減到一・二九二・九二二元(表廿六)；

瓊崖對外貿易重要物產品出口價值（民21,22年）

（單位元） （表廿六）

種類／年份	牛	猪	帶壳家畜鮮蛋	皮蛋鹹蛋	鴨毛	皮類	荳類	糧食及產品	木材、木及其製品	紙	蔴	菜蔬	草蓆
民廿一年	三三二・五七八	二・二八二・八一一	二三六・〇四三	六二・八四七	四三・〇〇七	一九三・二一二	七七四	一・七九八	三〇・七三三	八・五九九	五九・四八九	二五〇・一四二	八二九・七〇五

民廿二年	五•四三三	八六	一三三	九六	六•二九〇	六〇	―	一〇七•五八五	八•八〇一	九五•八九九	一一二•二四三	一•二九二•九二二	二二九•八八〇

註：節錄自瓊崖實業月刊第十一期

所以基于高利貸，商業資本（地主、商人、官僚、特權者…底高利貸和資本）和帝國主義商品(經濟)的一氣地剝削，瓊崖農村經濟只有破產，不消說了。

然而帝國主義商品能夠這樣的大肆其侵畧的剝削作用，實是由於瓊崖農村經濟中封建的剝削關係的存在（高利貸，商業資本以及苛捐雜稅的剝削都是在於上述的租佃關係的條件之下而發生。）；而瓊崖高利貸商業資本以及苛捐雜稅能夠這樣慘酷的剝削，也實是由於帝國主義的維持所致。帝國主義，爲欲肆其侵畧的剝的削作用，不得不侵襲瓊崖農村封建的生產關係，爲欲維持其永久的發展利益，又不得不和瓊崖封建勢力相勾結；瓊崖的封建勢力亦然，爲欲維持其收穫超經濟的剝削（Supereconomic exploitation），便不肯放棄封建的生產關係，爲欲擴大其剝削的利益，更不能不和帝國主義相勾結。兩者是密切地相勾結着的。因爲這樣，所以貨幣經濟，便更形發展；商人高利貸資本對於農民的支配，亦更形深刻化起來。商業高利貸者原是地主，於是商人便駕在地主之上了。因此，就有人這樣說，瓊崖現在簡直是商業資本主義（Commercial capitalism）時代了。這實是一個極大的錯誤！因爲商業資本主義，是以商業資本活動爲主，商人階級對手工業勞動者成立一種搾取關係。現在琼崖的商業資本，已如上述，不外只在土地所有的基礎之上的農村封建的經濟組織的下面，以支配農民；其唯一的手段，是在收穫封建的搾取之實果，並不去變更甚麼生產方法；而且其活動亦不顯著。所以瓊崖現在，不能說是屬于商業資本主義，不言而喻了。

處在這封建勢力和帝國主義兩種的壓搾之下，瓊崖農民，委實是困苦極了！他們因爲農村金融機關的缺乏，往往屈伏於高利貸之下而喪失田地。上面說過，長期的借貸是要以土地爲抵押品的；但是土地在今日，已經是因爲農村經濟崩潰的影响而跌價了。文昌，民十九年平均每畝一五七·一元的水田，現在只值一二八·七元；樂會，其跌價更厲害，民十九年平均每畝一六四·〇八元的水田，今則跌到一二七·〇八元（參看表六）。據四縣五十二村的調查，每畝水田的押價，文昌最高，平均每畝一五七·一元的水田押價七〇·五元，占田價的百分之五四·七；樂會最低，占田價的百分之四〇·五（表廿七）；其餘瓊東、儋縣亦低，占田價的百分之四五至五〇。田地是農民唯一的生產手段，田地喪失了，便是農民家產的告終。所以在這田地缺乏的瓊崖（平均每農家占有田五畝左右——參看「表二」），爲防止田地喪失的容易，農民們便有各種「合會」的組織。最通行的，計有錢會和穀會兩種；其中尤以錢會爲最普遍。據四縣五十二村的調查，農家加入錢會或穀會的，約占農戶總數百分之七十五以上。足見農民如何抵抗高利貸的剝削，以免土地喪失的一斑了。

每畝田價與抵押價底比較（表廿七）

縣別	文昌	樂會	瓊東	儋縣	總計
每畝田價(元)	128.7	127.08	31.5	21.14	77.1
每畝押價(元)	7.05	51.5	14.8	10.57	36.84
百分比	54.7	40.5	46.9	50.0	47.8

七　結　論

總之：瓊崖農村經濟底特質，已如上述，讀者大概可以明白了。它底崩潰，可以總括一句說，是由於外爍的摧殘(剝削)作用多；而由於內在的摧殘作用少。具體的說來，就是受着帝國主義、都市、官僚、軍閥等的摧殘作用底分量多過於受着農村本身生產關係的摧殘作用底分量。概括地說來，亦就是完全由超經濟的封建勢力的摧殘作用與其密切交互的帝國主義侵畧的關係。帝國主義侵畧了瓊崖，結果並沒有在瓊崖農村中擴大了新式的生產技術，擴大了資本主義的農莊；只是增高了瓊崖的地租，增高了苛捐雜稅，增高了商業資本，高利貸資本等對於農民的壓搾。而且現在更把帝國主義經濟恐慌的損失轉嫁過來，加重了摧殘的作用。目下瓊崖農村經濟崩潰之所以露骨化，這實爲一大因素。所以要爲救濟瓊崖的農村，非先消滅這等因素不可；尤其是非先消滅封建勢力，即地主、商人、高利貸者、官僚、軍閥、豪紳等等的摧殘作用不可。因爲這兩種摧殘作用，如果不能同時消滅，便想急速地挽救或建設農村，是無異于操豚蹄祝滿車，可謂殊無多大的希望。舉例來說，如設立農民銀行，推廣信用合作，以救濟農村經濟，增高農民生活，而其實在的作用，則向農村中伸入借貸資本，增加了農村中高利貸資本底發達。據江蘇省農民銀行管轄下之產業合作加入者四二六戶，一九二八年末的調查，結果不負債者四四戶占百分率一〇·三，負債者三八二戶，占百分率八九·七，負債總額共一六九五元，平均每戶一四五元一角（註45）；這可見一斑。又如定縣（平教會所主辦農村建設的縣份），據李景漢先生調查的結果，惟見其農民的貧困加甚，農地的價格低落，而其農民離村的亦益多（註46）。更足見這兩種摧殘作用，在沒有消滅的時候，而欲救濟農村，建設農村，是徒勞而無功的了。

所以在作者的主張，如果要救濟或建設或發展瓊崖，其唯一的工作，就是在同時消滅這兩種作用，并且同時進行其建設和發展底工作。瓊崖現在，雖然受着很深重的帝國主義侵畧的摧殘作用，然其農村本身之生產關係和生產方法的封建性的作用，則因歷史的和地理的關係，較爲輕微。它絕少大地主，它的土地問題，不在於分配問題，而在於經營及整理問題。即如何能使農民儘量地去利用荒地，以及其經營和整理的方法？救濟或建設瓊崖農村，如上所述，除消滅封建勢力和帝國主義侵略的摧殘作用外，同時要建設及發展的：（一）力行移民，（二）實行合作，（三）發展農業教育，（四）開發交通等等（註47）。至於其他種種建設及發展計劃和步驟，自應審愼周詳，更不待言；這裡不過僅舉其大旨而已。

瓊崖爲我國富庶的區域，其農、林、漁、鹽、礦等的富饒，殆爲內地諸省所不能倫比。際此世界大勢如此嚴重的時候，它的土地與國家地位的關係，它的產業與國家富源的關係，已爲國人所共知，倘不從此趕快加以救濟及使之發展，則其前途的危險，誠不忍懸想，說不定在世界第二次大戰開始之日，即爲瓊崖版圖變更之日呵！

註1. 陳銘樞總纂神州國光社出版，民二二年一月。

註2. 廣東建設廳農林局印行。

註3. 民二十年國府主計處統計全國（二十五省）田地合計一、二四八、七八一、〇〇〇畝，農民五八、五六九、一八一戶（青海西康廣西三省和蒙古西藏尚未計入）平均每戶可得田地二十一畝。

註4. 陳翰笙：廣東農村生產關係與生產力，中山文化教育館發行。

註5. 張一凡：中國南疆崖縣之現況，中華月報一卷五期。

註6. 民二三年十一月十四日瓊崖民國日報。

註7. 陶直夫：中國現階段底土地問題，中山文化教育館季刊一卷二期。

註8. 馮和法：中國農村經濟資料，P.956。

註9. 陵水、崖縣田價有平至十餘元的，見（註8）P.956。

註10 陳翰笙：廣東的耕地所有與耕地使用，中山文化教育館季刊一卷二期。

註11 張錫昌：河南農村經濟調查，中國農村一卷二期P.54

註12 壽民：廣西農村經濟現階段的寫眞，中國經濟，二卷十二期。

註13 仝（註7）。

註14 文昌長工工資每年每人：昌錦村五十元，雲樓村三十餘元。

註15 據調查儋縣長工每年每人平均約十五元。

註16 林纘春：瓊崖考察記（本書）；張一凡：仝（註5）。

註17 民十八、九年瓊崖東路一帶曾很少的用過肥田料，後因施用不得法，田土變劣而停止。

註18　參看本書瓊崖考察記

註19　仝(註5)

註20　瓊崖樹膠園業調查，瓊崖實業月刊國慶特號

註21　瓊崖椰子園業調查，仝(註20)

註22　瓊崖視察團農業調查報告，同(註20)

註23　西路樹膠黃蔴調查報告書，瓊崖實業月刊第一期

註24　據瓊崖視察團農業調查報告書中有：瓊崖樹膠園業衰落之原因，其中有地方不靖，捐稅繁重二因。按地方不靖主因乃由于官僚軍閥封建勢力傾軋所致；捐稅繁重，亦由于官僚軍閥用以保持其封建勢力而生。

註25　王宜昌：從農民上看中國農村經濟，中國經濟二卷十二期

註26　同(註4)

註27　同(註25)

註28　關於這點柯茨基曾論之至詳。文見黃枯桐譯，農業理論之發展P.85—86上海樂群書店印行。

註29　佃農所占的比率：廣東福建浙江等六一——八〇%，江蘇遼寧湖北五一——六〇%，河北河南黑龍江四一——五〇%，察哈爾新疆三——三〇%。見范苑聲譯述：滿洲經濟的封建性之研究，中國經濟二卷十一期。

註30　海南島事情第二，南支那及南洋調查第五十一輯，台灣總督官房調查課印行大正十年十一月

註31　該書所言樂會瓊東出洋人數俱有數千人，及各縣出洋人數均太少，與事實不符。

註32　看吳覺農譯：農業經濟學　P.434至435。

註34　仝(註33)

註35　仝(註32)

註36　仝(註4)

註37　這種地租，往往達到生產力的百分之四十以至百分之六十，在此種關係上，所以地租已經是剩餘價值之唯一的態。　仝(註29)。

註38　仝(註32)　P.156。

註39　見本書附錄，瓊崖農村經濟崩潰中一小農村的實况。

註40　浙江八縣農村調查報告，國立浙江大學農學院叢刊，第八號。

註41　王宜昌：從農業來看中國農村經濟，中國經濟三卷二期

註42　黄振彝：不堪回首去年海口市之營業現況，瓊崖實業月刊，四期。

註43　仝上：二三年本島幾種統計及比較表

註44　仝(註43)

註45　林纘春譯：中國之農家經濟及負債　農聲月刊第一六〇期。

註46　黄枯桐：中國農村往何處去，瓊農月刊第十二號。

註47　林纘春：瓊崖考察經過　瓊農月刊第七八號合刊。

下編

瓊崖考察記

時至今日，國人仍以昔人以爲「無足煩其一日之慮」之眼光以視之瓊崖，其地處熱帶，物產氣候，均異內地。倘有到其地者，無不嘆爲世外桃源，流連不捨。朱盧多遜詩云：「珠崖風景水南村，山下人家林下門；鸚鵡巢時椰結子，鷓鴣啼處竹生孫。魚鹽家給無墟市，禾黍年登有酒樽，遠客杖藜來往熟，却疑身世在桃源。」可見一斑。然而每因交通不便，行者視爲畏途，故其全島情形，鮮有知者。余爲瓊島人，而瓊島之情形，亦多莫知。屢欲一行考察，而苦無機。今年七月間，時在暑期，本校農學院農政門教授張農先生，因見及此，乃呈請學校准予派余返瓊考察。余奉派後，喜不自勝！乃就黄教授（枯桐），請教以調查方法。結果，特製就農村經濟狀況調查表多頁，專爲調查瓊崖農村經濟狀況之用。

余此次返瓊考察，除一般關於農民農業方面事，無不考察外，而對於農村經濟，尤爲注意。蓋欲從事改良農村，發展農業，以至建設新瓊崖，除實際作此項調查外，別無他法。民國以還，國人之到其地考察調查者不下數十人，然而皆注重瓊崖奇異瑰瑋之物，而對於農村經濟，則全忽畧。瓊崖今日荒蠻仍如昔日，斯不能無關也。故余此舉，意即在此。

此行除將考察經過，作概要的瓊崖考察經過一文（見瓊農月刊第七八號合刊）及將農村經濟狀況調查表整理擬作瓊崖農村經濟問題之研究一文外，特將其經過詳細情形，以忠實的態度，分述于后。

八月二日　余此行因事羈絆，故遲至今日，始能啓行。子然一身外，惟一皮喼而已○是日下午三時，由東山(農學院院址)雇汽車與送行同學張家樂君同乘，前赴西濠口，搭佛山輪○時尚早(四時半開船)，搭客極少○張君陪談約半小時始去○四時半鑼鳴，船啓碇，於是久戀之廣州，遂漸不見○船行後不久，忽聞人聲大噪○緣因一年約廿餘歲之青年，欲投水自殺○該青年身材短小，身携一包袋外，別無所有○察其自殺動機因經濟壓迫所致○然中國人之因此而自殺者多，斯何足怪！夜十時半抵香港，入亞洲旅店○詢明赴瓊瓊州輪明日開行鐘點，遂準備入睡○

三日　早七時起床，聞風雨聲，知昨夜作風未息○昨夜所擬出街辦妥私事，以備及時(下午三時)上船之舉，亦祗得苦待，八時雨大如故，出視天色，似無霽時○乃决意冒雨出街，先訪友人翁君於學士台○友寓遠，及到，身已盡濕，且友又上省不遇，乃悵然而返○歸途風雨愈大，海水澎湃，思上落船之苦，不覺悄然！朝餐畢，聊購數物，乃快悒乘艇登輪○時船上搭客甚多，因雨故，更擠擁不堪，幾經設法，始得大艙位中容膝一席○卸裝甫定，忽聞船因恐遭颶風而改期明日啓碇○以此跼促閟臭地方，正一刻難容，猶復遲滯一天，此中苦况，不言而喻○幸身旁搭客某翁，年約古稀，瓊州人，與談閒話及語安南華僑情形，頗不寂寞○翁云：近年來華僑因受不景氣影响及法人苛待慘狀，有目不忍睹者，及言至其本身慘敗歸國情形，則泫然淚下！余周視其妻子媳婦，狀極狼狽，不覺亦爲之惻然！於是沈寂良久，忽鄰位某君以船上不宜寂寞，遂暢言故事，其所言者多類東方朔之徒，令人捧腹不置○是夜談至更深二時始睡○

四日　昨夜眠遲，是日至九時始醒○覺精神不爽，乃携傘出甲板散步○細雨霏霏，遙望水天朦朧，不勝興感○膳後復睡○船至日昃二時始行○船行雨止，暑氣漸迫人，不堪，乃移床上甲板睡。一夜寂寞，輾轉良久，始入睡鄉。

五日　是日九時始醒，覺精神頗佳。用兩碗熱粥後，更覺漠然，海濶天空，遊目騁懷，足以極胸懷之放肆也。須臾，見七洲嶺，旋見望虎嶺，經急水門，再而見七星嶺。由七星嶺至海口，尙需三時，搭海口客者，至此均摒擋行李，以備登岸。少頃，遙見海口在望。搭海口客者，多喜形於色。正談說間，忽西北黑雲滿佈，由遠而近。雷聲隆隆，驚人心魂，海口港素稱不良，上落艱苦。余憶數年前，船拋錨時，風雨大作，水浪掀天，下帆船者，或由軟梯（用索作成），或由籠下，（籠中坐人，以索吊下。）不勝股慄！旋而雨降，但不大；惟見黑雲向東逸，於是一場惡作劇，遂告平息，心始安焉。不久下帆船，時已二時許，由此至海口，不過五里，潮漲而遇順風，約二時可達。此次則因兩者俱不利，及抵海口，而自鳴鐘已響五下矣。以海口如此劣港，而能爲現時瓊崖商業之中心，徒以接近雷州半島，便於大陸之交通。然自咸豐八年開闢商埠以來，於商務上迄無長足發展者，實因港灣不良，有以致之。近聞海口築堤委員會，工作正緊；然能否不蹈前數次唱高調之覆轍，實一問題也。抵步後，寓僑安旅店。六時餘，訪唐品三先生於海南書局，蒙介紹瓊山縣教育局長某君與談瓊山農業情形。該縣以出產糖、芝蔴油、荔枝乾、瓜子等爲最大宗。農業落後，農民簡陋，遠不及文昌、定安、樂會各屬。然能於行政區上列入一等縣者，實賴海口而已。八時返寓，以身疲勞，遂早睡。

六日　早八點以電話告瓊崖實業局技士韓宗浩君，請來敘談。九點往瓊崖綏靖公署，謁見參謀長（時陳委員上省，）告以來意，並出示校長公函。蒙准令飭境內軍警沿途保護，及轉飭瓊崖交通處發給往來舟車半價証。十二時爲瓊崖農業研究會會務，訪警衛旅參謀長於府城旅部。旋折返海口，訪瓊崖民國日報社鄭社長。下午四時，忽降大雨，酷熱之天氣，頓呈凉快。瓊崖地接熱帶，氣候温燠，四時常花，三冬無雪。一歲之間，少寒多熱，一日之內，氣候屢變；天晴則燠，陰雨則寒；寒則多起於夜間，而尤以海口一埠爲甚，有時竟夜非擁厚氈不能成眠。晚八時韓拔士來會，乃與周遊海口各街道。海口近年來因南洋不景氣及農村經濟破產之影响，昔日繁盛之氣象，已不可復見矣。途次順道至海南書局購瓊崖路線圖一幅，以便出發考察時之需。

七日　下午一時接到綏靖公署發來護照一紙，旋又接到瓊崖交通處送來半價乘車証一張。瓊崖汽車，近因農村經濟破產，運貨搭客減少，車價往往有較交通處所定之價目減少數倍者，計由海口至文昌縣治，共程一百二十五里，每十里交通處定價大洋式角，合計需大洋式圓半，今則壹圓可達。若以半價（照交通處所定之半價)計，則非壹圓式角半不可。故半價証之有無，實無關係。查瓊崖營業汽車，昔有六百餘輛，今則僅存百餘輛，以近日農村經濟之破產，運貨搭客之減少而論，此百餘輛，亦應足以保持交通處原定價目而不跌；今則不然，其故安在？實有研究之價值在也。余乃力詢各方，悉其原因如次。

兩年前，瓊崖營業汽車車牌費每月三十元，聯合會費一元（車家自動組織)，合計三十一元；另外設通過費，例如由海口至加積，各站通過費，每次每位客有如下表：

A.由海口至潭口　0·30(大洋)

B.由潭口至文嶺　0·52(大洋)

C.由文嶺至黄竹　0·46(大洋)

D.由黄竹至加積　0·46(大洋)

合　計　1·74(大洋)

即每輛汽車由海口至加積，每次每位客共費通過費壹圓柒角肆分。乘客一人則免收通過費，二人以上作七折計。計每輛汽車可乘客六人，七折計，約共納通過費陸圓捌角肆分，即每輛汽車由海口至加積，乘客六人，每次需過通費陸圓捌角肆分。但此通過費乃由搭客負擔，車家惟將此通過費加入車價內而代為繳納。故車行一次（每日），只費車牌費與聯合會費共壹圓零叁分；今則取銷通過費，每輛汽車需每月繳納（須先繳納）車牌費與附加費共柒拾弍圓，而車行與否，均置不問。以每日車行一次計，需費洋弍圓陸角，比之昔日者，所費多壹圓伍角柒分。若車停行一日，則將白費弍圓陸角。是以車家多爭兜客，而搭客又必擇乘其價較便宜者，價目遂跌，而車輛因以減少，自不待言。故車牌費及附加費之過重，致乘車價目跌落，實無可諱言也。晚六時，舊同學黃聞百君與韓技士來訪。黃君係別來兩載之至友，此次適因事由文昌來海口，邂逅相逢，喜何可言；翌日得偕往文昌，沿途指導，更覺快慰！六時餘仝出外散步，途經海南醫院而至椰子園。椰子園為海口遊樂場之一，後背海南醫院，前臨大海。其地廣而平，中植椰子約百棵，是以名焉。朝晨薄暮，紅男綠女來遊者，不絕於途。挹海風之清涼，望海水之澎湃，帆船往來，落日紅霞，其樂無窮也。是晚遊至八時始返。

八日　朝餐畢，整理行裝。十時二十分，黃君乘汽車來接。車中搭客不多，連余僅四人，不能即開行，因周遊各街道以兜客。晌午獲一客，余等心急，不能久待，遂促其行，車始出海口向東駛。十餘里，至北冲，下車渡南渡河，至對岸之李公井（雷公井）。再向東駛，經美男，三江、金墩，至大致坡，入文昌境。旋折向南行，經潭牛至文昌縣治。計程共行一百二十五里，需時約四點鐘。由李公井至三江，沿途土壤尚佳，粘性色黃，地勢平坦，少村落，多荒地。至金墩則土壤漸變砂質而磽瘠；村落更少，間有樹木，多爲苦楝。及至大致坡，則地勢漸高，顯有不同狀態。其土壤多砂，村落衆，樹木則殆爲椰樹，罕見苦楝矣。然此瓊山文昌二屬之特異乎？由此而南，其地勢又漸低，由潭牛至縣治一段，多見小丘陵起伏，村落滿佈，椰樹濃翠，奈其土質盡砂，磽瘠而少田地耳。

文昌縣治與便民市僅隔一衣帶水，水名文昌江，通清瀾港，水路交通，頗爲便利。便民市商店約三百餘間，殆爲洋樓。劃一整齊，斐然可觀。車至泰昌號下車。卸裝後，隨到毓葵飯店用晚膳。文昌食物，鷄最著名，尤以毓葵爲最美。久聞其名，奈無機可嘗；此次果不意而到，千載一時，豈可錯過！於是乘腹之饑，饕餮大啖。席間聞黃君云此鷄並非別種，乃收買土著之較肥者，善育之二三星期，殺時加以適當之烹飪，切塊廳大，食時用手，調以鷄碟，（碟內用鷄湯中之油質參以薑、葱、鹽、醋等而成，故名。）以其溫度適宜，味佳，骨軟，故食之特饒美味耳。晚六時偕黃君往其家。黃君家距此約八里，沿途爲砂礫地，行頗難。時日薄西山，行人稀少，旣與舊友暢敘別情，復流覽異地風光。其中情景，樂眞無窮也。約七句鐘，抵黃君家，時體疲口渴，黃君出椰子水飲之，（椰子水解渴最妙，水中略加些食鹽和之尤妙。）頓覺暢然。入夜與黃君次兄談村中及鄰村農業情形，並出農村經濟調查表塡之。是夜共塡八村，卽下鐸村、龍頭村、上坡村、邊塘村、邊田坡村、白石頭村、德清村及長田尾村。八村中以白石頭三十六戶爲最大，龍頭七戶爲最小。皆業農，盡屬自耕農。各村農家平均水田，以龍頭村每戶七畝六爲最多，次爲邊塘村，五・四三畝；下鐸村二・五畝爲最少。餘則多爲二畝左右。玆將其列表於下，以供參考。

村名	戶數	田 畝 數		平均每家田畝數
	戶	斗種		
下鐸村	8	30·0	(20畝)	3·5畝
龍頭村	7	80·0	(53畝)	7·6
上坡村	22	90·0	(66畝)	3·7
邊塘村	34	250·0	(186畝)	5·43
邊田坡	19	80·0	(53畝)	2·8
白石頭	36	160·0	(106·6畝)	2·9
德清村	10	60·0	(40畝)	4·0
長尾	11	4·5	(30畝)	2·7
合計	147戶		554·6畝	3·77畝

註：文昌縣屬田畝以斗種計，每一斗五升種等於一畝(普通)

八村中，農戶負債者居多數，惟白石頭一村稍好，負債者僅二戶○蓋該村出洋做工者多，共十四戶○其餘各村雖間有出洋者，然多鄉居執土木工、窰工、小販等業○八村中最富者不過五千家產○耕牛多三二家合共一隻，原因在農田缺乏，經濟貧困；肥料遂致減少，農田往往有四年而未下肥者○故其產量低減，每斗種僅產穀五斗；以之推計，則每畝田祇產穀七斗五，一年兩次，亦不過一石五斗，擬之台灣一畝田產五、六石者，實瞠乎其後○農村經濟之疲敝，不言而喻○是夜談至子夜始就寢○

九日　黎明起床，盥漱畢，偕黃君次兄周遊鄰近各村○時晨光熹微，露水欲滴，農村早景，備極妍媚○該處地之低者種稻，高者栽豆，因地而用，殆無遺土○鄰近村落，櫛比相連○田畝零散，未有四、五十畝連貫在一地者，其每塊之最大者，多不過二畝以上○距下鐸村不遠，有高級小學校一所○校舍爲祠堂，欵式佳尙○時適值暑期，校中闃然，枱椅零亂，狀殊寥落○據云：現有學生九十名，數年前爲縣屬第一區聲譽最佳者，惟今因農村經濟破產，就學者少，致有如斯現象耳。七時歸，用早餐。八時偕黃君啓程返縣治。九時二十五分抵縣，旋訪楊縣長，告以來意，並出示綏靖公署護照，請予護助。蒙予令飭所屬護助公函，並介紹與縣田畝調查處陳幹事晤談。因知該縣田畝調查處開辦已有二月，經費由省府貸借。其調查辦法，由該處訓練數十測量人才，分隊到各區實地測量(多用目測)。此外並印有調查填報表及填報須知書等，以便農民填報。陳幹事與余表格各一份，余披閱之，忽見其填報須知書中有標明一畝田等於十方丈者，不勝驚訝！蓋余僅知一畝田等於六十方丈，而未見其等於十方丈者。因詢陳幹事，彼則赧然於色曰：「此不過馬馬虎虎做個標準耳。」國人辦事，病在馬虎。如此教民填報，其能眞確乎？官廳調查之多不可靠者，由此可知。余以欲赴文教市調查，因告辭，出與黃君往縣立中學校參觀。蒙校長鄭蘭圭先生招待殷勤，并設榻留宿焉。是日下午二時餘，乘汽車離縣城往文教市。市在縣治之東，距約四十里。途經土苑東閣二市始達。沿途皆平地，少水田。車因載貨多，客擠擁，且以車路崎嶇，震動異常。乘車者不獨身骨苦痛，而於生命之危險，尤屬可慮。在此平坦地勢，車路最易修整，乃任其崎嶇至此，眞莫審其主管機關所爲何事？四時車抵西臨文教市之文教溪。溪水淺，多砂而清。時有三數孩童，裸體爭逐水中。俄而車過，抵步。遂先訪林猷英君於信昌隆，不遇；轉訪黃得範君於同豐號。時黃君正與其夫人備晚餐，見余到，矍然驚視，問余所以至此者，余告之故。旣而呼余同用晚餐。餐後偕余訪第五區區長。余詢以該區農村經濟狀況。區長爲讀書人，鄙農務，多所不知；後乃介紹一年老者與余談。老者係嘉美村人，余因就其村情形詢之。該村共七十戶，水田約五百畝；另有祖田百五十畝○平均每家有水田約七畝○租田普通係投票定租；但田多者往往讓田少者投票耕種○全村有四十戶全不租耕者，其餘雖有租耕而所租者亦少○故無地主佃農僱農之分○村中負債者僅佔十分之三，農民於耕種外，復出洋做工以增加收入○故該村富力，竊稱雄於一縣；不獨此也，該村農民樸質純粹，既無賭徒，復無烟鬼，尤足以自詡也○後復聞老者云：距此約三十里有一地，名升穀坡，廣袤約三十里，地勢平坦，土質肥美，惜終年積水，耕者頗少；倘能設法排水，使其乾潤得時，真不啻一富源也○余等談至九時始散○歸知黃君因事定明早乘車赴海口，余以不能偕往其村調查，深引爲憾○不得已乃定翌朝轉赴清瀾調查○

十日　早起，本擬赴清瀾調查，因值節期（舊歷七月初二爲地此七月節），無車，不得已復返縣治○六時開車，八時抵步○十一時用膳，因覺疲勞，清瀾之行，改定翌日○下午二時再訪縣田畝調查處陳幹事○蒙其介紹該處辦事員本地人史君與談○史君係雲樓村人，近舖前港，距此約一百里，居縣之北○該村共有一百戶，其中自耕農八十戶，佃農二十戶○水田共有三百六十六畝，平均每農家有田三畝强○村中富者，農田最多有六十六畝○自耕農中，僱長工者有二十戶，雖非全因其田地之多，然因其男子多出洋做工（居半數）無人耕種不得已而僱長工者亦不少；然而農民之負債度日者占百分之五十，亦足見該村貧富之懸殊○晚四時三十分，由鄭校長導往文中（文昌縣立中學）新校參觀○該校舍距縣城約二里，地勢較高，廣而平○據云其廣袤約有一百畝○校舍之已築成者，有教職員住室及教室八間○路旁及屋周均植有加利、相思、鳳凰木等樹○其樹之大者高約丈餘，小者亦及數尺，鬱鬱暢茂，景殊美麗○現初中三年生已遷入上課，將來儻能多籌經費，精密計劃，其發展未可量也○是晚遊覽至七時始返。

十一日　早上休息，十一時三十分乘車赴清瀾。由縣治往清瀾，每日車行十餘次，交通頗稱便利。是日天氣微陰，車行時頗覺凉快。沿途皆坡地，漸進則地勢漸底，土質亦漸多砂，以其地漸接近海面也。十里許，遙見椰樹叢簪，景象大異於前所歷者。少頃，經陳家市，約十五分，抵清瀾。時已午後一句鐘。此行共歷程二十餘里，費時約一小時半。抵步後，出文昌中學教員某君函，得晤清瀾商會會長翁俠英君於怡成號。翁君久居此地，對于此地情形頗詳。余以清瀾之實業，其最盛者，莫過于漁、鹽、椰子等業。因以此問之。清瀾對岸有一市，名曰碼頭市，與清瀾埠合稱爲清瀾港。據云，清瀾港椰林以碼頭爲最盛，其面積約有五十方里。每家椰樹之最多者，有五千株。四、五年前該處曾有規模可觀之椰園公司二間，各占地約二方里。清瀾則椰林面積約四十方里，每家最多者有七百株。兩地合計有二千餘萬株，每年產量，其出口者約二百餘萬個，值價六十萬圓；以之製爲椰油者約一百五十萬個(三十個可製椰油約十斤，每年共出椰油五千担。)值價十萬餘圓。兩者合共每年出口數量約三百餘萬個，價值約七十餘萬圓，爲數之鉅，值價之多，殊堪注意。椰子植法，普通株間距離約八尺，其規模可觀者則約一丈。種時穴中僅施以鹽（漬魚所遺之鹽），此外則多不加管理。在肥地者七八年可生椰子，每年每株(開生後數年間)約產五十餘個，瘠地者則約須十二、三年，量產頗少。至於鹽業則熟鹽每年產量約四十餘萬斤，生鹽十餘萬斤。每斤鹽值洋三分，有稅則值洋一角。稅貴於鹽值，吾民何辜，而受此殃。二時許，余辭出，買舟再作清瀾港之遊。清瀾港位于文昌縣治之東南隅，港口寬約一里，港身長約十五里，水深處三十尺，淺處十八尺，可容千噸以上之輪船十餘艘；惟港口積有一、二里寬之珊瑚礁，非從事開濬，則五百噸以上之輪船不能駛入。查此種礁質甚鬆，容易開濬，工程不大。倘能稍事開濬，則其將來發展，當不下於海口也。交通方面，車路則一通縣治，一通邁號加積，一通東郊文教；水路則有平昌江，小船可通文教市；文昌江，小船可通文昌縣治。交通之便利，實爲全縣之冠。民國初，有文昌華僑林天鍵，黄有淵、陳昌運等組織清瀾商埠有限公司，於民國元年七月立案，十月開辦。其營業種類，爲鑿濬本港航道，購備輪船行駛，塡築本港基堤，建築貨倉房屋市場等。其完成工程者，爲築塡基堤，高八英尺，縱長七百英尺，横廣六百英尺，及造竣鐵骨貨倉二間。此外工程尚未着手，而歐戰忽起，南洋各地樹膠跌價，已認之股不能續收，公司因而停辦，良可歎也！今業蹟尚存，惟其基則毁敗不堪，未卜此後有繼該公司之志而起者否？清瀾港內有遊船，專爲遊客遊玩及往來清瀾碼頭之用。船廣約三、四尺，長約丈餘，上蓋白帆布以遮蔽日雨而外，別無裝飾。回視廣州市珠江河內之花艇，則不啻有天壤之別矣。余以八百文錢（約二角半大洋），議定遊二小時而僱其船。先渡江遊碼頭市。市場臨海，屋舍簡陋，舖約二十餘間。市外有門臨海，上書「南溟砥柱」四字。此外則惟見沿岸椰林密佈，濃翠鬱列，而獨不見昔日果實之纍纍（去年遭颶風，樹木被災，果實均少生。）少焉，返船，放乎中流，聽其所之而休憩焉。搖搖乎舟輕颺，飄飄乎風吹衣，其樂正難言喻也；忽聞船子告余曰：「碼頭之椰林有行十餘里不須撑傘而以椰葉蔽日者，君欲盡嘗此福，曷不停此數日以觀」？正談說間，忽東北大雨奔來，風大水興，擊船作澎湃聲。余悚然而恐，凜乎其不可留也，乃急命回船，及至岸而風雨已微矣。乃攝衣登岸，流覽良久，始返清瀾乘車回文中。晚五時抵步。用膳後，以時間關係須早往邁號取道經加積返原籍樂會調查，遂向縣長辭行，並順道訪田畝調查處史君。蒙史君介紹該縣田畝測量人員某君與談，並借予該縣各項調查統計表一册參攷。余請該田畝測量人員代填彼村農村經濟狀況，並以文昌田塊大小數目詢之。據云彼用目測水田已有千塊以上，其中惟有一塊最大，計約八畝，此外則多不及一畝。文昌田畝分割之細，由此可見。返寓後，時已八點，出所借之各項調查統計表觀之，見其中多爲所未知者，茲僅擇其要者數表錄下以供參攷。

文昌縣農產品調查表(一)民國廿年五月十二日調查

農產品名稱	產量	每担,斤,價值	出產總值	備考
谷米	903800 石(谷)	5.0 元(每石)	4519000 元	僅[illegible]五個月或六個月
雜粮	4800000 斤(薯)	1.5 元(每斤)	72000 元	———
椰子	3000000 個(約數)	3.0 元(每百個)	90000 元	第三區東郊清瀾一帶出產最多
咖啡	20 担	50.0 元(每担)	1000 元	出產在第二區南陽一帶
樹膠	80 担	40.0 元(每担)	3200 元	同上
甘蔗	30000 担(約數)	0.2 元(每担)	6000 元	大昌一帶出產最多
梹榔	500 担(約數)	18.0 元(每担)	9000 元	同上
蔴	2000 斤	0.5 元(每斤)	1000 元	第六區蛟塘地方出產
荳類	160000 斤	0.3 元(每斤)	48000 元	各區均有出產
艾粉	———	———	———	———

天蠶絲	100斤(約數)	2.5元(每斤)	250元	第一、二兩區出產少許
蠶	800斤(約數)	2.4元(每斤)	1920元	同　上
菓類	荔枝2000担	2.0元(每担)	4000元	其他各種菓類出產有限無從統計
	龍眼1600担	4.0元(每担)	6400元	

文昌縣鹽業調査表（二）

註：此表無調查年月，推測約在今年內調查，因爲余調查清瀾鹽業時翁俠英會長有言及清瀾鹽業剛調查呈報縣府

鹽場名稱	地址	面積	產量（平均每年）	總值	每百斤場價	零售每斤市價
源豐利	清瀾抱士村	397[illegible]	600担	700餘元	1.2元	4仙7文(連稅)
源豐堂	清瀾近邊村	100畝	500担	600元	同上	同上
此係灶煮熟鹽未有名稱	咸正	晒沙四十餘坵面積未詳	400担	400元	同上	同上
同上	外田	晒沙田百七十坵	20000籮	800元	同上	同上
同上	地吊	晒沙田三百坵	30000籮	1200元	同上	同上

文昌縣教育調査表(三)（二三年五月）

等級	數目	人數	經費來源	備考
初中	1	280	牛皮捐出口船捐田租捐車路公司補助及學費	——
初小	634	22190	牛皮捐田租賓興學醮神產舖租及各項什捐學費等	——

高小	74	7104	同上	——
師範	——	——	——	縣屬無師範學校僅文中附設有鄉村師範班
私塾	—8	167	專收學生學費	程度與小學無異
統計	709	29710	——	——

文昌縣清瀾東西二岸之椰子椰布海菜調查表(四)

註:調查日期仝表(二)

名稱	椰子	椰布	菜海
數目	一百萬株(統計清瀾東西二岸約數)	每株椰子每年能產椰布六、七張	清瀾東岸之邦塘灣西岸之長圮烟墩等處均產之
平均年產量	二千餘萬顆(每株每年平均產三十個)	四千把(每把四百張近因銷路不佳多放棄之)	邦塘灣年產約八千斤長圮烟墩共約三萬二千斤
年出口量	三百萬個(餘者爲地方食用製油平常每年製油約有五千礶)	四千把(如各地能銷則收割不然則停止)	——
價値	每百個二元餘三元每個三仙	每把上質沽六元至七元下質者五元至六元	現下每百斤六元民十七年有每百斤二十餘元
銷流地方	江門澳門爲多黃坡次之無有出洋	安舖北海黃坡	江門澳門

文昌縣各墟市店鋪數目及每月最高最低租金額數調查表（五） 註：約在民廿年後調查

區別	名稱	鋪店數目	最高鋪租（每月）	最低鋪租（每月）
第一區	便民市	234	34.0元（大洋）	2.0元（大洋）
	邁號市	212	10.0元	1.0元
	清瀾市	65	35.0元	3.0元
	南陽市	22	4.0元	0.6元
	高隆市	32	2.0元	0.5元
	頭苑市	84	10.0元	1.0元
第二區	白延市	142	22.0元	1.5元
	逢萊市	88	10.0元	1.5元
	重興市	102	10.0元	1.0元
	石壁市	43	4.0元	1.0元
	仙昌市	21	5.0元	1.0元
	冠南市	82	6.0元	1.0元
	烟墩市	62	10.0元	1.0元
第三區	東郊市	244	11.0元	1.0元
	中山市	28	2.0元	0.5元
	龍樓市	44	2.5元	0.5元
第四區	翁田市	86	12.0元	2.5元
	龍馬市	41	2.0元	0.6元
	公坡市	42	2.0元	0.5元
	有灑市	88	9.0元	1.0元
第五區	文教市	146	10.0元	1.0元
	東閣市	36	3.0元	0.6元
	抱芳市	42	2.5元	0.5元

第六區	潭牛市	90	7.0元	1.0元
	大昌市	42	3.5元	0.6元
	中心市	38	2.0元	0.5元
	再新市	32	1.0元	0.5元
	蛟塘市	130	5.0元	1.0元
	新橋市	28	4.0元	1.0元
第七區	抱羅市	250	10.0元	1.5元
	水北市	42	2.0元	0.5元
	溪尾市	32	2.0元	0.5元
第八區	錦山市	400	10.0元	1.0元
	羅豆市	72	4.0元	1.0元
	馮家坡市	58	3.0元	0.6元
	湖山市	22	3.0元	0.6元
	鳳尾市	41	2.0元	0.5元
第九區	舖前市	122	30.0元	1.0元
	隆豐市	42	2.0元	0.5元
	林梧市	48	2.0元	0.5元
	東坡市	50	2.0元	0.5元
合　計	41	3325	313.0元	37.7元

以上五表，抄至三更始克就寢。

十二日　凌晨五時起床，盥漱，用早茶，收拾行裝，偕鄭校長出街候車。須臾，車過兜客，余見其車尚佳，遂乘之。由文昌往邁號，每日車行數次，交通尚稱便利。七時半起程，中途經新市，八時十分抵邁號。計程共二十二里，需時約四十分。沿途車路尚好，土壤盡屬砂質，色或微黄或白，風化程度甚透澈，惜其稍磽瘠耳。抵步後，寓永壽藥房。該房主本與余不相識，惟因韓技士宗浩君家人來市多寓于此，是以止焉○房主係樂會人，來此經商已數十年，與余係小同鄉，客地相逢，情亦懽洽○余在店用早餐後，隨同店主親戚往韓君家○韓君家距此約二里，名水北村○少頃，至其家，出示韓君函○蒙其父及弟殷勤招待○余畧寒暄，遂詢村中經濟狀況○該村共一百五十戶，爲文昌縣屬大村○水田平均每農家僅及三畝，故百五十戶中，有百戶須購外來米以維持生活者○村中耕牛，有數家合共一隻者，有專飼以租耕人田者，情形尤異他村○村中富者僅一家，財產至萬元，闢有咖啡園及菠蘿園，廣約二方里，時余因時間短促，不能前往參觀，殊爲可惜○十時餘，偕韓君弟振華君返邁號市○先到永壽藥房查詢往加積車行時候，（凡車往加積者必由文昌縣治經過邁號市永壽藥房，）卽同往市民閱報社參觀○該社由市民發起組織，成立約有一年，社址爲舖店，設備簡陋○報紙僅有三、四種，雜誌則全無，余因出瓊農月刊自第一期至第六期，各贈一份○旋又往市外縣立第四高級小學校參觀○該校校舍湫隘，設備簡陋，據云經費拮据，有不堪維持者，文昌小學雖多，而其因經費困難或辦理不善，以致有名無實者，亦爲數不少○重量不重質，誠教育之一危機也○十一時半，車由文昌縣治到，載貨甚多，搭客擠擁，余祗就車前一隅置身○車向南駛，沿途椰樹爭繡，清瀾一帶而外，恐此爲不可多得者○十九里抵鳳樓，轉向東南行，十一里達烟墩○此段多有規模可觀之椰園，惟其土質屬砂，肥力尤劣○椰樹亭亭玉立，狀甚瘦疎，產量亦極少○由烟墩至官圖，長十里，均沿海岸而行，舉首觀望，海水茫然無際○至官圖已入瓊東境，再十六里達長坡，車少停，再裝貨○由此西南行，二十三里抵瓊東縣治○沿途多小岡陵起伏，車路崎嶇，行頗顛簸，縣治屋宇極少，自共匪作亂，遷署加積後，尤覺零落○聞現正再建縣署，不久將由加積遷囘。縣治西南一帶，地勢頗低，車路所經，約十里始脫綠縟爭茂之田禾。余在文昌東、北、南三方一帶不見備廣禾苗，今於此地見之，誠出意外。由此稍行，則地勢漸高，岡陵起伏，亙綿不絕。下午二時許至加積，寓恒裕興商店。旋乃赴縣府謁李縣長。是日適為星期，縣長赴縣治巡視新建縣署，不遇而返。四時半在店用晚餐。五時餘，遇剛囘里之同學周君及舊友何君，暢談二小時始就寢。

十三日　早起，朝餐後，再見李縣長。蒙告以該縣田畝調查情形，並介紹余於該縣地方警衛隊經費管理處與許謝兩君相晤。許君係縣屬第六區藻塘村人，村距福田市十二里。全村共約二百戶，其中農戶七十，餘均為漁戶。農戶中六十戶為自耕農，十戶為佃農。田畝共一百四十畝，平均每家約二畝。女多耕種，於耕種外，多織麻為網；男則多以漁業為副業。就全村而言，此村生活殆賴於漁。據云，漁者多往西沙羣島捕魚，水路約行二日。捕魚日期，由十一月至三月四個月。漁船每隻容量由二千擔至四千擔，每隻船僱用漁夫約二十餘人，除捕魚外，尚在該島拾蜆殼，運往南洋一帶賣與外國人作扣鈕之用，獲利尤厚。五年前有漁船二十隻，今則僅存十二隻，原因在五年前船每隻海關及各種捐稅共銀三十圓，今則加海防臺炮與海關各種費合共銀二百五十圓，較前多八倍而有餘。昔每百元資本，可得利四十圓，今則僅敷開支，且近年來西沙羣島已被日人覇佔，中國人之來此捕魚者，受其威迫。是以業漁者，多懼而不前，村中生活由此更為困難。中國政府之不為人民爭失地，而惟增加捐稅，致民絕境，此種自殺政策，寧不可歎可憤？謝君係縣屬第五區春田村人，距長坡市二里。該村戶口共五十，其中業農者四十，三十五戶為自耕農，五戶為佃農；此外十戶則為土木工。田畝共一百畝，無祖田，無副業，平均每家僅得田二畝半。農家負債者居十分之七，村中生活甚爲困苦。該縣農村經濟由此足見一斑。午後一時二十分，告辭，搭船返原籍樂會調查。由加積至樂會縣治，二年前本有汽車兩輛專供往來，今則因農村經濟破產，車牌費及附加費過重，以及軍隊縣府時有封車而致停業。往來貨物，遂多改用船運。一時半離加積，往市之南門溪頭搭船。船費僅二十個銅仙，行三十里，亦云廉矣。時順水行舟，約四時三十分抵縣治。余家距縣治僅五里，時金烏尚高，遂不往縣治而直回家。行行重行行，未及家門，已見三數孩童，跳躍叫喊，欣然歡迎。陶淵明之賦歸去來辭，歸者之景象卽如斯耶？然將及三載未歸之余，鄉音覺改變多矣。屋之因去年颶風吹塌，未修葺者有之；修葺後新舊牆圍顯然分別者有之；樹之昔爲亭亭玉立者，今則不復見矣。唐賀知章詩云：「少小離家老大回，鄉音無改鬢毛衰。」所謂鄉音無改者，豈非欺人語乎？

十四日　早起，八時旣用膳，遂啓程往縣治。由此往縣治，原有路二條：一爲田疇路，一爲山嶺路。山嶺路則多行于雨天，以田疇路一經雨下則泥濘難行也。今日因日前雨水未乾，故行山嶺路。山嶺路多崎嶇，行頗難，歷約半點鐘始抵南門青埇溪頭。溪名加積溪，又名萬泉河，有二源：一發源于五指山東面，由喃嘮峒出思河嶺，會諸黎水至樂會峻口；一發源于瓊山黎婺嶺，向東南行，會峻口水至石壁市；至嘉積市，入樂會境，分爲二支：一繞樂會縣北稱萬泉河，一繞樂會縣南稱流馬河或南門河，卽余今所經之溪水也。河水至縣東北雷挨山下，二支復合，與龍滾河相會，經博鰲港入海。長凡三百餘里，爲樂會內地水路交通之主要者。溪爲沙底河，嘉積市以上，沿岸山邱，溪岸甚少崩卸；溪水深淺不一，及樂會縣一帶，則溪之深處丈餘，淺處一尺，溪面寬百餘尺，窄處約十餘尺，多雨則水高漲至二三丈，成爲水災，亢旱則水淺殆可徒涉。故沿岸崩潰田畝甚多，河道時改。由此至縣治約一里，水路半里，沙路半里。若天氣炎熱，則沙熱如火，炙足難行。今日幸日光微弱，行尙便利。九時抵縣治，少息，遂訪夏縣長。縣長係江西人，就任已有六、七個月。余以樂會爲故鄉，于請求縣長發給公函令飭所屬保護及予以便利調查外，對于地方治安，農村經濟等情，詢問尤詳。據云，治安方面近來尙稱平靖，惟與萬寧交界一帶，則稍成問題。農村經濟方面，則第一、二區經濟狀况可謂完全相同，三、四區則稍差異，第五區則又大不相同。第五區在二年前原爲共匪區域，聞該時到處房屋殆成灰燼，田畝荒蕪鳥獸絕跡。然其土地肥美，田畝多衆，殆爲一縣之冠。奈地遠縣治，多山嶺樹木，致治安上稍成問題耳。余此次亟想調查該區農村經濟之特况及考察該區亂後所留之遺物，惟因治安問題，不克前往，遺憾良多！與縣長談後，覺時尙早，且余係本地人，關于地方情形，非常關切，亟希其改善，因就在省所聞，詢諸縣長。玆將其中一段關於鄉長選舉圈定之問答，錄之如下：

余：鄉長選舉後，是否由縣長圈定？

縣長：然。

余：聽說縣長所圈定者多爲票數少者，願聞高見。

縣長：然；君亦詳知，票之多者，每多由運動或威廹而來，故余出此法。

余：誠然；然則縣長實獲確證乎？就兄弟所知，如第二區鄉長選舉則未必盡然。

縣長：默然。(有難色)

余：然則如此，票之多少旣不能爲圈定標準，明矣；而選舉亦無須選舉明矣。

縣長：仍默然。（色更難）

余：以兄弟見解，與其如縣長所圈定，不如先將送來入選之鄉長名單，調查其出身、履歷，然後擇其品格學識較優者而圈定爲善。然否？

時縣長色更難，不得已乃飾辭以解之，遂告辭。夫鄉長乃與農民最接近者，鄉之自治成功與否，實具重要關係；今乃如此圈定，其全縣自治前途，能不悲觀乎？午後候縣長指令（飭所屬及予以調查便利令）至四時半仍未到，乃悵然而返。

十五日　是日朝降雨，甚大，至晌午猶未息，因暫留家中。時村中父老（村外人亦來）有來坐談者，每以區中辦事糊塗、黑暗告。區中委員係由縣長指定，所指定者，均由不正當方法而來。全區徵收開辦自治及後備隊經費，迄今數月，從未結數，亦未公布於衆，間有稍具勢力而欲清查數目者，則免其所出，甚至其村亦全免。隊兵下村，莫不叫囂乎東西，隳突乎南北，殆如柳宗元捕蛇者說中所謂譁然而駭者雖雞狗不得寧焉。敢怒而不敢言，農民苦矣！晚六時，忽里長吳君交來田畝調查表，并謂縣長限期五日塡報，請快塡寫；狀甚驚惶，又似埋怨。復問余廣州各處有調查否？如何塡報爲好？旋又有外村副鄉長來，亦以此問。余俱一一答之，并取表觀，問里長有說明書，塡報須知否？答以無有。余查表中有最令人懷疑者，莫如所定塱田（田之肥美而永年有水者）六担半爲一畝，水田八担餘爲一畝，陸田十二担餘爲一畝。查樂會縣屬田畝係以「担」爲單位，所謂「担」者，係指田之面積而言；其所由來，今雖未明；然據縣教育局長黎拔萃君云，瓊東田畝，係以剗工爲單位，一日三剗，三剗工即爲一畝；其一剗工等於樂會五担田，故一畝田當等於十五担田。準此，則縣長今所定者，竟不知根據何物爲標準。憶余昨日會縣長時，關于此事有作如下之談話，今特錄出，以証其糊塗。

余：縣長現兼田畝調查主任，在此開始調查當中，究以樂會習慣上所定田畝單位之「田担」多少爲一畝？

縣長：約三四担爲一畝。

余：將來如何定畝標準？

縣長：開會議商量。

余：依兄弟意見，不如先將一二塊田，派可靠之測量人員，實地測量該田担數等於畝數多少，然後準此類推，較爲合法。

縣長：君所言誤矣。蓋田之良者所獲担數必多於劣者，同爲水田，其所獲有異，安能以此爲標準？且同爲一地，因雨量之不同，而一年中收穫亦異，豈此所能爲法乎？

由此觀之，可知縣長對於田担之糊塗矣。余當時以其誤以「担」爲收穫之結果，故忍不與辯。今觀其所定墾田、水田、陸田如此，知其錯誤也無疑。以此爲標準而調查田畝，其所得結果可靠乎？中國農民素愚昧而固執，視調查田畝爲洪水猛獸，今不先宣傳解釋，其所行能保順利乎？且農民智識淺陋，之無二字識者尙少，其甚麼業戶，佃戶，畝數等名詞，並無加以解釋，又能保其不塡錯或誤塡乎？時余觀表中，尙有未明瞭者，因問里長曰：「汝識塡否」？曰：「不獨余不識塡，卽鄉長區委員亦無識塡者。故余特來請教。」余曰：「然則如此，豈非笑話？待明日余詢明縣長再設辦法」。時夜已深，里長等去，余亦就寢。

十六日　是日天仍雨，不能出門，悶甚；聊覽黃強五指山問

黎記以消遣○

十七日　天色稍晴，然仍陰陰欲雨○余以時間關係，決定往縣取回指令以便調查○九時，朝餐畢，即偕堂兄纘海往縣治○是日行山嶺路，所經低窪處，仍泥濘艱阻○途次，余終脫鞋赤足以抵縣○抵步後，取回指令，并擬以昨日所觀田畝調查表中有不明者，請教于縣長○縣長因怪余日前所言有難于彼，乃託病派秘書長接見○余以不得要領，旋即告退○及歸，經南門青塘村，入鄉長王開元家，詢田畝調查情形○時鄉長正與數農民忙於填表，檯上表格零亂堆積，扯破多張，余因知鄉長亦不識填表者○臨行時，余請其將表彙集後，暫借余參攷○余等出村後，轉向第二區公所辦事處○蓋余欲知區中辦事情形，并請其保護以利調查也○區辦事處設在葵嶺坡青塘園村黎姓國民學校內○該校因共亂時停頓工程，今所成者屋二座，門窗各部，均未竣工○余到時，登樓，有區委員黎君者由睡房中出而招待○查區中有委員，凡五人，除招待余之黎君及對面國民學校內兼教學之黎君二人外，餘均不在○余周視廳中，日極四壁，惟一橢形枱，枱上置茶壺，及壁上貼一張全區戶口表而已○區辦事處樓下有花轎一，余初怪其爲玩物，及後乃知區中現在改良婚姻，凡娶新娘者，務須來區以五元租花轎迎親；否則，一經發覺，依法嚴辦，決不寬恕○瓊崖自民十四、五年後，各地因感昔日婚姻之繁縟，而廢除鑼鼓、花轎、八音等○凡昔日耗銀三百元者，今則百餘元可辦，昔日費時七日十日不等者，今則一日可完，節省冗費，愛惜光陰，莫善於此○今舊者繁者乃提而倡之，其用意何在，豈局外人所能知耶？旋告辭歸家○晚餐後，令弟輩們溫習日讀功課，（時鄉下秋季已開課）並口述淺近語，使之筆記，諸弟中，大者十二三歲，小者七八歲，其所筆記多不訛；惜所最易錯誤者，爲「個」「的」二字○瓊音兩字

同音，讀如「皆」○諒因纂者解釋不透澈，致有此種毛病耳○

十八日　是日天氣清朗，惠風和暢○早九點向東出發，調查北山、北岸、嶺頭、大洋、青塘園等村○行四里餘，抵葵嶺坡二區公所辦事處○時辦事員多不在，僅兼教學之委員黎君招待，並派隊兵一名導路○余等再東行，沿途路線蜿蜒，有坡地，有田塍，地低田水溢流，多所被淹○是時余所著之白帆布膠鞋，已盡濕而黑○又約四里，抵北山村，入鄉長許君家○鄉長爲中年人，時正與里長商田畝調查填報事，見余到，甚驚訝○余告以來意，並出示縣長指令，始怡然安心○村距縣治約八里，共一百五十戶，咸業農，其中自耕農有一百三十戶，佃農二十戶○全村田畝共二百八十七畝，外有祖田四十畝○農民于耕種外，復執手工等業，或遠離鄉井出洋做工，以維持生活○村中農戶負債者，占全數十分之四，尙可稱爲中等富力農村○時里長某亦在座，吃吃每欲與余談，余因就其村狀況而問焉○里長係嶺頭村人，爲人口吃，著企領西衣，似係由南洋歸來者○村中有戶口四十五，亦盡業農，惟自耕農少，僅十八戶，佃農最多，佔二十七戶○村中農田極少，祇九畝，外有祖田十五畝，農民雖多租耕祖田，然亦難以維持生計，故其苟延殘喘于負債縈縈之下以生活者，竟佔十分之七，該村之貧苦，於此可見一斑○據云二年前該村之水田因沙美海水（此地有村名沙美村，近海，故海因名沙美海○）淹沒者，十之八九，永年不能耕作，該時農民生活，更爲不堪，今幸村民勠力捐款，幷得縣政府之助，完成基圍以禦水；否則將不知如何設想矣○時午後一時，余等辭行，出見沙美海灘，映日緋紅，景殊美麗○由此往北岸，約三里，盡田徑，且他低積水，深處數尺，淺處亦約一尺，若非熟識路途者，必爲所迷○余因同行堂兄識途，達許鄉長家時，乃遣去隊兵，此爲避免農民見疑，利於調查之故，詎意堂兄至此，竟茫然失路。其所行蹊徑，非水深二尺左右者，卽途徑狹小，泥滑難行。余素不慣行此路，是時蹇滯蹭蹬，蹶躓者數次；正千鈞一髮時，忽有水蜞，大如母指，向余奔來。余生平最怕此物，憶髫齡時，鄉間玩水，爲一水蜞所嚙，心中忡怔不安者數日，不覺悚然股栗。急飛步，欲速行，不意一時不愼，躓然顚蹶。時堂兄行前，不知，因不覺戞然叫曰：「跌倒矣」！時衣裳盡濕，手足皆泥，其狀之狼狽，眞有不可以言喩者。然而余向前之心，未嘗稍挫。二時半抵村。村屋密列，徑小而曲，非慣來此村者，莫辨途徑。余等幾經設法，始覓得友人何君家。時村中正爲縣府田畝調查而恐慌，見余所問，多不肯告，以爲余係縣府派來暗查者。余盡露來意，並效蘇秦三寸不爛之舌以說之，始得村中情況，然亦苦矣。可知我國農民見識淺陋，習性錮蔽，保存秘密之心思，牢不可破，且加以執政者多以農民爲魚肉，欲得其據實相告，雖親至親戚朋友亦莫可得也。此村距縣治約十里，共八十戶，皆業農，且皆爲自耕農。田畝共約二百六十六畝，外有祖田三十畝、田皆低地，美而肥，故價高，每畝約值一百五十元，村中經濟因較前兩村爲優。約一小時，乃告辭出村向大洋村而行。約三里，達村。村稍小，僅五十五戶；少田地，約一百一十畝。是以佃農較多，佔全數十份之三；且其土壤多砂，地瘠，種番薯者頗多，村中經濟不甚發達。須臾，出村向西行，約里許至青塘圍村。此村大，共約百三十戶，業自耕農者一百二十戶，佃農僅十戶，村中多祖田，約一百畝，佔全村私有田十份之十一點五。村民多租祖田耕種，祖田租法，係取投票法，亦有取輪流法者，租金係錢，每畝田出產十二元者，租金三元五角，較之租種私家田者，約廉一倍。村民於耕種外，復多養猪，以其土多砂質，宜於種植番薯也。晚五時餘出村，遇雨，但不大；然而抵家時，身幾濕盡矣。

十九日　晨九時向東行，三里許達蓮塘村。村盡黎姓，約二十餘戶，與青塘園村隔半里水田，合稱爲青塘園村。其經濟狀況已詳於昨日調查之青塘園村中，今不再贅。不過予此行乃爲他故耳。余在村中周旋至午後二時餘，始啓程往鰲頭村。鰲頭村距此約二里，隔有溪，名龍滾溪，即與加積溪會合經博鰲港而入海者。行約里餘，忽遇雨，傾盆大降，急開傘禦之，行至溪邊，呆立待舟。時値淫雨數日，溪水大漲，且流急，溪雖大不過四、五丈，而需時約二十分始渡。抵村後，入親戚家，雨歷約二小時始息。此村有屋百餘間，（每屋一戶）皆業農，田地多，其經濟狀況尙佳。近年來由南洋滙欵囘村建新屋者，共七、八間，俱中西合璧式，宏壯而美麗。村中有初級小學校一所，學生約數十人。校舍建築壯麗，爲全區之冠。村中一般狀況，由此可見。晚六時在親戚家用晚餐，旋辭行，由親戚派兩人爲余划船過溪。時溪水高漲如故，沿溪農田，悉被淹沒，船過時，禾梢拂船作沙沙聲。抵家後，出鏢視，不覺已七句鐘。

廿日　早起，九時朝餐，旋向東西行，經雙榜村，里許，達沙坡村。此行途程不過四里，所行者盡爲田徑，多濕而泥濘。時余提鞋跣足，愼用足趾緊踐，蹣跚而行，狀甚艱苦。因思鞋之爲物，原爲便於走路，效用頗大；今則失其所用，宛如廢物，豈蛟龍失雲雨，亦如蝦蛄耶？十時許折向東行，二里許，達田龍村，逕入村初級小學校。該校係余友陳君器民長其事，校舍爲舊式祠堂，陋而狹。學生約數十名，設備尙稱整齊。此村與沙波，雙榜兩村合稱爲龍坡鄉，戶口共二百，全爲農戶，其中一百戶爲自耕農，六十戶爲佃農，四十戶爲傭農。傭農有家室，世業土木工，與各地之隨處雇工者不同。鄉中水田共二百六十六畝，外有祖田八十畝，佔十分之三有強○每畝田五年前值價一百八十元，今則僅值一百五十元○全村負債者占總數十分之六，但由上記佃農僱農數目觀之，其數並不爲多○零工工資平時不供飯，每日大洋二角(男女同價)○工值之低廉，爲內地諸省所罕覯○余友陳君爲余備飯，殺一番鴨作餐○俗例以鴨饗客，最爲尊敬○蓋鴨之肉美而味香，較之雞肉勝數十倍也○瓊崖俗語：「文昌雞，加積鴨○」加積之鴨，多來自樂會、瓊東兩屬，而尤以樂會種爲最優○萬寧亦有鴨，然較劣；此外各屬殆無有鴨種可言者○飯後，談約三小時始啓程向前壇村出發○前壇村居縣北，隔一水，名曰加積溪，距此約四里○余出村後，行不遠，忽遇雨，甚大○時剛渡溪，船難行，歷約二十五分始抵對岸○登岸後，急行，路有石礫，刺足作痛，行頗苦○少焉抵村，周覽一過，似無特異處，故無記○旋出村，取途回縣治○寓宿福興號，預備翌晨買舟下北鰲港考察○

廿一日　凌晨起床，盥漱既，步至南門溪畔乘船往北鰲○由縣治往北鰲，三、四年前本有汽車專司往來，近則因農村經濟破產及他故而停頓，其所有搭客貨物均已改用船往來○此途程，共計三十里，車行三十分可達，船則順流需一時餘，逆流需二時餘○船小僅容五、六人，上蓋竹編船蓬，船夫一人可行○時晨光熹微，清風襲人○船沿河道，蜿蜒而行，其所經村落，均椰樹雜佈，望之青葱映水，令人忘懷○須臾，聞海嘯，其聲洚洚然，震人心魂○因知距海港不遠，乃舉首探望，忽危壁立矗，峨然當前者，諦視之，乃十數帆船，掛帆停泊港口，於晨光曚矓中，自船蓬內觀望不明所誤也○時船中已備飯，因恐抵岸時用膳爲蒼蠅纏擾，(此地捕魚，故多蒼蠅)乃檥船灘外一小洲汀上，效童子軍野餐法而舉食焉○北鰲市爲樂會縣屬收入最大市塲○位北鰲港北岸，萬泉龍滾兩河下流，扼東路一帶水運要道○所有樂會全縣，瓊東縣南，萬寧縣北，及定安之西南隅出入口貨物，道多經此○五年前貿易總額約一百萬圓以上，近則因農村經濟破產，昔所輸出最大宗之土產品，如椰子、檳榔、藿香、紅白藤、益智、木材、生猪、蜜糖等，日形減少○全市舖戶共二百餘間，專營生意者，僅百數十間○房屋簡陋，街道湫隘，初到者多不知其爲縣屬收入最大市場○市外有港，名曰北鰲港○港寬約三十丈，港口時因流沙而變更，船隻極難出入，非深諳該港情形者，不易駕駛○平時有一、二千担之船約三百艘往來其間；近則減少，僅存百餘艘○港附近多灘，多積成小洲汀狀○其中有一小洲汀，上搭有竹編之屋舍共約五、六十間，其中除少部分爲漁戶住屋外，餘則均爲商店，專與漁人交易○其屋廣約丈餘，長約四、五丈，高約數尺，狀甚簡陋○捕魚時期，每年由三月至七月止，此時期中，各處漁船多蝟集於此○五年前約有漁船數百艘，近則僅存數十艘○時期過後，所搭房屋，均拆一空，及至第二年又從新編搭○余至時，正在烈日當中，全洲沙灘，騰騰發熱○細沙入鞋，行頗難，因去之，而砂熱炙足，尤難行○汀上有烟館一，嗜芙蓉癖者十數人吞雲吐霧于其中，又有公娼數名，狀極妖野○餘則賭博，觸目皆是○中國人之怪象，盡暴露于此矣○市西南里餘有椰園，廣約五、六十畝，地係砂質，臨海，據云椰樹種後迄今二十餘年，從未結實，其高僅及一丈，經營者已心灰意冷，不加管理久矣○查椰子性喜鹼性壤土，此地雖近海，屬鹼性，然而土盡屬砂，質磽而瘠，其不能長大結實者，職此故也○經營者不先明瞭土質，致有此舉，良深可歎○余抵市後，由親友引至附近東頭山村調查○該村距市僅一里，共十四戶，其中業農者十戶，盡自耕，餘者均業漁○全村水田共約十餘畝，平均每戶不及二畝，且地屬砂質磽瘠，生活更爲困難○全村負債者竟占十分之九，爲余調查數十村中最貧窮者。村中有高級小學一所，名東山學校，爲公立。校舍建築壯麗，昔爲有名小學，近則因經費困難，辦理不善，聲譽日落，大不如前。下午三時離市，乘所乘來之船返縣治。時適下雨，船逆水行，頗慢。搭客中有恐日黑者，因出而效力與船夫共划。幾經多勞，五時始抵縣治。余亦匆匆返家。

廿二日　是日精神疲勞，暫息家中，流覽各種書籍以消遣。

廿三日　朝降雨，傾盆數小時始霽。瓊崖雨量，比較廣東內地爲多，其最多時，爲陰曆八、九、十月。余自返家以來，一連十天，殆無日無雨，而雨降時，又多在午後，是以夜間天氣特別凉快。是日早，余登屋背山岡瞭望，一片田禾，幾成澤國。予家鄉晚造插秧期，係在陰曆五月左右，故此時田中稻禾，正放顯花，忌雨過多；今忽遇此大水淹沒，其收穫量減少或至失收，不言可喻。晚四時水雖稍退，然余終日不能越雷池一步，惟寂坐家中閱書以解悶。

廿四日　天氣稍晴，爲陰曆七月十五節期，村中各家正忙于過節。余因暫停調查，以觀村中過節之熱鬧。久別家鄉之余，值此情景，其中樂趣，惟有與余具同一境遇者知之。及晚，余家四宅小弟侄們，爭放天燈。歡聲高呼，震動天地。是晚天高氣清，玉兔照曠野，百步見人。空中星星天燈，遊行天河，時明時晦。坐觀此景，令人神怡。

廿五日　早起觀天色，似陰陰欲雨。是日仍停止調查工作。夜再觀各弟侄們放天燈。諸弟侄中有年紀稍長者，每見外來之天燈墜地，則隨同村中童子，呼聲爭拾。其拾着者，則携回家中取油再放，活潑快樂之狀，令人油然羡慕！人生快活，願常如童。憶余少時，此時此日隨從各兄長之追拾天燈，正與今同；曾幾何時，已不復爲此矣，寧不令人興悲？

廿六日　晨八時許由家向南行，約四里許達白鳩村。時因水初退，沿途未乾，泥濘難行。途次經小溪，溪旁禾稻盡被水淹敗。其折倒於田中者有之，未倒而莖葉帶汚泥者有之。災景觸目，不下百數十畝。際此農村經濟破產日趨嚴重之時，米珠薪桂，如何了日？查此區（第二區）每年八九月間必有水災數次，大者則洋洋數十里，小者亦淹田百數十畝。水利排泄之不良，迄無解決，良深可慨！

白鳩村爲縣南第二區最大村，共約二百餘戶，盡姓黎。村中富祖田，僅近兩三年來，變產而賣者，共約三、四萬元。清時村民恃大姓，恣肆橫行，頗極一時。今則時日不同，其蠻橫之舉，亦遠不如昔日之暴矣。時余周行村中，約至午後一時始返。

廿七日　早八時三十分向西行，約二里許始盡田路，經立君村，達萬州嶺。嶺廣而不高，起伏多折，世以爲富風水，爭葬吉地，因而起訴訟者甚多。未幾，過嶺，經家昌村，至中原市。市舖較縣治多，共約二百間，二、三年前曾經共匪焚掠一次，其遺跡迄今已滅。街道廣大，房屋整齊，爲縣屬最繁盛市場。余抵市後，隨到第三區公所，遇委員翁文案君，述來意，得翁君介紹往市外咖啡園參觀。園距市約半里，廣約八畝，中央闢種雜糧，咖啡則圍其周而植，廣約六畝，共一千株。其種係阿拉伯種（Arabian Coffee），高五、六尺，茂而壯，殊爲可觀。種植方法，係育苗移植，每株距離約六尺。定植後，每年除草二、三次。施人糞尿，則年分三次；第一次施人畜尿，第二次施人畜糞，第三次又施人畜尿。因其所施淡肥過多，是以樹勢盛而少結實。余告以其後當注意施肥，施時宜視樹體之大小於樹梗之遠近（小者可直施於樹根）周圍掘穴施之，覆以表土：大約大者可距樹梗二呎處，用鋤圍樹周掘數小穴，長約二呎，深約一呎，濶約一呎，將肥料施入，以雜草或表土覆之○肥料當多用混合肥料，若不懂利用化學肥，則用人畜糞混合綠肥施之亦可○此外，余再告以剪枝方法兩種：一曰摩擦法，即當二級枝（Second aris）或其他無用枝幼時，或將出芽時，以指與姆指擦去之；二曰剪截法，即當二級枝或其他無用枝長成時，以剪刀截去之○蓋咖啡結實主要在初級枝（Primaris）初級枝即主梗旁所發出者，二級枝即初級枝之旁所發出者○此等二級枝不能結實，惟徒耗養分，故當去之○其他如截去樹稍，以限制樹勢之高大，便于採果，增加產量，及避免暴風等，余亦一一詳告之○據云現已出產，惟其量極微，僅供贈友之用○午後二時許，天忽降雨，歷久不息○余以時間關係，遂冒雨至家昌村親戚許氏家用飯○四時雨猶未息，不得已，又冒雨返家○及至家而屋中已點燈久矣○

廿八日　凌晨離床，盥漱畢，檢拾行李，八時餘用早餐，旋啓程赴海口○久別而留連未久之家鄉，又從此告別矣○因私事故，取徑經葵嶺坡第二區公所辦事處○離家未及半里，忽天降大雨，淋漓盡濕，及至區公所，而渾身已同落湯之雞○雨愈下愈大，歷時時餘始息○正午始抵縣城，謁夏縣長辭行○縣長又託病，派教育局長接見○余自返縣十餘天，訪縣長僅三次○首次縣長親自接見，再次派總務科長接見，三次即今最後一次派教育局長接見○蓋其所以如此者，實因余初次接談時不客氣忠告以縣中辦事人員之黑幕，有以觸其尊意不滿之故也○余以忠言逆於耳，僅與教育局長接談一二句，遂忿然告辭登船赴海口○午後一時三十分，搭往加積船；但船以客少不即啓行○時天降細雨，霏霏愁人，且溪水流速，若不早開船行，則至加積時天黑，恐難上岸○因與銀四角一人包船開行○二時離岸，北向加積行○因逆水且急，船行頗慢○時余坐船上，獨食點心而流覽所經山水，足悠然興懷也○船經牛頸（瓊音讀作Tou）籠，水最急，其速如箭，船夫揮竿前後(二人)共划，竿長丈餘，每舉一竿，顫顫作動，經時十分鐘始脫其險。聞云由此至石壁，一船四人猶不能行，其速度之急，較此十倍。太白詩謂『千里江陵一日還』，卽如此者乎？六時抵岸，僱挑夫担行李入恆裕興止宿。此行共程三十里，計時四小時，較之日前由加積至縣治順流而下需時時餘，相差數倍。

廿九日　九時早餐，十時謁瓊東縣李縣長，適縣長病，由秘書某君接見。予由文昌至加積謁李縣長時，曾與秘書會面一次，故此次無須詳告來意，卽要求秘書派人引導市區附近之農村調查。秘書乃派建設科長某君介紹予於第二區委員黎君於區公所辦事處，由黎君着該區鄉長某引予往霞坡村調查。該村距加積三里，共五十六戶，其中五十一戶業農，五戶業商，自耕農有四十二戶，佃農有九戶，兼業土木工，全村水田有二十六畝，均係砂質壤土，地位高，少水源，故五年前每畝於經濟狀況佳時祇值價四十五元，今則只值三十五元。農家每戶平均有田不及一畝，最低限度生活本不能維持，惟因農民多僑居南洋，一面可以減省食糧，他面可以滙欵彌補，且村中又多業紙工業，故其經濟狀況尚佳。村中屋宇中等，男女裝束，概與文昌樂會各縣無異。故無特殊情形可紀。旋返市，再訪委員黎君。據談該縣近三、四年來，農村經濟破產日甚，昔所出產之椰子、猪、手工藝竹器等，今則絕無僅有。該縣人民，除一部分出洋謀生外，大半耕種。今南洋經濟旣不景氣，而內地農業又趨衰落，際此時期，農民生活之困難，固不待言。其後黎君復告以彼村農村經濟狀況。予俱一一記之。該村各種狀況並無特異，惟其中有一足述者，卽該村農民之副業爲土器。據云一年中農民于耕作之餘，可作七個月土器工作，每月每人可獲利六元，全村每年可出土器值洋二千餘元。其收利之厚，足堪彌補收入之不敷。瓊崖農村倘能各就其村中情形，如斯村營一種手工、蠶絲、畜牧等副業，予意其際此農村經濟破產之時，或可裨益不鮮也。

三十日　凌晨六時三十分乘車離加積向北駛。清風拂面，爽快可人。三十六里至大路。沿途皆荒地，千里平坦。土壤係粘性褐色土，質頗鬆疏，風化程度亦甚透澈，斯由於路旁所開闢之溝渠，斷面可知。再十八里達黃竹。沿途景象如前，惟於黃竹附近一帶則有農民利用其土以種陸稻、木薯、荳類、甘蔗等旱作物。車過時，農夫數十正緊工作：有犂舊地者，有另闢新地者，有以鋤鋤地者，狀極勤勞。由黃竹轉車向東駛，十六里入文昌界，復向北駛，十七里至文昌屬之蓬萊市。此段所經，土質如前，惟荒地則減少，地勢微有起伏；農作物除前數種外，加種菠蘿、椰子、竹類等。蓬萊附近，有新闢菠蘿園，規模狹小，以荒地面積比例之，有如滄海之一粟。由蓬萊再向北駛，未及半里，入瓊山境。三十一里至大坡，由此經文嶺、三門坡，三十三里至龍發。出龍發十五里，轉向西北駛，十四里抵雲龍。沿途地勢起伏，荒地較少。雲龍市外植有有加利樹，面積約二、三畝，似為預備作馬路樹之用。又出市約一里，路旁盡植有加利，高約一、二丈，隨風飄搖，似弱不勝衣者。考有加利性喜低濕，小時樹身細直軟弱，植於高原地方，少水多風，似不大適宜也。再向西北推進，未幾，見路旁有兵士狀者數十修整電話線。其工作種式：掘穴者有之，豎電話線者有之，引電話線者有之，擔梯上線，凡修整電話線者，無不俱備。分工合作，井然有序。惟其中有三數兵士擢砍舊種而已出新芽之紅棉電柱，則不勝驚訝。蓋紅棉為南中國特產，以之種於路旁，既可為電柱，又可為馬路樹，一舉兩得，莫善於此；今乃為豎新電話柱而砍之，謂其為不合乎電話柱之用，曷不留之爲馬路樹。其用意之所在，誠百思莫解也。十三里達潭口對岸，車停，搭客均紛紛下車用膳。由此往潭口，隔一河，名南渡江。江廣約十餘丈，流砂甚多；江長四百二十里，有三源：東源濫觴於英哥嶺，西源濫觴於白沙嶺，南源濫觴於三主嶺。沿江少森林，水無涵蓄，一遇大雨，則江水暴漲，溷濁不堪；數日不雨，則又陡落。漲落之間，相差每至二、三丈之遠。下流自定安以下，直至海口，每患水災，沿岸農村，受害不淺。此處設有小電船一艘，專拖浮渡，以利行車之用。是日車候渡江者十輛，渡江一次，僅限車二輛，需時(來往)約二十分。予等候至約一小時始得渡江。渡江後折向正北駛，沿途土壤盡屬砂質壤土，與未渡江前所經者大異。車沿江行，江水青麗，三數帆船行駛其間，亦頗有興致也。十一時半抵海口，仍寓僑安旅店。此行計程二百二十六里，需時四點四十分。抵步後，卸妥行裝，洗澡，旋以電話通知韓君宗浩，林君猷英，請來傾談。晚四時忽遇黃聞百君，遂偕往用膳。五時，韓林兩君始來訪。林君係濶別舊雨，偶而相逢，良用忭慰！遂相偕與韓黃兩君出外散步，並獨留林君同宿，以盡剪燭西窻之舊話。

卅一日　晨六時起床，候車往儋縣調查。八時蘇君掄秀乘車來接。蘇君係儋縣人，此次剛由省返瓊就瓊崖綏靖公署新設立之農林講習所教席職，余於昨日抵海口時由陳君鎮亞通知，相遇於僑安旅店，遂相約今日啓程偕往儋縣。儋縣居瓊崖西隅，地僻路遙，且言語又異東路各屬，調查上頗爲困難，余正憂焉，今乃得蘇君偕行，一切自當利便，未免轉憂爲喜也。余購妥半票三元票後，登車。時車載貨甚多，搭客擠擁，余幾經設法，始得車後座一位。須臾，車出海口向西駛。行約二十里，見路旁某處標有「游泳場」三書並畫一箭嘴指向海邊之木牌一，始悉該海濱即爲海口游泳場地點○海岸上搭有棚二、三座，內容如何，不得而知，惟其外觀上似甚簡陋，以視廣州東山水上游藝場之建築設備，實有泥雲之別○數里，又見路旁竪有同樣之標誌，其書爲「痲瘋院」○院址距此約七、八里，瀕海人跡罕到處，新建有房屋二座，爲南洋富商胡文虎先生捐助大洋式萬圓，省府撥欵數千元建設而成○聞云已收容男女瘋人共六十名口，現在擴大建設，儘量收容各縣瘋人，其工程約在本年內開工加建○再數里至一處，地勢不高而多山石，其所佔面積約數十畝○石狀甚奇，有起有伏，有虎踞而坐者，有相累而伏者，不能盡詳○宋柳宗元所記鈷鉧潭西小丘記之石，爭爲奇狀者，恐亦不過如斯○少頃，達列樓，八里至豐盈○兩墟附近咸多村落，其大者三、四百戶以上，小者亦約百餘○村外各以石築牆，圍繞全村，圍牆上每距一定尺寸處必有一穴，穴似槍穴，爲禦敵之用，而屋之牆壁有作圍牆者亦同○可見該處往時治安之問題也○各村房屋均用石築，圍牆中植以椰樹矯木類等參雜其間，遠視之宛然別饒興緻○村民往來工作，均穿黑色粗布衣裳○衣長而郎當，頗爲奇異○此外舉凡一切，莫不迥異于東路一帶；到過東路者，一到此地，無有不驚奇瓊崖東西兩路人民經濟上，生活上，文化上種種之大差異也○豐盈屬澄邁縣，此行十里遂至澄邁舊縣城(名老城)○舊縣城因水土劣，於前清光緒間，遂遷金江市○現房屋簡陋，戶約百餘，車過時，適市，村民多交易於馬路之旁，其衰落之情形，尤可窺見一班○車過小橋，二十三里至白蓮○白蓮市尙大，車僅由其旁過，詳情莫悉，經白蓮後，一路廣坡荒蕪，如入不毛之境○四十五里折向西北行，經惠群亭，至福山○福山非墟市，係村落○路旁設有飯店二間，用泥草築成○往來海口那大車者，經此無不停車用午餐○此非因其物美價廉，乃在其地點處於二市間之適當處耳○飯難食，余與蘇君僅用兩碗飯粥，聊以充饑。出福山四里，入臨高境，折向西南行，九十八里至和合。和合爲臨高第二市場、距縣治南九十里，爲縣南及黎峒之出路。周圍約一里，市街不甚整潔，有洋樓數間，居民約一百五十六家，商店約十餘間，貨物輸出以米穀、牛、猪、豆油爲大宗，牛皮、鴨蛋、赤糖等次之。每年貿易總額約十餘萬元。自和合再向西南行，十一里經龍闕，十四里至和慶。兩市均小，屋宇簡陋。由福山至此，計程一百二十三里，沿途盡曠蕩荒坡，地勢平坦，無水源。荒涼之狀，令人驚奇。回瞻東路一帶，車路所經，尤其由文昌至樂會一段，無不村落接續，田疇毗連。和慶屬儋縣，西出十三里遂至那大。此段地勢，微波起伏，樹木暢茂，村落較多，比近那大而尤甚。那大不獨爲儋縣東南要市，且爲西路一帶唯一市場。距儋縣縣治東南一百二十餘里，商店二百餘間，輸出品以米穀、牛猪爲大宗，每年約十萬元；豆油、赤糖、烏豆、鴨蛋、牛皮次之，約七萬元；山貨則有椰王、籐皮、鹿茸之類，約五萬元。以上共計二十二萬元，爲數之鉅，頗足驚人。市民甚複雜，由其言語可分爲廣話、艾話、鴨屎官話，儋縣話，臨高話、瓊州話六種。市面六種話均通行，但以廣話，儋縣話，瓊州話爲主要。市內有高等小學四所，因言語之不同而各自設立；惟美國人所辦之福音堂一所，則各種學生均有。可見該處人民，彼此情感，仍不相融洽。市附近地區多平野，土質鬆黑，宜於墾殖。近來外來人民，日見增加，在此置業經營者，尤爭前恐後。該處發展之日，屈指可待也。市外數里有樹膠園，再遠有咖啡園，錫鑛公司，金鑛公司等。瓊崖農林事業有規模之經營者，那大可爲首屈一指。予到時已午後三時二十分，蘇君因欲趕車到縣治，是以不能一一考察。四時十分，蘇君出高價僱車一輛往縣治，搭客共九名，予與蘇君各承認車費二元，餘各客，各僅一元

（此路線車價係一元）○車向北駛，約數里，忽見樹膠雜然與各樹爭茂於車路兩旁○膠園之廣約數百畝，盡印度樹種，高約三、四丈，已有膠出○惟因治安問題，無人採割，故雜樹繁茂其間，狀甚荒蕪耳○車行不遠，遇路因水濕而爛，車不能行○下車推，費時二十分始過○二十八里至洛基○洛基市不大，以附近土壤肥美，不下那大，故遠來置業經營者亦不鮮○洛基出，地勢復趨平坦，沿途多荒地，長灌木。時天將黑，落日向行車，車夫因趕途，開快車，一時不慎，車忽陷路溝，砰然高躍，搭客心胆俱碎○二十五里至長坡市二里外北門江之對岸○時江水淺，徒步可涉○江多流沙，濶約六丈，築有三合土之路二行以通行車○惟路低而狹，（每行寬約一尺）東岸地高，尚可見途道，西路則水淹數寸一尺不等，茫然不知路線○江水頗急，所築之路，多已被其冲斜或斷，故車不能行，搭客均下車，僱土人十餘名推行○余初以爲由海口至那大一段路線崎嶇，車行擺搖，其甚者，宛如顛人跳舞，已不勝其苦○今視此，竟咋舌呆立不知作何感想○司機費洋一元，需時約一小時，車始得過江，時天色已朦朧，司機開燈行，所經地方，初尚辨認其爲田路，後則僅聽車聲轔轔景，象黝黝，所經者何，茫然莫辨○時惟聞車上一婦人云先駛車往老城，待彼落米後，再駛往縣治○少頃，車果至老城，城內無燈火，黑暗不見人○婦人落米後，司機因恐軍隊封車，促婦人速與車費，婦人抗不即交，司機與隨車者俱前往交涉，歷時數十分，尚無結果，余等不耐煩，促司機速回開車，司機回後，隨車者尚未到，余等不理，催其即行，於是車始趕快出城門○車出後，行不及數里，遇沙地，鬆疏，不能行，余等又下車推行，如此者凡數次，餘如車路之毀壞，每至一極壞處必下車，候車過，後再行上車，竟不勝計○如此頓勞，故抵縣治時，已不能言語矣○此行一路無食，不獨疲勞，而且肚餓，蘇君因急命人備飯，余略盡一碗，遂預備就寢。是日至夜九時始抵縣治，計程共三百五十七里，需時十四點半鐘，爲余返瓊調查二十餘天中之最勞苦者。是夜寓縣參議會，由蘇君介紹與議長周文海君相識，據蘇君云，余暫寓此調查，一切事宜，可詢周議長，彼則定明早啓程趕途數十里之步行回家。蘇君體格之健強，眞令人欽羡不置也。

九月一日　凌晨七時起床，蘇君已啓程返里，九時謁彭縣長，出示綏靖公署護照，并告以來意。縣長告以該縣農業大概情形，謂儋縣農業最盛區域爲那大，卽第三區。該區土地肥美，農林事業無不合宜；惟因農民知識淺近，旣墨守舊法，復秉性懶怠，所耕農田，不肯深耕，冬耕耘草，更不肯利用人糞尿施肥，斯不獨那大區然，卽全縣亦盡如斯，是以農業落後，生產減少，遠不如東路文昌樂會各屬。現敝府擬於田畝調查報告工作完竣後，卽開始辦理農林事業。末後并囑余正午來署，以便着區長引導到附近村落調查。予以事情妥當，遂行告辭。回寓後，參議處某君以予縣王君大釗在此任推事，遂導予往坐談。予與王君本相識於數年前，王君來此已及二載，對於儋縣情形，自有相當熟識。據云儋縣之與樂會所特異者，卽該縣男子多懶怠，所有室外室內工作均委之女子。是以於經濟地位上，女子較男子爲優勝，其權限甚似母系家族時代之現象。風俗方面，有所謂夜遊者，卽婦人女子夜間集會於野外或室內，以唱山歌或與男子互唱取樂。此種風俗，尤以第七、八區爲最盛，是以因此而時有爭艷，私逃，野合等事發生，法庭方面訴訟不絕。女子有未滿廿歲而離婚三、四次者，離婚動機，多爲女子主動，每離必去，男子貧苦者受虧甚大。王君談後，復請予用膳。膳後余往縣署，由縣長介紹鎭長某君爲余引途調查。鎭長係附近鹽場村人，能操廣瓊兩語。彼先導余僱馬下村，余以向未騎馬，有難色，因問其所往何村，村距此多少里○彼則答以縣北附近村落，距此僅五、六里路○余以路旣近，無須騎馬，且余向未騎馬，恐生意外，因止彼勿僱馬○彼則謂路雖近，但頗濕，非騎馬不能行，且馬小可勿驚○余無奈，遂共僱二馬○馬小而體弱，余擇其較善者，着馬夫牽好助余騎○旣上馬身，股顫不穩，搖搖欲墜，余驚，急詢其所以穩定法，彼以用兩腿緊夾馬身對○馬夫與余竹鞭一，余不取，因余一手執馬韁，一手按馬背，惴惴然猶自顧不遑，尙有何手執馬鞭以鞭馬？旋出北門向北行，未及半里，覺身稍舒服○予素未識騎馬，今竟騎矣，世上一技一藝，豈可不習哉？習而能及時應用，人生最快樂之事也○馬沿田行，田禾綠秀，令人神馳○鎭長忽按馬以鞭指曰：此處土地多砂，磽瘠，幸此季雨水充足，故有此現象；不然，早稻夏時，禾色黃而枯萎，歷一、二月而未有雨下者，農民叫苦連天，亦莫之何也○約四里，遇水滿田徑，深約二尺，馬過水花四濺，歷時五分始已○少頃，入村，村名鹽場村，馬至鄉公所辦事處下馬，由鎭長介紹該所辦事員相識○所設在祠堂內，辦事員正忙田畝調查工作○予寒暄後，出調查表，請其忠實報告，以便余於學問上之研究○該村共五十五戶，盡業農，其中自耕農六戶，餘則盡爲佃農○水田共三十畝，（註：儋縣田畝通常亦有以每年收谷担數計算，每担十二束，每束谷五斤，所以由此推算其面積，極不易獲到確實之數目○）平均每家得半畝強○該村水田，多爲新英港富戶所有○該村佃農之多，能足以維持其最低限度生活者，實賴租此等水田耕種也○村民生活程度低，僅就工資而論，全年男工工資二十元，女工平時每日半毫，供飯、衣、住等○每畝田，普通値價十九元，全村負債者佔十分之八，農村經濟之衰落，較諸東路，實相差甚矣○村中以穀、薯爲出產大宗，田租通行納穀，係分租、佃主各半。村中富者，時行高利貸放欵，近兩年來，利息竟達四分之高，雖謂不能驚人，然在此貧窮農村，農民已不勝其苦矣。無何，余等辭行，向大井村首途，轉又向東方西方兩村周遊。所經各村，房屋均簡陋，除少部分用泥築外，餘則均用石築，欲在此數村中索一用磚築者，殆不可得。村中男女衣服襤褸，以視東路一帶，宛如天壤之別。農家多養牛，備有牛車，運貨頗便。余欲知村中農具構造形式，因請鎮長代爲傳達，得一農民出其耕犂一具，視之，其形式板陋，較諸東路一帶爲劣。遊約一小時，遂出村返縣城。時日掛西山，鎮長馳馬，以示其善騎，正得意時，遂與余馬上談騎術，自誇其善騎。余甚慕之。因思縱能如古之方山子從兩騎，挾二矢，遊西山，鵲起於前，突馬出一發而得之，因以論用兵及古今成敗，亦人生之快也。馬不難騎，膽大而小心則可。天下無難事，懼難而畏縮，無有不失敗者。斯由騎馬區區一事徵之，可知矣。晚六時赴縣立中學校校長林耀棠之請，食晚餐於該校校園。林校長係本地人，余到縣署時由縣長之介紹，因以相識；又校長係中大學生，與余誼屬同學，其邀余餐，或以此也。九時由校長派人提燈送余回寓。時尚早，余不能睡，因就縣參議羊書記教余本地話。歷時約十分鐘，余僅識下列數句：

食飯——狹凡， 睡覺——「篩邁」昂， 起身——克頓，

你去那裡——奶可天羅， 你做甚麼——奶做「記愛」懂。

儋縣話，最難學，其音似參官、艾兩話混合變音而成。余來儋縣，幸得該縣之出門者識廣瓊兩語與談；不然，調查方面，不知如何困難矣。

儋縣縣城，異常簡陋，商店寥落，全城住戶不及五百家。屋宇之較爲壯麗者，除縣府與縣中學外，遍索不獲。現縣府對門，

株　　數	八千餘株	約三百株
每年總產量	———	約產二百斤
每担價値	———	———
運銷何處	———	———
經營現況	全行停割停割後留工人四名看園每月撥四十五元爲伙食現此欵亦停撥園中主持者爲維持伙食計竭力貸借以濟時艱各股東現欲覔人承買	
失敗原因	(1)膠價慘跌 (2)本地人放牛羣入園毁壞膠樹 (3)放火燒山之波及	

那大熱帶農林塲狀況表（四）

塲　　名	大窩公司	
所在地	儋縣那大市五嶺村離市　方二十餘里	
塲主姓名	司理劉計名	
開辦年月	民國十七年	
資本數額	———	
耕地面積	———	
作物種類	主要作物	次要作物
種　　名	咖　啡	樹膠　波蘿　香蕉
株　　數	約八千餘株	千餘株
每年總產量	未出產	未出產
每担價値	———	———
運銷何處	———	———
經營現況	現尚繼續種植	
失敗原因	———	

那大熱帶農林塲狀況表（五）

塲　　名	競業墾植家園

所在地	儋縣那大市五嶺村離市　方　里	
塲主姓名	董事趙一肩	
開辦年月	民國十九年	
資本數額	數千元	
耕地面積	四方里	
作物種類	主要作物	次要作物
種名	桐油	沙田柚　波羅蜜
株數	八千餘株	二百餘株　二千餘株
每年總產量	——	——
每担價值	——	——
運銷何處	——	——
經營現况	稍見成績	
失敗原因	——	

四日　是日黎明辭別區長，六時乘車返海口。途次遇雨，但不大，所苦者，路上積水深數寸，車過時水花四濺，白衣爲之沾汚耳。路旁多曠野，牧童三數放牛其間，時天熱，附近無水源，水牛多就車路上積水浴。車路之敗壞，由此可知。瓊崖東路，向稱不良，尤以西南兩路爲最劣。前月省府委員胡繼賢先生來瓊調查，車至萬寧(屬南路)，忽墜山陷，幸人無恙，然而已足爲後來瓊者聞而生畏，裹足不前矣。午後二時車抵海口，仍寓僑安旅店。是日夜，雨降天寒，擁厚氈始克成眠。

五日　早八時，瓊崖實業局技士韓宗浩君來訪，并介紹予於該局朱局長於永樂街該局辦事處。局長本商界，南洋某埠之富商也，爲人和靄謙讓。與予談瓊崖實業情形，謂欲發展瓊崖實業，首當注重瓊崖特產作物，如椰子，樹膠，檳榔，咖啡等。蓋非如是，不足以與國內產品爭：因瓊崖遠處天南，孤峙海心，交通不便，途路跋涉，其同為一種農產品而欲運往、廣州、香港、或甚至厦門、上海等處發賣，則其成本重大，價格自昂，不能與內地者爭，理甚明然。今局中工作，即特別扶植各屬經營此種特產而失敗者恢復經營，或鼓吹人民增植此種事業。前此局中曾為瓊崖樹膠銷途而特呈請省府准免稅運輸出口。現各屬之經營樹膠者，殆盡恢復原狀，而向未經營此業者亦欣然踴躍。茲有二點辦法：即一為要求當地軍隊嚴予保護，以使安其業；二為由局以相當之價格收買(無論多少)其出產品，使其易於推銷。由此觀之，則余前由儋縣乘車返海口，途經那大時，其附近所植之樹膠，向為雜樹繁植其中，而今已砍伐殆盡者，即局長提倡之力所致耶？然無論如何，其所見尚稱上乘也。十時告辭，由韓技士導觀局中各種設備，得林彥廷君予余以瓊崖各種鑛石。茲錄于下，俾知瓊崖鑛藏之概況。

名稱	產地	名稱	產地
黃鐵鑛	一、五指嶺喃托村 二、定安化堦黑沙牛灣 三、陵水南實峒 四、定安別滿溝	鉛黃鐵鑛	一、定安南勞牛鼻溪 二、定安化堦嶺牛鼻灣
菱鐵鑛	一、定安喃嘮峒什村之溪 二、梁全黃姜田	白鉛鑛	儋縣海頭
錫鑛	儋縣那大	石墨	瓊東牛厭嶺
赤鐵鑛	定安縣第六區	硫磺鑛	陵水𠴛喃嶺（附近保亭市）

餘如金鑛，粘板岩等，因所採不多，不能贈予。上舉各鑛，

擬帶囘校化驗，遂珍藏之。十二時半，由韓技士導乘局車赴府城農事試驗場參觀。場址原爲瓊崖道區苗圃，設立於民六、七年間，十年改爲廣東省第七區模範苗圃，育成苗木甚多，嗣以戰亂停辦，十七年又改爲海南農事試驗場。歷史悠久，費帑約十萬元。然其迄無成績，民廿一年省府遂設立瓊崖實業局，改歸該局辦理。該場址在瓊山縣城南數里，地屬噴出岩，多岩石，表土淺，僅深數寸，且地勢又嶇崎，經營頗難。其前十年所植下之樹木，如椰樹、石栗等，迄今仍僅高一丈數尺。據韓技士云：其地開闢之工資較種植費多數十倍。余到時正見工人闢地植菠蘿，因石故，菠蘿植列頗多零亂。場址廣約千畝，處處多石。瓊崖荒地正多，其肥美者，殆隨處可擇，既爲農事試驗場，何故而擇此石田不毛之地？當時當局者對於農林知識可謂薄弱矣。場內現設農藝畜牧二部分，農藝方面，種有水稻、棉、菠蘿、牧草、鴨脚粟、甘蔗等；畜牧方面，養有猪、鷄、鴨、鴿等。猪有美國約西亞種三隻，購自廣州嶺南大學農場。公猪一，重約三百餘斤，價銀毫洋乙百元；母猪二，一大一小，大者重約四百斤，毫洋乙百六十元，小者重約三百斤，毫洋乙百元，各設新式猪舍畜之。余到時見其中有一隻傷脚，行頗不便，因視其地，始知地爲三合土造成，平而滑，猪行時致傷之耳。局中人對於畜牧知識尚淺，於此可見。鷄有三百餘隻，殆爲力行種；鴨有北京鴨，約數隻，白鴿則盡爲軍用白鴿，俱造新式房舍育之。中國農業落後，每事農業者必以外國爲前提，舉凡外國著名之種類，必羅而集之。以爲非如是，則不足以資研究。然是果爲研究而研究乎？抑爲裝門面乎？實一極大疑問也。下午三時，乃先辭韓技士回寓。至晚悉往香港輪明早開行，乃購備買船票。摒擋行李，以待下船。

六日　凌晨五時起床，盥漱畢，忽忽下帆船。故鄉之瓊崖，又從此告別矣○船向北行，水路灣曲如「之」字○約一小時，東北茫茫處，尚未望見所搭之火輪，此輪名博杜美，爲法國郵船，從香港經廣州灣，海口，北海而海防○今乃由海防經海口，暫停泊二十分鐘，以便寄郵及落客○故搭船者不能不早出海外待候○約半小時，帆船入深海，遇好風，行甚速○至此乃見博杜美輪剛入港拋錨○須臾，登火輪○船面載滿猪牛，不能安位，乃入大艙卸裝○船上搭客甚多，時天熱，氣甚悶臭○已而船啓碇，氣稍凉，始覺舒服○船上有嗜芙蓉癖者，三數成群，吞雲吐霧，談話咕嚕，令人難堪○夜九時船抵廣州灣，余因船上飯難食，甚饑，乃僱艇登岸用膳○十一時船開行，一夜無語，頗爲寂寞○

七日　是日天氣悶熱，頗難堪，乃出甲板透氣○甲板上多猪牛，氣更臊臭，不能久立，旋返大艙○由海口搭船往香港，船上常載猪、牛、鷄、鴨○此類動物，多由北海海口運上○此次船上裝載尤多，因熱故，猪之悶而死，拋入海者共十六隻；如船再遲遲抵香港，則其死者必更多○猪每隻，價銀大洋約三十元，十六隻共銀約四百八十元，其損失之大，實足驚人！此路線於運輸上如不設法改良，則于海口、北海一帶農業上，影响不淺也○夜二時船抵香港，搭客多（客多以船明早始能抵步）從夢中驚醒○三時上香港，寓五洲旅店，點清行李，乃更衣就寢○

八日　是日夜十時乘金山輪返廣州，次日早抵步，而瓊崖考察記於是告終○遂擱筆焉○　　（二三，十，五，脫稿○）

附　錄

調查之範圍及方法

(一)調查地域

縣別	村名
文昌	昌錦村·昌後村·昌美村·新民村·白石頭村·雲樓村·嘉美村·下鐸村·龍頭村·邊塘村·德清村·上坡村·長田尾村·南里村·陳笠村·良畝村·剛大村·福棉村·下東村·下園村·邊田坡村·土苑村·地源村·胡尾村·水北村(共二五村)
樂會	石頭村·青塘園村·田龍村·沙坡村·雙榜村·大洋村·嶺頭村·北山村·邁嶺村·東頭山村·大錫村·後昌村·南正村·龍潭村·北岸村·孟居園村　(共十六村)
儋縣	椞山村·東方村·宣泮村·山　村·鹽場村·保山村·大井村　(共七村)
瓊東	春田村·霞坡村·大璞村·藻塘村　(共四村)

(二)調查單位

本調查以村爲單位，並不選擇代表村。

(三)調查時期

本調查於民國二十三年八月二日起至同年九月八日止，總計費時三十七日。

(四)調查方法

本調查除七村託文昌縣立中學生調查外，餘均就熟悉本地情形者(而且多爲親友)詳細訪問，然後錄之於調查表上。

(五)調查事項

本調查對於農村經濟，特爲注意；其他關於農民農業方面事，概從簡略。

(出自国立中山大学琼崖农业研究会，一九三五年)

瓊崖各縣農業調查報告

民國十年

黃坤培　卓正豐
楊起明　蔡乃駒　調查

(一)地勢

瓊崖四面環海。為一廣大島嶼。沿海之地。除陵水之牛嶺、九曲嶺、崖縣之迴風嶺、數處外。多屬平原。大多之農田在焉。腹地山嶺起伏。地盤較高。山與山之間亦多平原地。山之高者。以五指山為首屈一指。約高五千餘尺。餘皆高數百尺至千餘尺。綜計全島面積。水田約占二十五%。旱田約占三十%。山嶺約占三十%。荒地約占十五%。

(二)土質

島之中部。多壤土、及腐植質土。土質甚肥。色皆黑褐。或灰黑。沿海地方。亦有壤土。然粘土沙土亦甚多。礫土亦間有焉。土紅色、黃、灰、褐、白、不一而足。若言肥沃。則大遜于中部。今分縣述之于下。

定安縣　屬瓊島中部。盡是壤土。頗腴沃。尤以南部為最肥美。

樂山縣　北部多沙質土。中部多粘土。均瘦瘠。南部多壤土。粘質土亦有之。

文昌縣　多是沙土及粘質土。甚為瘦瘠。

瓊東縣粘質土較多。礫土亦間有之。土質較肥于文昌。故不得謂為瘦瘠之區。

瓊會縣、及萬寧縣　土質相若。縣之西已近島之中部。肥美異常。東部亦見肥腴。不過稍遜西部。各處土色多黑褐。惟稍高之山坡。則屬粘質土。

陵水縣　土質更肥于樂萬兩縣。尤以縣之北部為肥美。土色盡黑褐。概為壤土。

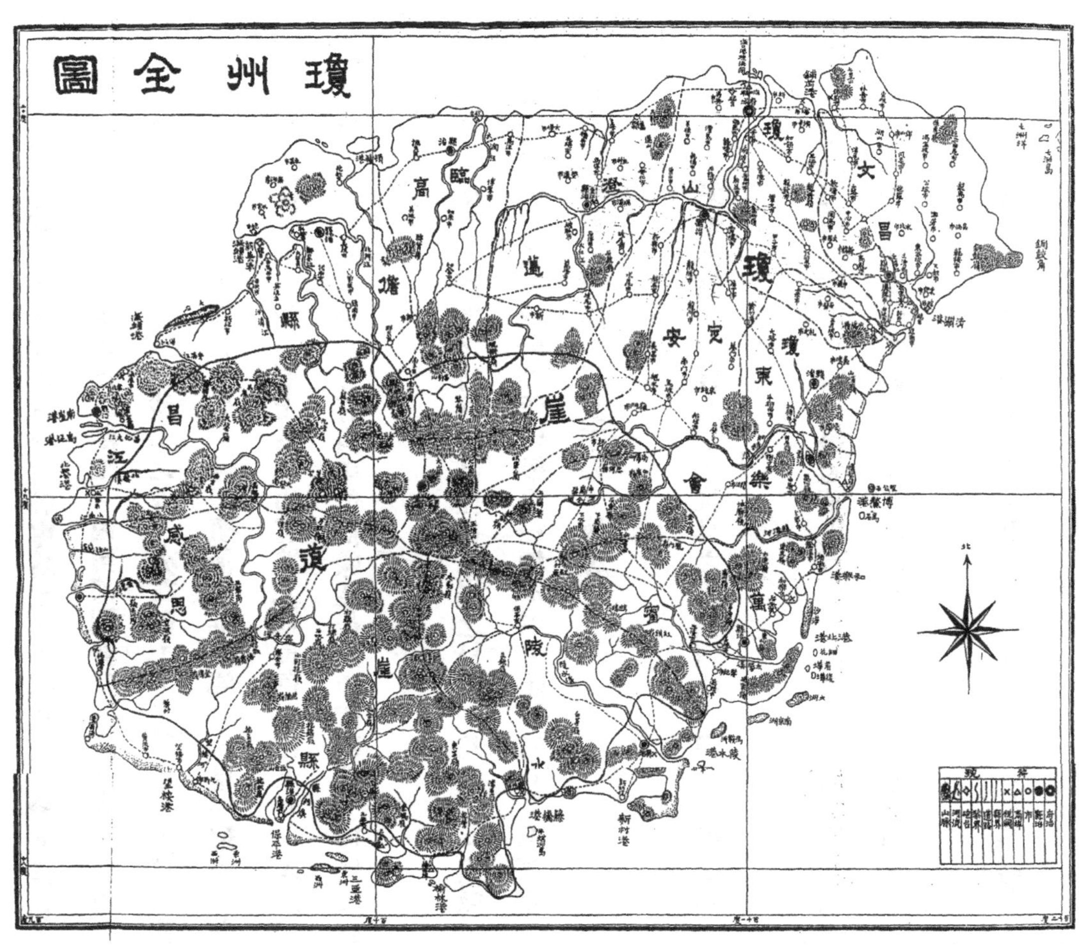
瓊州全圖

崖縣　多粘質壤土。爲灰褐色。肥瘠得中。較廣東內地各處爲肥美。惟西南一帶。係幼沙土。瘦瘠異常。

感恩昌江兩縣　東北兩部。肥美非常。爲黑褐色之壤土。西南部則非常瘦瘠。盡是白色幼沙細土。非經多施堆肥草木灰。不能種植。且昌江附城縱橫數十里地方。沙土之外。夾雜礫土。于種植上更見阻碍。

儋縣　由那大以東。甚爲肥美。且底土多屬石灰岩。適于植種。惟西部除大星一帶外。盡是細沙平坡。瘦瘠特甚。

臨高澄邁二縣　除農田地色黑灰較肥美之沙質壤土外。尚有坡上紅黃色之粘土。土人謂其土質頗肥。然其土堅實。乾燥非常。不適種植。亦非有用。民國六年。曾有南洋僑商陳某在此領荒種植。因無成效。失敗殆盡。雖管理不得其人。而土質不適宜。亦爲一大原因。

至礦產。則陵水挖銀嶺之銀鑛。崖縣大嶺脚之錫鑛。昌江白石嶺之綠石、及鐵鑛。儋縣五嶺之鐵鑛錫鑛。澄邁仙人洞之火水油鑛。又大嶺市附近之金銅鑛。皆余等所目擊而得標本者。此外尚有各處鑛產甚多。因余等非專責探鑛。不能盡數調查。至于所在及種類。雖有所聞。恐其不確。故畧之。

(三)氣候

瓊島居溫帶之極南。迫近赤道。氣候溫熱。不言而知。惟島之東西南北。尚有各異之點。故特分別述之。

(1)溫度

瓊島西由昌江、東由陵水、以南之地。溫度高時。超過華氏百度。最低時不過華氏六七十度。秋季之後。雖晝間甚熱。夜間至二句鐘時。仍見寒氣刺肌。由陵水昌江以北。溫度最高最低時。常與南部相差數度。

(2)雨量

瓊島雨量。比較廣東內地爲多。其最多之時。在陽曆六、七、八、九、各月。最少時在十二月一月二月。島之南則自十一月後至三月。甚少下雨。常有于此數月內絕無雨者。惟早朝露水。常如細雨。以爲調節。亦吾身地方之罕見者也。

(3)風力

瓊島中高外低。如覆釜然。故各方面吹來之風。當其衝者。特見其甚。如東風必于東部地方受之特甚。西風必于西部地方受之特甚。其他南北兩方亦然。惟當西風起時。西部甚烈。沙塵蔽空。該處土人。善罹眼疾。是其受害之處。土人有叩余等謂瓊島可否種桑養蠶。余等以不甚適對。因瓊島濕氣太甚。風力亦較內地爲大。兩事均足以防碍蠶體衛生也。

(四)荒坡荒地荒山

瓊島兀處海中。古稱儋耳郡。毒草虫蛇瘴霧氣濕。均足爲害。國人咸視爲惡土。以故到者甚少。元明以還。國家進化。人口日蕃。內地地方。物產常感不給。于是冒霜露。斬荊棘。遷居于此者。大不乏人。然遷居者、祇居于沿海地方。中部仍爲黎苗徉旗各種族居住。而大島茫茫。一望千里。所耕所作。尚屬寥寥。荒地荒山。滿目皆是。當此國家經濟困難之秋。人民生計日蹙之際。豈能一任荒廢。置若罔聞。茲將調查所得之各縣情形。臚列于後。俾有志振興實業、與乎執有政柄者。知所經營焉。

(1)瓊山縣屬

荒坡

在縣城之東、約距六七里。名北昌坡。屬第二區管地。該坡爲草生地。縱約數里。橫約二十餘里。地盤頗低。且甚平坦。土質略瘠。屬粗沙土。且甚乾燥。表土土層甚深。北有南渡江一水。交通利便。該坡荒廢已數十年。每畝價約二三千文。官荒民荒均有。宜種蔗、森樹、及薯豆等物。

此外尚有坦地平坡。散于各處。惟其面積過小。且甚零星。故不能逐一舉出。然總計亦是數萬畝。可種豆、薯、蔗、海棠樹、(按即胡桐)森樹、等物。此等地甚少岩石。間或有之。每爲鬆軟紅色泥石。擊之可碎。地面皆有青草。土質多瘦瘠、而乾燥。無水利。然土層表土則頗深。荒廢年期。由來已久。此種荒地。多是民荒。隨其附近某村。則某村認爲已有焉。至其每畝之價值。均屬低平。每畝僅數千文而已。

(2)文昌縣屬

荒坡

在東一區地方、由縣城至清瀾二十里。又由清瀾至會文三十里。荒坡滿目。面積約數百方里。其坡高低起伏。高約三十尺。斜處約十度角。土質頗瘠。爲半沙粘土草生地。少岩石。乾燥異常。並無水利。惟有小河一條。在清瀾附近。然取水甚難。土層頗深。表土甚淺。交通頗便。係屬民荒。荒廢已久。每畝價約一元左右。宜種海棠油樹、波蘿、豆類、茶油樹、等物。在東三區翁田一帶、縱橫約三十里許。多荒廢之半山坡。係草生地。無孤立樹。高約二三十尺。傾斜處約十度角。土質爲半沙粘土。其色黃。甚乾燥。表土深。土層淺。交通不便。幷無水利。荒廢已久。係屬荒民。每畝價銀約一二元之譜。適種海棠油樹、茶油樹、波蘿、等物。

在北六區由溪尾以南至抱羅二十餘里。又由抱羅以南至潭牛三十餘里。滿目荒坡。若續若斷。概無孤立樹。叢生雜草。面積約數千方里。高約一丈左右。間有傾斜。角度不及十度。土質頗瘠而乾燥。爲黃色之半砂泥土。表土淺。土層深。交通頗便。無水利之可言。係民荒。荒廢已久。每畝價約一二元。宜種海棠油樹、茶油樹、豆、薯、等物。現在該坡已有不規則之海棠樹。然其數甚少。

在北七區錦山所管地方、由錦山市迤南二十餘里。有高低起伏之草生荒坡。面積約數萬畝。高約十餘尺。斜約十度角。土質瘦瘠。爲黃色之半沙粘土。表土淺。土層深。無岩石。無水利。交通不便。荒廢已久。係屬民荒。每畝價約二三元。宜種海棠油樹、茶油樹、波羅、豆、薯、等物。

在東二區文教所管地方。有賓興、升粟、殿庭、等坡。係草生地。有少數之孤立樹。面積共約三四十方里。高低起伏處。斜度十度角左右。質頗瘦。乾燥無水利。表土淺。土層深。交通頗便。荒廢已久。係屬民荒。坡上已有海棠油樹些少。若再種以豆、薯、茶油樹、波羅、各物。亦無不可。

在西五區屬大昌一帶。有許多荒廢平坡。綜計面積共約三四千畝。傾斜甚少。有孤立樹。土質頗肥。色黃。乾燥。缺乏水利。雜草叢生。交通有牛車人力車。頗稱利便。表土土層均深。坡上間有岩石。荒廢已久。係屬民荒。每畝價約一千文至二千文。宜種波羅、竹、海棠油樹、等物。現已種植篾竹仔、波羅、棠油樹、數種。然其數量甚少。

在縣城之南、約距數里地方。有荒坡約二三千畝。地盤頗高。傾斜甚少。土質頗肥。爲砂質壤土。惟嫌乾燥、無水利。交通頗便。荒廢已久。每畝價約千餘文。合種豆、薯、及海棠、茶油、波羅、等植物。

在南四區白延重興一帶、距城約二十餘里。有草生地。面積約二十餘方里。略高。多斜。孤立樹及矮小之小樹頗多。土質頗肥。爲黃色及灰色之粘質壤土。表土土層皆淺。土之深處。間有岩石。乾燥無水利。由來荒廢。交通亦不便。係屬民荒。每畝價數百文至千餘文。合種海棠樹茶油等物。

(3)瓊東縣屬

荒坡

在縣城之北、附近第三區大路市處。有草生地。且有孤立樹之荒坡。面積約二三千畝。地盤頗高。平坦少斜。土質頗肥。爲濕潤黃色或灰色之粘質土。表土土層皆淺。概無岩石。水利缺乏。交通不便。係屬官荒。由來荒廢。每畝價值約數百文至千餘文。適種波蘿、茶油樹、海棠樹、芋、薯、豆、等物。現有些少海棠芋薯生長其上。

在第六區福田附近、有高結坡。距城約二十里。爲草生地。絕無孤立樹。面積約四五方里。低平無岩石。然甚乾瘦。無水利。交通亦不便。表土土層皆淺。荒廢數千年。爲不允售出之民荒。適種椰子、檳榔、海棠等物。即如豆類薯類、亦可種植。

在第六區亦有禁山、龍山兩坡。均爲草生地、無孤立樹、低平頗濕、肥瘦得中、交通便利之荒坡。至其全無水利。及無巖石。亦各相同。惟禁山坡爲官荒。龍山坡爲民荒。龍山坡縱橫各約四里。禁山坡縱橫各約二里有奇。各有不同耳。其荒廢年期。及每畝價格不詳。故不及之。最合種植糖蔗、甘蔗。椰子、檳榔、各物。而豆薯茶亦無不可。聞有某人組織公司、購買禁山坡、擬種椰樹。龍山坡則爲龍山村所有。屢經各方索購。皆不肯出售。今惟牧牛于上。踐食青草。荒廢如故。睹之可惜。

在城之南十里處。有草生地、而無孤立樹之荒坡。面積縱約一里。橫約五六里。高約二三丈。斜約十五度角。土質甚瘦。乾燥無水利。表土土層均淺。交通甚便。由來荒廢。係屬民荒。適種椰子等物。

在縣北廿五里處之大路舖、至長坡市、再北遠十餘里有荒坡。面積共約千方里左右。高約十餘丈。斜約三十度角。土質半沙粘質。乾燥無水利。交通不甚便利。表土各深。土層亦深。間有頗小岩石。荒廢已久。係屬官荒。惟近于村落地方。有屬民荒者。此坡因其乾燥且瘦瘠堅硬。僅合造林。

荒山

在瓊東之東、屬福田第六區管地、有馬嶺、深洞嶺。嶺上無孤立樹。生有青草。並無岩石水利。荒廢已久。係爲民荒。表土甚淺。土層甚深。土質乾燥瘦瘠。高約十丈左右。斜約四十度角。面積各約三方里。頗難種植。惟可造林而已。

(4)樂會縣屬

荒坡

在縣之西、第四區陽江市管有打獎坡、大鼓坡、二鼓坡、三鼓坡。俱為草生地。且雜矮小樹木。而大樹亦有孤立於其間。高僅拾餘尺。兩邊傾斜。中央獨高。土質瘦瘠。乾燥無水利。表土頗淺。土層頗深。小石些少生于其上。交通頗便。荒廢已久。係屬官荒。大鼓二鼓三鼓、縱橫各約一里。打獎坡僅約半里而已。該坡對于種植各物。不甚適合。以之造林。諒無不可。

在第二區中原市附近、有草生坡。約數方里。地盤頗低。傾斜不及十度。土質亦非甚瘦。為粘質土。表土頗淺。岩石間有些少。絕無水利。交通頗便。荒廢已久。係屬官荒。以之種植檳榔。尚稱適合。在第一區有皇留坡。大約四方里。為草生地。亦有些少孤立樹。低而平坦。土質瘦瘠。乾濕不勻。表土頗深。概無岩石。惟多砂粒。水利頗佳。交通不便。係屬官荒。價值未詳。曾于坡上取來砂粒洗之。得有錫質。或者其為錫鑛也歟。

在城之西北角、第三區椰子寨附近。有荒坡拾餘方里。上生矮小樹木。間有海棠油樹。地盤頗高。傾斜處約三拾度角。土質瘦瘠。為粗砂質土。乾燥無水利。表土淺。土層深。交通不便。小石間有些少。荒廢已久。係屬官荒。此外尚有由椰子寨迤東南至陽江。迤南至新市。一則二十餘里。一則拾里。荒坡斷續。情形相若。對于種植海棠茶樹、及造各種林木。非常適合。

在城之西、由粉車至新市三拾餘里。又由新市至陽江二拾餘里。有荒坡面積約共千餘方里。地盤畧高。傾斜二拾度角。土質頗瘠。爲半沙泥質土。其色黃而乾燥。交通頗便。水利全無。係屬官荒。荒廢已久。現有雜草及矮小樹木生于其上。可植各種林木。

(5)萬寧縣屬

荒坡

在第一區屬、由城南延至車坑十餘里、廣約二三里。爲草生地之荒坡。地盤高而平。土質係砂質土。頗瘠而乾。乏水利。無岩石。交通頗便。廢荒已久。係屬官荒。可種各種豆薯農作物。

在城之西北部第三區中興市管地。有荒坡縱橫各二十餘里。雜草及小灌木生于其上。間有大樹數株雜生其間。地盤略高。微有傾斜。土質瘦瘠。爲紅色之粘質壤土。乾燥無水利。交通梗塞。荒廢二百餘年。係屬民荒。適種各種林木。

在第二區地方。尚有許多荒地。就本區而言。東至銅鼓嶺。西至興隆市。南至萬陵市。北至中興市。面積共約二十五方里。各處仍有孤立樹。略高處約占十%。低處約占六十%。傾斜處約占三十%。土質則略肥而乾燥。砂土占五十%。壤土占三十五%。粘土占二十五%。表土略深。土層略淺。間有些少岩石。少水利。交通困難。由來荒廢。多屬民荒。可種各種植物。不甚拘泥。

(6)陵水縣屬

荒坡

在縣之西、屬西區管地、有名曰棍人坡者。面積約五六千畝。地盤高。甚少傾斜。土質頗肥。爲砂質壤土。表土頗深。絕無岩石。惟稍覺乾燥。不無微嫌。若能開鑿水溝。引來坡北之陵水河河水。則最宜種植。與棍人坡之相連處、有大學坡。其情形相同。約有二千餘畝。

在城之東、屬東區地方。有草載羅者。廣約百餘畝。叢生矮木。間有大樹數株。地盤甚低。絕無傾斜。有小水溝經過其邊。頗見濕潤。土質不肥不瘦。爲白黑參半之砂質土。表土甚深。交通便利。係屬官荒。可種各種植物。

在城之南、屬上南區地方、長坡九所一帶、荒地甚多。約共二三千畝。裸地占去六十%。草生地占四十%。地盤略高。傾斜甚少。土質頗瘠。爲白色之砂質土。地高乾燥。取水較難。若欲將其種植。仍以種椰爲佳。查該地係屬官荒。由來荒廢。

在城之西南、屬下南區、有萬福坡、英州坡。共約面積六七千畝。係草生地。地盤略高而平。土質略肥而燥。土之種類。係砂質壤土。表土甚深。絕無岩石。查係官荒。交通便利。若用人工鑿溝引水。可以種植。獲利于無窮。蓋坡之附近。有水源焉。

荒地

縣之西北、距城四十餘里、屬黎區第三團管地，名曰烏牙洞者。其面積東至西約三十餘里。南至北約二十餘里。爲草生地。間有大樹孤立其間。其地勢頗低。高低起伏。然傾斜處、亦不過角度數度而已。土質頗肥。爲灰黑之砂質壤土。表土深約數寸。土層亦深。荒廢久遠。蓋是民荒。惟其地面乾燥。僅合種植糖蔗薯豆等物。今既有人草創經營。宜購吸水機置于附近之禺溪。吸水利用。則該荒地必可獲利倍蓰。以上所列各處荒地。以此爲冠。營農林者。幸注意焉。查從前及現在黎氏。均于此地種蔗。並于此地設有搾蔗製糖廠數間。係由外間黎人種蔗。由廠人斬來製糖。獲利均分。聞向來種蔗。未有施肥。所收之蔗。仍見苗條高聳。其地之肥可證。吾謂到此種蔗搾糖。可容機器製造。固不慮原料之不敷也。

在烏牙洞之附近、有長山肚者。東至西十里。南至北二十里。該處有不規則之密林。高低不平。縣人注意之。蓋其土質甚肥。爲沙泥參半之壤土。且常濕潤。取水非難。適于種植之故。然黎人亦見及此。近年遷居耕種者。大不乏人。若有熱心墾荒之人。到此經營。尙無不可。

荒山

在縣之西南、屬西區地方。有大艾嶺。面積約三方里。小樹雜生於其上。地勢頗高。斜度約至四十五角度。土質瘦而乾。係礫質土。表土甚淺。土層頗深。小石生於嶺中。微現於表面。交通頗便。荒廢甚久。仍係民荒。民國元年曾有實業家在此嶺種植苧麻。因無成效。嗣卽停種。以余思之。以之種松杉。萬無失敗之理、

在縣之西南附近十八村地方。名曰挖銀嶺、拾八村嶺。縱十餘里。橫二三里。雜草叢生。中多岩石。地勢畧高。約數拾丈。斜約四拾度角。土質頗肥。爲粘土象礫土。表土深約數寸。交通亦便利。但無水利之可言。用之造林。尙無不可。除此嶺之外。尙有許多童山。面積頗小。故不贅錄。

（按）兩嶺成曲尺形。挖銀嶺居拾八村之北。拾八村嶺居村之東。挖銀嶺有銀鑛。故名。龍濟光爲瓊崖鑛務督辦時。曾派人到此開採。後因戰務發生。中止其事。今已泥土流入採穴。余等因之不得該鑛之標本。

（7）崖縣屬

荒坡

在縣之東、屬東三區管地、有名山牛坡。面積約縱三里。橫二里。地盤頗高。微有傾斜。爲無孤立樹之草生地。土質乾燥。頗瘠。爲砂質壤土。交通宻便。惜無水利之可言。難種各種農作物。然以之造林種果樹。尙無不可。査係民荒。荒廢已久。

在縣之東、距城約八十里處、有挖銀坡。面積約八方里。地盤頗低。且甚平坦。土質畧肥潤。爲砂質壤土。表土土層皆深。無水利。無岩石。由來荒廢。惟近來該處村民。已在坡上種植薯芋等物。

在縣之北距城十二里、有名潭地坡者。面積約六七百畝。係草生地。無孤立樹。地盤頗高。亦頗平坦。土質乾燥畧肥。爲砂質壤土。表土深。有水利。交通頗便。由來荒廢。用之種植何物。大畧適合。惟其係屬民荒。須向主家租買。

在縣之北、距城十里附近筆架嶺地方、有荒坡六七百畝。係肥沃之砂質壤土。低而平坦。表土土層皆深。適于種植。交通則有牛車。水利則有距離不及半里之大河。若有人在該處濬口開導水利。則鄉民必闢此種植。其利無窮。余等叩其每畝價值。據云二三元之譜。

在縣之南、距城十二里、有南山坡。面積約二千餘畝。地盤低平。土質畧肥而乾。爲灰色幼砂土。荒廢久遠。係屬民荒。無水利之可言。交通則尚便利。若用之種植椰子。甚爲適合。即種他物。亦不甚拘。惟其爲村人公共地方。撥歸某廟所有。議過此地。永不賣出。有人租者。獲利取其十分之三。現在尚未有人租用。祇村人自行種植些少豆薯之類於上而已。

在縣之西、在九所西四區之北、距九所二十餘里、有三閒崇坡。又名油柑坡。面積東西約二十里。南北約十里。北高南低。畧覺傾斜。土質則肥美異常。爲黑灰色之砂質壤土。云交通則出入自如。云水利則有望樓大水。常見地面濕潤。雜草高一二尺許。無岩石荊棘之障碍。無崩圮缺陷之可虞。以之開墾種植。無物不宜。惟其已近黎村。官荒民荒。不甚分別。望樓水水位尚低。未能取用。如欲前赴經營者。須設吸水機。或築堤壩。以吸水堵水。方能致用于無窮。

在縣西九所之東北、距九所十二里、有潤坑。縱橫各二十里左右。低而略平。爲瘦瘠之砂土。表土頗深。然甚乾燥。矮小樹木間生于上。無岩石。無水利。交通便利。係屬官荒。不甚適于種植。以之種薯谷芋等。尚無不可。

在縣之北、屬黎區樂平管轄地方、有長芒坡。縱約三四里。橫約十餘里。地盤頗低平。孤立樹及長尺餘之草甚多。土質略肥。爲灰色之幼砂壤土。表土亦深數寸。適合墾植。惟交通不便。深入黎區。又無水利之可言。不無缺憾之處。查係官荒。向來荒廢。

在縣之北、屬黎區樂安管轄地方、有多潤坡。縱橫各約十餘里。地盤頗高。惟尚平坦，土質略肥。爲幼砂土六十%、粗砂土二十%、粘土二十%、之混合土。表土甚深。但甚乾燥。疏林叢棘。星散其間。交通不便。水利亦無。係屬官荒。許人承辦。

在縣北近定安汛陽處。有得下坡。縱約四五十里。橫約四五里。地盤頗高而平。表土甚深。交通不便。無岩石。無水利。係屬黎區。爲黎人所有。查前係官荒。後爲黎人認爲己有。現經黎人闢種花生豆薯等物。然所耕之面積尚少。

在縣之北、屬黎區樂安管轄地方，有嶺後坡。廣約五六千畝。低而平坦。土質略肥。爲砂質壤土。表土甚深。常見濕潤。小坑流出泉水。可以灌溉。交通亦便。適于耕種。二千年前坡上有人耕種。後因匪擾。遂致荒廢。

在黎區樂安墟附近。有許多荒田。該田之荒廢。係因前千餘年黎人作亂。焚劫樂安墟。無兵保護。卒致無人耕種所致。今已一片發生青草。宛若荒坡。有地方責者。何可棄地而不闢乎。查該田地現無物主。與官荒無異。廣約十餘方里。土質肥。

此外各處尚有荒地甚多。然尤以在黎區者爲占多數。余等僅將所見者錄出。餘不及焉。

（8）感恩縣荒

坡荒

縣之東南距城三十里佗與嶺脚處、有大占坡。長約二十餘里。廣約五六里。地勢低平。土質頗肥潤。爲砂質壤土。表土亦深。既無岩石。盛生雜草。無孤立樹。交通便利。附近有淡水溪。灌溉尚便。官荒民荒均有。荒廢僅及五六年。查前有漢人種植許多椰子檳榔于上。因被黎人斬伐殆盡。遂致荒廢。

在佛羅市之北約二十里處、有老滔坡、茅落坡。隔滔對峙。合計面積東至西約二十餘里。南至北、約三十餘里。地盤頗高而平。土質肥沃。爲黑灰色砂質壤土。交通頗便。係屬官荒。近被民佔。該坡甚適種植。如椰子、檳榔、豆類、薯類、竹蔗、均無不可。土人多注意之。但困于資本。且因地方乾燥少水。倘有依谿之處。欲求廣行墾植。倘若有志經營是地者。可向其地主租出。或買出。鑿大水溝。引來溪水。然後用車激起。或用機吸起。如是則不缺水。種植可發大利。實業家幸留意焉。

在縣之東部、距城六七十里我查嶺脚處有荒地。廣約千餘畝。爲極肥之壤土。表土甚深。適于種植。且地勢低平。即闢爲水田。亦無不可。惟無水利。交通梗塞。爲其缺點。查其荒廢。年期已久。係屬民荒。深入黎區境地。

石城之東南十五里處有殺羊坡。廣約五六千畝。地盤略高而平。土質略肥。爲砂質壤土。交通多用牛車。絕無水利。查此坡之肥沃。爲各處冠。惟其少水。祇合種植耐旱植物。前二十年。坡上甚多椰子檳榔。因黎匪斫伐淨盡。無有繼種者。以故荒廢。近則已有村人種薯豆等物些少于上。薯之大者可十餘斤。誠爲適於種薯之地也。

該縣人烟稀少。荒坡曠野。極目皆是。如那旺、十所、八所、一帶。面積廣約數十方里。惟其表土皆由飛揚細沙積成。爲白色瘦瘠幼細乾燥之沙土。加以水利不良。殊甚不合種植。土人于狹小面積處。加以草木灰。先行改良土質後。方行種薯。則收穫薯隻甚大。常有重至十餘斤者。亦云罕見矣。有志在此經營者。亦應以改良土質爲先。方收實效。

(9)昌江縣屬

荒地

在縣之東、錫黎區地方保平一帶。縱橫各約二三十里。土質甚肥。表土頗深。惟其乾燥無水利。交通亦不便。爲其缺點。前爲官有。今爲民佔。謂之官荒民荒均可。適種各種耐旱植物。

該縣尚有許多荒坡磧土。在南者多白色幼泥沙土。在北者白沙土外。尚有紅色幼粉沙土。不適種植。但見間有種植之者。必加以許多柴灰。然後種植。至其荒山。除有大岩石之面積外。盡是瘠牛豬林。

(10)儋縣屬

荒地

在縣之南部、距新縣治王五市約百餘里、有和舉附近一帶。面積約五六千畝。甚平而肥美。表土甚深。爲黑灰色之壤土。無岩石。有數株之孤立樹。係爲民荒。每畝價值十餘元。清末曾有在此耕種者。嗣因反正。匪風甚熾。拋荒至前數年。復有大有公司前往經營種植。又因民黨滋擾。搶掠一空。虧本數千元。今又拋棄不理。無人過問矣。

在縣之南、距王五七八十里處、有名官府田者。廣約千餘畝。平而且低。土質肥美。爲砂質壤土。無岩石。又無孤立樹。惟有雜草生之。水利頗佳。交通則頗梗。荒棄僅拾餘年。未詳其價。聞前清有人在此耕種。現官荒民荒。各執一說。地權不清。彼此相持。遂致拋棄云。

又有局田地者。在縣之東南部。距王五拾餘里。面積約二三千畝。地位頗高。然極平坦。土質頗肥。爲砂質壤土。

惟其乾燥無水利。交通亦梗。是其缺點。係屬官荒。荒廢年期未詳。

有名銀村者。在縣之東南。頗近大星市。距玉五市約六十里。縱橫各約六七里之譜。雜草灌木生於其上。爲略肥之粘質土。地勢頗高。略斜。表土甚深。但無水利。且略乾燥。交通頗便。荒廢僅拾餘年。係屬民荒。

又在銀村附近、有大風坡者。縱約拾里。橫約二拾里。高而略燥。雜樹生之。極無岩石。又乏水利。土質略肥。爲深尺許表土之粘質土。其地面頗濕潤。交通亦非難。荒廢拾餘年。原屬民荒。每畝價值約在二三元之譜。將之種植。殆無不宜。

此外有南豐、鎮南、調南、之中間地方、官荒一段。縱橫各約三四拾里。土質甚肥。水利亦佳。若稍用疏鑿工夫。引來水利。則以之種植。無不適宜。又有附近大星市一帶。東至那大市。縱橫各約六十里。盡是黃色及灰色之鬆軟壤土。肥沃非常。加以地盤非高。且甚平坦。若能伐去現有之森密灌木及雜蕪等物。則開闢一大農場。蔑有過之。

至縣之西方。賊土荒坡。所在多有。惟其土質頗劣。不適合種植。故略之。

（11）臨高縣屬

荒坡

在縣之北、距城約四十里、有火燒坡。縱橫各約二十餘里。地勢頗高。微斜。無孤立樹。惟有雜草叢生。土質頗瘠。乾燥無水利。交通頗便。山深荒廢。係屬官荒。

此外與澄邁交界地方、尚多荒坡。近鄉村處。謂爲民荒。餘則官荒。其地名亦以附近某村而曰某坡。故不能如前條舉。至其土質。不肥不瘦。爲紅褐色之粘色土。種植波羅蜜、茶油樹、海棠樹、及松樹、或造各種森林。均無不合。若種以農作物。則不相宜又和舍附近地方、亦有荒坡。滿生矮小樹木。不見種何作物。間有種植波羅者。其數亦少。此坡高低起伏。不得平坦。當以種植石榴、波羅、茶油樹、海棠、爲最適合。其他各種情形。與前條相同。

（12）澄邁縣屬

荒坡

縣之西北第二三區地方、甚多乾燥而瘠。紅色粘土、頗高不平、之荒坡。連亘縱横約七八十里。其表土頗淺。底有紅褐或青黑色石。爲花崗岩之一種。由來荒廢。交通頗便。絕無水利。多屬官荒。第三區有名道珍地方。經南洋陳姓商家集資種植。由民國六年着手。現已失敗無遺。蓋因無水且瘠之所致也。此地除合種植海棠、番石榴、茶油樹外。餘多不適。

又第一二區接壤處、及第五六十各區。荒坡亦多。惟甚少廣大地方。情形又與前相若。故不枚舉。然以第五六兩區。較近瓊島中部。土質略見肥沃云。

（13）定安縣屬

該縣人口較多。民情亦較勤勉。農業亦較爲發達。理固宜然。是以各處荒地。擧凡適于種植者。多已種植。惟有縣之南部大嶺門一帶。小嶺重重。多未墾闢。若伐去榛榛。以資種植。尚無不合。而其平陽地。廣濶非常。開闢農場。亦甚適宜。

此外在石壁合口附近之山。闢林種植。連年可以不用施肥。誠爲海南沃壤。天府奥區也。

（五）水利

瓊島農地。多屬高原。水利未闢。旱害時有。是以收穫之豐歉。民食之足否。全視天時以爲移易。然以全島計之。

萬寧水利最佳。陵水樂會次之。定安澄邁瓊山又次之。他無有也。蓋萬寧則河流較窄。前經某人鑿河。引水灌溉。後人因而疏濬河流。取水裕如。排水亦易。陵水則以黎區較佳。多于河邊之處。架以竹筒水輪。即省城所謂天車者。利用水力。取水灌溉。樂會則于數十畝處。合掘一井。深約數十尺。亦置竹筒水輪于中。用人工踏轉其輪。取水灌溉。陵水東區亦如此。定安、澄邁、瓊山、近溪水大河之處。亦如陵水利用水力。惟水位太低、輪高數丈。且其河面廣闊。打樁堵水。每置一車。需款千數百元。非合數村農民財力。殊不易舉。至其他各處。多用戽斗水龍取水。乃係常法。然民情懶惰。又少水源。靜聽天功。所在多是。水利之劣。理固宜然。

現查瓊州城東、距廿里處。有溝口地方。農田約五六千畝。多罹旱災。而中貫大河。可以救濟。但無資本築堰。開溝堵流灌溉。該處農民見余等抵此。頻來請求余等設法速籌資開辦該處水利。每田一畝。永遠每年當納六十斤穀。預約需款萬餘元。即可開辦。而各種材料。取之亦甚易焉。

此外尚有三間、芸坡、之荒坡。亦東發泉樓大水。若在此間墾植。當于坡之北部水之上游處。築堰堵流。用以灌溉。凡斯二處。爲水利之最佳而易舉辦者。其餘各處。尚可鑿溝引水救濟田畝者。所在多有。惟其田畝面積不廣。需款亦距。故不及之。

（六）交通

瓊島內貫河流。外環大海。沿海之地。多是坦地平原。若言交通。自當便利無比。惟其由來梗塞。行旅視爲畏途。到此之人。多出于不得已。其故何也。蓋該處居民。既屬稀少。而民情懶惰。又其性成。求其有心發展、提倡開路者、固罕覯。踴躍募捐。熱心公益者亦罕聞。是以路政不修。盜賊蠭起。遂致交通阻滯。良爲可慨。近來爲時勢所迫。畧見進步。各縣多已集資設局。籌劃進行。若能從此堅持。並修港口。則瓊崖交通之便。必超廣東內地而上之。或者謂島之中部多山。難于開墾。吾謂山雖多。而山與山間。平地不少。且山上少石。開墾容易。現下以島之北東兩部。交通較爲利便。南部惟有三亞港水路可以交通。西部交通。雖不及北東兩部。然較南部則爲便。惟近來土匪多擾于此。行旅維艱。總而言之。若有熱心者到瓊鑿路濬河。港口之淺狹者。加以濬鑿。次又于各處種植。或採伐森林。以爲修築之補助。則十年之內。可望瓊島爲一交通便利之區。固不復有唐李德裕崖州在何處生過鬼門關之詠也。茲將瓊崖現在交通情形。分爲海面交通、內地交通。分述于下。

（1）海面交徐

世界愈文明。商戰愈劇烈。而海運實爲商戰惟一之武器。言交通者。莫不用力于海焉。然海運之發達與否。實視港口之良否爲轉移。蓋港口良。則可泊巨大船隻。貨物可以集中之出入。商務日興。不良則船隻難于來往。無商務之可言。以瓊崖一島言之。汪洋四繞。港灣衆多。宜乎商務發達。占世界優點。顧其衰落如故、閉塞如故、何歟。無人爲之整頓故耳。今將各港口列說于後。

『榆林港』爲瓊崖南部之中樞。與安南之陀林灣。遙遙相對。分爲內港外港。外港向南。港口開敞。兩岸皆係五六匹尺之山。相距約三四英里。水深三丈至九丈不等。可泊萬噸以上之船。內港亦南向。港身則偏于東方。口門左有欒道嶺。右有獨田嶺。港內峯巒環繞。海岸平舖。雖有風濤。無虞激蕩。建爲商埠。天然之基址也。惟內港港口附近兩旁。暗礁成帮。互相挿抱。此處較窄。水深處僅寬數丈。深三丈左右。航海者、于對面山腰豎立石標爲記。稍偏不能入口。但此項礁石。係珊瑚礁。礁質鬆脆。開鑿容易。據船家云。目前情形。二千噸之輪船。可以自由出入。港內東西長約二十里。南北寬約五里。水深處三丈五尺。淺處一丈數尺至二尺不等。可停泊千噸以上輪船十餘艘。較小之船數十艘。將來稍爲疏濬。尚可多容若干艘。惟前清曾議此港闢爲軍港。商港不得不取之他港焉。

『清瀾港』此港爲瓊崖北部之良港。港身長約五十里。灣內窄處約一里半。寬處約四里。可容千噸以上之輪船十餘艘。較小輪船數十艘。水深三十尺。淺處十八尺。惟港口有珊瑚暗礁。寬約一二里。礁面水九尺至十二尺。非從事開濬。五百噸以上之輪船不能駛入。但礁質甚鬆。工程不致困難。現在該港有洋船六七十艘。其餘海船魚船來往甚多。而小船之來往文教市文昌城者。亦不知其數。

以上兩港之外。尚有海口港。爲輪船必經之路。次則三亞港、榆林港、鋪前港。洋船魚船來往甚多。又次則新英、博鰲、新村、北黎、鶯哥海、保平、港北、和樂、新營、港門、等港。或地點偏僻。或流沙淤積。僅可爲補助之港灣。不足爲重要之商港。

（2）內地交通

海面交通既如上述。其內地交通。則畧分河運陸運、分別述之。

河運

『南渡江』發源于五指山。經臨高、澄邁、定安、瓊山、由瓊州海口入海。通船之處。可二百里。自海口至船崖一段。水深而廣。每四日開定期船一次。寅午戌由海口開行。亥卯未由船崖開行。下水一夜。上水一晝夜。每船可容四五十人。船崖而上。雖尚可通行船隻。而所行之船、已較小矣。

『加積溪』源出五指山。經樂會、定安、瓊東、由瓊東加積下游樂會屬之博鰲港入海。通船之處。約一百五十五里。加積市有墟期船。隔日趕墟一次。其船多自上游駛下。墟畢上駛。船廣三四尺。長十餘尺。可容十餘担貨物『陵水溪』源出五指山。經定安、陵水。由陵水之水口港入海。通船之處。約一百三十里。至石蝸而止。該處有巨石阻隔。若能開鑿。可再行數十里。船無定期。船身大小與加積溪所用者畧同。

「昌化大江」源出五指山。經安定、崖縣、感恩、昌化。由昌化縣之南岸港烏泥港入海。通船之處。約可百里。惟河之附近。人稀貨少。現無船隻。將來地方發展。或可望發達也。

「北門江」「新昌江」源出五指山。經安定、儋縣。由儋縣新英港入海。水大時通船處可三四十里。

「文瀾水」源出五指山。經定安、臨高。由臨高縣之博舖港入海。通船處約三十里。

「太陽溪」源出萬寧縣鶆哥嶺。由萬寧之港北港入海。分為二支。一曰下溪。一曰圍瀾河。下溪通船之處。約九十里。圍瀾河通船之處。約百五六十里。惟其船較加積溪之船為小。中途每過石灘。須用人力推送。進行甚緩。

「龍滾河」源出萬寧西北境。由樂會之博鰲港入海。通船之處。約五六十里。下游三十里。河水深廣。百餘担之海船可以出入。

陸運

現在瓊島幹路。係沿岸而行。分東西兩路。北由府城起點。南至三亞港止。特錄出地點及里數于左。

(A)東路

府城—90—→船崖—210—→加積—30—→樂會—80—→

龍滾—50—→和樂—20—→萬寧—20—→黎圯—10—→

萬陵—60—→楊梅—60—→陵水—90←—籐橋—90—→

三亞港

(B)西路

府城—8—→北昌—70—→定安—90—→金江—90—→

和舍—40—→那大—150—→王五—10—白馬井—20—→

南華—70—→海頭—20—→海尾—40—→昌江—50—→

北黎—60—、感恩—20—→板橋—10—→佛羅—30—→

黃流—40—→九所—30—→崖縣—60—→三亞港

東路易行。西路難行。各處慣用牛車拖運。

（七）經濟狀況

瓊崖交通不便。文化又未甚開。民間經濟。頗爲困難。惟地廣人稀。民風樸質。生活程度尙甚低微。據工人云。有資數十金。已敷八口之費。蓋其窮困之人。僅食糜飲。隨着粗衣。爛漫天眞。不求進取。以故佃家耕戶。亦多小農。以全瓊計之。每農戶耕五畝以下者。約占七十%。五畝至二十畝者。約占三十%。再耕至二十畝以上者。殆已少數。就中以陵水縣耕種頗大。每農戶耕五畝以下者。不及一%五畝至二十畝者。約占三十% 二十畝至五十畝者。約占十%四。五十畝至百畝者。約占二十%。百畝約占數%。各縣田價。上等每畝貴如瓊山文昌。則百元至二百元。平如陵水崖縣。有平至十餘元者。田租則各縣多行主客分利之例。至其穀米之價值。仿較廣東內地爲平。各縣普通穀價。上穀每百斤約三元左右。中下穀二元左右。惟感恩縣。則穀價特平。上穀每百斤不及二元。中下穀則不及壹元五角。蓋其質甚劣故也。瓊崖荒拔森林較多。畜牧亦易。是以牛隻之多。亦爲廣東內地所罕見。而以牛肉爲食品之大宗。亦爲他處所未有。普通各處。水牛最大且優者。約值四五十元。小且劣者。僅十餘元至二十元。黃牛則價格較低。大且優者約值二三十元。小且劣者數元至十餘元。市面所售牛肉。以瓊山文昌兩縣爲最貴。每斤常在二角至二角五仙。次則瓊東、樂會、定安，萬寧。每斤常在一角七仙至二角一仙。價最平者則爲陵水崖縣。通常每斤值銀一角三四仙。感恩，昌江，儋縣臨高，澄邁，等縣。亦每斤常在一角五仙至一角七仙左右。至上列牛隻之價。瓊山、文昌兩縣。則有貴至每隻七十餘元者。最平亦二三十元。蓋其地少森林。牧草稀少。牛隻多由各處買來。價格謂之而貴焉。他若鷄鴨。除瓊山文昌每斤貴至四五角外。價格亦平。通常每斤二角至三角。羊猪鷄價值。則與廣東內地相若。惟樂會鷄且每百值銀五六角。則爲廣東各處所未有矣。而海鮮、豆、薯、糖、油、柴、炭、竹木、果實、各物。。則平于內地。至料草及蔬菜。則貴于內地倍蓰矣。又其肥料一件。除瓊山，文昌，儋縣，臨高，澄邁，數縣用少量之猪牛糞外。餘概不用肥料。而入關則隨處便溺。除瓊山文昌局所衙署有一二圊所外。餘則未有收拾人糞尿者。瓊崖工價。瓊山，文昌，則昂貴非常。忙時文昌有每天工值八九角者。閒時亦五六角。瓊山相同。每天五六角。閒時亦三四角。其餘各縣淡入。工價每天通常二三角。黎人工價則每天一角左右。

（八）物產種類

瓊崖地廣人稀。氣候溫暖。土質肥沃。物產豐饒。他處罕比。茲分爲植物類，動物類，錄之于左。並擇要畧述其產地。

植物類、有稻、薯類、豆類、椰子、檳榔、煙草、益智、咖啡、樹膠、粟類、大麥、薏米、糖蔗、木材、瓜子、芝蔴、菠蘿、柑橘、柚、菠蘿蜜、蓮子、烟葉、艾粉、沉香、楊桃、荔枝、圓眼、香蕉、火蔗、藍、菠蘿蔴、蛇總管、芒果、艾草、等。

動物類、有牛、羊、猪、鷄、鴨、牛皮、鹿茸、鹿筋、黃皮、山瑞、蛇石蟹、飛馬、海魚、猿、鷯哥、野蠶絲蜜糖等、

瓊崖盛產稻子。以文昌陵水爲最多。次則定安、崖縣、瓊東、樂會、檳榔以定安陵水崖縣最多。次則萬寧、瓊東、樂會、文昌、感恩。樹膠、益智、咖啡、以定安樂會爲最多。次則儋縣、萬寧。昌江縣亦有些少。粟類大麥糖蔗木材以陵水崖縣最多。各縣有亦多少。薏米爲陵水之特有。蓮子則瓊東特有。烟葉則以儋縣最多。陵水崖縣亦有些少

。天蠶絲則以定安萬寧為特有。瓜子則感恩、昌江、儋縣、崖縣有之。蔗糖、椰柚、黃麻菸葉均有之。芝蔴、菠蘿、各種果樹、稻薯豆類、各縣均有。惟艾粉沉香、則惟黎區出產焉。至若鹽、飛馬、蛇總管。獨產于崖縣

(九)黎情

瓊縣之黎。瀕桂之猺。其名不同。其實則一。惟瀕桂之猺。幾已同化為漢。瓊崖之黎。今尚獉獉狉狉。其故何也。蓋瓊崖沿海居民。盡是移住。風俗言語。與黎不同。初不相容。次分境界。以故黎居山谷。斷絕交通。學問智識。啟發無由。生活單簡。日趨愚魯。雖其工作耐勞。工值又賤。利用黎工。較為有益。經營瓊地。必從開化黎人為先。且黎人亦中華國民之一份子。體格相貌。無異常人。政府應速設法教導。以期漢黎同化。或謂化黎非易。吾謂如誘導有方。不數年間黎漢之分。定可泯去矣。

(1)黎人之起源及種類

黎分四種。即黎、苗、岐、侾、是。黎乃其總稱也。當日余等抵黎村時。詢問起源于黎之老成者。據云由廣西及高雷一帶遷來。蓋當明代剿黎時。曾調苗兵為藥弩手。因而散居山谷。留存至今。黎則或自南洋馬來群島移來。或由內地移住。為亡命之徒。雜居其間。或為貿易山客。久住化為黎人。總之、黎侾岐三種之人。起源頗雜。欲知的確。已屬甚難。不過據前輩老成傳言如此而已云云。所言如是。似尚可信。又余等到崖縣時。見該處黎人所着之服。與日人所用者彷彿。因明之黎頭。據云此為倭人來此變化之黎。蓋歷代每有倭寇來犯。船破不能歸。因散處于此。日久遂變為黎。今所着者乃其遺傳物也。其說亦似。至其四種之中。黎分生黎熟黎。侾分生侾熟侾。就海之遠近交通之便否而言。又黎分大黎小黎。大髻小髻。係就裝飾而言。非有一定之區域。而其以區域分者。則崖縣三差四差地方。分三差黎、四差黎。居瓊島之東西侾人、則分東侾西侾而已。

（2）黎人之性情

黎人性情樸直。絕少機心。出入相攜。守望相助。鄰有此部饑荒。舉赴彼部共食。彼部饑荒亦然。工作不用僱工。彼此交換代作。每一峒必有首人指揮各事。而首人必係德隆望尊者充之。各人惟其命令是聽。每有變故之時。劇飲椎牛。誓死不悖。外來孤客。待之無異家人。與之聯爲同庚。尤爲親切。重信寡諾。素不欺人。設有友人向其賒訂何物時。雖有別人許以高價。堅執如初。其天性之厚。此可概見。惟其因有負債難償之時。冒險出劫。以了其債。遇有仇怨。報復不渝。其手段亦甚殘酷。兇悍之名。或由斯而得。謂其慘無人道、視人命如兒戲者。實無其事也。

（3）黎人之風俗

言語文字　四黎之中。苗人言語特異。黎岐侾亦大同小異。然概與漢語不同。文字則用漢文。惟其讀音殊異。黎峒讀書之人甚少。一峒一村之中。僅有一二人粗識文字而已。東路萬寧陵水之黎人。則幾與漢族同化。據瓊人云。萬寧得紳士鍾其瑛之力。陵水得黎紳(黎人稱之曰老爹)王義之力云。

飲食　黎人深居簡出。不識飲食之精粗。日用飯膳。祗求充飢。不問美味。所煮之飯。或用淨米。或混番薯。水分頗多。不做不粥。且喜冷食。內地人食之種種均不適口。其配食之菜。多採自山間。間雖有自種木瓜南瓜等物。以供菜膳。然絕不下脂肪。僅和鹽煮食而已。有外客至。則殺雞鴨豬以餐之。黎人又慣飲生水。所取之水。又多汲于附近溝溪。不拘清濁。以故黎人疾病頗多。然黎安之若素也。

服裝　男裝。黎男之近萬陵二縣者。概已穿用漢服。無甚差異。惟近崖縣以西。則椎髻額前。插以梳篦。長者名曰大髻。短者名曰小髻。上衣以棉麻布製成。對襟無領。束帶于腰。僅于頸處扣一鈕。下衣以二片布分掛下體之前後。或僅用濶約二寸之帶。繫掩其私處。黎中之苗男。則服似漢族。襟似滿裝。四黎均跣足無履。崖屬之黎間有木屐。

頗似日本式。歲恩黎男。髮推于腦後。耳掛以環。初見之幾疑為黎女。女裝。東路高等縣之黎女。衫服漢裝。他處如陵水縣之黎女。上衣亦已漢裝。惟下衣仍穿用裙桶。其餘各處則上衣係用對襟。只領處一鈕。西路之黎女。耳佩大銅環。亦有佩大銀環者。其徑約五寸。每耳佩五個至十餘個。工作時皆掛于頂上。故常裂耳、或耳孔徑寸者。又各處黎女。均有湼面。手足各處。亦有湼者。多于幼時即湼。萬寧屬之黎。受鎮其漢感化。已全不湼矣。苗女不穿桶。僅用服圍遮掩後部。前部以衣襟複之。總之、各處服裝。略有不同。此不過舉其大概者而已。

屋宇　在東路者。間有瓦屋。餘皆架木編竹。加大葉茅草于其上。健務垂地。兩端汚提為牆，正中各留一戶，二戶之外。則無窗櫺。又俗于迷信。謂二戶不能同時並開。否則必招災禍。故室內光線。殊不充足。且器具廚灶諸物。聚于一室。于衛生上尤不相宜。舖竹與籐。離地約尺許。以為坐臥。

親族　四黎均有內外親族。九代而止。往來甚殷。至為親密。多祀祖先，惟崖縣樂安一處之黎。則葬後絕無祭祀。亦不掃山。各家多設神龕。所祀之神。名曰公爺。蓋即祖公爺之訛也。苗人善于遷徙。凡住一地。至遲不過兩年。即遷往他處。春祀拜山。亦在于所住之處行之。一行遷徙。概不復顧。即到其地。亦不復問焉。

婚姻　黎俗不重貞操。男女之關係。極為自由。女年十二三歲。其父母輒築小屋于僻靜之地。任其獨居。隨意招接男友。父母絕不過問。有舉子女。即留作日後之嫁粧。多子則曰多嫁粧。夫家不以為嫌。惟主[illegible]則不用之。年中佳節。擇地男女相集。唱歌互答。彼此相悅。即可合婚。婚姻不避同姓。聘嫁牛一二頭至十餘頭不等。無子者、嫁後三日即歸其小屋。俟逢歲節。親來住夫家數日。必俟生子後。乃永歸夫家。俗以最後之子為嫡。職此之故。舉行婚禮時。九代親屬男女。均各持牛豬雞酒。前來慶祝。女家亦選陪嫁者數十人至百餘人送新婦同來。見面即為成禮。

禮畢設宴。牛猪雜陳。男女賓客。相對聚飲。彼歌和唱。盡歡而散。任何男賓。得邀任何女賓。任往何處。本夫在座。亦不得干預。如有不願妻於他人。則須預勸其妻不來。來者之後。倘被邀之妻。既來矣。是已默認其有此等自由權也。兄死而弟未娶。則嫂問弟願留已否。不！及無弟者。均聽時尚等。其尤異者。苗人以男嫁女。成婚之時。由男家派兩三好身手者隨行。將至女家。兩手各持杯水。水須甚滿。徐行入女家時。則女族之老幼婦女。行近戲弄新郎。上下其手。兩三好身手者衛護甚力。使其不至杯水溢出。溢者謂之失敗。一到門口。由好身手者持鷄煙。各與兩包。始行罷手。禮遂成焉。其聘禮及結婚自由。一如上述。亦云奇矣。

喪葬　苗人多用火葬。然亦有土葬者。黎僚均有土葬。棺用木製。有剜整巨木為棺者。有以木板合成者。有擇地成長方形、而上下左右砌板為牆、置尸其中者。人死之時。或棺木未備，由親屬入山訪木。陳尸室中以待。如陵水縣之黎人。死須擇日始殮。有陳尸至十餘二十天者。臭氣薰天。屍液破流。不堪之極。通常親死時。不哭不飲。四十九日內。均食生牛肉。以表哀痛。第八日殷祭。名曰作八。邀親戚或朋友中之稍識其親之行為者。在立報告死者之經歷。及債權債務之關係。俾衆週知。遠近男女親戚。必以牛羊酒米紙錢鼓吹來奠。禮畢聚飲。攜手並肩。歡歌互答。藉壽結合。與婚姻同。每逢親死。須留祭牛頭角。懸釘牆端。永作紀念。懸角多者。表示家世甚舊。至上云椎牛聚飲。乃係七日一次。富者每死一人。宰牛數十。殺猪羊亦百餘頭云。

疾病　黎人迷信。牢不可破。偶有疾病。開壇祭鬼。貧無力者。親族戚友則濟之。平生祭鬼一次。則以細繩繫一錢。並祭牲腿骨一片。掛于胸前。永不遺棄。其最惡之俗。名曰殺禁人。病者祭鬼。延巫降神。神言受人邪禁暗害。則招集全村老幼男女。齊集一處。神乃指定一人。謂是禁人。即衛害病者之人。指定之後。大動公憤。將此人毆打。打至半死。舁去活埋。聞有病一人。致殺數人者。殊為酷慘。當余等到陵水之寶亭縣時。曾見黎務局中有犯人二名。叩諸局長。詢及犯人之罪。據云此係村人指爲殺禁人者。欲打傷活埋之。適余下鄉親見。提返傳訊。前經示禁及釋兩犯歸家。茲又被打。故再傳來省釋。又前數年。陵水黎境。有姊妹三人。其姊已被此事致死。兩妹又被嫌疑。避往崖東加積市教會學校。爲教士保護。始得倖免。

嗜慾　黎人之所嗜好者爲烟酒。所欲者爲射獵。外客到其地者。欲僱工挑物。雖許以大多錢銀。不如畀以半兩之烟絲。及十數兩之飲酒。萬寧陵水亦然。當其飲食。雖有重大事臨之。亦不之顧。每于夜間。携弓與矢。或槍與藥。深入叢林高嶺。靜候麋鹿山猪山馬。有即射斃。倘所獲甚多。則設宴相聚。肉供食料。多則製脯。其餘筋角。留于山客。留鹿骨掛于室中。作爲紀念。蓋覩骨之多寡。表其人之勇怯、及槍術之優劣。富者之嗜好。爲古代銅鼓銅鑼。以鼓絲鑼柄之有蝦蟆者爲上品。真贋新舊。均有考証。每鼓或鑼之價。數牛至十餘牛不等。若有四蝦蟆以上者。則非百牛不易矣。

契約　黎人不識文字。雖間有識之。亦不識契約之爲何物。故批租及買賣訂約等等。均以竹片刻紋以記之。其法以徑二三分長一二寸之竹管一段。用刀刻紋于上。前係年限。後係錢數。以×爲五。餘用一。如錢十六千爲×××一。年限爲八年、則刻爲又三。刻畢由正中破分爲二。彼此分執。近十年陵水萬寧。用契據矣。

武器　黎人所用之武器。直與前淸末葉無異。家之富者。置前膛大吻槍一桿。或數桿。家之貧者。不置槍而置弓矢。此等武器。均由外輸入。每桿槍可換牛數隻。近年民軍屢起。逃亡黎洞。散失槍枝于其間。各處已有新式碼槍散布。如崖縣多港峒。除有大吻槍七八十枝。尚有碼槍百餘枝云。黎人因此射獵爲常。習成慣技。有發必中。且其速用吻槍之速。直與用碼槍等。

工作　四黎之中。苗之體質較弱。工作亦較少。年中僅到來縱種植高山、燒去林木、種粒而已。不事水田。兩年之後。所住附近既已燒遍。又遷往他處。所作之業如之。閒時自製家具。惟鐵器須購諸漢人。婦女善織。花紋甚有可觀。黎侾岐則稱植稻薯等物。作工耐勞。大勝于苗。黎女則于農暇紡紗織補。花紋遜于苗。然體格生育。均勝于苗。在此之各公司。多僱黎侾工。少招苗人工作也。

（4）黎患之原因

凡物不得其平則鳴。昔華盛頓被壓于英。而有三年血戰。吾漢被壓于滿。而有光復之舉。斯其例証也。瓊崖黎患。自古已然。政府勦剿。不遺餘力。既費數十萬之金錢。動數十萬之兵衆。復流數百里漂杵之血。殘數百萬無告之民。始得安息一時。不一轉瞬。叛端又起。環循來復。靡有已期。推原其故。莫非壓迫所致。不平之鳴。既生排漢之念。即有反叛之行。茲將窺豹一斑。畧言如左。

漢人之殺害也， 黎漢界限。彼此分清。黎人愚蠢無知。漢人待之直如狗彘。余等所到。每見漢人追踢黎民。黎民聞聲即飛足狂奔。如臨大禍。其尤甚者。以黎命爲兒戲。捉獲輒刺斃之。去歲十一月方余等抵感恩時。有黎民五人。携手同來感恩縣城購物。途遇二漢人。即被漢人拔劍刺斃三人。餘二人逃脫後。被王縣長查悉。派出偵探。捉兒一名鎗斃。有此緣故。漢黎遂生惡感。互相殘殺。迭起叛端。

漢人之播弄也 黎人愚蠢。視官府若雷霆。不敢與之相接。且素鮮讀書。不明文告。又不知所以對付。須請漢人代爲謀劃。於是每年備米百數十担。並建寓所爲之居住。名曰甲長甲頭。或稱本管。與今之律師無異。充其任者。多以黎人爲可欺。每有官府文告。輒僞言解釋。恐嚇黎民。從中漁利。有糧之嗣。年中赴官納糧。黎人畏官。不敢親赴。恒聘人專司糧務。名曰副手。即本管之副也。欺騙愚弄。無所不至。黎人實際之負担。每多于應納糧額數倍。官府之貪婪者。賴與之串通分肥。明目張胆。行所無忌。聞本管副手之因黎致富者。頗不乏人。而彼等猶未足也。

復捏造種種事故。挑撥黎漢鬭端。發揮其本管技倆。以攫取黎人錢財。其事愈大。其利愈厚。諺云、黎人造反。本管發財。非謬語也。

奸商之漁肉也　黎區除陵水之寶亭閩安等處、有些少貿易外。其餘來往貿易。惟恐少數之山客。刁黠者遂混迹其間。藉漁厚利。黎人愚蠢。彼則百方籠絡。以十倍之高價。賒與烟酒。年終結賬。逼介價值。無力應付。則改作生歛。按年倍息。愈增愈鉅。積久成多。更無辦法。則攫取耕牛、或其愛女、出外發賣。無牛無女。則本人淪爲若干時期之奴隸。此種舉動。無怪黎人之惡感。

强暴之欺凌也　黎地深遠。革兵散卒。亡命地棍。每視爲逋逃之藪。此項人等。性本兇險。向已不甚安分。至此更無顧忌。黎人受屈。無法申訴。忍無可忍。惟有自謀報復而已。

地方官之放任也　由來官吏。多屬庸俗。敷衍塞責。是其所長。對於漢人治安。尚不甚關心。何況邊僻黎境。益以光復以來。官吏更迭。較爲頻繁。五日京兆之心。更甚曩昔。其視黎區。益無怪其然。求其以化黎自任者。實難得乎其人。

貪官之剝削也　瓊崖黎區。自前清馮子材之役。在嶺門南豐簡安各處。設有撫黎局。民國以來。加設興隆保亭樂安樂平等黎務局。藉以行政黎區。爲化黎之導線。用其善也。果能得人而治。數年之間。未嘗不可開化黎民。消弭禍患。無如瓊崖腹地。素以烟瘴稱。自愛之人。不肯跋涉風濤久居瘴地。以謀升斗。任其職者。率多貪鄙之人。以利爲志。追惟其他。其得之也。鑽謀運動。曾擲去若干金錢。其居之也。朝不保夕。每抱有五日京兆之恐。血本所關。急不暇擇。臨去之時。尤思彌補。故每新官到任。黎民即受巨創。即在平時。負擔亦重。余等到各黎峒時。黎民前來泣訴疾苦。慘不忍聞。黎民何辜。遭此荼毒。民國六年。嶺門撫黎局長被殺。九年樂安局長被圍。所知鬱抑日久。爆發必至。黎患所致。其原因之大也。

團局兵士之騷擾也　現在腹地。以烟瘴稱。任黎務局者。多設虛名于內地。實則逍遙于外方。局中長員。時時出入。所經之路。輒百餘里。每到黎村。則所帶士兵。叫囂奔走。東衝西突。非款之以酒。飲之以飯。則毆打隨之。甚且架詞設計。詐索錢銀衣物。黎人遇之。直如殃禍之臨頭。敢怒不敢言。余等到時。由各黎局或團局派兵保護。兵士行之如故。目擊心傷。除當場責備外。又經面勸本管長官。責其以後不可。滿擬返省呈請省長懲戒。或撤銷黎務局。返省時聞撤銷之令已下。甚爲痛快。蓋其有害無補也。凡上種種。不過略舉其大者。其間尚有足致患事端。不一而足。非筆墨所能殫述也。

（5）黎人之教育

國家之文明與否。胥于教育是視。化黎要務。亦以教育爲先。歷代朝臣大吏。奏議化黎要政。不乏其人。其後賢哲。亦能注意于此。招致黎人子弟讀書應試。以是同化于漢者實繁有徒。今日瓊崖各處。間有不稱爲黎。而仍操黎業者。即是黎之被化。且有多人來省讀書出仕。外人不知其爲黎者。教育化導之力。于此可以概見。當道者尚其注意焉。茲略述其現在教育大概情形于下。

黎區之學校　萬寧縣與隆紳士鍾啓楨、辦四黎學校。規模宏大。後因鍾與民黨聯絡。龍濟光檢斃之。並封校舍。改作撫黎局。萬寧黎人。穿用漢裝識字之人。較他爲多者。皆得鍾之力也。龍氏斃其人。毀其校。殊堪浩歎。陵水縣城有黎生高等小學校。民國七年停辦。十年陳知事恢復。改爲黎漢合辦乙種農業學校。委廣東農林教員講習所畢業生周道溪爲校長。黎學生共有十餘人。又保亭營有高等小學校一所。附設國民學校。其餘尚有初等學校二十六間。均于九年十一年開辦。將來黎區進化。必以陵水爲先矣。

個人之教育　前清末葉。紳士某某等。復起化黎之願。招黎人子弟肄業書院。教之作文。光緒二十九年。岑春宣督學時。曾爲黎人特設學額二名。取入黎生員二人。一名王義。一名黃雲珍。皆是陵屬黎峒之人。二人均熱心教育。王義尤爲明幹。任陵水縣黎團總長。化導黎人。頗能盡力。民國五年。龍濟光來瓊。民黨及一部分黎人。舉起抵抗。王義因受助龍嫌疑。被抗龍之黎人所暗殺。美材暴棄。良堪惆惜。黃雲珍曾任地方學務委員會長。現亦已死。該縣之曾入府城瓊崖中學校者亦有二人。一曰王勳。王義之族弟也。現業報商。一曰吳玉光。現任黎區保衛團分團團長。曾入陵水縣城高等小學校者亦有二人。一曰王毅。現充黎區保衛團總局局長。又現下在省肄業于高等師範者二人。一曰王昭夷。即王毅之堂弟。一曰黃振士。均由政府供給衣食學費。以示優待。在瓊東嘉積市教會學校肄業者。男女共十餘人。在陵水寶亭附近之教會學校者。亦有十餘人。儋縣那大黎生教會學校亦有多人。總之該各教會學校。皆係美國教會所設。所有黎人就讀。不取分文。且供給筆墨書籍膳用各費。有心化導黎民。見者無不贊賞。且其成績甚佳。黎生之習其校者。有能畧操英語信札。書法亦甚清秀可觀。將來黎人進化。美國教會賜之不少也。

(十)農業

(甲)普通作物

(1)稻

瓊崖物產。米穀爲大宗。該處氣候溫和。即三冬亦無霜雪。稻之種植。不甚拘時。以故各地耕種。皆比內地較早。惟其民性懶惰。對于管理諸法。不甚留意。所得收成。惟天是賴。各處稻之種類。大畧相同。不過易地改名。遂成不一。茲將普通種殖法。述之於下。

水稻多種於低濕粘質壤土之田。多用遷栽。選擇種子。用風選法。取其重實之粒用之。早造于大雪前後、晚造于芒種前後浸種。撥於秧地。至大寒立春之間。與大暑立秋之間。拔秧分插。早造或施牲畜糞尿一次。晚造無之。灌溉除草。酌量情形而行。早造夏至小暑之間。已可收穫。晚造霜降立冬之間收穫。播種一斗。普通收量一石至二石不等收穫之後。打殼晒乾。貯于瓦缸、及大竹木器。

(按)瓊崖水稻有年種二造或三造者。有僅種一造者。中以二造爲最多。三造一造甚少。蓋此等情形。因其地之肥瘠、及農民之勤惰而然。非天然限制也。

陸稻多種于稻高之坡嶺。喜鬆軟肥沃之地。此等陸稻。多未有施之以肥者。殆利用嶺上腐植質也。種此稻不用浸種。僅于種地以竹木挖小穴。即播種于其中。微有濕氣。即行生長。生長後任其自然發育。既無除草中耕施肥灌溉諸手續。一至成熟。刈其稻穗。打殼而已。此種陸稻。在黎區最多。年僅耕種一造。其在坡上種植者。管理法較良。然不如管理水稻之周密。

查瓊崖米石出產最多者、首推定安、陵水、萬寧、瓊山。次則臨高、澄邁、儋縣、樂會、崖縣、出產少者爲瓊東文昌。(文昌因人口稠密、出米不敷食用、故見其少、)其最少者。則爲感恩昌化。

(2)甘薯

瓊崖之普通農作物。除種稻外。又以種薯爲最多。就中以感恩昌江兩縣種植最盛。且其薯隻亦頗大異常。種植之法。與內地無異。當一二造稻收穫後。剪生薯藤。長約七八寸。起高闊各約尺餘之畦。開一直溝于畦面。先下草木灰。次放薯藤。蓋泥踏實之。此後除草培土各一二次。經百餘天。薯隻已大。即行掘起。如欲貯藏。則擇無虫食及鋤傷之薯。用大竹籮裝載。或堆于乾燥陰涼地方。或切片晒乾。尤耐貯藏。

查文昌、瓊東、樂會、萬寧、儋縣。種薯之畦。闊約四尺。高僅數寸。畦面開以多數橫溝。溝間相距約有五寸。壓種薯藤。相距亦約三四寸。收成甚歉。余等見時。曾經面說一番。勸其改用高畦。單行種植。惟彼墨守舊習。牢不可破。謂爲由來如此。不能或變。且爲地積經濟。若改用高大之畦。單行種植。當不及現下之種植較多也。噫、疏種薯藤。則薯易長大。用本又少。事半功倍。農民之不可理喻。殊爲可笑。甚願該數縣之熱心農業者。先自改良。以身作則。庶不致長此守舊。永遠不得大好收成也。

猶可惜者。瓊崖各處。未設廁所。由來肥料。不用人糞尿。所有人之排泄糞尿。盡棄山野。而時被猪雞啄食。不特大礙衛生。且亦失却一部大好肥料也。深願瓊人速提倡而利用。以收益于無窮也。

甘薯之外。尚有甜薯葛薯樹薯等。其產量甚少。種法亦如常。故畧之。

（三）豆類

黃豆黑豆。在瓊崖各處多有之。該豆最喜砂質壤土。瓊崖土地。甚多此種土質。故種此豆亦多。種植此豆之地。或連栽或收後種薯不定。播種之初。係將豆地耙細。于適當處開以水溝。以便排水。每距六七寸處、挖起小穴。先下草木灰些少。次放豆種四五粒于其中。薄覆以土。淋水使其易于發芽。每年可種二三造。每三個月收穫一次。即第一個月初播種。第三個月收穫。不用施肥移植。惟乾燥時。稍淋以水。雜草生時。用鋤除之。每次收穫約七十斤至百餘斤。土人多用以製豆腐餅豆芽。及作醬菜用。

此外尚有數種豆類。如粉豆、綠豆、發仔豆、草鞋豆、肉豆、青豆、紅豆等。皆作蔬菜之用。栽培之法。甚屬平常。播種之期。亦無大異。茲故畧之。至若蔬菜用之瓜菜。如水瓜、南瓜、冬瓜、甜瓜、刺瓜、甜匏、苦匏、花匏、茄、白菜、赤菜、芽白菜、芥菜、生菜、芥藍、葱、蒜、韭菜、艾菜、芫荽、等等。均有種植。惟種者甚少。各地仍不敷用。價格昂貴。且屬平常。茲亦畧而不紀。

（乙）特用植物

(一)益智

益智為藥類中之重要品。功能安神。及治小便之頻數。瓊崖除文昌而外。各縣皆有之。喜生于陰濕之地。昔時均係採用天然野生者。近來日人用作仁丹千金丹原料。時來販運。銷路更廣。價格亦較昂。每百斤價銀五六十元至八九十元不等。各人知其利薄。遂起培植思想。就中以定安、樂會、閒嶺門、石壁、陽江市等區為最多。各實業公司皆栽種之。且有種至數萬叢之多者。今並列舉各公司栽培之叢數。俾知其種植之盛況。積益公司、植一萬叢左右。永華公司、約種植一萬六千叢左右。合益公司、約植萬餘叢。瓊安公司、約植二三萬叢。(以上屬定安地方)瓊東公司、約植二千餘叢。錦益公司、植千餘叢。茂林公司、植五六萬叢。萬盛公司、約植二萬五千叢。積錦公司、約植二萬叢。積南公司、植萬餘叢。積昌公司、植八萬餘叢。同德公司、植一萬五千叢。此外各地。尚有各人自種者。不知凡幾。其他各縣。則培植者尚少。仍多取自天然繁殖者。產額亦甚夥。

繁殖法及時期　益智多係分根繁殖。取其生長迅速也。每叢約苗五六條至七八條。于秋分或立春前後種植。先除去其幹葉。約留幹三四寸。移植于深山少日光之地。每叢距離約三四尺。植法與植普通植物同。

管理及收穫　益智若得適宜地點。極易蕃茂。管理亦極簡。不用施肥。祇初植之一二年。除淨雜草而已。一二年後。枝葉繁茂。草已難生。除草手續。亦可免矣。通常定植後三四年。即能開花結實。春季開花。夏季成熟。收穫子實曬乾或焙乾。以麻袋蓆包裝之。即可運輸出售。

(2)咖啡

咖啡係嗜好之飲料。西人嗜之特甚。其種子均係自外國輸入。晚近我國人亦多有嗜之者。瓊崖在民國以前。從未有種植此物。民國以後。始有瓊安公司、僑興公司、自南洋運回種子栽培。成績甚佳。遂逐漸擴張。現瓊安植千餘株。僑興植三十餘萬株。均有收成矣。近年價格較昂。(查每担乾仁約值五六十元)漸有閩風興起之概。如植盛公司、植橡公司、亦有種植。查其種類。共有三種。一爲普通咖啡。Common caffea 二爲荷蘭咖啡。rubiss caffea 三爲arbien caffea。僑興公司、三種俱備。其餘多係種一二兩種。成熟期、第三種較早。抵抗霜害之力亦較强。但滿定發菌細。向有蟲疫病。一兩日間全數枯死者有之。惟瓊州種植此物。尙未有該病發現云。

播種期　冬季及春季。皆可隨時播種。惟第三種則須于收穫後、即播爲佳。先點播於圃地。表面撒以殼或禾草。每日淋水。生有三四寸高後。間施以薄稀之液肥。一年後。即可移植矣。

移植期及管理法　一二月及九十月皆可移植。每株距五六尺。定植後每年除草二三次、及施肥一二次。料肥多係用醃魚之鹵。及人畜糞尿等。

收穫及處理　定植後五六年。即開花結實。冬季收穫。擇其成熟者。隨時摘下。投入木桶。去其皮肉。洗淨曬乾。以麻包等裝之。即可出售。

(3)烟草

昔時瓊崖祇有黎人種植山烟。品種既不良。培植亦未得法。葉形細小。氣味淡薄。產量亦甚微。祇供自用而已。而全瓊所需之烟葉烟絲。大多數係自高州運來。業此者亦均係高州人。獲利甚豐。民國後、僑興公司則注意及此。遂運回呂宋烟種、及小牛利種。在儋縣五嶺水口田等處試種。結果甚良。遂行種植。近年產額有三四萬斤之多。並自行加工製造呂宋卷烟數種。色澤香味俱佳。包裝亦美麗。獲利甚厚。近則該處更有植橡公司之設。亦多種植此物。其他崖縣榆林港、及萬寧興隆一帶。有人種植土烟。駸駸乎漸有抵抗輸入之勢。將來再加廣植。不惟可拒絕輸入。且能成爲大宗輸出品矣。

播種期及法　八九月間將種子撒播于苗地。表面撒以細泥及穀殼。每日灌水一二次。稍長間施以稀淡液肥。俟生四五寸高。即可移種。

土宜　以灰色之砂質壤土爲佳。喜植新墾地。現僑與植橡甯公司。皆闢闢傾斜稍傍之山地。先種呂宋烟及牛利烟。及傍始種珈琲或樹膠等物。

栽培及管理　先將伐山地林木焚之。將土略爲打碎。將除石礫。起矮平之畦。立冬前後移植。每畦植兩行。用三角形植法。呂宋烟每株距離三尺餘。牛利烟較密。蓋因呂宋烟性質較劣。故須距離稍闊。使得充分之日光空氣。始少病害云。植後其除草三四次。施肥一二次。肥用豆餅草木灰等。但呂宋烟則忌施淡質肥。又視其土質乾燥否。每日或隔日灌水一次。俟生長適度。則摘去頂芽。又發現病狀者。亦須摘去。以俟其易發新芽。二三月之間。隨時收穫。牛利烟每畝收量約百餘斤。呂宋烟葉則四五十斤而已。二者處理各異。其法另詳農產製造類。

(4)糖蔗

栽培甘蔗、以熱帶及亞熱帶之間爲最宜。故世界產蔗糖之區域。南洋各島及台灣爲最多。良以其地適處熱帶或亞熱帶之間也。瓊州處廣東之最南。孤峙海中。漸近熱帶。氣候土宜。實不亞于台灣與南洋群島也。而土地工值之低廉。則又遠非他處所及。按諸農業生產之要素。厥爲土地勞力資本三者。今瓊崖已得其二。若投資經營。定能獲勝。獲利之厚。自不待言。茲將調查瓊崖糖業之現況。大畧言之。瓊崖各屬。向有栽培甘蔗。惟植以製糖者。則以西北部儋臨澄三屬、及東南部之崖陵二屬、爲最多。每屬產額。皆在萬担以上。瓊山萬寧瓊東次之。其餘則寥寥無幾矣。查其蔗之種類。大別爲三。一名竹蔗。祇能爲榨糖之用。(廣東皆然)餘兩種名爲紅皮蔗及黃皮蔗。各屬皆植之。以作生果食。其中尤以崖縣西部所植之黃皮蔗、味最清甜。食者無不稱美。此種甘蔗。糖分甚爲豐富。若改植此種以製糖。成績必定佳良。但惜土人已成習慣。難以變更。然亦非絕對不可能之事。將來航運發達。交通便利。糖價增高。則提倡改種此良種。或可以聞風興起也。其栽培管理等法。與普通同。現各屬製出之糖。品質色澤均甚劣。就中以崖縣産者爲較優。近年糖價昂貴。每担價銀七八元。較之五六年前。已貴一倍有奇。陵水縣之糖房。資本最大者不過三四千元。每蔗榨可出糖五六百斤至千斤不等。若農民植蔗。交糖房製造。則製得之糖。糖房可與農民均分云。其糖房利益之薄。尤非他處所比。此則瓊崖製造業中之最有希望者。

(5)花生

花生含油分既足。蛋白質亦富。且生熟可食。又可供製油製餅之用。用途廣而需用殷。栽培易而成熟速。故宜提廣種植。瓊崖各縣皆有栽培。惟東北部數縣産量較多。西南部數縣則僅有栽種以供食用而已。其所食之花生油。尙多由高州之安舖輸入。該處種花生之法。多係點播于旱地及荒坡。二三月之間播種。間有施用草木灰或牛屎糞者。植後中耕除草一二次。珍珠豆及大花生、則四閱月可收穫。細花生則須七八閱月云

(6)蓆草

蓆草係農民副業之一。農暇之時。則織蓆以謀工資。以免空度時日。亦農民經濟之一大資助也。查瓊山縣東山市一帶。栽培三角蓆草甚盛。每年産額不下數萬張。每張價銀由二角至七八角不等。視蓆之大小、工之精粗而異。植法係于一二月之間。分根繁殖。先整地耙碎。起一二尺闊之矮畦。每叢離七八寸。植後除草施肥數次。六七閱月始有收穫。收穫後、隨即除草施肥。或培塘肥土。爲第二次之收穫。爲時則三四閱月足矣。每年收穫二三次云。

(7)菠蘿

菠蘿生育强健。不須施肥。亦能繁茂。熱温兩帶。隨處可種。即種樹膠椰子檳榔等等之空間。亦可種植。以收速成

之利。每年春初。從頂芽處結一果實。五六月成熟。其味香甜。爲消夏佳品。葉可取麻製布。名曰菠蘿麻。彈性佳則勝于夏布。最適于夏季之用。現文昌縣西部土來大冲一帶。栽培甚盛。果實每顆一二仙。除本地食用外。海口有一罐頭廠。收之以製造罐頭。運銷內外。各家製得之麻絲。多以文昌之抱羅市爲銷場。成布之後。運銷各處。頗得社會之歡迎。惟產額無多耳。蕃殖法係分芽蕃殖。或于摘果實時。取實之頂芽。假植于地。俟發生根鬚後。始行移植。每株距離二尺左右。管理甚簡。年祇除草一次而已。

(8)棉、麻

瓊崖各屬。向不產棉、蔴。故所用之棉。多由外間輸入。惟各黎峒、則間有種棉。以供婦女織布之用。然亦微乎其微。蓋各黎峒。多產天然之木棉。造布製衣。多賴于此。而崖縣陵水兩屬。則除自用之外。更有百數十担之輸出。近來崖縣鉄爐港農發利公司。運回外國棉種試種。成績頗佳。三亞街附近。亦有種之者。儋縣僑興公司亦經運回外國棉種數種試種。成績不佳。遂乃舍棄。據該公司云。瓊州雨量太多。空氣濕潤。蒴果難開。實爲成績不良之一原因。麻有黃麻苧麻兩種。各屬婦女。間有種之。以供針線及麻繩之用而已。

(9)芝蔴及火蔴

芝蔴有黑白兩種。各屬皆有種植。尤以東北部瓊山、澄邁、儋縣、文昌、等處爲最盛。各處荒旱之坡地。多係種此物及豆類。除本地食用外。每年芝蔴有萬餘担輸出。火蔴有三四百担輸出。栽培法、係于二三月之間。隨地犂耙細碎。起尺餘闊之矮畦。點播條播。皆有行之。惟儋縣那大植橡公司。對于新墾之山坡。則用撒播。以省人工。肥料用草木灰或牛糞少許。亦有全不施肥者。以後除草一二次。三四閱月即可收穫。用刀刈取。或以手拔起乘時曬乾。用捧擊出其仁。揚去雜物。即可出市。

(10)苡米

苡米可蒸酒。可煮食。亦入藥材。功能除風濕。理脾氣。用途甚廣。故其價值常倍于米類。崖縣藤橋區、栽培最盛。附近黎峒亦有栽培。藤橋市並有製造苡米酒者。(製造法洋農品製造類)香味頗佳。苡米除本區自用外。每年尚有數十担出口。每担值銀十元左右。栽培法與豆麥同。播種期間在七八月。收穫期在十二月一月之間。

(丙)、果樹

(1)椰子

吾國産椰子之區域。厥爲瓊崖一島。實與檳榔同爲吾國唯一之特産地。其栽培歷史。由來甚久。昔時祇供自食之用。今則視爲重要農産出口之大宗矣。島之東南各屬。均栽培甚盛。尤以文昌之東南部、清瀾一帶爲最盛。田頭屋角。無處無之。大有舉目皆椰林之概。查椰子栽培容易。壽命長久。收入確定。市價平穩。管理簡易。經久不壞。用途廣濶。種種美點。均備而有之。且生育强健。病虫害亦少。即海濱之砂土。無不繁茂。經營者萬無失敗之虞。果樹中獲利之厚而且久者。當以椰子爲首屈一指。現查經營椰園者。平均每株之栽培費。不過五六角。可以有成。十年內平均。每株每年可收一元餘之利益。(以後更有增加、可收至數十年之久)係指椰肉而言。其他副産品。尚不在此內。若能設廠製造副産品以輸出。則收益可多一倍云。依上計算。則植椰萬株。栽費祇需六千元。再以四千元作建築等費。合共一萬元。十年中、作七年爲生長期。生長期中。可于空間種速成植物。以發工人。三年爲結實期。收益每年每株作一元計。則可得三萬元。已獲利三倍矣。而十年以後之利益。則每年可得萬餘元。其利益之厚。誠無物可比也。第以瓊人資本缺乏。遂無遠大之規模。而製造副品之場所。則除海口有三五製造椰器家。及清瀾港附近之東郊市。有製椰油數家外。餘皆無有也。副品之廢棄。尤爲可惜。又昔時所種者。概無規則。近來歸國華僑。

在外多所見聞。遂矯其弊。介紹種植者、頗爲齊整。茲述其土宜栽培法等于后。

土宜　椰子爲熱帶島國之植物。以近海之砂質壤土爲最宜。但距海數十里之地。亦能蕃生。就全島而論。愈南愈佳。故崖縣產者肉質較厚。價亦較昂。且結果繁多。週年不息。每年可收二次。

育苗法　取黃熟之果實。以刀輕輕斬破其外皮。使易于吸濕。即置于陰濕之地中。俟其發芽。生有一尺許。即可移植。或于其發芽候。在樹陰下搭一尺許高之棚架。將發芽之實。置于棚面。以薄草覆之。每日灑水一二次。視根鬚將伸至地面。即行定植。此法于移植時。不致傷損其根。生育較易云。

移植法及時期　現有規則之經營。種植距離。自十五尺至二十尺。多用正方形植法。先于欲種苗之處。掘一穴。深廣約二尺。底下落糞或堆肥一層。稍覆鬆土。然後置苗於中。覆土滿至大半時。提苗略舉之。使伸舒其根鬚。用足踏實。再覆再踏。至滿而止。表面覆以較粗之土或草。用水淋之。移植期、秋季春季皆可。

管理　幼稚時、須防獸類傷害。年中除草一二次。施肥一次。長大後。一概可免。祇略除其枯葉而已。

結實年齡　普通植後六七年。即開花結實。若管理稍周。則結實之期比較稍早。即在植後五六年之間。但黃皮種亦較青皮種略早。每一葉腋。抽花一穗。結果數個至一二十個不等。生于崖縣者。四季不綴。須六七閱月方可成熟。

收穫期及收量　初結實時。每株不過數顆。以後逐漸增加。至第十年後。平均每株可得五六十顆。最繁者可有百餘顆。夏秋二季。隨時可收穫。任置室內。經數月而不壞。

用途及銷路　椰肉生熟可食。可製餅點及糖果糕粉清油等。油渣可作飼料及肥料。椰核之水。清涼甘美。可供飲料。硬殼可製日常家用之器皿。果實之外皮、可製掃帚毛刷墊褥等。葉可作棚蓋。葉柄外之包皮。名爲椰布。可作鞋底。並製繩索棕蓆等物。幹可作棟樑。去心可造桶。其用途之廣。瓊產之豐。有如此者。多運往江門澳門香港等處

·惟椰乾則運往新架波。以供搾油之用。每担約值銀十元。椰油每担值銀二十元。椰果每百個值二元五角左右。

(2)龍眼荔枝

龍眼荔枝。瓊崖各屬。向少栽培。惟瓊山文昌等處之屋邊地角。間有種之者。然爲數亦甚稀。而五指山附近各處之森林。則多有此種之天然果樹。想必野獸爲之傳播者。據文昌新橋市觀德果園主人云。五指山內有荔枝一株。果甚異常頗大甘美。其所出之苗。伊曾託黎人購得三株。每株值十元。但現在皆已枯死。想必因地點不適。故難長育云。

(3)柑桔

柑桔之栽培。瓊山西部新興一帶爲頗盛。均取于新會。但品質已遜遜于新會產。年中產額。均有數千担。祇銷售于內地而已。文昌亦間有栽培。其餘各山。則未之見也。

(4)杧果

杧果以崖縣產出爲最多。然亦無成園者。均散生于山嶺拋角中。開花結果。較他府略早。最異者、本年調查經過小橋榆林港時。適爲立冬後數日。而該處之杧果。已開花滿樹。是亦少見者。歲中產量豐凶。每因氣候爲轉移。平常價格。每百顆值銀四五角。土人多係摘其未成熟者。以晒果乾。每担約值三四元。爲輸出品之大宗。其餘各屬。亦非絕無。然數甚微。

(5)楊桃黃皮柚等

楊桃、各屬皆有栽培。分甜酸兩種。甜桃以崖縣三亞街產者爲最佳。果實頗大。肉味甜脆。實可與花地楊桃比美。惟出產無多耳。其餘黃皮柚等。則各屬中僅見而已。故不具論

(丁)畜牧

（1）猪

瓊崖豢養之猪。皆是肥猪。用作肉用者。其猪種與內地相同。普通顏色背黑。亦有毛甚粗長者。至于全黑或全白者。則甚罕見。其飼料以殘剩米糠甘薯薯葉菜等充之。每天僅飼三次。即晨早六七句鐘、正午、及下午五六句鐘、各飼一次。熱季則用冷飼料飼之。寒季則須煮熱飼料。方可給食。有長年任其外出、每遇飼時、始喚其返舍者。有多時隔于舍內、少時放其出外者。凡此放牧管理諸法。不一而足。其猪舍多築一矮小之屋。一邊上加屋蓋。一邊任其露天。有蓋之邊。鋪以乾淨禾草或蒿草。以備猪之住宿。露天之邊。地面較低些小。以爲猪畜排泄糞尿之所。給食時、即于舍門一角置槽傾飼料于中。令其自行吸食。亦有僅用木樁釘于地上、圍成一個圈。一方特留一門。以爲猪畜出入、夜間始關緊者。此等猪舍式樣。多于黎區見之。漢人所居之地。見此甚少。

「按」瓊崖民間各戶。必養猪隻。即黎地亦莫不然。惟各縣所養。頭數當有多少差異。其出口數。亦各不同。此種情形。實因乎戶口之多少而然。查民間每戶通常養兩三隻者、爲最居多數。僅養一隻亦頗多。至若養猪羣、專營牧猪之業者。絕無僅有。惟蒸酒之後。所剩酒糟。不肯遺棄。多利用以豢養猪。是以凡有蒸酒之家。最少亦養十餘隻云。

（2）牛

瓊島荒地較多。牧草繁盛。即山中幼嫩樹葉。亦可供作飼料。是以瓊島之民。利用此種情形。牧牛獨夥。就中以中部之地。林木森森。牧牛較盛。查其牛隻。除供役用之外。多售之于市。以作肉用。 其飼料多用青草薯粥薯藤葉等等。日間多者放牧於山野。任其自由覓食。少者由小童或老婦牽至田野荒坡。任其覓食青草。夜間牽返牛舍。且置禾草或青草于舍中。以備夜間取食。牛舍式樣。多用大木條。打入地上。圍成一大個圈。另留一門。以便出入。

園內舖以甚厚之坡草或禾草。以作寢臥之用。或于此園之上。用禾草或芒草製成圓錐形之屋蓋蓋之。以防風雨。然如此者甚少。耕牛每天耕地之畝數。水牛頗大。力量亦大。可耕二畝至三畝。黃牛較小。力亦較微。可耕一畝至二畝。

「按」瓊崖腹地。多爲黎人居住。凡森林牧草繁茂之處。黎人卽多居之。是以牧牛之多。亦以黎人爲冠。嘗余等抵崖縣黎峒調查時。曾詢土人以黎人之最多牛隻者有幾何。據謂多潤峒有黎人麥某利某。各有牛千餘頭。餘牧數百頭數拾頭者。其數甚多。黎人之比較貧富者。皆曰某人牛隻若干。某人牛隻若干。可知牧牛之盛況矣。余等又詢黎某利某等牛隻若是其多。一家之人有限。管理之法。不甚難乎。彼曰、主家僅牧數十頭。餘皆各戶代爲牧養。各戶自己亦自養若干頭。代牧者、得享使牛隻權外。每年或得千錢。或得衣服一二件。諸如此類。主家獲利實多。故漢人有購數千頭牛、寄牧於黎區者。亦不乏人。不特黎人已也。平均黎區之近腹地者。每家牧牛在四五頭以上。稍遠腹地者。三四頭以上。沿海一帶。雖牧牛較少。亦在一二頭以上。因各處牛隻多少不同。故其價值。不無差異。黎區牛隻最肥大且優性者。值銀三十元左右。其中下者。則二十元左右。或十元左右。其在沿海地方。惟萬甯、陵水、牛隻較平。最佳上者。每頭值銀四十元左右。中下者十餘元至三十元。餘如崖縣、昌江、感恩、儋縣、臨高、樂會、瓊東、各處。價值則較多于萬陵兩縣。然亦不甚貴。惟瓊山、文昌、則較昂。有時相差頗遠。聞瓊山文昌兩縣。最上牛價值銀七八十元。中牛則四五六十元。下牛亦二三十元。以上牛價。皆指水牛而言。黃牛價值。則每照水牛遞減十元至二十元不等。余等經過昌江、感恩、崖縣、陵水、數縣。見牛車甚小。載物重量不及三百斤。詢叩諸土人。據謂、該數縣牧養黃牛較多。以其力小。故製小車以就之。取其輕捷也。（編一牛者、平地日可行百里、）方抵崖縣甫華市時。已見牛車甚大。可載六七百斤之重量。又叩之土人。則謂由此以北。水牛較多。故其車亦較大云。

（3）羊

瓊崖所牧之羊。皆係肉用山羊。所謂乳用毛用者無有也。羊舍多用休閒屋舍充之。或用木竹圍列作籬。上蓋以草。亦如屋狀。舍內厚鋪坡草或禾草穀殼。以供其宿臥。每日上午九十點鐘開門放出。或由一二牧童隨去。任其覓食青草及樹葉。各縣所牧之總數。以萬寧縣為最多。約有六七萬頭。次則崖縣。約五六萬頭。餘如感恩陵水、各約有七八千頭。儋縣澄邁文昌、各約三四千頭。瓊東、臨高、各約二三千頭。至其最大羣數。亦以萬寧為首屈一指。有每羣二三百頭者。次則昌江崖縣及文昌之東一區。有五十頭至七十頭一羣者。再次則瓊東、樂會、感恩、儋縣、澄邁、定安、臨高、有二三十頭一羣者。其餘如瓊山則僅十餘頭為最大羣。文昌之三、四、五、六、七、各區。僅三五成羣耳。如斯之羣數過小。乃係民間牧以自食。及因吉之應酬者。出口惟萬寧一縣而已。年中約有其總數十分之四輸出云。

「附」羊之最喜採食者、幼嫩之樹葉。最喜運動者、攀緣于石澗。距萬寧城東五六里處、有山名東山者。石澗巉岩。滿山皆是。且石澗之間。盛生小木。其木葉則甚為青翠。土人利用爾者、以就羊性之所喜。每日上午九時或十時。驅之上山。攀緣石澗。採食木葉。聞石澗之下多生毒蛇。因此可避疫症。羊之牧是山者。週年強壯。肥碩非常。殺之烹煮。其肉湯均呈白色而清甜。土人經驗。謂多食是山之羊。好過多服洋參。然乎否乎。尚未敢信。惟其資養料之發。則敢言也。以此之故。鄉人爭先驅羊于此。每天合計該山之羊。約有一萬頭以上。此山以縱橫數里之面積。而牧萬頭以上之羊。可知必有良好之利益無疑。瓊崖羊價。較平于內地。除瓊山文昌價格畧似內地外。餘則二三十斤之羊。三四元已可購得。

（4）馬

瓊崖馬種。體格細小。土人養之。多用以代步。惟瓊山海口地方。則用以拉車。飼馬之法。如役用休暇之時。則將其索索繫于頭上。除去鞍帶等物。放之外出。任其採食野草及幼嫩竹葉。然亦有用椿打緊于地、繫以長索、限其採食一塊地方者。蓋防其食害農作物也。若役用之時。則飼以泥水生蕃薯及飯粥等物。勿使有缺。其大畧情形。與內地相同。

按」瓊島以崖縣養馬最多。到處皆有。惟其生長。近于熱帶。體格矮小。且飼養之人。或藉以租賃取利。或僅供代步之勞。不得專門家育種教練。余等曾賃致遠路。殊覺行走爲難。且其易于失足。見物輒食。尤爲遺忘。土人自稱崖縣之馬。如斯而已。間有一二稍良之馬。皆得主人教育所致。查縣之最佳馬。每匹僅值五六十元。通常每匹值銀十餘元至三十元不等。然昌江儋縣之馬較大。又較貴。瓊北地方之馬。價值亦貴。通常值二三十元至四五十元。

（5）鷄

鷄爲日用食品必需之物。無處無之。但查瓊崖未有專門養鷄者。僅于民間各戶自養若干。以供年節之應酬。有餘始出市。每日除任自覓食、。及拾食殘棄食物外。早晚另飼飯粥米穀一次。土人普通養鷄。若當熱季產蛋。則多數留以孵化。若值寒季產蛋。多數取爲食用及出售。蓋寒季雛雞。較爲難養也。至其雞種。亦非頗大。每隻最大者三四斤而已。雞種除通常草雞外。竹雞亦有之。

「附」文昌縣城及縣之各處。有一種名曰成雞。係由南洋輪來之種。最大者重至八九斤。毛色黑灰相間。雞身頗高。幾若火雞。查此鷄係出洋者由南洋帶返。現已頗見盛行畜養。每對約值二元左右云。

「按」草地較多地方。晨早露務。潤澤可愛。放雞覓虫其中。並啄食草實。甚易肥大。色澤亦佳。是據鄉間農民之老于經驗者言。故瓊崖腹地。荒曠草地較多。養雞亦夥。余等到樂會之粉車一帶調查時。見農家養甚多。晨早晚間。家家戶戶。喚雞飼食。每家不下飼養五六十隻。若以此方一帶計之。其數可謂鉅矣。惟其絕無如何改良雞種。偶有雞疫。幾雞殆盡。無法施救。殊爲可惜。又查樂會陽江市。鷄蛋價值最貴時。每百值銀八九角。價賤時值銀三四角。以內地蛋價較之。相去不啻天壤。蓋陽江市去粉車一帶。不及三十里。所有鷄蛋多係該處輸出。故其價特平。又該處雞婯價值。每斤値銀二角三四仙云。

（6）鴨

瓊崖以西北部養鴨爲較多。如澄邁，臨高，儋縣三縣。每見千數百隻之鴨群。數人驅之。覓食田野。東部則惟瓊東、文昌、瓊山、間有養二三百隻、之鴨群而已。遠不及西北部數縣也。此外即農家之自養數隻爲食用及應酬用者。仍以西北部居多。蓋西北部地多平曠。水田亦見連亘千畝也。家常畜養数隻鴨者。早晚給以米糠攪混飯粥之飼料。或給生鮮蝦蜑。餘時任其外出。覓食于塘濱消澤。其畜養大群者。通常多用短竹邊插於曠坡。圍成圓圈。再用麻網綠竹緊緊密圍。使鴨不能出。一方留一活動之門。可以開閉。一隅用竹蓆架蓋。以備趨避風雨。日間驅至有遺穀或有魚蝦蜑蛤諸物之田野。任其覓食。及將黄昏時候。即行驅返網圍中。免有遺失之虞。通常年養兩次。春季一次。養供食用。名之曰肥鴨。秋季一次。養作肉卵兼用。名曰老鴨。又瓊崖除養此種田鴨外。又有番鴨一種。以其來自外國。原是老番所養。故曰番鴨。此鴨甚易肥碩。大者八九斤。畜此者較盛于彘雞。蓋雞兩者均由外傳來之種。而彘雞難養。此鴨易養。故養此較多。而蕃殖亦較易云。余等調查。經過東路。見文昌、瓊東、樂會、萬寧、養此彘多。即陵、崖、感、萬縣。亦見不少。鴨之價值。常以番鴨爲高。現查番鴨。每斤值銀二角五仙。田鴨則值二角。此價就東路而言。如西路則田鴨盛時。每斤僅值一角六仙左右。

(7)鵝

瓊崖各處。均有養鵝。但無畜養成羣者。惟農戶間養數隻、以爲自己之用而已。故鵝隻之販售于市者甚少。余等所經。以陵水黎區養鵝較多。然亦無成羣者。大約平均每戶約有三兩隻之鵝。其飼養之法。于每晨開舍。使其先作一刻之運動。旋即給以甘薯米糠混飯等飼料。于是放任其外出遊行覓食。至晚又給以同種飼料。乃驅入舍。日日如是。該處之鵝。與內地所養者。形體大致相若。最大者重十餘斤。其色灰黑。或灰白。或純白。雄者較大。雌者較小。雄之額有突起物。雌則無之。惟脖部頸下。雄者則否。兩者識別之處。一見可分雄雌。

(8)白鴿

多供玩賞之用。無專養作食用者。故各處畜養。其數甚少。黎區則更少矣。畜養之法。各處相同。通常用木製一箱。或用竹織成一箱狀。均于一邊開一小門。以備鴿之出入。內分兩邊。每邊置以柔軟之禾草。以備鴿之產卵及宿臥。是謂之高巢。在屋舍餘地稍僻之處。放以雜草。任其自行營巢。是謂之矮巢。每天給食二三次。分晨午晚給之。其飼料多用米穀混些食鹽。任其啄食。蓋謂鴿食鹽、則育雛較佳也。通常全年產卵育雛約八次。最佳種每月一次。年共十二次。每次育雛兩隻或一隻。雛鴿初不能自行。由母鴿先食飼料。含于口內。回巢哺之。鴿之種類、有白灰黑等色。灰色黑色、均體格較大。白色較小。土人喜食將生翼毛之雛鴿。故其價值、以雛鴿及母鴿爲特貴云。

(9)蜜蜂

瓊崖之花果園藝。雖不多見。而椰子檳榔。各處多有。每當春日融煦。群花怒放。正蜜蜂釀蜜之良好資料也。故對于養蜂一道。甚爲適合。惟余等經過。所見頗少。而黎屬各處。多有取自天然者。蜜蠟價值。每担三四十元。土人不知利用此種情形。殊爲可惜。間雖有養此者。惟其養蜂法、無甚特異之處。茲故不述。

(戊)農產製造

(1)製藍靛法

上午八句鐘前。藍質較多。將藍連枝葉刈回。縛之成束。壓于水缸。經對時後。即見發酵。取出藍稈。並撈淨渣滓。投以適量石灰。乃用竹織之喇叭狀物。力攪其水。約攪半句鐘久。視其適可而止。靜置勿移。經十餘小時。則藍靛盡沉缸底。傾去上面水分。乃再將所得缸底沉澱。盡集于一缸。又俟其停定。復傾去清液。即得。

「附」每百斤藍靛。需原料約七八百斤。下石灰時。見水色呈茶褐色。即停止。或用紙吸水。高傾于原缸。頓生大泡。即知灰量已足。亦宜停止。得靛之後。裝于木桶或密竹籮。挑運出售。

「按」瓊崖藍靛價值。通常百斤約值五六千文左右。惟萬寧產量特多。價格亦特平。每百斤約在四千文左右。瓊崖各地。無處無之。黎區出產量亦不少。故其價格。遠平于內地各處也。

(2)製苡米酒法

普通製法。用苡米粘米各半。煮熟待冷。混以適量之酵母。(約百斤米用一兩酵母)分別密封于瓦提。經七日後。已可取出釀酒。瀝得之酒。原係無色。乃以酒提盛之。置于地上。圍以穀殼。燃火熱之。約經一二日間。酒即變茶褐色。則釀酒事畢矣。

「附」該酒既名薏米。宜無他米混合之必要。不過薏米所得較少。且其價貴。不如混以他米製之。成本既輕。其事亦易。故有用淨薏米蒸酒者。有用薏米三分二粘米三分一合蒸者。至其初蒸無色之酒。已可供飲。不過土人歡迎有色的薏米酒、習以爲慣耳。當燃穀殼以熱之也。有熱度高低之異。故其變色時間。亦不限定。火力太微。兩三天後。始帶綠色。故欲取起時。須啓蓋驗之。至成褐色爲止。

「按」薏米產量。以崖縣之藤橋市附近爲特多。故薏米酒亦爲該處特產。查每年出產。約在二三千斤。每百斤價值九元左右。除崖縣藤橋出產薏米外。陵水黎區坡村一帶。亦略有出產。但此處不知製酒。僅售于商戶。以作藥至。每担之價。亦值九元左右。

(3)製咖啡粉法

摘來紅熟之咖啡子。入木研研之。晒乾再舂之。用篙篩之。使其殼飛出。所剩子仁。混牛乳茶油白糖各少許。炒材略焦。磨碎之。即成咖啡粉。

「按」瓊崖種植咖啡。僅于各種植公司行之。最多者儋縣之僑與公司。現下已種三十餘萬株。咖啡出售。年約二千餘斤。次則定安合口之瓊安公司。種植千餘株。近年已有咖啡出售。餘則有定安南建地方之積盛公司。種植甚少。然各公司均未達能製粉出售。殊爲缺點。

(4)製菠蘿蔴法

新來成株菠蘿。分離葉片。以刀刮去葉面及底之表皮。與其邊緣之短刺。投入灰水池中。浸漬六七天。于是取出。以槌打之。使其纖維與葉肉分離。又以梳梳去其肉及其他物。乃復浸諸水池內。有日光則取晒之。屢浸屢晒。且晒時灑以清水。利用天然漂白。久之其色雪白可觀。即可束之出售矣。當其初晒也。作成扁狀。使其易受陽光。且得均勻。及其出售也。作成圓狀。屈尾束成大束。其績成麻布也。一如苧麻績法。

「按」瓊崖惟文昌縣製造此種菠蘿蔴。然尤以縣之西蚊塘市一處爲最多。其餘新橋大昌抱羅各處。亦有少數。查蚊

猪居民。專以製造菠蘿蔴爲本業。製成之後。即携到拖羅市出售。通常每扣約重六兩。值錢八百文千二百文千四
百文不等。蓋蔴有上中下之分也。其所織之布。最上品者雪白可觀。且甚細潔。幾若絲布。每疋值銀六元有奇。
最粗硬者值銀二元有奇。

(5)製荔枝龍眼菠蘿罐頭法

先用洋錫、造成高約三寸許直徑約二寸之圓罐。乃剖之果。去核取肉。放於罐內。荔枝則有二十個。龍眼則用三四
十個。菠蘿則用一個。加滿約二十%之白糖水。龍眼另加十分之醋。密閉置于鍋內。滷經三十分鐘之久。取出乘熱
用鉄錐從罐面錐穿一孔。以出罐內之氣。急速密閉之。放于冷水池內。約經一點鐘久。即可取起出售矣。

(6)製鷄鴨魚罐頭法

先將鷄鴨魚整淨蒸熟。次取淨其骨。乃放在鉄線織成之疏筐或洋錫製成多孔之罐內。置於油鑊。炸約二十分鐘之久
。取起。移過洋錫罐內。加以適量之鹽。及二三兩猪油。并一勺香料。密閉滷之。約經一句鐘久。取出。乘熱鑿穿
罐面一孔。以出其罐內之氣。急速閉之。放入冷水池冷一點鐘之久。即可取起出售矣。
「按」瓊崖惟海口一埠有製罐頭公司而已。其所出之罐頭。仍不敷瓊崖之用。故各處所售。尚多由汕頭及省港所製
者。

(7)製椰油法

將椰子打破。取出椰肉。刨之成絲。晒乾炒熟。踏入竹囤。疊入搾榨內。劈以木劈。用人持槌擊之。即可搾出其油。
「附」椰子每隻價銀三仙左右。搾油一斤。需椰子七八隻。所得之油。品質甚優。芬芳異常。土人多用以製餅、燃
燈、及炒菜。油之價值。每斤三角二三仙。所得之麸。用以飼猪及作肥料。每担值銀五元左右。

「按」瓊崖椰子雖多。而用以製椰油者。惟有文昌縣東郊一市而已。

(8)製椰乾法

將成熟椰子斬開其棕、打破其殼、取其肉。切成不規則之大塊。晒乾出售。其法極簡單。如斯而已。

「按」瓊崖產椰甚多。本地不能銷流至盡。多運至南洋群島、及江門澳門香港各地出售。以其果隻笨大。過佔面積土人有將其晒乾運出者。獲利既多。轉運亦便。惟製椰之時。多僱女工。同時打破椰殼。流棄椰水。製造多時。竟見椰水流成一溝。其量甚多。殊爲可惜。椰水清甜止渴。爲消夏佳品。製椰乾工人。概不取值。誰何人所破之椰棕。即爲何人所得。携返以供燃料。椰乾之出品。每担售銀十元左右。

(9)製烟葉法

摘來烟葉。擬叠于竹篋內夾緊之。每兩篋互相斜豎。露于陽光中。約移時。烟葉已受熱。以手按之。似有微熱者。收回堆聚一處。一二日間。因其受熱已行醱酵作用。則晒于陽光。晝晒夜收。晒至乾燥爲度。當其叠入篋時。須將每行葉骨相對相壓。厚薄均勻。且晒時多晒葉底。畧晒其葉面。總之使其受熱均勻。則醱酵亦莫不均勻。而烟葉可變完全之紅褐色。不致有紅白相間。起有斑點。斯已足矣。

「按」瓊崖以儋縣那大市僑興公司種烟最多。每年出產。約四萬斤左右。余等參觀該公司種植場時。見其方行擴張種植。大約本年之後。出產量又大增進矣。前數年該公司之種植場。曾將所收烟葉。自行捲烟。現已停止自捲。僅將烟葉選擇。分清等級。叠好束成大塊。每約六十斤左右。運到香港省城各處出售。餘如陵水崖縣黎區各處。間有種之。惟其量少。製法亦不佳。見黎人僅將烟葉順手捲成烟條。或切碎入烟筒吸之。除此以外。各處未有種植。即或有之。其量亦少。或余等之不能查及。但觀僑興公司近來所種。對於烟種及製法。大有改良。又得區佐孫君常川在彼。督工研究。將來或可推廣該業于瓊崖。則吾國漏卮。不無少塞也。

(10)製花生油法

將花生曬乾。磨去其殼。次炒其仁。入碓舂碎。以篩篩至幼細。乃入頗高底穿多孔之桶。置鍋上炊之。炊過又炒。炒至適度。（搾油之有經驗者識之）即將之踏入竹圈。于是叠排竹圈于搾。放于劈木。以槌擊之。其油即出。通常多搾兩次。即用既搾之渣。加水炒過。又如前法入圈搾之。亦可得油。

「按」瓊崖以澄邁瓊山產油最多。每担約值三十元左右。花生麩每担值六元。其製法及用具。與內地無異。

(11)製糖法

將糖蔗放入石絞。搾出其汁。乃取其汁入一鍋。煮移時。又移過第二鍋。落石灰少許。而新得之汁。亦如前經第一鍋第二鍋而至第三鍋至第三鍋時。見液極濃厚。已可成糖。（老于其技者識之、）即挑出。倒于模內。冷乾即成黃糖磚。若製白糖。則不待其濃厚時。即行挑起。倒于糖漏。漏面封之以泥。靜置一月。即可變白而成砂糖。

「按」糖質之佳劣。與色澤之優美與否。全視夫製者之手術如何。瓊崖各處製糖家所云。大都與學理相合者甚多。但查瓊崖之糖。以崖縣所出為最佳。且其色白。豈其全為精鍊之手術、抑其與蔗質有莫大關係歟。當余等到崖縣時。曾食崖縣九所一處所種之甘蔗。甜脆異常。即他地之人食之。亦無不贊許。又試其糖蔗。則品質甜味亦如此。始知向所謂崖屬糖質之佳者。實因蔗質之佳也。總之手術蔗質、兩者均于製糖上。大有關係。二者齊不可偏廢也。瓊崖全島。糖業頗大。無處無之。就中以崖縣、陵水、儋縣、澄邁、瓊山、為最多。次則萬寧、瓊東、定安、臨高、等縣。惟文昌則甚少。感恩昌江則絕無僅有。其最多之縣。每年出產有達萬担以上者。其次亦數千担。據糖家云。每搾兩個。一晝夜可製赤砂糖五漏至七漏不等。每二漏可裝三包。每包重一百一十二斤。折中計算。

一晝夜得糖六擔可裝九包。即是得糖千斤。但因間有蔗之糖分不足。或瘠搾陳舊力小。搾汁不乾。一晝夜僅得糖三四擔者。則或減去二三百斤之糖。

查瓊崖氣候較熱。最合種蔗。且地多廣荒。沃野觸目皆然。苟力爲提倡。對于搾蔗製糖。大加改良。則瓊崖糖業。大可增進于無窮。是所與于熱心者之急起直追也。

(12)製番薯酒法

番薯酒之製法。與米酒無異。不過內地甚少。瓊崖昌感兩縣特有之。故不憚煩。特爲錄之。其法取掘起之薯。去根淨洗。炊熟去皮。搥冶。隨給以酵母。放入缸內或埕內。經十天左右。即可取出蒸酒。其酒價與通常用者無異。每酒百斤。需甘薯一百二三十斤。土人係自蒸自飲。不知價值。惟感恩縣城則有出賣。大約每斤值錢三四十文而已。

(巳)病虫害類

(1)家畜傳染病

瓊崖家畜傳染病之發現。據土人云。二十年前瓊崖概未發現畜病。嗣因交通漸便。客人來往頗多。始發現種種病症。推其原故。必係由內地傳染而來。今已徧處傳染。爲害頗甚。尤以近數年爲特甚。茲據調查所得者述之于下。俾得研究醫治之法。公諸于世。庶幾有所補救焉。

「澄邁縣」第九區縱橫三十里內。于民國九年十二月至一月間。發生牛瘟傳染病。病畜數占全區總額九十%。斃畜數占病畜總數七十%、至八十%。其病症則先見少食。次即停食。再逾兩天。又瀉水屎。射出甚遠。氣味甚臭。斯時靜觀其變。若見其皮膚起有紅泡。即係瘟毒已出。且見能食些草。其病可起。否則瀉後靜臥。是乃瘟已歸腹。症不可醫。隨即斃矣。經過時日凡七八天。又此症有愈後壯健如常。一旦忽復前病、見其毒發成瘡。或瀉血屎者。此種必不可救。經一晝夜即斃。土人預防之法。多牽無病畜于遠處。以免其傳染。其治法多用寒涼生草藥、煮水灌服。民國五六七各年。該處已有此症發現。時期均在四月至六月。

又澄邁縣全縣各處。于民國十年十月至十二月。牛畜發生瘟症。病畜數占全縣牛畜總數約五十%至六十%。斃畜數占病畜總數七十%至八十%。蔓延瓊山臨高等縣。病經三四天至八九天即斃。其初病時。先見停食。隨即皮膚微紅。眼流眼脊。約經三四天。又見皮膚起有紅褐之細點。再數天、此點匯成水泡。如此則病或可起。若祇有紅褐細點而不起水泡者。即係症已歸腸胃。熱渴非常。眼眶深凹。亂跑覓飲。此時病已極重。隨即斃矣。預防之法。惟見土人牽遠壯畜以隔避之。療治則尚無法子也。

又該縣牛畜。亦有發生脾痣病者。其病之初起。無有知者。及其因飲冷水。登即仆斃。斯時始知其染有該症。土人有將該病畜殺去。驗其脾部。則見脾部腫脹非常。故名之曰脾病。因其病死之速。及不知預發病症。故對于預防醫治諸法。概無有焉。

「萬寧縣」于九年八月至十一月、及十年十月。均有牛瘟。病畜數約占全縣總牛數三十%斃畜數約占病畜數九十。%初係一鄉發現。嗣又傳染各鄉。甚至全縣均有牛瘟之患。其病症先停食。繼反芻。靜臥不動。尾亦不搖。次疴膠泥糞。經兩三日而斃。土人無有預防療治之法。

又有豬瘟。俗謂之熱病。民國五六年間。六月至八月發生。病畜占全縣總畜數約四十%。斃畜數約占病畜數亦約四十%。其病症先停食。次流眼脊。脾穿之。皮甚熱。經十天左右即斃。斃後皮現紅色。土人無治療及預防法。

「瓊東縣」第六七區于民國三四年四五月間。牛畜發生瘟症。兩區共病畜數三四千頭。死去二三千頭。蔓延于第一二五等區。其病先見耳下腫。次停食。次流眼脊眼淚。十餘天即斃。醫牛家以草藥煮水灌服。間有見效。惟其藥爲何物。尙難查及。預防之法。惟有分離病畜與無病畜而已。

【崖縣】于民國四年三月間。有牛瘟發現。土人稱曰熱病。罹病之初。摸其耳。一凉一熱。視其鼻。則非常乾燥。流出涎液。即結膜狀。次又停食。靜臥于地。絕少輾轉。此後眼流白脊。睡不起矣。普通用生石灰五六両。泥酒二斤。以竹筒盛之。强其飲入。服後經過二旬鐘時。即復反芻作用。若行多次反芻。其病可愈。若行少次。則不能愈。三四天即斃至其愈後。宜飼以幼嫩青草。或將米研細。混甘草水飼之。最忌飼以生冷物。及令其洗浴冷水。又當病時。打擊其頭。可驗其病之輕重。若擊之而身起頭垂。是乃病重。爲不可醫之象。若擊之而頭部舉起。是乃病輕可醫之象。病當蔓延時。即陵水感恩。亦被其傳染。病畜數約占全縣總數六十%。斃畜數約占病畜數九十%。

又該縣猪畜。亦有發生熱病。斃畜數約占病畜數七十%。凡猪染病後。五六天至十天即斃。其病症、即斃病時眼有脊。喜靜睡。皮有紅點。治療之治。見其停食時。斷斷其尾數分長。經過一兩天即愈。聞猪母甚少此病。以壯猪罹病最多。據土人云。猪之罹此病者。因飲冷水過多所致。

又該縣多馬。故有馬病發現。其病有風熱病及肚脹病二種。風熱病則喜睡。肚脹病則肚部脹大。療治法、對于風熱病用木瓜花煮人尿揩其全體。肚脹病用木刮其徧體。並牽出各處緩行。使其稍作搖動。均經數小時即愈。

【昌江縣】於十年十一月發現猪瘟。病畜占全縣總畜數八十%。斃畜數占病畜九十%以上。病初起時。眼紅腹熱。停食悶跳。腹皮且起紅粒。經過一天即斃。該處有用青草藥醫治者。惟識者甚少。故難查知。

又該縣亦有牛瘟。在於九年冬季發現。病畜占全縣牛隻總數九十%。斃畜占病畜數六十%至七十%。病初起時。皮毛高聳。眼流青淚。隨痾水尿。煩悶非常。不久則停止反芻作用。頭垂不起。經三日、至十日即斃。無治療法。惟有牽壯畜往他處避之。

「臨高縣」於十年十一二月間發生牛瘟症。病畜數占全縣牛畜總數七十%。斃畜數占病畜數六十%至七十%。其經過及病症種種。與澄邁縣第九區之牛瘟相同。不贅述。

又該縣於十年十月至十二月間。發生豬畜瘟症。病畜占全縣豬畜總額五六十%。斃畜占病畜總數七八十%。蔓延至鄰縣澄邁縣境。初病時、先行停食。一二天後、皮起紅點。再數天、成水泡。病即可愈。不成水泡者必斃。當病之時。眼流膏淚。病重則眼眶深凹。大熱思飲。亂跑於澤渚中。不久即斃。罹此病症者。大約經數天即斃。土人無治防法。

「文昌縣」於民國七八年大暑前後一二月間。均見豬瘟發生。病畜數千隻。斃畜六十%以上。其病起時。初見少食。繼又停食。數日即斃。多以清涼解毒藥治之。間有見效。據土人云。此病多因烈日之下。忽下大雨。地上熱毒感豬致所。故凡預防者。一過此種天時之後。飼以清涼解毒之藥。

又九年夏季及十年立夏前後。該縣第二區發生牛瘟。病畜千頭左右。斃畜六七百頭。其病先停食。次咳嗽及流眼膏。一二日後大瀉特瀉。經一禮拜即斃。土人多用草藥煮服之。百頭之中。或可治愈兩三頭。預防之法。分開壯畜病畜爲要。查北六區十年夏亦斃數百。其病與此同。

「瓊山縣」第五區八年五六月及九年四五月間。發生牛瘟。病畜二千餘頭。斃畜二千頭左右。其蔓延頗廣。初病停食疴瀉。苦悶非常。且流眼膏。六七日即斃。預防法僅有分離病畜而已。土人無法醫治。其不斃者。染病較輕之畜。

「陵水縣」於民國三年盛生牛瘟。種種情形。與前條相若。聞糖寮因死牛過多、而歇業者甚衆。

(2)植物蟲害

植物之有害虫。所在多有。瓊崖何獨不然。玆將調查所知者。述之於下。以俟研究治害虫者。有所補救焉。

「樂會縣」第四區有虫名秧虫。幼時形細。成虫後色青。大如指。於孟夏害食稻秧之葉部。被食之秧。僅剩秧頭。望之如剪刀剪去。查該虫多生於附近溪河之田。初起形體甚小。爲肉眼難見。及至數天後。已見黑色小虫無數。再數天則已長大如指夾。此時食害最烈。但虫之壽命。不能越過仲夏中浣。必於此日前盡數死滅。此理不明其然。土人無法預防驅除。惟有雀類啄食。亦可數日食盡之。

又有虫名紅蚓白蚓者。紅蚓生於孟夏。白蚓生於孟仲秋。兩者體皆細小。肉眼甚難察見。其色黑。係食害稻葉。稻被害後。葉邊變紅或白。即停止生長。即生長結實。亦多粕殼。據土人云。虫之分紅白者。以其食後現成之色而分。蓋害後變紅者謂之紅蚓。害後變白者謂之白蚓。究其虫則一種而已。查虫之傳播頗廣。於全縣及鄰縣均有之。土人無法預防驅除。但有東風時。該虫即絕蓋此虫生於西風。而死於東風也。

「萬寧縣」有青虫及螟虫。每年八月間、青虫捲稻葉爲巢。螟虫直入稻莖。均係吸取稻液。被害之後。稻現白色。所結之實有殼無仁。西風起時。爲害最烈。青虫色青。螟虫色灰白。身上均有毛茸。長可二三分。大可半分。

「瓊東縣」第六區有牛兀虫。身黑頭小。尾圓體長滑。大可數分。長可二寸。食害椰子葉心。受害之椰。漸漸凋零。數月之後。樹即枯死。散布區域甚廣。即全縣及文昌皆有之。防預之法。淋牛尿及撒石灰于葉心及樹頭。驅除之法。收取椰衣時捕殺之。

該縣亦有白蚓紅蚓之害。情形與樂會相同。可參考樂會害虫條。

「瓊山縣」第七區每年七八月間下雨之後。輒生一種雨虫。食害稻葉尾部。此虫爲肉眼所不能見。且無預防驅除法。被害之稻。即現黃色而枯死。

又該區有害蔗虫一種。亦於七八月間害蔗之根莖。害後莖現黑色。水分甚少。虫體甚小。其色黃。甚難捉獲。故無預防驅除法。

「陵水縣」東區有一種害稻虫。係食稻葉之尾部。虫色黑。體長寸餘。受害之稻。盡呈黃色。據土人云。遇天久旱。即有該虫。晚造之稻。多受其害。預防驅除諸法。亦付缺如。

（3）植物病害

植物之病害。瓊屬各地均有之。惟情形不如虫害之烈。茲將調查所得。述之于下。以供研究。

「崖縣」每年五月間西風起時。稻葉捲緊。變紅黃色。生長力弱。結實甚少。平均肥田損失約占二十%。瘦田損失約占七十%。土人不知如何療治。惟有大風雨時。其病即愈。俗名曰打捲病。

「昌江縣」前七年水稻發生一種西風白病。因有西風之候。即生此病。故名。其葉及穗受之病後。即變黃色。又變白色。所結之穀。空殼無實。無防治法。查此種病。直崖及內地各處。所在多有。不過是處正當西風之衝。受害較烈而已。

除以上各種虫病害外。尚有果鼠及近山處之猴子。每于樹果成熟之時。多被其採食。爲害最烈。土人多用粉槍轟殺之。近山谷處。更有一種山猪。食害農作物亦甚烈。驅除祇用槍擊殺之。或造假人以嚇之。或取山芝（甚臭）分布于適衝。山猪聞臭。亦不敢至。

（十二）林業類

崖瓊孤立海中。廣袤二千餘里。地既近于熱帶。復有海洋之調濟力。是以空氣濕潤。雨量充足。林木極易繁生。加以數千年來。咸視爲惡土。至者甚稀。斫伐甚少。故天然之森林。所在多有。而其種類之衆多。木材之堅密。與乎抵抗力耐久力之强。他處所產。皆莫能及。若投資開採。工廉物美。尤爲獨步。第以吾國人素不注重。至今未有開採。一任黎苗之斬伐焚燒。殊可慨已。現經採用、稱爲良材者。不下數十種。其他可供薪炭用者。不知凡幾。茲將各種良材名稱及等第用途。表列于左。

木材一覽表

名稱	等第	用途
油丹	上等	椅棹窓門柱樑椽桷等用（用途最廣）
胭脂	上等	椽桷家具壽板樑柱等
青皮	上等	壽板樑柱桁桷船板等用（最耐水濕可作枕木）
美生	上等	船板椅棹樑柱等用
綠南	上等	家具椽樑窓門壽板等用
苦枳	上等	壽板樑椽桷等用
石枳	上等	仝上
坡檑	上等	仝上
香荔	上等	作家具及其他器具之用
花梨	上等	仝上
指經	上等	作柱樑担枕之用
香南	中等	作家具用
加卜	中等	作船板橫担椽桷用
榔梢	中等	作枋桷用

毛丹	中等	作枋桷窗門用
荔枝槁	中等	作家具枋桷用
紅椥	中等	作樑柱枕担造船用
山松	中等	作樑柱枋桷窗門壽板用
八角	中等	作船板用
加冬	中等	作船板用
山南	中等	作家具窗門用
猪牙格	中等	作家具窗門用
烏腳看	中等	作椽桷窗門用
山海棠	中等	作窗門家具枕柱造船等用
天料	中等	作家具柱樑枋桷船板等用
黃丹	中等	作樑柱枋桷家具等用
紅羅	中等	作船板用
香楠	中等	作家具窗門用
高根	中等	作枕柱船板等用
果槁	中等	作枋桷用
山栖	下等	作家具椽桷用

坡羅	中等	作家具窗門壽板用
厚殼槁	下等	作窗門用
大乳	下等	作椽桷用
銀稅	下等	仝上
香桂	下等	作家具門板用
紅果	下等	作椽桷用
香侯	下等	仝上
烏營	下等	仝上
苦利	下等	作椽桷窗門椅棹用
赤蘭	下等	作椽桷用
科理	下等	作椽桷窗門椅棹用
高琴	下等	作椽樑窗用
苦瓜	下等	作椽桷用
赤營	下等	仝上
芳槁	下等	作桁桷用
石果	下等	作家具桁桷窗門用
磊格	下等	作家具桁桷用

髏角	下等	作窓門桁桷用
山蕉	下等	仝　上
椥果	下等	作桁桷用
青線	下等	作家具桁桶用
鸚哥	下等	作窓門桁桶用
黑羌果	下等	仝　上

(甲)瓊崖之天然林

瓊崖設縣凡十三。除文昌邊東外。其餘各縣。皆有天然森林。愈入腹地。則林木愈多。惟濱海及交通較便之地。業經土人採伐。即腹地苗人曾居住之處。因其為游獵性質。所到之地。燒山種糧。焚燬不少。故所存者、不無零星散漫之慨。玆對其規模較大之森林。可供開採者。分別述之。

(1)加積河上遊定安樂會兩縣間之森林

加積河為瓊州第三大川。發源于五指山。經定安樂會瓊東之間。至博鰲港出海。計自博鰲至可通船之處。凡百餘里。兩岸木材。多從此運出。惟此流域產木之處雖廣。然因出海較易。運輸較便。人跡往來亦較衆。伐運之事。自較瓊州東南部為多。千百年來。祇有摧殘採伐。而無愛護栽培。故良材大樹。存者甚寡。但距河較遠及道路崎嶇之處。仍得以保存。查其產木最盛之地。屬于定安者。為五指嶺、毛立錐、鉄砧嶺、黎母嶺、何思嶺、鸚哥嶺、雙灶嶺、金鼓嶺、加苳嶺、馬嶺、黃嶺、等處。屬于樂會者。為南牛嶺、縱橫嶺、芒嶺、學山嶺、南陽山等處。面積甚廣。木材種類、有油丹、美生、胭脂、青皮、綠楠、苦枳、油楠、坡擂、荔枝、天料、波羅蜜、毛丹、紅羅、山松、苦瓜、紅果、加卜、苦利、黄蝉、赤瞢、赤圍、香陜、烏瞢、香桂、八角、柳稿、紅錐、香楠、山梢、大乳、銀稅〻、厚殼稿、海棠、黄藤、白藤、等數十種。木材價格。因其種類之良窳、及長大度數而異。加積市價。用作椽桷者。長十一尺、直徑四五寸、每條一元餘至二元餘。用作樑柱者。每條五六元至七八元不等。香楠板、長六尺濶一尺厚一寸者。值六元左右。胭脂長十一尺徑七寸者。值十餘元。油楠板長七尺濶一尺二寸者。值五元餘。紅羅板加冬板、長十八尺濶一尺厚一寸五者。價值二元餘。香楠板長六尺濶一尺厚一寸者。值銀六元左右。而用作棺板者。價值尤昂。伐木造材工價。每日四五毫。用牛運輸。每工三四毫。現每年由博鰲港運往海口澳門江門等處者。約二三千條。在內地銷售者較多。但此區木材。亦有一部由定安陸路運出者。

(2)萬寧縣之森林

萬寧縣產木之地。皆在西南部之太平峒、及西峒附近。而北部之北峒、如六蓮嶺、風門嶺、全牛嶺等。雖爲產木之區。然屢經採伐。良材漸少。惟西部之大鈎羅山、小鈎羅山、鷓鴣山、馬尖嶺、尖壁嶺、等處。山嶺高大。林木蒼鬱。上接七指嶺。下連牛嶺九曲嶺。直趨海濱。輸運亦甚便。其運木之法。可從山路用牛拖出。或用人力扛至較平陽之大路。有牛車通行者。則改用牛車。無則仍用牛拖至溪邊。然後運往下游。其接近陵水方面者。亦可從陵水溪運出。所產木材。各種皆有。與陸市價較加積市價減一二成。現有販木商四五家。除本地用外。則運往海口澳門江門等處。但各商資本不充足。並無大採伐。若于太陽溪上游、設一宏大之採木公司。獲利必甚厚。惜乎未有人注意此天然之利也。

(3)陵水縣之森林

該縣西北兩部。多大山峻嶺。森林茂密。中有陵水溪。發源于五指山。可通船之處。凡百五十餘里。以流量論。則爲瓊島第四大川。以可通船之里數論。則居第三。運輸頗便利。除崖內西北部之木材、從此河運出外。鄰縣萬寧定安兩屬。亦有一部份由此河運出。至水口港或新村港出口。五、六、七、八、九月。由水口港出口。十、十一、十二、正、二、三月。水口港爲遊沙所積。則由新村港出口。五指山、大旗嶺、八村、七指山、毛蓋山、廳堊山、志婆山、報白山、等處之木。用牛拖至寶亭營之石嶺附近下水。每條木拖十里。需銀二毫至四毫。視路之險夷而定。下水之後。水細時用繩紮而拉之。水大時則束成木排運下。由水運至陵水街。約百二十里。每條需五六毫。萬寧屬大鐘小妹之木。拖至軍譜。改換牛車。運至陵水街。每條三毫左右。東北部之青藤山、牛嶺，黎萬、嶺門、等處之木。用牛拖至楊梅潭。由楊梅潭用小艇運至坡頭港出口。現瓊州各縣出口之木材。以陵水縣爲最多。此固因其產木之面積廣濶。亦因其交通器便。黎人較爲開化。客商多至其地也。現在崖內山客。約有二十餘家。收木商有八九家。資本亦較他縣爲充足。少者數百元。多者數千元。山客資本缺之時。向收木商借用。定期以木料摃還。不取利息。惟木價須廉一二成。黎人對于山客。亦有如此者。木材種類。各種皆有。其中尤以上等爲多。雜類亦甚夥。陵水街市價。上等料每塊五元至二十餘元。桁料每條二三元。運銷文昌、海口、江門，澳門、等處爲多。

(4)崖縣之森林

崖縣地方廣濶。森林亦富。其中尤以東部爲茂密。西部次之。東部所產木材。多由籐橋港及保平港出口。其產木之地。爲番什嶺、番松嶺、芭欖嶺、高馬嶺、貢排嶺、南林嶺、大本嶺、(以上由籐橋港出口)迴風嶺、洋林嶺、大岐嶺、抱蘿嶺、打綿嶺、嘉禾嶺、抱龍嶺、黑石嶺、仰斗嶺、乳嶺等。(以上由保平港三亞港出口)木材種類。有石根、苦根、花梨、坡擖、荔枝、香楠、綠楠、油楠、青皮、天料、高根、紅羅、山松、加卜、香椿、猪尖、龍果等。黃白籐亦夥。伐運之費。亦以板料計。伐木費，通常每板或料六七毫。上等堅材則較昂。運木之法。與陵萬各縣同。打綠抱蕹菜禾等處附近之木。用牛拖至抱古下水。每板貳料。需銀二元餘。從水運至保平港。三毫五仙。黑石、乳嶺、抱龍、及洋淋嶺之木。拖至保平港。需銀二元左右。高馬嶺，芒撥嶺，重排嶺，喃林嶺，等處之木。拖至水邊。需銀一元左右。由水運至藤橋市約三毫。大岐嶺方面。路程最遠。需銀五元餘。他如紅羅船板，積量重大。則運費亦倍之。藤橋市價。石梘壽板。四塊一副。每副上等者七十餘元。中等者五十餘元。下等者三十元。坡塲板每副上等者六十餘元。中等者四十餘元。下等者二十餘元。楠木板每副上等者五六十元。中等者三四十元。下等者二十元左右。花梨板長六尺五寸，大一尺，厚二寸五分者。約值銀十元。紅羅船板長一丈六尺，大一尺二寸。厚二寸五分者。每塊六七元。荔枝板每塊三元左右。其他椽樑板料。均二三元而已。黃藤每百斤十元左右。白藤則六七元而已。現藤橋市各地山客有十餘家。每家資本不過二三百元。收運木商有數家。每家資本不過一二千元。亦有船家直接與山客售運者。保平港方面。山客亦有數家。資本比藤橋方面較厚。無收運木商。均由船戶購運出口。以荔枝板爲最多。西部產木之地，爲抱扛嶺，抱解嶺，尖港嶺，北到嶺，等處。林木甚富。各種美材無不具備。而產籐類尤夥。惟水運既無。陸運非易。附近海岸。亦無良港。現本地山客。祇擇其銷售廣而獲利多者採之。若投資開採。稍修道路。則程途可以減短。運輸自能便捷。獲利必甚厚也。

（5）感恩昌江兩縣之森林

感恩昌江、位處瓊州之西南隅。有昌化大江貫通其間。瓊州最大最密之森林。即在此大江之上游。各種上等木材。老樹巨幹。蒼蒼鬱鬱。不知凡幾。然得以留存此茂密之森林。亦有原因。（一）兩屬沿海之地。大半是砂土。民窮土瘠。以此兩屬爲最。人口稀少。商業衰頹。伐運之事。自較他處爲少。（二）陸路崎嶇。採運匪易。水運雖有昌化大江。而中部爲石灘梗塞。高約丈餘。重材不能運過。故得以保存其茂密也。查其產木之地。屬于感恩者。爲我查、我業、我公、報恩、江邊、陀興、陀利、陀稚、不陀、我近溪、等處。屬于昌江者。爲我蒲、我架、我苟、西方、東方、大田、孔雀、等嶺。其屬感恩者。運出路徑有二。一出感恩城。一出北黎港。北黎純由陸運。感恩則六七八月。河水漲發。可由水道接運五六十里。較爲便捷。但中間由我近溪至報恩。有路一段、長約二三十里。不能通過牛車。若稍修整。則我查附近之木材。一晝夜可運到感恩城。即可大採各地之森林。查此項開鑿費。約計不過需銀一二千元。即可以通運。而土人卒無力以通之。輸運極形不便。現感昌兩屬所用及出口之木。多取材于感恩產者。其伐運等事。皆與上各縣路同。茲不贅。又以上產木之區域。皆距昌化大江不甚遠。可藉以輸運。第以石灘中梗。致生障礙。若集資大行採伐。即于此石灘設一製材工廠。利用水力以轉動機器。上游運來之木。至此悉起入工廠。製成各種用材。然後運輸出口。因勢利用。便可省購發動機之費。而獲增高木材價值、及減輕木材運費之利益。查昌化江爲瓊州第二大川。發源於五指山。通過崖感昌三屬。流量無虞不足用。即冬季水涸時。深度亦有三四尺。開採瓊崖森林。當以此流域爲先着。次及於萬陵交界之七指嶺。大小鈎羅山。天然利藪。幸吾粵人毋舍棄之。

（6）儋縣臨高澄邁三屬之森林

西路岡陵起伏。人口較稠。採用自多。故距海百餘里之地。俱是童山濯濯。但深入黎境。山嶺漸高大。森林亦有可觀。其產木之地。爲牙旺嶺。馮嗣嶺、龍頭嶺、九峯嶺、（以上屬於儋縣）番豹嶺、那盤嶺、背腰嶺、（以上屬臨高縣）南龍嶺、楓樹嶺、那游嶺、（以上屬澄邁縣）等。林木亦頗豐富。各種良材。均備而有之。惟此等地域。距海岸已達二三百里之遙。陸路交通阻梗。水運又無。故沿海一帶。木材甚爲缺乏。已陷于輸入之困境。當余等調查至西路時。已十二月矣。因爲時勢所限。祇得從外間詢其狀況。而畧述之。後有更比此而詳悉者。則是編亦一鱗爪耳。

乙 瓊崖之人工林

1 檳榔

檳榔係一種嗜好及藥用之物。生于熱帶爲最宜。吾國以瓊崖爲其特產地。又以其可闢瘴氣。大小男婦。無不嗜食。故各縣皆有栽培。尤以瓊州之東南各縣爲多。定安南部如嶺門船埠石壁一帶、及樂會合口陽山一帶。除各村民自行種植外。並有開設實業公司、以經營之者。貨品多用博鰲出口。據該關人云。每年所銷不下萬餘担云。此處出產者。品質最優。價格亦昂。其中尤以樂會之白石嶺產者爲最有名。次則萬寧崖縣出產亦夥。惟崖縣者品質較劣。價格亦較廉。其餘各縣則祇種以供自用及本地銷售而已。茲述其栽培法如次。

選種及育苗移植等法　先擇強壯榔樹之黃熟果實。堆于陰濕處。經十餘天。則實皮業已霉爛。將其洗凈。即可播于圃地。或將黃熟之果實。以濕潤之砂藏之。俟各實萌芽。即播于圃地。乾燥時則以水淋之。經一年之久。生有尺餘高。即可移植。移植期以一二月爲佳。八九月亦可。株間距離約三四尺。行間距離約五六尺。

管理情形　移植後初年。每年除草一二次。並施肥一次。即于除草後施之。自後根葉繁茂。遮蔽日光。雜草亦少。則任其生長。無用管理矣。

收穫期　定植後七八年。始能開花結實。春季開花。冬季收穫。每株最多者可達千餘顆。少者亦百數十顆。

(2)海棠樹

海棠樹係一種取油之喬木。樹高數丈。其實之外觀。頗似三年桐。每實中祇有一仁。即取以榨油者也。油可供燃料及擦機器之用。木材亦堅實可貴。誠一物兩利也。種植此樹者。以瓊山之東部、及文昌瓊東樂會等處爲多。其餘各縣甚少。春季開花。秋季收穫。種法于九十月間、擇種子之老熟者播種之。不須移植。六七年後。即能開花結實矣。

（3）樹膠

瓊崖氣候溫和。既無霜雪之侵害。復有廣貶之荒地。種植樹膠。寔爲最宜。當歐洲大戰之前。植樹膠者。獲利甚厚。于是在外華僑。習知樹膠之利溥。遂起移種之思想。最初着手者，爲樂會縣之何麟書。于宣統二年。購回三葉樹膠種子及樹苗。在定安屬之落河溝地方。開設瓊安公司。闢地二三百畝。種樹膠數千株。成績甚佳良。品質價格。俱優于新加波產。民國四年。已有膠出售。及後遂引起一般人之注意。自民國五年以來。而加積河上游之兩岸。開設墾業公司以經營者。不下二十餘間。如積盛公司、現植一千五百株。永華公司、現植四千株。合益公司、現植八千株。南興公司、現植五六千株。（以上屬定安南建地方）亭父公司、現植二千株。瓊安公司、現植七八千株。（以上合口地方）茂林公司、現植八千餘株。錦益公司、現植三千餘株。富群公司、現植二千餘株。萬啓公司、現植一千七百株。積錦公司、現植一千株。廣興公司、現植一千二百株。積南公司、現植一千五百株。（以上反車地方）此外無公司之名稱、或個人自種千百株者。爲數亦甚多。至今加積河上游之兩岸。遂爲現在瓊崖最大之樹膠林地。次則儋縣那大鎮之五嶺水口田地方。有僑興實業公司、現植四五萬株。植橡公司、現植數千株。崖縣鉄爐港農發利公司。現植五六百株。感恩北黎區之新寧坡、林桂昌號、植數千株。（大半枯死）臨高澄邁交界道珍地陳某、植千餘株。（全數失敗）文昌大冲市、致遠農林墾植公司、現植五六百株。就中各公司。亦並非單獨經營一物。有兼種益智椰子檳榔者。或兼種咖啡烟草等物者。然大多以樹膠爲主。餘則副之。其中雖有少數因缺乏學識。不審土宜。致遭失敗。然非歐戰影響、膠價大減。則樹膠之推廣。定形迅速。可斷言也。其原因厥有數端。（一）瓊崖氣候暖和。又無霜雪之害。良好之樹膠。既易發生。而割膠期亦可延長。（二）荒曠之山地甚多。且亦肥沃。得之甚廉。（三）黎人强健耐勞。取值甚少。極易利用。有此數因。不特樹膠業有可作爲。即農林一切之事。亦甚有希望也。茲畧述其栽

土宜　以砂質壤土爲宜。或帶幼細砂礫土亦可。地勢宜畧傾斜。使水易於排泄。而免卑濕。又林木叢生之地。歷年落葉。朽腐其間。自能使土質變腴。雖植時伐木燒山之費較鉅。而繁茂必易。收膠亦必多而早。亦不可不慎于擇地也。

種子之選擇　樹膠有數種。膠質之優劣。視乎種類而異。現世界產膠、最良之種。爲三葉樹膠。然須種于溫暖之區。無霜雪害者。方易繁茂。瓊崖氣候。適宜種植。現所種者、俱係由南洋運回之三葉樹膠種子。育苗然後移植。或運回種苗種植。然不如育苗移植者之生存成數較高也。但亦須擇新鮮實滿者。並忌海水浸濕。

移植法及時期　先于秋冬二季。伐去雜木。以火焚之。普通每株距離一丈三尺左右。於秋季或春季降雨之後。土地濕潤。掘穴深廣各約尺許。然後掘起苗木。將根幹枝葉。酌量減去。運至植地。左手持苗。置於穴中。右手持鋤。覆土至滿穴一半時。將苗木略舉起。使其根鬚伸舒。幼土接密。又覆土用足踏實。表面復以雜草鬆泥。用以減水分之蒸發也。

管理法　初植之三四年。每年須除草二三次。並須芟除雜木。又施肥一二次。醃魚之鹽、及油粕木灰等均可。但幼小時。宜用油粕。長大者則用鹽。隔二三年施一次。土肥樹壯。則不必施用。生五六年即可達割膠時期。乃次第剝割號碼。以便管理。並採用適宜之割膠法。割成溝形。以便割膠。

割膠年齡及割法　適宜之沃土。定植後五六年。即可割膠。瘠土則須七八年。割法多係採用半魚骨形，或魚骨形。割法分作若干份。每年割一份。自上而下。每日割一次。自六點鐘起。至八九點鐘止。下部以杯接之。每日每人可管理三百株左右。割完則收工用膳。膳後攜一鉛桶收集各樹之膠液。回廠製造。日日如是。但冬季華氏表若降至五十度以下。則須停止割膠。恐傷樹體也。

丙林產製造

(1)製樹膠法

每日十點鐘後。收集所割出各樹之膠液。用細密之銅篩，濾去雜物。加入醋酸。或白礬水(煤油亦可)中和其酸性。以徵現酸性爲佳。後傾入長方形之磁盤或木盤。(各盤必有一定之量方得均勻)使其停硬。至明早傾去盤內之清液。取出膠塊。略晒片時。或掛于通風處。使畧去水分。收回用壓搾機搾薄之後。更經過刺有四邊形溝之壓搾機。則膠片上即印成凸凹形之溝紋。以防後來裝貨時。有粘着之弊。俟畧風去水分。即投入焙室。(高約二丈餘，濶約一方丈，須視膠之多少，而定其規模之廣狹，)逐塊掛搭于竹仔。懸于室內。室下裝竈燃火。使其生微烟。以薰室內之膠塊。經三四星期之久。膠現透明色。即可取出，裝運出售矣。膠片厚約分餘。濶約七寸。長約一尺四寸。現因歐戰影響。膠價未回復舊觀。每担值銀四五十元。較之歐戰以前。不啻霄壤。因是各公司有可割膠之樹而不割。有可移植之苗而不移植。多存觀望之心。然以其用途之廣。推之將來。定有起色。而瓊崖各公司。亦大有發展之希望也。

(2)製檳榔法

將摘得之熟實。投入鉄鑊煮之。候已熟透。乃起出。用竹籮載之。濾去水分。投入焙灶中。下部燃以青濕之木葉薰之。時時放入生木葉。令其勿燒穿火口。其灶中之檳榔。必間時翻易于相鄰之灶。方得均勻。經三十餘點鐘之久。榔皮現有光黑色。即可取出。選定等級號數。以分別其優劣。計共三等。一等者爲破玉。其中又分爲三級。一級爲雞玉。二級爲赤玉。三級爲白玉。二等者其中分爲十級。三等者分爲五級。俱以一級爲最佳。價亦最昂。雞玉每担值銀五十元。赤玉二十元。白玉十五元。至二三等之價格。則依其一級者、約遞減一成。但第三等與第二等之十級。相差不遠。既分開等級後。即用蓆包裝起。約三千顆左右爲一包。但檳榔通常買賣。俱加一補數。則每包須裝三千三百顆。方算足三千之數。今舉列石壁市王錦雅所定二三等各級之號數如下。其號數係串成聯語。以便記憶。二等者爲「隆恩昌北闕、盛德展南宸」。三等者爲「大啓猷宇吉、等號。然均隨各人自定。通知客商。定奪一級之貨。其餘各級。可以類推。亦甚便利也。

(3)製海棠油法

秋季摘下老熟之實。堆于屋旁一隅。隨時用槌擊出其仁。較大規模之製造廠。則用大刨釘于長板凳之一端。刨口向上。又用一長方形木格。較刨身畧廣大。置于凳面。將海棠仁投入木格內。上加一片小木板。用手壓之。並在刨口上面。前後推挽。則海棠仁自能刨成薄片。從凳之底面落出。以竹器接之。投于日光中。擺開晒乾。用碓舂細。篩之。蒸于木甑。再用鑊炒之。炒後起出。用篾圈範。壓成圓形之粕塊。置入木桁。加壓力搾之。如是名爲頭桁。取出再舂細碎。一如前法。洒水炒過。再搾第二次。搾到油盡而止。是爲二桁。每百斤乾肉。約得油四十餘斤、粕六十斤左右。油供燃燈之用。每百斤約值銀十五六元。粕作肥料用。每百斤約值銀三元左右。

(4)製木炭法

炭有木頭炭及木炭兩種。大抵無林木之區。則掘小灌木頭以製之。名爲木頭炭。有林木之區。則用木之枝幹以製之。名爲木炭。製法係用土窰燒之。窰之大小。無有定式。隨意挖成。多數挖成下部。築成上部。畧如圓錐形。並留二三個細孔。以通出烟氣。側面有一門。爲木炭之出入口。伐木截爲數段。長以窰之高爲度。逐段放入窰內。至滿窰。則密封其門口。隨從火口燒火。使窰內之木燃着。直燒至放出白色之烟慢殺時。則封其火口及煙孔。五六日後。即可開門出炭矣。普通每担裝爲五六十斤、或三四十斤出市。價格視各區之豐嗇而異。以文昌瓊東兩縣爲最昂。其餘各縣之價格。每百斤由七毫至一元左右。

(5)製野蠶絲法

野蠶一物。不獨瓊崖有之。即內地各屬亦多有之。大別有二種一種食早禾樹，材稿樹，烏臼樹，等葉。蠶體較大。芒刺柔軟。體色淺灰。有白粉附着。熟後多在樹上結繭。即收其繭以製綢。名爲繭綢。製法與家蠶絲略同。惟產額甚少。祇供自用而已。一種食秋楓及樟樹等葉。蠶體較小。芒刺勁硬。觸之有聲。成熟則沿樹而下。覓居結繭。但目的在取其原條未吐之絲。則不俾其結繭。是以一屆熟期。即須巡行各樹。見已熟者則執之。賣與製造商家製造。製造商則每日派人往各家收買。蠶少之家。則隔日往收一次。但其蠶必須即晚用水浸死。方不致結繭。製造商家收得之死蠶。用大竹筒貯少許清水。載之而歸。生蠶則用一竹器載之而歸。死蠶須本晚製造。以免腐敗。生蠶用清水浸斃。明早始製。製法係先預備大竹釘若干枚。小竹釘若干枚。好醋一甕。大小碟各一。盛醋少許于小碟。隨即數出天蠶三十條左右爲一組。逐條用兩手之拇指及食指，各提其中央之一對腹足。用力擘開。即見有粗絲兩條。先時右手原握蠶之尾部。至是即換過左手中指與無名指之間夾持之。右手將絲抽出。放入小碟中醋酸浸之。（此碟之醋擘一二組蠶須換一次）絲頭（尚連蠶之頭部）掛在碟邊上。如是逐條擘出。位置整齊。熟練者頗快。但須注意蠶液。勿滴入醋碟內。致沾蠶絲光澤。其緊，當抽絲時左手累低于醋　則可免之。俟擘完一組。則右手將全組絲頭握緊。左手扯脫蠶頭。不使其相連。爰將全組放入大碟內。用淨醋酸浸之。再如法擘第二組。直至擘完爲止。浸醋之久暫。無有一定。當觀其醋酸之濃淡以爲度。本地自製之好醋。大約每組浸二三十分鐘之久。始起出置于清水盆內。度蠶絲頭。捋去絲頭黃色之附着物。洗淨攞直。將絲頭排入一大竹釘內。綁緊。插于無日光之牆壁。然後逐條將絲之末端。排入小竹釘。引而張之。至不能伸張爲度。即排于牆孔上。一若扇形。使易受風乾。收絲時。將各條絲末端夾處之部剪去。集四五組爲一束。捲爲一圈。復投入清水盤。浸四五日。使無用之汚物醱酵。取出洗淨。潔白如銀。風乾後。將各束掛起。用手理直。以小繩綑綁之。尾部加石。墜之使直。旬日後解出。整紮成一圈。直徑約五六寸大。工程于是完畢。可以隨時出售。此等野蠶。又名天蠶。其絲又名魚絲。聞吾國出產。以廣東爲最多。每條絲之長度。最長者五六尺。短者亦四五尺。普通二千四百條至三千條、重可一斤。價格時有漲落。近年每担約值一千元左右香港則五六百元至三千餘元不等。多運往日本及美國。以供釣魚之用。瓊崖出產。以定安爲嶺門一帶，及萬寧縣與陵一帶爲最多。據瓊海關人云。全瓊每年有四五十擔。多可達八九十擔。似此獲得天然之利。爲數亦鉅。若加人工以保護之。則出產可倍。或造此等樹林以專營之。其利益誠不可限量。現在定安萬寧兩屬。業此之商人。無不獲利數倍云。

（出自《广东农业概况调查报告书》，一九二五年）

瓊崖農村經濟

——儋崖二縣農村經濟——

林纘春

瓊崖農村經濟，筆者曾於民國廿三年八月，以本會名義，赴瓊調查(僅調查文昌、樂會、瓊東、儋縣四縣)，及爲文名「瓊崖農村經濟研究」研究過了。該文於民國廿四年六月發表於本會叢書之二「瓊崖農村」一書中，雖不能整個呈露其形態，但亦可以與國人以輪廓。及民廿四年七月，本會「瓊崖農業考察」於赴瓊調查瓊崖稻作、菓樹及其他漁、鹽、鑛、森林等之外，又調查其農村經濟，這是本會第二次的調查。此次調查的範圍僅二縣：一爲崖縣，一爲儋縣(第一次筆者調查儋縣僅七村，爲數太少，故再調查)。此二縣位於瓊崖之西、南二隅，在環境上可以與臨高，感恩，昌江等縣成爲一區域，和東、北二地農村經濟，形成顯著的不同。據二縣十六村的調查(此次調查)，二縣三村的

土地分配 每戶農家所有農田畝數(註一)，儋縣八·一畝，崖縣六·二畝，較諸東路一帶文昌、樂會，文昌四·九九畝，樂會三·七七畝，(註二)爲數實多。

縣及村名		村中富力	村戶總數	所有田畝總數	每戶平均畝數	總平均數
儋縣	頭峯村	下	四〇	二四〇	六·〇	八·一
	東方村	中	四五	四六〇	一〇·二	
崖縣	保平鄉	中	一三〇	七四〇	六·二	六·二

二縣每戶農家平均使用農田畝數，如左表所示，儋縣一九·四畝，崖縣五·九畝，亦較爲畧多。(文昌每戶農家平均使用農田五·六九畝，樂會則三·九五畝，瓊東則二·八六畝。)

縣及村名		村中富力	村戶總數	所有田畝總數	租田畝數	每戶平均使用畝數
儋縣	書村	中	三八	一·〇〇〇	二〇〇	三四·二
	馬路頭	中	九〇	二·〇〇〇	二〇〇	二二·二
	頭峯村	下	四〇	二四〇	—	六·〇
	東方村	中	四五	四六〇	三〇	一〇·九
平均						一九·四
崖縣	西關鄉	中	八七	四六〇	九二·〇	六·三四
	水南鄉	中	一六〇	五三〇	一〇·六	三·三八
	臨高鄉	中	三六	三二〇	三二·〇	九·八〇
	赳農鄉	中	一二八	五四〇	三六·〇	五·四八
	西園鄉	下	八〇	三〇〇	六〇·〇	四·五〇
平均						五·九〇

儋崖二縣，均少水田，多陸田；而崖縣尤甚。據說崖縣

每戶農家占陸田畝數至少亦與水田畝數相等○二縣陸田多種陸稻及雜糧等，因地之含蓄養分豐富（儋縣畧次），人口稀少；故產量頗豐，民多足食○此實爲東路一帶文昌、樂會、瓊東等縣所望塵莫及者○因此人民出洋甚少○茲試觀海南島志所載：

「各縣在外僑民，最多者當首推文昌，約九萬人；次則爲瓊山、瓊東、樂會、定安等縣，俱有數千人；再次則澄邁、萬寧、陵水、臨高、崖縣、各數百人；儋縣、昌江、感昌諸地，則寥寥數十人而已○」

二縣人民出洋既少，其生活資源，當自本地；是以業農的人數頗多○據此次的調查，業農戶數約占總戶數百分之九十五以上○其中自耕農占百分之三九•九二，佃農占四九•二%，雇農占一〇•九七%○

縣名	調查村數	村戶總數	農戶數 自耕農	佃農	雇農	總計
儋縣	八	五五五	三二四	一四六	四五	五一五
崖縣	八	一•四五三	四四〇	七九四	一六五	一•三九九
二縣總計	一六	二•〇〇八	七六四	九四〇	二一〇	一•九一四
二縣各類農戶數對農戶總數%			三九•九二	四九•一一	一〇•九七	
二縣農戶總數對村戶總數%	九四•八					

二縣均地廣人稀，在理佃農不應占數如此多；但因二縣水利不良，人民又習於舊法，不事水利發展，所以遠水源的地方，都少人耕種，人民來居較早者，多占近水良田，較遲者又不肯設法墾地，在占田畝較多的農民不能多耕其地之下，便于租借，於是多由占田多者租地耕種，此種情形，崖縣尤爲顯著，故其佃農亦特多○據說崖縣農戶往往有擁田（水陸田）二百畝以上者，據此次調查的崖縣八村中起晨鄉農戶占有田畝最多的一百六十畝，而水南村則占最少的也有一二〇畝○此種情形，若與東路一帶文昌農戶二一五三中占有農田最多的不過六十六畝，（註三）比較之，眞有天淵之別矣○然而由此已足窺見二縣

農民階級的一斑○就是說，自耕農固是地主同時也是富農；佃農外表上頗類似貧農，而其實與自耕農亦無大異；雇農看來爲數也較東路一帶多，尤以崖縣爲最；但此等雇農多有一定職業，在崖縣多被僱於鹽田的占有者（儋縣多業漁），可見此等雇農於生活上，亦不發生很困苦的問題○地廣而肥，謀生容易○這是東路一帶人民所羡慕二縣的一般心理；所以由東路一帶搬居二縣的人民，時有所聞○不過此二縣僻處瓊崖的西，南二隅，交通不便，農產品難於變爲商品，價值不高，爲謀企業的發展，頗覺困難，所以富者絕少問津○惟崖縣三亞港一帶適於鹽業的發展及儋縣那大市一帶適於產業

（大規模的種植及開鑛）的發展，則頗引起一般資本家的注意，集資經營而已。然而照現況看來，全島產業的中心，實只有此二處。但此種產業，並不影響到農業上的發展。二縣的

農業經營 仍保持着陳古的、無智識的、不合理的經營法。儋縣農民耕種農田，絕少施用肥料，而崖縣則竟不下肥，經營着古時掠奪式的農業經營法。作物種下後，絕不加以管理，一切安之天命。據說崖縣每年受旱災及蟲災的損失，為數甚多。在崖縣擁地多的農民，除一部份出租外，多僱黎人耕作，絕無為企業的經營。一般而論，其農業的經營，實屬幼稚，比不上東路一帶甚遠！參加田間工作的，男女各半，男事耕田，女事下種。據二縣十六村的調查，儋縣自耕農中僱長工的四十八戶，佃農中僱長工的十戶；崖縣則自耕農中一百一十戶，佃農中一百二十三戶；

縣別	總農戶數	自耕農僱長工戶數	佃農僱長工戶數
儋縣	五一五	四八	一〇
崖縣	一、三九九	一一〇	一二三
合計	一、九一四	一五八	一三三

但視之東路一帶文昌，樂會，瓊東三縣四十五村中僅文昌一縣自耕農中僱長工的五十七戶（註四），則又大不相同了。崖縣八村總農戶數中，佃農中僱長工的竟占一二三戶，較多于自耕農中僱長工的。這點一下看來，頗能使人懷疑到此等佃農有經營企業的農業的趨勢；但深究起來，其實不然。這原由於該地多黎人，工價低廉，易於利用的緣故。據此次的調查，該地長工男子全年工資，漢人約八十千文（約等時價大洋二十六元），黎人則減半，僅十三元。其工資之低廉，實為他處所罕見。自耕農因擁地過多（黃流村耕三畝以上便僱長工），不能自操耕作，僱工太多，又覺管理麻煩（該地人民多習性懶惰），所以多把地出租佃農；而佃農又因租地多于自耕的能力（半由懶惰），所以又僱工耕種。如此的轉來轉去，實不外在剝削黎人的血汗而已；不然，何以耕種上三畝以上的農民，便僱長工呢？

二縣地廣人稀，生活容易，是無可諱言的事實，所以

租佃關係 也不見得如何的厲害。據二縣十六村的調查，關於租佃關係上的租約，崖縣多是立約，儋縣則較少。租田通行納穀和納錢；行納錢的，通是祖田和會田（集錢或穀會的田），其他陸田之種蔗，薯，豆，花生的也多行納錢。二縣的穀租和錢租的租額，均約占產量十分之三至五，而以十分之三、四為最多。崖縣批田多須批頭，約占一年租額十分之

一，儋縣則較少，有也不過占十分之一；但最令人注意的就是崖縣的佃農須另向業主送禮或做其他工作。禮物多是雞鴨或二、三車木柴；此種情形，東路一帶，絕對沒有。佃農於納租之外，須另送禮或做其他工作，這是多數盛行於封建制度下的田地缺乏，人烟稠密的地方，是一種超經濟的剝削，本不應行於這地廣人稀，生活容易的崖縣，其所以行於崖縣的，大概是三種原因：一是因該地人民所依賴的是唯一的土地，甚麼東西都是靠土地而來的；二則因所租出的田地多；三則因佃農租入的田地多是僱工資低廉的黎人爲長工耕種，這種剝削作用可以轉嫁於黎人身上，與佃農無大關係。但這種情形，據說只限于年關，並沒有多大的重要；所以不能發生甚麼重大的問題。二縣地處瓊崖西、南二隅，交通不便，農產品不易與外處發生關係，所以

商業資本很不發達，因此農村金融也形枯竭。通常農民於困難時，多行借穀，利息不多；崖縣約借十五斤來年還十分之二，儋縣則間有不還利者。借錢二縣通行二分利計，這較諸東路一帶三分至五分利計的，實是低微。農民借貸多以田爲抵押品，儋縣每畝值三十元的可抵押十二元，崖縣則可得一半。年來二縣一方面因搬居來的人口日多，購置田產；他方面因穀價較昔爲貴，所以儋縣的田價由民廿年平均每畝值二十三元的，至民廿四年則增至二十八元；崖縣也由民廿年十七元增至（民廿四年）十九元。然而較諸東路一帶，每畝平均約值百元以上者，相去又

（單位：大洋）

縣名	儋縣		崖縣		二縣總平均	
年份	民二十	民廿四	民二十	民廿四	民二十	民廿四
平均	二三	二八	一七	一九	二〇	二三·二

遠矣。總之：儋崖二縣昔稱爲全島之自給經濟的縣份，年來也受帝國主義經濟的侵略，及內地種種的摧殘，如東路一帶農村經濟一樣，已陷于崩潰了！據此次的調查，其村中的農戶欠債的約占村中十分之四至十分之八。處此二十世紀的時候，由於國外國內的種種摧殘和壓迫，那裏還能找到不破產的農村呢？

（出自《琼农》第二十三—二十四期，一九三六年）

瓊崖考察記（一）

林纘春

時至今日，國人仍以昔人以爲「無足煩其一日之慮」之眼光以視之瓊崖，其地處熱帶，天產氣候，均異內地。偶有到其地者，無不嘆爲世外桃源，流連不捨。宋盧多遜詩云：「珠崖風景水南村，山下人家林下門；鸚鵡巢時椰結子，鷓鴣啼處竹生孫。魚鹽家給無墟市，禾黍年登有酒樽，遠客杖藜來往熟，却疑身世在桃源。」可見一斑。然而每因交通不便，行者視爲畏途，故其全島情形，鮮有知者。余爲瓊島人，而瓊島之情形，亦多莫知。屢欲一行考察，而苦無機。今年七月間，時在暑期，本校農學院農政門教授張農先生，因見及此，乃呈請學校准予派余返考瓊察。余奉派後，喜不自勝！乃就黃教授（枯桐）、請教以調查方法。結果，特製就農村經濟狀況調查表多頁，專爲調查瓊崖農村經濟狀況之用。

余此次返瓊考察，除一般關於農民農業方面事，無不考察外，而對於農村經濟，尤爲注意。蓋欲從事改良農村，發展農業，以至建設新瓊崖，除實際作此項調查外，別無他法。民國以還，國人之到其地考察調查者不下數十人，然而皆注重瓊崖奇異瑰瑋之物，而對於農村經濟，則全忽畧。瓊崖今日荒蠻仍如昔日，斯不能無關也。故余此舉，意卽在此。

此行除將考察經過，作概要的瓊崖考察經過一文（見本刊第七八號合刊）及將農村經濟狀況調查表整理擬作瓊崖農村經濟問題之研究一文外，特將其經過詳細情形，以忠實的態度，分述于后。

○……八月二日……○

余此行因事羈絆，故遲至今日，始能啓行，孑然一身外，惟一皮篋而已。是日下午三時，由東山（農學院院址）僱汽車與送行同學張家樂君同乘，前赴西濠口，搭佛山輪。時尚早（四時半開船），搭客極少。張君陪談約半小時始去。四時半鑼鳴，船啓碇，於是久戀之廣州，遂漸不見。船行後不久，忽聞人聲大噪。緣因一年約廿餘歲之青年，欲投水自殺。該青年身材短小，身携一包袋外，別無所有。察其自殺動機因經濟壓迫所致。然中國人之因此而自殺者多，斯何足怪！夜十點半抵香港，入亞洲旅店。詢明赴瓊瓊州輪明日開行鐘點，遂準備入睡。

○……三日……○

早七時起床，聞風雨聲，知昨夜作風未息。昨夜所擬出街辦妥私事，以備及時（下午三時）上船之舉，亦祇得苦待，八時雨大如常，出視天色，似無霽時。乃決意冒雨出街，先訪友人翁君於學士台。友寓遠，及到，身已盡濕，且友又上省不遇，乃悵然而返。歸途風雨愈大，海水澎湃，思上落船之苦，不覺悄然！朝餐畢，聊購數物，乃怏悒乘艇登輪。時船上搭客甚多，因雨故，更擠擁不堪。幾經設法，始得大艙位中容膝一席。卸裝甫定，忽聞船因恐遭颶風而改期明日啓椗。以此跼促悶臭地方，正一刻難容，猶復遲滯一天，此中苦況，不言而喻。幸身旁搭客某翁，年約古稀，瓊州人，與談閒話及語安南華僑情形，頗不寂寞。翁云，近年來華僑因受不景氣影响及法人苛待慘狀，有目不忍睹者。及言至其本身慘敗歸國情形，則泫然淚下！余周視其妻子媳婦，狀極狼狽，不覺亦爲之惻然！於是沈寂良久，忽鄰位某君以船上不宜寂寞，遂暢言故事。其所言者多類東方朔之徒，令人捧腹不置，是夜談至更深二時始睡。

〇……四日……〇

昨夜眠遲，是日至九時始醒。覺精神不爽，乃携傘出甲板散步。細雨霏霏，遙望水天朦朧，不勝興感，膳後復睡。船至日昃二時始行。船行雨止，暑氣漸廹人，不堪，乃移床上甲板睡。一夜寂寞，輾轉良久，始入睡鄉。

〇……伍日……〇

是日九時始醒，覺精神頗佳。用兩碗熱粥後，更覺湛然。海濶天空，遊目騁懷，足以極胸懷之放肆也。須臾，見七洲嶺，旋見望虎嶺，經急水門，再而見七星嶺。由七星嶺至海口，尚需二時，搭海口客者，至此均摒擋行李，以備登岸。少頃，遙見海口在望。搭海口客者，多喜形於色。正談說間，忽西北黑雲滿佈，由遠而近。雷聲隆隆，驚人心魂。海口港素稱不良，上落艱苦。余憶數年前，船抛錨時，風雨大作，水浪搖天。下帆船者，或由軟梯（用索作成），或由籠下，（籠中坐人，以索弔下。）不勝股慄！旋而雨降，但不大；惟見黑雲向東逸，於是一塲惡作劇，遂告平息，心始安焉。不久下帆船，時已二時許，由此至海口，不過五里，潮張而遇順風，約二時可達。此次則因兩者俱不利，及抵海口，而自鳴鐘已響五下矣，以海口如此劣港，而能爲現時瓊崖商業之中心，徒以接近雷州半島，便於大陸之交通。然自咸豐八年開闢商埠以來，於商務上迄無長足發展者，實因港灣不良，有以致之。近聞海口築堤委員會，工作正緊；然能否不蹈前數次唱高調之覆轍，實一問題也。抵步後，寓僑安旅店。六時餘，訪唐品三先生於海南書局，蒙介紹瓊山縣教育局長某君與談瓊山農業情形。該縣以出產糖，芝蔴油，荔枝乾，瓜子等爲最大宗。農業落後，農民簡陋，遠不及文昌，定安，樂會各屬。然能於行政區上列入一等縣者，實賴海口而已。捌時返寓，以身疲勞，遂早睡。

（出自《琼农》第九期，一九三四年）

瓊崖考察記（二）

林纘春

○……○
……六日……
○……○　早八點以電話告瓊崖實業局技士韓宗浩君，請來敘談。九點往瓊崖綏靖公署，謁見參謀長（時陳委員上省，）告以來意，並出示校長公函。蒙准令飭境內軍警沿途保護，及轉飭瓊崖交通處發給往來舟車半價証。十二時為瓊崖農業研究會會務，訪警衛旅參謀長於府城旅部。旋折返海口，訪瓊崖民國日報社鄭社長。下午四點，忽降大雨，酷熱之天氣，頓呈涼快。瓊崖地接熱帶，氣候溫燠，四時常花，三冬無雪。一歲之間，少寒多熱，一日之內，氣候屢變；大晴則燠，陰雨則寒；寒則多起於夜間，而尤以海口一埠為甚，有時竟夜非擁厚氈不能成眠。晚八時韓技士來會，乃與周遊海口各街道。海口近年來因南洋不景氣及農村經濟破產之影響，昔日繁盛之氣象，已不可復見矣。途次順道至海南書局購瓊崖路線圖一幅，以便出發考察時之需。

○……○
……七日……
○……○　下午一點接到綏靖公署發來護照一紙，旋又接到瓊崖交通處送來半價乘車証一張。瓊崖汽車，近因農村經濟破產，運貨搭客減少，車價往往有較交通處所定之價目減少數倍者。計由海口至文昌縣治，共程一百二十五里，每十里交通處定價大洋弍角，合計需大洋弍圓半，今則壹圓可達。若以半價（照交通處所定之半價）計，則非壹圓弍角半不可。故半價證之有無，實無關係。查瓊崖營業汽車，昔有六百餘輛，今則僅存百餘輛，以近日農村經濟之破產，運貨搭客之減少而論，此百餘輛，亦應足以保持交通處原定價目而不跌；今則不然，其故安在？實有研究之價值在也。余乃力詢各方，悉其原因如次。

兩年前，瓊崖營業汽車車牌費每月三十元，聯合會費一元（車家自動組織），合計三十一元；另外設通過費，例如由海口至加積，各站通過費，每次每位客有如下表：

A.由海口至潭口	〇、三〇（大洋）
B.由潭口至文嶺	〇、五〇（大洋）
C.由文嶺至黃竹	〇、四六（大洋）
D.由黃竹至加積	〇四、六（大洋）
合　計	一、七四（大洋）

即每輛汽車由海口至加積，每次每位客共費通過費壹圓柒角肆分。乘客一人則免收通過費，二人以上作七折計。計每輛汽車可乘客六人，七折計，約共納通過費陸圓捌角肆分，

即每輛汽車由海口至加積，乘客六人，每次需通過費陸圓捌角肆分。但此通過費乃由搭客負擔，車家惟將此通過費加入車價內而代爲繳納。故車行一次（每日），只費車牌費與聯合會費共壹元零叁分；今則取銷通過費，每輛汽車需每月繳納（須先繳納）車牌費與附加費共柒拾弍圓，而車行與否，均置不問。以每日車行一次計，需費洋弍圓陸角，比之昔日者，所費多壹圓伍角柒分。若車停行一日，則將白費弍圓陸角。是以車家多爭兜客，而搭客又必擇乘其價較便宜者，價目遂跌，而車輛因以減少，自不待言。故車牌費及附加費之過重，致乘車價目跌落，實無可諱言也。晚六點，舊同學黄閛百君與韓技士來訪。黄君係別來兩載之至友，此次適因事由文昌來海口，邂逅相逢，喜何可言；翌日得偕往文昌，沿途指導，更覺快慰！六時仝出外散步，途經海南醫院而至椰子園。椰子園爲海口遊樂場之一，後背海南醫院，前臨大海。其地廣而平，中植椰子約百棵，是以名焉。朝晨薄暮，紅男綠女來遊者，不絕於途。挹海風之清涼，望海水之澎湃，帆船往來，落日紅霞，其樂無窮也。是晚遊至八時始返。

○……○八日……○

朝餐畢，整理行裝。十點二十分，黄君乘汽車來接。車中搭客不多，連余僅四人，不能即開行，因周遊各街道以兜客。晌午獲一客，余等心急，不能久待，遂促其行，車始出海口向東駛。十餘里，至北冲，下車渡南渡河，至對岸之李公井（雷公井）。再向東駛，經美男、三江、金墩至大致坡，入文昌境。旋折向南行，經潭牛至文昌縣治。計程共行一百二十五里，需時約四點鐘。由李公井至三江，沿途土壤尚佳，粘性色黄，地勢平坦，少村落，多荒地。至金墩則土壤漸變砂質而磽瘠；村落更少，間有樹木，多爲苦桐。及至大致坡，則地勢漸高，顯有不同狀態。其土壤多砂，村落衆，樹木則殆爲椰樹，罕見苦桐矣。然此即瓊山文昌二屬之特異乎？由此而南，其地勢又漸低，由潭牛至縣治一段，多見小丘陵起伏，村落滿佈，椰樹濃翠，奈其土質盡砂，磽瘠而少田地耳。

文昌縣治與便民市僅隔一衣帶水，水名文昌江，通清瀾港，水路交通，頗爲便利。便民市商店約三百餘間，殆爲洋樓。劃一整齊，斐然可觀。車至泰昌號下車。卸裝後，隨到毓葵飯店用晚膳。文昌食物，鷄最著名，尤以毓葵爲最美。久聞其名，奈無機可嘗；此次果不意而到，千載一時，豈可錯過！於是乘腹之饑，饕餮大啖，席間聞黄君云，此鷄並非別種，乃收買土著之較肥者，善育之二三星期，殺時加以適當之烹飪，切塊龐大，食時用手，調以鷄䃜（䃜內用雞湯中之油質參以薑，蒜，鹽，醋等而成，故名。）以其溫度適宜，味佳，肯軟，故食之特饒美味耳。晚六時偕黃君往其家。黃君家距此約八里，沿途爲砂礫地，行頗難。時日薄西山，行人稀少，旣與舊友暢叙別情，復流覽異地風光，其中情景，樂眞無窮也。約七句鐘，抵黃君家，時體疲口渴，黃君出椰子水飲之，（椰子水解渴最妙，水中略加些食鹽和之尤妙。）頓覺暢然。入夜與黃君次兄談村中及鄰村農業情形，並出農村經濟狀況調查表塡之。是夜共塡八村，卽下鐸村、龍頭村、上坡村、邊塘村、邊田坡村、白石頭村、德淸村及長田尾村。八村中以白石頭三十六戶爲最大，龍頭七戶爲最小。皆業農，盡屬自耕農。各村農家平均水田，以龍頭村每戶七畝六爲最多，次爲邊塘村，五。四三畝；下鐸村二。五畝爲最少。餘則多爲二畝左右。茲將其列表於下，以供參攷。

村名	戶數	田畝數	平均每家田畝數
下鐸村	八戶	三〇斗種（二〇畝）	二．五畝
龍頭村	七	八〇（五三畝）	七．六
上坡村	二二	九〇（六六畝）	二．七
邊塘村	三四	二五〇（一六六畝）	五．四三
邊田坡	一九	八〇（五三畝）	二．八
白石頭	三六	一六〇（一〇六．六畝）	二．九
德淸村	一〇	六〇（四〇畝）	四．〇
長尾	一一	三〇（二〇畝）	二．七
合計	一四七戶	五五四．六畝	三．七畝

註：文昌縣屬田畝以斗種計，每一斗五升種等於一畝（普通）

八村中，農戶負債者居多數，惟白石頭一村稍好，負債者僅二戶。蓋該村出洋做工者多，共十四戶。其餘各村雖間有出洋者，然多鄉居執土木工、窰工、小販等業。八村中最富者不過五千家產。耕牛多三二家合共一隻，原因在農田缺乏，經濟貧困。肥料遂致減少，農田往往有四年而不下肥者，故其產量低減，每斗種僅產穀五斗；以之推計，則每畝田祇產穀七斗五，一年兩次，亦不過一石五斗，擬之台灣一畝田產五、六石者，實瞠乎其後。農村經濟之疲敝，不言而喻。是夜談至子夜始就寢。

九日

黎明起床，盥漱畢，偕黃君次兄周遊鄰近各村。時晨光熹微，露水欲滴，農村早景，備極妍媚。該處地之低者種稻，高者栽豆，因地而用殆無遺土。鄰近村落，櫛比相連。田畝零散，未有四、五十畝連貫在一地者，其每塊之最大者，多不過二畝以上。距下鐸村不遠，有高級小學校一所。校舍爲祠堂，欵式尙佳。時適値暑期，校中闃然，枱椅零亂，狀殊寥落。據云現有學生九十名，數年前爲縣屬第一區聲譽頗佳者，惟今因農村經濟破產，就學者少，致有如斯現象耳。七時歸，用早餐。八時偕黃君啓程返縣治。九時二十五分抵縣，旋訪楊縣長，告以來意，並出示綏靖公署護照，請予護助。蒙予令飭所屬護助公函，並介紹與縣田畝調查處陳幹事晤談。因知該縣田畝調查處開辦已有二月，經費由省府貸借。其調查辦法，由該處訓練數十測量人才，分隊到各區實地測量(多用目測)。此外並印有調查塡報表及塡報須知書等，以便農民塡報。陳幹事與余表格各一份，余披閱之，忽見其塡報須知書中有標明一畝田等於十方丈者，不勝驚訝！蓋余僅知一畝田等於六十方丈，而未見其等於十方丈者。因詢陳幹事，彼則赧然於色曰：「此不過馬馬虎虎做個標準耳。」國人辦事，病在馬虎。如此教民塡報，其能眞確乎？官廳調査之多不可靠者，由此可知。余以欲赴文教市調查，因告辭，出與黃君往縣立中學校參觀。蒙校長鄭闌生先生招待殷勤，并設榻留宿焉。是日下午二點餘，乘汽車離縣城往文教市。市在縣治之東，距約四十里。途經土宛東閣二市始達。沿途皆平地，少水田。車因載貨多，客擠擁，且以車路崎嶇，震動異常。乘車者不獨身骨苦痛，而於生命之危險，尤屬可慮。在此平坦地勢，車路最易修整，乃任其崎嶇至此，眞莫解其主管機關所爲何事？四時車抵西臨文教市之文教溪。溪水淺，多砂而清。時有三數孩童，裸體爭逐水中。俄而車過，抵步。遂先訪林猷英君於信昌號，不遇；轉訪黃得範君於同豐號。時黃君正與其夫人備晩餐，見余到，矍然驚視，問余所以至此者，余告之故。旣而呼余同用晩餐，餐後偕余訪第五區區長。余詢以該區農村經濟狀況。區長爲讀書人，鄙農務，多所不知；後乃介紹一年老者與余談。老者係嘉美村人，余因就其村情形詢之。該村共七十戶，水田約五百畝，另有祖田百五十畝。平均每家有水田約七畝。祖田普通係投票定租，但田多者往往讓田少者投票耕種。全村有四十戶全不租耕者，其餘雖有租耕而所租者亦少。故無地主佃農之分。村中負債者僅佔十分之三，農民於耕種外，復出洋做工以增加收入。故該村富力，堪稱雄於一縣；不獨此也，該村農民樸實純粹，旣無賭徒，復無烟鬼，尤足以自豪也。後復聞老者云，距此約三十里有一地，名升穀坡，廣袤約三十里，地勢平坦，土質肥美，惜終年積水，耕者頗少，倘能設法排水，使其乾潤得時，眞不啻一富源也。

余等談至九點始散。歸知黃君因事定明早乘車赴海口，余以不能偕往其村調查，深引爲憾。不得已乃定翌朝轉赴清瀾調查。

○……十日……○　早起，本擬赴清瀾調查，因值節期（舊歷七月初二爲此地七月節），無車，不得已復返縣治。六時開車，八時抵步。十一時用膳，因覺疲勞，清瀾之行，改定翌日。下午二點再訪縣田畝調查處陳幹事。蒙其介紹該處辦事員本地人史君與談。史君係雲樓村人，近舖前港，距此約一百里，居縣之北。該村共有一百戶，其中自耕農八十戶，佃農二十戶。水田共有三百六十六畝，平均每農家有田三畝強。村中富者，農田最多有六十六畝，自耕農中，僱長工者有二十戶，雖非全因其田地之多，然因其男子多出洋做工（居半數）無人耕種不得已而僱長工者亦不少；然而農民之負債度日者占百分之五十，亦足見該村貧富之懸殊。晚四點三十分，由鄭校長導往文中（文昌縣立中學）新校參觀。該校舍距縣城約二里，地勢較高，廣而平。據云其廣袤約有一百畝。校舍之已築成者，有教職員住室及教室八間。路旁及屋周均植有加利、相思、鳳凰木等樹。其樹之大者高約丈餘，小者亦及數尺，鬱鬱暢茂，景殊美麗。現初中三年生已遷入上課，將來倘能多籌經費，精密計劃其發展未可量也。是晚遊覽至七時始返。

（未完）

（出自《琼农》第十期，一九三四年）

瓊崖考察記（三）

林纘春

○……十一日……○

早上休息。十一時三十分乘車赴清瀾。由縣治往清瀾，每日車行十餘次，交通頗稱便利。是日天氣微陰，車行時頗覺涼快。沿途皆坡地，漸進則地勢漸低，土質亦漸多砂，以其地漸接近海面也。十里許，遙見椰樹叢簪，景象大異於前所歷者。少頃，經陳家市，約十五分，抵清瀾。時已午後一句鐘。此行共歷程二十餘里，費時約一小時半。抵步後，出文昌中學教員某君函，得晤清瀾商會會長翁俠英君於怡成號。翁君久居此地，對于此地情形頗詳。余以清瀾之實業，其最盛者，莫過于漁、鹽、椰子等業。因以此問之。清瀾對岸有一市，名曰碼頭市，與清瀾埠合稱爲清瀾港。據云清瀾港椰林以碼頭爲最盛，其面積約有五十方里。每家椰樹之最多者，有五千株。四、五年前該處曾有規模可觀之椰園公司二間，各占地約二方里。清瀾則椰林面積約四十方里，每家最多者有七百株。兩地合計有二千餘萬株，每年產量，其出口者約二百餘萬個，值價六十萬圓；以之製爲椰油者約一百五十萬個（三十個可製椰油約十斤，每年共出椰油五千担。）值價十萬餘圓。兩者合共每年出口數量約三百餘萬個，價值的七十餘萬圓，爲數之鉅，值價之多，殊堪注意。椰子植法，普通株間距離約八尺；其規模可觀者則約一丈。種時穴中僅施以鹽（漬魚所遺之鹽），此外則多不加管理。在肥地者七八年可生椰子每年每株（開生後數年間）約產五十餘個，瘠地者則約須十二、三年，量產頗少。至於鹽業則熟鹽每年產量約四十餘萬斤，生鹽十餘萬斤。每斤鹽值洋三分，有稅則值洋一角。稅貴於鹽值，吾民何辜，而受此殃。二時許，余辭出，買舟再作清瀾港之遊。清瀾港位于文昌縣治之東南隅，港口寬約一里，港身長約十五里，水深處三十尺，淺處十八尺，可容千噸以上之輪船十餘艘；惟港口積有一、二里寬之珊瑚礁，非從事開濬，則五百噸以上之輪船不能駛入。查此種礁質甚鬆，容易開濬，工程不大。倘能稍事開濬，則其將來發展，當不下於海口也。交通方面，車路則一通縣治，一通邁號加積，一通東郊文教；水路則有平昌江，小船可通文教市；文昌江、小船可通文昌縣治。交通之便利，實爲全縣之冠。民國初，有文昌華僑林天凝、黃有淵、陳昌運等組織清瀾商埠有限公司，於民國元年七月立案，十月開辦。其營業種類，爲鑿濬本港航道，購備輪船行駛，塡築本港基堤，建築貨倉房屋市場等。其完成工程者，爲築塡基堤，高八英尺，縱長七百英尺，橫廣六百英尺，及造竣鐵骨貨倉二間。此外工程尚未着手，而歐戰忽起，南洋各地樹膠跌價，已認之股不能續收，公司因而停辦，良可歎也！今業蹟尚存，惟其狀則毀敗不堪，未卜此後有繼該公司之志而起者否？清瀾港內有遊船，專爲遊客遊玩及往來清瀾碼頭之用。船廣約三、四尺，長約丈餘，上蓋白帆布以遮蔽日雨而外，別無裝飾。回視廣州市珠江河內之花艇，則不啻有天壤之別矣。余以八百文錢（約二角半大洋），議定遊二小時而僱其船。先渡江遊碼頭市。市塲臨海，屋舍簡陋，鋪約二十餘間。市外有門臨海，上書「南溟砥柱」四字。此外則惟見沿岸椰林密佈，濃蔭鬱列，而獨不見昔日果實之穰穰（去年遭颶風，樹木被災，果實均少生。）少焉，返船，放乎中流，聽其所之而休憩焉。搖搖乎舟輕颺，飄飄乎風吹衣，其樂正難言喻也。忽聞船子告余曰：「碼頭之椰林有行十餘里不須撑傘而以椰葉蔽日者，君欲盡嘗此福，曷不停此數日以觀」？正談說間，忽東北大雨奔來，風大水興，擊船作澎湃聲。余悚然而恐，凜乎其不可留也，乃急命回船，及至岸而風雨已微矣。乃攝衣登岸，流覽良久始返清瀾乘車回文中。晚五點抵步。用膳後，以時間關係須早往邁號取道經加積返原籍樂會調查　遂向縣長辭行，並順道訪田畝調查處史君。蒙史君介紹該縣田畝測量人員某君與談，並借予該縣各項調查統計表一冊參攷。余請該田畝測量人員代塡彼村農村經濟狀況，並以文昌田塊大小數目詢之。據云彼用目測水田已有千塊以上，其中惟有一塊最大，計約八畝，此外則多不及一畝。文昌田畝分割之細，由此可見。返寓後，時已八點，出所借之各項調查統計表觀之，見其中多爲所未知者，茲僅擇其要者數表錄下以供參攷。

文昌縣農產品調查表（一）　民國廿年五月十二日調查

農產品名稱	產量	每担、斤、價值	出產總值	備考
谷米	九〇三八〇〇石（谷）	五〇元（每石）	四五一九〇〇〇元	備供五個月或六個月
雜粮	四八〇〇〇〇斤（薯）	一・五元（每斤）	七二〇〇〇元	——
椰子	三〇〇〇〇〇〇個（約數）	三・〇元（每百斤）	九〇〇〇〇元	第三區東郊清瀾一帶出產最多
咖啡	二〇担	五〇・〇元（每担）	一〇〇〇元	出產在第三區南陽一帶

樹膠	八〇担	四〇・〇元(每担)	三二〇〇元	同右
甘蔗	三〇〇〇〇担(約數)	〇・二元(每担)	六〇〇〇元	大昌一帶出產最多
梹榔	五〇〇担(約數)	一八・〇元(每担)	九〇〇〇元	同右
蔴	二〇〇〇斤	〇・五元(每斤)	一〇〇〇元	第六區蛟塘地方出產
荳類	一六〇〇〇〇斤	〇・三元(每斤)	四八〇〇〇元	各區均有出產
艾粉	—	—	—	—
天蠶絲	一〇〇斤(約數)	二・五元(每斤)	二五〇元	第一、二兩區出產少許
蠶	八〇〇斤(約數)	二・四元(每斤)	一九二〇元	同右
菓類	荔枝二〇〇〇担 龍眼一六〇〇担	二・〇元(每担) 四・〇元(每担)	四〇〇〇元 六四〇〇元	其他各種菓類出產有限無從統計

文昌縣鹽業調查表(二)

註：此表無調查年月，推測約在今年內調查，因爲余調查清瀾鹽業時翁俠英會長有言及清瀾鹽業剛調查呈報縣府。

鹽場名稱	地址	面積	產量(平均每年)	總值	每百斤場價	零售每斤市價
源豐利	清瀾抱士村	三九七畝	六〇〇担	七百餘元	一・二元	四仙七文(連稅)
源豐堂	清瀾近邊村	一〇〇畝	五〇〇担	六〇〇元	同右	同右

此係灶煮熟鹽未有名稱	咸正	晒沙四十餘坵面積未詳	四〇〇担	四〇〇元	同右	同右
同右	外田	晒沙田百七十坵	二〇〇〇〇籮	八〇〇元	同右	同右
同右	地昂	晒沙田三百坵	三〇〇〇〇籮	一二〇〇元	同右	同右

文昌縣教育調查表(三)　(二三年五月)

等級	數目	人數	經費、來源	備考
初中	一	二八〇	牛皮捐出口船捐田租捐車路公司補助及學費等	—
初小	六三四	二二一九〇	牛皮捐田租賓興學醮神產舖租及各項什捐學費等	—
高小	七四	七一〇四	同右	—
師範	—	—	—	縣屬無師範學校僅文中附設有鄉村師範班
私塾	一八	一六七	專收學生學費	程度與小學無異
統計	七〇九	二九七一〇	—	—

文昌縣清瀾東西二岸之椰子椰布海菜調查表(四)　註：仝表(二)

名稱	數目	平均年產量	年出口量	價值	銷流地方
椰子	一百萬個(統計清瀾東西二岸約數)	二千餘萬顆(每株每年平均產卅個)	三百萬個(餘者爲地方食用及製油平常每年製油約有五千礶)	每百個二元餘三元每個三仙	江門澳門爲多黃坡次之無有出洋
椰布	每株椰子每年能產椰布六、七張	四千把(每把四百張近因銷路不佳多放棄之)	四千把(如各地能銷則收割不然則停止)	每把上質沽六元至七元下質者五元六元	安舖北海黃坡

海　菜	清瀾東岸之塘邦灣西岸之長圮烟墩等處均產之	邦塘灣年產約八千斤長圮烟墩共約三萬二千斤	——	現下每百斤六元民十七年有每百斤二十餘元	江門澳門

文昌縣各城市店舖數目及每月最高最低租金額數調查表（五）　註：約在民廿年後調查

區別	名稱	舖店數目	最高舖租（每月）	最低舖租每月
第一區	便民市	二三四	三四・〇元（大洋）	二・〇元（大洋）
	邁號市	二一二	一〇・〇元	一・〇元
	清瀾市	六五	三五・〇元	三・〇元
	南陽市	二二	四・〇元	〇・六元
	高隆市	三三	二・〇元	〇・五元
	頭苑市	八四	一〇・〇元	一・〇元
第二區	白延市	一四二	二三・〇元	一・五元
	蓬萊市	八八	一〇・〇元	一・五元
	重興市	一〇二	一〇・〇元	一・〇元
	石壁市	四三	四・〇元	一・〇元
	仙昌市	二一	五・〇元	一・〇元
	冠南市	八二	六・〇元	一・〇元
	烟墩市	六二	一〇・〇元	一・〇元
第三區	東郊市	二四四	一一・〇元	一・〇元
	中山市	二八	二・〇元	〇・五元
	龍樓市	四四	二・五元	〇・五元

第四區	翁田市	八六	一二・〇元	二・五元
	龍馬市	四一	二・〇元	〇・六元
	公坡市	四二	二・〇元	〇・五元
	有瀧市	八八	九・〇元	一・〇元
第五區	文教市	一四六	一〇・〇元	一・〇元
	東閣市	三六	三・〇元	〇・六元
	抱芳市	四二	二・五元	〇・五元
第六區	潭牛市	九〇	七・〇元	一・〇元
	大昌市	四二	三・五元	〇・六元
	中心市	三八	二・〇元	〇・五元
	再新市	三二	一・〇元	〇・五元
	蛟塘市	一三〇	五・〇元	一・〇元
	新橋市	二八	四・〇元	一・〇元
第七區	抱羅市	二五〇	一〇・〇元	一・五元
	水北市	四二	二・〇元	〇・五元
	溪尾市	三二	二・〇元	〇・五元
第八區	錦山市	四〇〇	一〇・〇元	一・〇元
	羅豆市	七二	四・〇元	一・〇元
	馮家坡市	五八	三・〇元	〇・六元
	湖山市	二二	三・〇元	〇・六元

第九區	鳳尾市	四一	二·〇元	〇·五元
	舖前市	一二二	三〇·〇元	一·〇元
	隆豐市	四二	二·〇元	〇·五元
	林梧市	四八	二·〇元	〇·五元
	東坡市	五〇	二·〇元	〇·五元
合計	四一	三三二五	三一三·〇元	三七·七元

以上五表，抄至三更始克就寢。

〇……十二日……〇

凌晨五點起床，盥漱，用早茶，收拾行裝，借鄭校長出街候車。須臾，車過兜客，余見其車尚佳，遂乘之。由文昌往邁號，每日車行數次，交通尚稱便利。七時半起程，中途經新市，八時十分抵邁號。計程共二十二里，需時約四十分。沿途車路尚好，土壤盡屬砂質，色或微黃或白，風化程度甚透徹，惜其稍磽瘠耳。抵步後，寓永壽藥房。該房主本與余不相識，惟因韓技士宗浩君家人來市多寓于此，是以止焉。房主係樂會人，來此經商已數十年，與余係小同鄉，客地相逢，情亦懽洽。余在店用早餐後，隨同店主親戚往韓君家。韓君家距此約二里，名水北村。少頃，至其家，出示韓君函。蒙其父及弟殷勤招待。余畧寒暄，遂詢村中經濟狀況。該村共一百五十戶，爲文昌縣屬大村。水田平均每農家僅及三畝，故百五十戶中，有百戶須購外來米以維持生活者。村中耕牛，有數家合共一隻者，有專飼以租耕人田者，情形尤異他村。村中富者僅一家，財產至萬元，闢有咖啡園及菠蘿園，廣約二方里，時余因時間短促，不能前往參觀，殊爲可惜。十點餘，偕韓君弟振華君返邁號市。先到永壽藥房查詢往加積車行時候（凡車往加積者必由文昌縣治經過邁號市永壽藥房，）即同往市民閱報社參觀。該社由市民發起組織，成立約有一年，社址爲舖店，設備簡陋。報紙僅有三、四種，雜誌則全無，余因出瓊農月刊自第一期至第六期，各贈一份。旋又往市外縣立第四高級小學校參觀。該校校舍湫隘，設備簡陋，據云經費拮据，有不堪維持者，文昌小學雖多，而其因經費困難或辦理不善，以致有名無實者，亦爲數不少。重量不重質，誠教育之一危機也。十一點半，車由文昌縣治到，載貨甚多，搭客擠擁，余祇就車前一隅置身。車向南駛，沿途椰樹爭媚，清瀾一帶而外，恐此爲不可多得者。十九里抵鳳樓，轉向東南行，十一里達烟墩。此段多有規模可觀之椰園，惟其土質屬砂，肥力尤劣。椰樹亭亭玉立，狀甚蕭疎，產量亦極少。由烟墩至官囘，長十里，均沿海岸而行，舉首觀望，海水茫然無際。至官囘已入瓊東境，再十六里達長坡，車少停，再裝貨。由此西南行，二十三里抵瓊東縣治。沿途多小岡陵起伏，車路崎嶇，行頗顛簸，縣治屋宇極少，自共匪作亂，遷署加積後，尤覺零落。聞現正再建縣署，不久將由加積遷回。縣治西南一帶，地勢頗低，車路所經，約十里始脫綠縟爭茂之田禾。余在文昌東、北、南三方一帶不見禾苗，今於此地見之，誠出意外。由此稍行，則地勢漸高，岡陵起伏，亙綿不絕。下午二時許至加積，寓恒裕興商店。旋乃赴縣府謁李縣長。是日適爲星期，縣長赴縣治巡視新建縣署，不遇而返。四時半在店用晚餐。五時餘，遇剛囘里之同學周君及舊友何君，暢談約二小時始就寢。

（出自《琼农》第十一期，一九三五年）

瓊崖考察記（四）

林纘春

○……十三日……○　早起，朝餐後，再見李縣長。蒙告以該縣田畝調查情形，並介紹余於該縣地方警衛隊經費管理處與許謝兩君相晤。許君係縣屬第六區藻塘村人，村距福田市十二里。全村共約二百戶，其中農戶七十，餘均爲漁戶。農戶中六十戶爲自耕農，十戶爲佃農。田畝共一百四十畝，平均每家約二畝。女多耕種，於耕種外，多織麻爲網；男則多以漁業爲副業。就全村而言，此村生活殆賴於漁。據云，漁者多往西沙羣島捕魚，水路約行二日。捕魚日期，由十一月至三月四個月。船每隻容量由二千擔至四千擔，每隻船僱用漁夫約二十餘人，除捕魚外，尚在該島拾蜆殼，運往南洋一帶賣與外國人作扣鈕之用，獲利尤厚。五年前有漁船二十隻，今則僅存十二隻，原因在五年前船每隻海關及各種捐稅共銀三十圓，今則加海防臺砲與海關各種費合共銀二百五十圓，較前多八倍而有餘。昔每百元資本，可得利四十圓，今則僅敷開支，且近年來西沙羣島已被日人霸佔，中國人之來此捕魚者，受其威迫。是以業漁者，多懼而不前，村中生活由此更爲困難。中國政府之不爲人民爭失地，而惟增加捐稅，致民絕境，此種自殺政策，寧不可歎可憤？謝君係縣屬第五區春田村人，距長坡市二里。該村戶口共五十，其中業農者四十，三十五戶爲自耕農，五戶爲佃農；此外十戶則爲土木工。田畝共一百畝，無祖田，無副業，平均每家僅得田二畝半。農家負債者居十分之七，村中生活甚爲困苦。該縣農村經濟由此足見一斑。午後一時二十分，告辭，搭船返原籍樂會調查。由加積至樂會縣治，二年前本有汽車兩輛專供往來，今則因農村經濟破產，車牌費及附加費過重，以及軍隊縣府時有封車而致停業。往來貨物，遂多改用船運。一點半離加積，往市之南門溪頭搭船。船費僅二十個銅仙，行三十里，亦云廉矣。時順水行舟，約四點三十分抵縣治。余家距縣治僅五里，時金烏尚高，遂不往縣治而直回家。行行重行行，未及家門，已見三數孩童，跳躍叫喊，欣然歡迎。陶淵明之賦歸去來辭，歸者之景象即如斯耶？然將及三載未歸之余，鄉音覺改變多矣。屋之因去年颶風吹塌，未修葺者有之；修葺後新舊牆園顯然分別者有之；樹之昔爲亭亭玉立者，今則不復見矣。唐賀知章詩云：「少小離家老大回，鄉音無改鬚毛衰。」所謂鄉音無改者，豈非斯人語乎？

○……○早起，八點既用膳，遂啓程往縣治。由此往

○……十四日……○縣治，原有路二條：一爲田疇路，一爲山嶺路。山嶺路則多行于雨天，以田疇路一經雨下則泥濘難行也。今日因日前雨水未乾，故行山嶺路。山嶺多崎嶇，行頗難，歷約半點鐘始抵南門青塘溪頭。溪名加積溪，又名萬泉河，有二源：一發源于五指山東面，由晴嶗峒出思河嶺，會諸黎水至樂會峻口；一發源于境山黎婺嶺，向東南行，會峻口水至石壁市；至嘉積市，入樂會境，分爲二支：一繞樂會縣北稱萬泉河，一繞樂會縣南稱流馬河或南門河，即余今所經之溪水也。河水至縣東北雷撲山下，二支復合，與龍滾河相會，經博鰲港入海。長凡三百餘里，爲樂會內地水路交通之主要者。溪爲沙底河，嘉積市以上，沿岸山邱，溪岸甚少崩卸；溪水深淺不一，及樂會縣一帶，則溪之深處丈餘，淺處一尺，溪面寬百餘尺，窄處約十餘尺，多雨則水高漲至二三丈，成爲水災；亢旱則水淺，殆可徒涉。故沿岸崩潰田畝甚多，河道時改。由此至縣治約一里，水路半里，沙路半里。若天氣炎熱，則沙熱如火，炙足難行。今日幸日光微弱，行尚便利。九時抵縣治，少息，遂訪夏縣長。縣長係江西人，就任已有六、七個月。余以樂會爲故鄉，于請求縣長發給公函令飭所屬保護及予以便利調查外，對于地方治安，農村經濟等情，詢問尤詳。據云，治安方面近來尚稱平靖，惟與萬寧交界一帶，則稍成問題。農村經濟方面，則第一、二區經濟狀況可謂完全相同，三、四區則稍差異，第五區則又大不相同。第五區在二年前原爲共匪區域，聞該時到處房屋殆成灰燼，田畝荒蕪，鳥獸絶跡。然其土地肥美，田畝多衆，殆爲一縣之冠。余地讀縣治，多山嶺樹木，致治安上稍成問題耳。余此次頗想調查該區農村經濟之特況及考察該區亂後所留之遺物，惟因治安問題，不克前往，遺憾良多！與縣長談後，覺時尚早，且余係本地人，關于地方情形，非常關切，頗希其改善，因就在省所聞，詢諸縣長。茲將其中一段關於鄉長選與圈定之問答，錄之如下：

余：鄉長選舉後，是否由縣長圈定？

縣長：然。

余：聽說縣長所圈定者多爲票數少者，願聞高見。

縣長：然；君亦詳知，票之多者，每多由運動或威迫而來，故余出此法。

余：誠然；然則縣長實獲確證乎？就兄弟所知，如第二區鄉長選舉則未必盡然。

縣長：默然。（有難色）

余：然則如此，票之多少既不能爲圈定標準，明矣；而選舉亦無須選舉明矣。

縣長：仍默然。（色更難）

余：以兄弟見解，與其如縣長所圈定，不如先將送來人選之鄉長名單，調查其出身，履歷，然後擇其品格學識較優者而圈定爲善。然否？

時縣長色更難，不得已乃飾辭以解之，遂告辭。夫鄉長乃與農民最接近者，鄉之自治成功與否，實具重要關係；今乃如此圈定，其全縣自治前途，能不悲觀乎？午後候縣長指令（飭所屬保護及予以調查便利令）至四時半仍未到，乃悵然而返。

（出自《琼农》第十二期，一九三五年）

瓊崖考察記（五）

林纘春

〇……十五日……〇

是日朝降雨，甚大，至晌午猶未息，因暫留家中。時村中父老（村外人亦來）有來坐談者，每以區中辦事糊塗、黑暗告。區中委員係由縣長指定，所指定者，均由不正當方法而來。全區徵收開辦自治及後備隊經費，迄今數月，從未結數，亦未公布於衆。間有稍具勢力而欲清查數目者，則免其所出，甚至其村亦全免。隊兵下村，莫不叫囂乎東西，隳突乎南北，殆如宋柳宗元捕蛇者說中所謂譁然而駭者，雖雞狗不得寧焉。敢怒而不敢言，農民苦矣！晚六時，忽里長吳君交來田畝調查表，并謂縣長限期五日填報，請快填寫，狀甚驚惶，又似埋怨。復問余廣州各處有調查否？如何填報爲好？旋又有外村副鄉長來，亦以此問。余俱一一答之，并取表觀，聞里長有說明書，填報須知否？答以無有。余查表中有最令人懷疑者，莫如所定墾田（田之肥美而永年有水者）六担（穀連禾一百斤爲一担）半爲一畝，水田八担餘爲一畝，陸田十二担餘爲一畝。查樂會縣屬田畝係以「担」爲單位，所謂「担」者，係指田之面積而言，其所由來，今雖未明，然據縣教育局長黎拔萃君云，瓊東田畝，係以刻工爲單位，一日三刻，三刻工即爲一畝，其一刻工等於樂會五担田，故一畝田當等於十五担田。準此，則縣長今所定者，竟不知根據何物爲標準。憶余昨日會縣長時，關于此事有作如下之談話，今特錄出，以証其糊塗。

余：縣長現兼田畝調查主任，在此開始調查當中，究以樂會習慣上所定田畝單位之「田担」多少爲一畝？

縣長：約三四担爲一畝。

余：將來如何定畝標準？

縣長：開會議商量。

余：依兄弟意見，不如先將一二塊田，派可靠之測量人員，實地測量該田担數等於畝數多少，然後準此類推，較爲合法。

縣長：君所言誤矣。蓋田之良者所獲担數必多於劣者，同爲水田，其所獲亦有異，安能以此爲標準？且同爲一地，因雨量之不同，而一年中收穫亦異，豈此所能爲法乎？

由此觀之，可知縣長對於田担之糊塗矣。余當時以其誤以「担」爲收穫之結果，故忍不與辯。今觀其所定墾田，水田，陸田如此，知其錯誤也無疑。以此爲標準而調查田畝，其所得結果可靠乎？中國農民素愚昧而固執，視調查田畝爲洪水猛獸，今不先宣傳解釋，其所行能保順利乎？且農民智識淺陋，之無二字識者尙少，其甚麽業戶、佃戶、畝數等名詞，並無加以解釋，又能保其不塡錯或誤塡乎？時余觀表中，尙有未明瞭者，因問里長曰：「汝識塡否」？曰：「不獨余不識塡，卽鄉長區委員亦無識塡者。故余特來請教」。余曰：「然則如此，豈非笑話？待明日余詢明縣長再設辦法」。時夜已深，里長等去，余亦就寢。

○……十六日……○

是日天仍雨，不能出門，悶甚，聊覽黃強五指山問黎記以消遣。

○……十七日……○

天色稍晴，然仍陰陰欲雨。余以時間關係，決定往縣取回指令以便調查。九時，朝餐畢，卽借堂兄纘海往縣治。是日行山嶺路，所經低窪處，仍泥濘艱阻。途次，余終脫鞋赤足以抵縣。抵步後，取回指令，幷擬以昨日所觀田畝調查表中有不明者，請教於縣長。縣長因怪余日前所言有難於彼，乃託病派秘書長接見。余以不得要領，旋卽告退。及歸，經南門青塘村，入鄉長王開元家，詢田畝調查情形。時鄉長正與數農民忙於塡表，枱上表格，零亂堆積，扯破多張，余因知鄉長亦不識塡表者。臨行時，余請其將表彙集後，暫借余參考。余等出村後，轉向第二區公所辦事處。蓋余欲知區中辦事情形，并請其保護以利調查也。區辦事處設在葵嶺坡青塘園村黎姓國民學校內。該校因共亂時停頓工程，今所成者屋二座，門窗各部均未竣工。余到時，登樓，有區委員黎君者由睡房中出而招待。査區中有委員，凡五人，除招待余之黎君及對面國民學校內兼教學之黎君二人外，餘均不在。余周視廳中，目極四壁，惟一椅形枱，枱上置茶壺，及壁上貼一張全區戶口表而已。區辦事處樓下有花轎一，余初怪其為玩物，及後乃知區中現在改良婚姻，凡娶新娘者，務須來區以五元租花轎迎親；否則，一經發覺，依法嚴辦，決不寬恕。瓊崖自民十四五年後，各地因感昔日婚姻之繁縟，而廢除鑼鼓、花轎、八音等。凡昔日耗銀叁百元者，今則百餘元可辦，昔日費時七日十日不等者，今則一日可完，節省冗費，愛惜光陰，莫善於此。今舊者繁者乃提而倡之，其用意何在，豈局外人所能知耶？

旋告辭歸家。晚餐後，令弟輩們溫習日讀功課，（時鄉下秋季已開課），並口述淺近語，使之筆記。諸弟中，大者十二三歲，小者七八歲，其所筆記多不訛，惜所最易錯誤者，為「個」「的」二字。瓊音兩字同音，讀如「昔」。諒因教者解釋不透澈，致有此種毛病耳。

（未完）

（出自《琼农》第十三—十四合期，一九三五年）

瓊崖考察記

林纘春

十八日是日天氣清朗，惠風和暢○早九點向東出發，調查北山、北岸、嶺頭、大洋、青塘園等村○行四里餘，抵葵嶺坡二區公所辦事處○時辦事員多不在，僅兼教學之委員黎君招待，並派隊兵一名導路○余等再東行，沿途路線蜿蜒，有坡地，有田塍，地低田水溢流，多所被淹○是時余所著之白帆布膠鞋，已盡濕而黑○又約四里，抵北山村，入鄉長許君家○鄉長爲中年人，時正與里長商田畝調查塡報事，見余到，甚驚訝○余告以來意，並出示縣長指令，始怡然安心○村距縣治約八里，共一百五十戶，咸業農，其中自耕農有一百三十戶，佃農二十戶○全村田畝共二百八十七畝，外有祖田四十畝○農民于耕種外，復執手工等業，或遠離鄉井出洋做工，以維持生活○村中農戶負債者，占全數十分之四，尙可稱爲中等富力農村○時里長某亦在座，吃吃每欲與余談，余因就其村狀況而問焉○里長係嶺頭村人，爲人口吃，著企領西衣，似係由南洋歸來者○村中有戶口四十五，亦盡業農，惟自耕農少，僅十八戶，佃農最多，佔二十七戶○村中農田極少，祇九畝，外有祖田十五畝，農民雖多租耕祖田，然亦難以維持生計，故其苟延殘喘于負債纍纍之下以生活者，竟佔十分之七，該村之貧苦，於此可見一斑○據云二年前該村之水田因沙美海水（此地有村名沙美村，近海，故海因名沙美海○）淹沒者，十之八九，永年不能耕作，該時農民生活，更爲不堪，今幸村民戮力捐欵，幷得縣政府之助，完成基圍以禦水；否則將不知如何設想矣？時午後一時，余等辭行，出見沙美海灘，映日緋紅，景殊美麗○由此往北岸，約三里，盡田徑，且地低積水，深處數尺，淺處亦約一尺，若非熟識路途者，必爲所迷○余因同行堂兄識途，遂許鄉長家時，乃遣去隊兵，此爲避免農民見疑，利於調查之故，詎意堂兄至此，竟茫然失路○其所行蹊徑，非水深二尺左右者，卽途徑狹小，泥滑難行○余素不慣行此路，是時蹇滯蹭蹬，蹶躓者數次；正千鈞一髮時，忽有水蜞，大如母指，向余奔來○余生平最怕此物，憶髫齡時，鄉間玩水，爲一水蜞所嚙，心中忡怔不安者數日，不覺悚然股栗○急飛步，欲速行，不意一時不愼，躓然顚蹶○時堂兄行前，不知，因不覺戞然叫曰：「跌倒矣」！時衣裳盡濕，手足皆泥，其狀之狼狽，眞有不可以言喻者○然而余向前之心，未嘗稍挫○二時半抵村

○村屋密列，徑小而曲，非慣來此村者，莫辨途徑○余等幾經設法，始覓得友人何君家○時村中正爲縣府田畝調查而恐慌，見余所問，多不肯告，以爲余係縣府派來暗查者○余盡露來意，並效蘇秦三寸不爛之舌以說之，始得村中情況，然亦苦矣○可知我國農民見識淺陋，習性頑蔽，保存秘密之心思，牢不可破，且加以執政者多以農民爲魚肉，欲得其據實相告，雖親至親戚朋友亦莫可得也○此村距縣治約十里，共八十戶，皆業農，且皆爲自耕農○田畝共約二百六十六畝，外有祖田三十畝，田皆低地，美而肥，故價高，每畝約值一百五十元，村中經濟因較前兩村爲優○約一小時，乃告辭出村向大洋村而行○約三里，達村○村稍小，僅五十五戶；少田地，約一百一十畝○是以佃農較多，佔全數十份之三；且其土壤多砂，地瘠，種番薯者頗多，村中經濟不甚發達○須臾，出村向西行，約里許至青塘園村○此村大，共約百三十戶，業自耕農者一百二十戶，佃農僅十戶，村中多祖田，約一百畝，佔全村私有田十份之十一點五○村民多租祖田耕種，祖田租法，係取投票法，亦有取輪流法者，租金係錢，每畝田出產十二元者，租金三元五角，較之租種私家田者，約廉一倍○村民於耕種外，復多養猪，以其土多砂質，宜於種植番薯也○晚五時餘出村，遇雨，但不大，然而抵家時，身幾濕盡矣○

十九日　晨九時向東行，三里許達蓮塘村○村盡黎姓，約二十餘戶，與青塘園村隔半里水田，合稱爲青塘園村○其經濟狀況已詳於昨日調查之青塘園村中，今不再贅○不過予此行乃爲他故耳○余在村中周旋至午後二時餘，始啓程往鰲頭村○鰲頭村距此約二里，隔有溪，名龍滾溪，卽與加積溪會合經博鰲港而入海者○行約里餘，忽遇雨，傾盆大降，急開傘禦之，行至溪邊，呆立待舟○時值淫雨數日，溪水大漲，且流急，溪雖大不過四、五丈，而需時約二十分始渡○抵村後，入親戚家，雨歷約二小時始息○此村有屋百餘間，(每屋一戶)皆業農，田地多，其經濟狀況尚佳○近年來由南洋滙欵回村建新屋者，共七、八間，俱中西合璧式，宏壯而美麗○村中有初級小學校一所，學生約數十人○校舍建築壯麗，爲全區之冠○村中一般狀況，由此可見○晚六時在親戚家用晚餐，旋辭行，由親戚派兩人爲余划船過溪○時溪水高漲如故，沿溪農田，悉被淹沒，船過時，禾梢拂船作沙沙聲○抵家後，出錶視，不覺已七句鐘○

廿日　早起，九時朝餐，旋向東西行，經雙榜村，里許，達沙坡村。此行途程不過四里，所行者盡爲田徑，多濕而泥濘。時余提鞋跣足，愼用足趾緊踐，蹣跚而行，狀甚艱苦。因思鞋之爲物，原爲便於走路，效用頗大；今則失其所用，宛如廢物，豈蛟龍失雲雨，亦如蝦蛄耶？十時許折向東行，二里許，達田龍村，逕入村初級小學校。該校係余友陳君器民長其事，校舍爲舊式祠堂，陋而狹。學生約數十名，設備尚稱整齊。此村與沙波，雙榜兩村合稱龍坡鄉，戶口共二百，全爲農戶，其中一百戶爲自耕農，六十戶爲佃農，四十戶爲傭農。傭農有家室，世業土木工，與各地之隨處雇工者不同。鄉中水田共二百六十六畝，外有祖田八十畝，佔十分之三有強。每畝田五年前值價一百八十元，今則僅值一百五十元。全村負債者占總數十分之六，但由上記佃農傭農數目觀之，其數並不爲多。零工工資平時不供飯，每日大洋二角(男女同價)。工值之低廉，爲內地諸省所罕覯。余友陳君爲余備飯，殺一番鴨作餐。俗例以鴨餉客，最爲尊敬。蓋鴨之肉美而味香，較之雞肉勝十倍也。瓊崖俗語：「文昌雞，加積鴨。」加積之鴨，多來自樂會，瓊東兩屬，而尤以樂會種爲最優。萬寧亦有鴨，然較劣；此外各屬殆無有鴨種可言者。飯後，談約三小時始啓程向前壇村出發。前壇村居縣北，隔一水，名曰加積溪，距此約四里。余出村後，行不遠，忽遇雨，甚大。時剛渡溪，船難行，歷約二十五分始抵對岸。登岸後，急行，路有石礫，刺足作痛，行頗苦。少焉抵村，周覽一過，似無特異處，故無記。旋出村，取途回縣治。寓宿福興號，預備翌晨買舟下北鰲港考察。

廿一日　凌晨起床，盥漱既，步至南門溪畔乘船往北鰲。由縣治往北鰲，三、四年前本有汽車專司往來，近則因農村經濟破產及他故而停頓，其所有搭客貨物均已改用船往來。此途程，共計三十里，車行三十分可達，船則順流需一時餘，逆流需二時餘。船小僅客五、六人，上蓋竹編船蓬，船夫一人可行。時晨光熹微，清風襲人。船沿河道，蜿蜒而行，其所經村落，均椰樹雜佈，望之青葱映水，令人忘懷。須臾，聞海嘯，其聲隆隆然，震人心魂。因知距海港不遠，乃舉首探望，忽危壁矗立，峨然當前者，諦視之，乃十數帆船，掛帆停泊港口，於晨光朦朧中，自船蓬內窺望不明所誤也。時船中已備飯，因恐抵岸時用膳爲蒼蠅纏擾，（此地捕魚，故多蒼蠅）乃艤舟灘外一小洲汀上，效童子軍野餐法而舉食焉。北鰲市爲樂會縣屬收入最大市場。位北鰲港北岸，萬泉龍滾兩河下流，扼東路一帶水運要道。所有樂會全縣，瓊東縣南，萬寧縣北，及定安之西南隅出入口貨物，道多經此。五年前貿易總額約一百萬圓以上，近則因農村經濟破產，昔所輸出最大宗之土產品，如椰子、檳榔、藿香、紅白藤、益智、木材、生猪、蜜糖等，日形減少。全市舖戶共二百餘間，專營生意者，僅百數十間。房屋簡陋，街道湫隘，初到者多不知其爲縣屬收入最大市場。市外有港，名曰北鶯港。港寬約三十丈，港口時因流沙而變更，船隻極難出入，非深諳該港情形者，不易駕駛。平時有一、二千担之船約三百艘往來其間，近則減少，僅存百餘艘。港附近多灘，多積成小洲汀狀。其中有一小洲汀，上搭有竹編之屋舍共約五、六十間，其中除少部分爲漁戶住屋外，餘則均爲商店，專與漁人交易。其屋廣約丈餘，長約四、五丈，高約數尺，狀甚簡陋。捕魚時期，每年由三月至七月止，此時期中，各處漁船多蝟集於此。五年前約有漁船數百艘，近則僅存數十艘。時期過後，所搭房屋，均拆一空，及至第二年又從新編搭。余至時，正在烈日當中，全洲沙灘，騰騰發熱。細沙入鞋，行頗難，因去之，而砂熱炙足，尤難行。汀上有烟館一，嗜芙蓉癖者十數人吞雲吐霧于其中，又有公娼數名，狀極妖冶。餘則賭博，觸目皆是。中國人之怪象，盡暴露于此矣。市西南里餘有椰園，廣約五、六十畝，地係砂質，臨海，據云椰樹種後迄今二十餘年，從未結實，其高僅及一丈，經營者已心灰意冷，不加管理久矣。查椰子性喜鹼性壤土，此地雖近海，屬鹼性，然而土盡屬砂，質磽而瘠，其不能長大結實者，職此故也。經營者不先明瞭土質，致有此舉，良深可歎！余抵市後，由親友引至附近東頭山村調查。該村距市僅一里，共十四戶，其中業農者十戶，盡自耕，餘者均業漁。全村水田共約十餘畝，平均每戶不及二畝，且地屬砂質磽瘠，生活更爲困難。全村負債者竟占十分之九，爲余調查數十村中最貧窮者。村中有高級小學一所，名東山學校，爲公立。校舍建築壯麗，昔爲有名小學，近則因經費困難，辦理不善，聲譽日落，大不如前。下午三時離市，乘所乘來之船返縣治。時適下雨，船逆水行，頗慢。搭客中有恐日黑者，因出而効力與船夫共划。幾經多勞，五時始抵縣治。余亦匆匆返家。

廿二日　是日精神疲勞，暫息家中，流覽各種書籍以爲消遣。

廿三日　朝降雨，傾盆數小時始霽。瓊崖雨量，比較廣東內地爲多，其最多時，爲陰曆八、九、十月。余自返家以來，一連十天，殆無日無雨，而雨降時，又多在午後，是以夜間天氣特別凉快。是日早，余登屋背山岡瞭望，一片田禾，幾成澤國。予家鄉晚造插秧期，係在陰曆五月左右，故此時田中稻禾，正放穎花，忌雨過多；今忽遇此大水淹沒，其收穫量減少或至失收，不言可喻。晚四時水雖稍退，然余終日不能越雷池一步，惟寂坐家中閱書以解悶。

廿四日　天氣稍晴，爲陰曆七月十五節期，村中各家正忙于過節。余因暫停調查，以覩村中過節之熱鬧。久別家鄉之余，值此情景，其中樂趣，惟有與余具同一境遇者知之。及晚，余家四宅小弟侄們，爭放天燈。歡聲高呼，震動天地。是晚天高氣清，玉兎照曠野，百步見人。空中星星天燈，遊行天河，時明時晦。坐觀此景，令人神怡。

廿五日　早起觀天色，似陰陰欲雨。是日仍停止調查工作。夜再觀各弟侄們放天燈。諸弟侄中有年紀稍長者，每見外來之天燈墜地，則隨同村中童子，呼聲爭拾。其拾着者，則携回家中取油再放，活潑快樂之狀，令人油然羡慕！人生快活，願常如童。憶余少時，此時此日隨從各兄長之追拾天燈，正與今同；曾幾何時，已不復爲此矣，寧不令人興悲？

廿六日　晨八時許由家向南行，約四里許達白鳩村。時因水初退，沿途未乾，泥濘難行。途次經小溪，溪旁禾稻盡被水淹敗。其折倒於田中者有之，未倒而蒸落葉帶汚泥者有之。災景觸目，不下百數十畝。際此農村經濟破産日趨嚴重之時，米珠薪桂，如何了日？查此區（第二區）每年八九月間必有水災數次，大者則洋洋數十里，小者亦淹田百數十畝。水利排泄之不良，迄無解決，良深可慨！

白鳩村爲縣南第二區最大村，共約二百餘戶，盡姓黎。村中富祖田，僅近兩三年來，變產而賣者，共約三、四萬元。清時村民恃大姓，恣肆橫行，頗極一時。今則時日不同，其蠻橫之舉，亦遠不如昔日之暴矣。時余周行村中，約至午後一時始返。

廿七日　早八時三十分向西行，約二里許始盡田路，經立君村，達萬州嶺。嶺廣而不高，起伏多折，世以爲富風水，爭葬吉地，因而起訴訟者甚多。未幾，過嶺，經家昌村，至中原市。市舖較縣治多，共約二百間，二、三年前曾經共匪焚掠一次，其遺跡迄今已滅。街道廣大，房屋整齊，爲縣屬最繁盛市場。余抵市後，隨到第三區公所，遇委員翁文案君，述來意，得翁君介紹往市外咖啡園參觀。園距市約半里，廣約八畝，中央闢種雜粮，咖啡則圍其周而植，廣約六畝，共一千株。其種係阿拉伯種（Arabian Coffee），高五、六尺，茂而壯，殊爲可觀。種植方法，係育苗移植，每株距離約六尺。定植後，每年除草二、三次。施人糞尿，則年分三次；第一次施人畜尿，第二次施人畜糞，第三次又施人畜尿。因其所施淡肥過多，是以樹勢盛而少結實。余告以其後當注意施肥，施時宜視樹體之大小於樹梗之遠近（小者可直施於樹根）周圍掘穴施之，覆以表土；大約大者可距樹梗二呎處，用鋤圍樹周掘數小穴，長約二呎，深約一呎，濶約一呎，將肥料施入，以雜草或表土覆之。肥料當多用混合肥料，若不懂利用化學肥，則用人畜糞混合綠肥施之亦可。此外，余再告以剪枝方法兩種：一曰摩擦法、卽當二級枝(Seecond ari) 或其他無用枝幼時：或將出芽時，以指與姆指擦去之；二曰剪截法，卽當二級枝或其他無用枝長成時，以剪刀截去之。盖咖啡結實主要在初級枝(Primaris) 初級枝卽主梗旁所發出者，二級枝卽初級枝之旁所發出者。此等二級枝不能結實，惟徒耗養分，故當去之。其他如截去樹稍，以限制樹勢之高大，便于採果，增加產量，及避免暴風等，余亦一一詳告之。據云現已出產，惟其量極微，僅供贈友之用。午後二時許，天忽降雨，歷久不息。余以時間關係，遂冒雨至家昌村親戚許氏家用飯。四時雨猶未息，不得已，又冒雨返家。及至家而屋中已點燈久矣。

廿八日　凌晨離床，盥潄畢，檢拾行李，八時餘用早餐，旋啓程赴海口。久別而留連未久之家鄉，又從此告別矣。因私事故，取徑經葵嶺坡第二區公所辦事處。離家未及半里，忽天降大雨，淋漓盡濕，及至區公所，已渾身已同落湯之雞。雨愈下愈大，歷時時餘始息。正午始抵縣城，謁夏縣長辭行。縣長又託病，派教育局長接見。余自返縣十餘天，訪縣長僅三次。首次縣長親自接見，再次派總務科長接見，三次卽今最後一次派教育局長接見。盖其所以如此者，實因余初次接談時不客氣忠告以縣中辦事人員之黑幕，有以觸其尊意不滿之故也。余以忠言逆於耳，僅與教育局長接談一二句，遂忿然告辭登船赴海口。午後一時三十分，搭往加積船；但船以客少不卽啓行。時天降細雨，霏霏愁人，且溪水流速，若不早開船行，則至加積時天黑，恐難上岸。因與銀四角一人包船開行。二時離岸，北向加積行。因逆水且急，船行頗慢。時余坐船上，嚼食點心而流覽所經山水，足悠然興懷也。船經牛頸（瓊音讀作Tou）灘，水最急，其速如箭，船夫揮竿前後（二人）共划，竿長丈餘，每舉一竿，顫顫作動，經時十分鐘始脫其險。聞云由此至石壁，一船四人猶不能行，其速度之急，較此十倍。太白詩謂「千里江陵一日還」，卽如此者乎？六時抵岸，僱挑夫担行李入恆裕興止宿。此行共程三十里，計時四小時，較之日前由加積至縣治順流而下，需時時餘，相差數倍。

廿九日　九時早餐，十時謁瓊東縣李縣長，適縣長病，由秘書某君接見。予由文昌至加積謁李縣長時，曾與秘書會面一次，故此次無須詳告來意，即要求秘書派人引導市區附近之農村調查。秘書乃派建設科長某君介紹予於第二區委員黎君於區公所辦事處，由黎君着該區鄉長某引予往霞坡村調查。該村距加積三里，共五十六戶，其中五十一戶業農，五戶業商，自耕農有四十二戶，佃農有九戶，兼業土木工，全村水田有二十六畝，均係砂質壤土，地位高，少水源，故五年前每畝於經濟狀況佳時祇值價四十五元，今則只值三十五元。農家每戶平均有田不及一畝，最低限度生活本不能維持，惟因農民多僑居南洋，一面可以減省食糧，他面可以滙欵彌補，且村中又多業紙工業，故其經濟狀況尚佳。村中屋宇中等，男女裝束，概與文昌樂會各縣無異。故無特殊情形可紀。旋返市，再訪委員黎君。據談該縣近三、四年來，農村經濟破產日甚，昔所出產之椰子、猪、手工藝竹器等，今則絕無僅有。該縣人民，除一部分出洋謀生外，大半耕種。今南洋經濟既不景氣，而內地農業又趨衰落，際此時期，農民生活之困難，固不待言。其後黎君復告以彼村農村經濟狀況。予俱一一記之。該村各種狀況並無特異，惟其中有一足述者，即該村農民之副業爲土器。據云一年中農民于耕作之餘，可作七個月土器工作，每月每人可獲利六元，全村每年可出土器值洋二千餘元。其收利之厚，足堪彌補收入之不敷。瓊崖農村倘能各就其村中情形，如斯村營一種手工、蠶絲、畜牧等副業，予意其際此農村經濟破產之時，或可裨益不鮮也。

三十日　凌晨六時三十分乘車離加積向北駛。清風拂面，爽快可人。三十六里至大路。沿途皆荒地，千里平坦。土壤係粘性褐色土，質頗鬆疎，風化程度亦甚透澈，斯由於路旁所開闢之溝渠，斷而可知。再十八里達黃竹。沿途景象如前，惟於黃竹附近一帶則有農民利用其土以種陸稻、木薯、荳種、甘蔗等旱作物。車過時，農夫數十正緊工作：有犂舊地者，有另闢新地者，有以鋤鋤地者，狀極勤勞。由黃竹轉車向東駛，十六里入文昌界，復向北駛，十七里至文昌屬之蓬萊市。此段所經，土質如前，惟荒地則減少，地勢微有起伏，農作物除前數種外，加種菠蘿、椰子、竹類等。蓬萊附近，有新闢菠蘿園，規模狹小，以荒地面積比例之，有如滄海之一粟。由蓬萊再向北駛，未及半里，入瓊山境。三十一里至大坡，由此經文嶺、三門坡，三十三里至龍發。出龍發十五里，轉向西北駛，十四里抵雲龍。沿途地勢起伏，荒地較少。雲龍市外植有加利樹，面積約二、三畝，似爲預備作馬路樹之用。又出市約一里，路旁盡植有加利，高約一、二丈，隨風飄搖，似弱不勝衣者。考有加利性喜低濕，小時樹身細直軟弱，植於高原地方，少水多風，似不大適宜也。再向西北推進，未幾，見路旁有兵士猌者數十修整電話線。其工作種式：掘穴者有之，豎電話柱者有之，引電話線者有之，擔梯上線，凡修整電話線者，無不俱備。分工合作，井然有序。惟其中有三數兵士摧砍舊種而已出新芽之紅棉電柱，則不勝驚訝。蓋紅棉爲南中國特產，以之種於路旁，既可爲電柱，又可爲馬路樹，一舉兩得，莫善於此；今乃爲豎新電話柱而砍之，謂其爲不合乎電話柱之用，曷不留之爲馬路樹。其用意之所在，誠百思莫解也。十三里，達潭口對岸，車停，搭客均紛紛下車用膳。由此往潭口，隔一河，名南渡江。江廣約十餘丈，流砂甚多；江長四百二十里，有三源：東源濫觴於英哥放嶺，西源濫觴於白沙嶺，南源濫觴於三主嶺。沿江少森林，水無涵蓄，一遇大雨，則江水暴漲，溷濁不堪；數日不雨，則又陡落。漲落之間，相差每至二、三丈之遠。下流自定安以下，直至海口，每患水災，沿岸農村，受害不淺。此處設有小電船一艘，專拖浮渡，以利行車之用。是日車候渡江者十輛，渡江一次，僅限車二輛，需時（來往）約二十分。予等候至約一小時始得渡江。渡江後折向正北駛，沿途土壤盡屬砂質壤土，與未渡江前所經者大異。車沿江行，江水青麗，三數帆船行駛其間，亦頗有興緻也。十一時半抵海口，仍寓僑安旅店。此行計程二百二十六里，需時四點四十分。抵步後，卸妥行裝，洗澡，旋以電話通知韓君宗浩，林君猷英，請來傾談。晚四時忽遇黃聞百君，遂偕往用膳。五時，韓林兩君始來訪。林君係濶別舊雨，偶而相逢，良用忭慰！遂相偕與韓黃兩君出外散步，並獨留林君同宿，以續剪燭西窗之舊話。

卅一日　晨六時起床，候車往儋縣調查。八時蘇君掄秀乘車來接。蘇君係儋縣人，此次剛由省返瓊就瓊崖綏靖公署新設立之農林講習所教席職，余於作日抵海口時由陳君鎮亞通知，相遇於僑安旅店，遂相約今日啓程偕往儋縣。儋縣居瓊崖西隅，地僻路遙，且言語又異東路各屬，調查上頗爲困難，余正憂焉，今乃得蘇君偕行，一切自當利便，未免轉憂爲喜也。余購妥半票三元票後，登車。時車載貨甚多，搭客擠擁，余幾經設法，始得車後座一位。須臾，車出海口向西駛。行約二十里，見路旁某處標有「游泳場」三字並畫一箭嘴指向海邊之木牌一，始悉該海濱卽爲海口游泳場地點。海岸上搭有棚二、三座，內容如何，不得而知，惟其外觀上似甚簡陋，以視廣州東山水上游藝場之建築設備，實有雲泥之別。數里，又見路旁豎有同樣之標誌，其上爲「痲瘋院」。院址距此約七、八里，瀕海人跡罕到處，新建有房屋二座，爲南洋富商胡文虎先生捐助大洋式萬圓，省府撥款數千元建設而成。聞云已收容男女瘋人共六十名口，現在擴大建設，儘量收容各縣瘋人，其工程約在本年內開工加建。再數里至一處，地勢不高而多山石，其所佔面積約數十畝。石狀甚奇，有起有伏，有虎踞而坐者，有相累而伏者，不能盡詳。宋柳宗元所記鈷鉧潭西小丘記之石，爭爲奇狀者，恐亦不過如斯。少頃，達列樓，八里至豐盈。兩墟附近咸多村落，其大者三、四百戶以上，小者亦約百餘。村外各以石築牆，圍繞全村，圍牆上每距一定尺寸處必有一穴，穴似槍穴，爲禦敵之用，而屋之牆壁有作圍牆者亦同。可見該處往時治安之問題也。各村房屋均用石築。圍牆中植以椰樹矯木類等參雜其間，遠視之宛然別饒興緻。村民往來工作，均穿黑色粗布衣裳。衣長而郎當，頗爲奇異。此外舉凡一切，莫不迥異于東路一帶；到過東路者，一到此地，無有不驚奇瓊崖東西兩路人民經濟上，生活上，文化上種種之大差異也。豐盈屬澄邁縣，此行十里遂至澄邁舊縣城（名老城）。舊縣城因水土劣，於前清光緒間，遂遷金江市。現房屋簡陋，戶約百餘，車過時，適市，村民多交易於馬路之旁，其衰落之情形，尤可窺見一斑。車過小橋，二十三里至白蓮。白蓮市尙大，車僅由其旁過，詳情莫悉，經白蓮後，一路廣坡荒蕪，如入不毛之境。四十五里折向西北行，經惠群亭，至福山。福山非墟市，係村落。路旁設有飯店二間，用泥草築成。往來海口那大車者，經此無不停車用午餐。此非因其物美價廉，乃在其地點處於二市間之適當處耳。飯難食，余與蘇君僅用兩碗飯粥，聊以充饑。出福山四里，入臨高境，折向西南行，九十八里至和合。和合爲臨高第二市場、距縣治南九十里，爲縣南及黎峒之出路。周圍約一里，市街不甚整潔，有洋樓數間，居民約一百五十六家，商店約十餘間，貨物輸出以米穀、牛、猪、豆油爲大宗，牛皮、鴨蛋、赤糖等次之。每年貿易總額約十餘萬元。自和合再向西南行，十一里經龍闌，十四里至和慶。兩市均小，屋宇簡陋。由福山至此，計程一百二十三里，沿途盡曠蕩荒坡，地勢平坦，無水源。荒涼之狀，令人驚奇。回瞻東路一帶，車路所經，尤其由文昌至樂會一段，無不村落接續，田疇毗連。和慶屬儋縣，西出十三里遂至那大。此段地勢，微波起伏，樹木暢茂，村落較多，比近那大而尤甚。那大不獨爲儋縣東南要市，且爲西路一帶唯一市塲。距儋縣治東南一百二十餘里，商店二百餘間，輸出品以米穀牛猪爲大宗，每年約十萬元；豆油、赤糖、烏豆、鴨蛋、牛皮次之，約七萬元；山貨則有椰玉、籐皮、鹿茸之類，約五萬元。以上共計二十二萬元，爲數之鉅，頗足驚人。市民甚複雜，由其言語可分爲廣話、艾話、鴨屎官話，儋縣話，臨高話，瓊州話六種。市面六種話均通行，但以廣話，儋縣話，瓊州話爲主要。市內有高等小學四所，因言語之不同而各自設立；惟美國人所辦之福音堂一所，則各種學生均有。可見該處人民，彼此情感，仍不相融洽。市附近地區多平野，土質鬆黑，宜於墾殖。近來外來人民，日見增加，在此置業經營者，尤爭前恐後。該處發展之日，屈指可待也。市外數里有樹膠園，再遠有咖啡園，錫鑛公司，金鑛公司等。瓊崖農林事業有規模之經營者，那大可爲首屈一指。予到時已午後三時二十分，蘇君因欲趕車到縣治，是以不能一一考察。四時十分，蘇君出高價僱車一輛往縣治，搭客共九名予與蘇君各承認車費二元，餘各客，各僅一元（此路線車價係一元）。車向北駛，約數里，忽見樹膠雜然與各樹爭茂於車路兩旁。膠園之廣約數百畝，盡印度樹種，高約三、四丈，已有膠出。惟因治安問題，無人採割，故雜樹繁茂其間，狀甚荒蕪耳。車行不遠，遇路因水濕而爛，車不能行。下車推，費時二十分始過。二十八里至洛基。洛基市不大，以附近土壤肥美，不下那大，故遠來置業經營者亦不鮮。洛基出，地勢復趨平坦，沿途多荒地，長灌木。時天將黑，落日向行車，車夫因趕途，開快車，一時不慎，車忽陷路溝，砰然高躍，搭客心胆俱碎。二十五里至長坡市二里外北門江之對岸。時江水淺，徒步可涉。江多流沙，濶約六丈，築有三合土之路二行以通行車。惟路低而狹，（每行寬約一尺）東岸地高，尚可見途道，西路則水淹數寸一尺不等，茫然不知路線。江水頗急，所築之路，多已被其冲斜或斷，故車不能行，搭客均下車，僱土人十餘名推行。余初以爲由海口至那大一段路線崎嶇，車行擺搖，其甚者，宛如顛人跳舞，已不勝其苦。今覩此，竟咋舌呆立不知作何感想。司機費洋一元，需時約一小時，車始得過江，時天色已朦朧，司機開燈行，所經地方，初尚辨認其爲田路，後則僅聽車聲轔轔，景象黝黝，所經者何，茫然莫辨。時惟開車上一婦人云先駛車往老城，待彼落車後，再駛往縣治。少頃，車果至老城，城內無燈火，黑暗不見人。婦人落車後，司機因恐軍隊封車，促婦人速與車費，婦人抗不即交，司機與隨車者俱前往交涉，歷時數十分，尚無結果，余等不耐煩，促司機速回開車，司機回後，隨車者尚未到，余等不理，催其即行，於是車始趕快出城門。車出後，行不及數里，遇沙地，鬆疏，不能行，余等又下車推行，如此者凡數次，餘如車路之毀壞，每至一極壞處必下車，候車過後，再行上車，竟不勝計。如此頓勞，故抵縣治時，已不能言語矣。此行一路無食，不獨疲勞，而且肚餓，蘇君因急命人備飯，余略盡一碗，遂預備就寢。是日至夜九時始抵縣治，計程共三百五十七里，需時十四點半鐘，爲余返瓊調查二十餘天中之最勞苦者。是夜寓縣參議會，由蘇君介紹與議長周文海君相識，據蘇君云，余暫寓此調查，一切事宜，可詢周議長，彼則定明早啓程趕途數十里之步行回家。蘇君體格之健强，眞令人欽羨不置也。

九月一日　凌晨七時起床，蘇君已啓程返里，九時謁儋縣長，出示綏靖公署護照，并告以來意。縣長告以該縣農業大概情形，謂儋縣農業最盛區域爲那大，卽第三區。該區土地肥美，農林事業無不合宜，惟因農民知識淺近，既墨守舊法，復秉性懶怠，所耕農田，不肯深耕，冬耕耘草，更不肯利用人糞尿施肥，斯不獨那大區然，卽全縣亦盡如斯，是以農業落後，生產減少，遠不如東路文昌樂會各屬。現縣府擬於田畝調查報告工作完竣後，卽開始辦理農林事業。末後并囑余正午來署，以便着區長引導到附近村落調查。予以事情妥當，遂行告辭。回寓後，參議處某君以予縣王君大釗在此任推事，遂導予往坐談。予與王君本相識於數年前，王君來此已及二載，對於儋縣情形，自有相當熟識。據云儋縣之與樂會所特異者，卽該縣男子多懶怠，所有室外室內工作均委之女子。是以於經濟地位上，女子較男子爲優勝，其權限甚似母系家族時代之現象。風俗方面，有所謂夜遊者，卽婦人女子夜間集會於野外或室內，以唱山歌或與男子互唱取樂。此種風俗，尤以第七、八區爲最盛，是以因此而時有爭艶，私逃，野合等事發生，法庭方面訴訟不絕。女子有未滿廿歲而離婚三、四次者，離婚動機，多爲女子主動，每離必去，男子貧苦者受虧甚大。王君談後，復請予用膳。膳後余往縣署，由縣長介紹鎭長某君爲余引途調查。鎭長係附近鹽塲村人，能操廣瓊兩語。彼先導余僱馬下村，余以向未騎馬，有難色，因問其所往何村，村距此多少里。彼則答以縣北附近村落，距此僅五、六里路。余以路既近，無須騎馬，且余向未騎馬，恐生意外，因止彼勿備馬。彼則謂路雖近，但頗濕，非騎馬不能行，且馬小可勿驚。余無奈，遂其備一馬。馬小而體弱，余擇其較善者 着馬夫牽好助余騎。既上馬身，股頗不穩，搖搖欲墜，余驚 急詢其所以穩定法 彼以用兩腿緊夾馬身對。馬夫與余竹鞭，余不取，因余一手執馬韁，一手按馬背，惴惴然猶自顧不遑，尚有何手執馬鞭以鞭馬？旋出北門向北行，未及半里，覺身稍舒服，予素未識騎馬，今竟騎矣，世上一技一藝，豈可不習哉？習而能及時應用，人生最快樂之事也。馬沿田行，田禾綠秀，令人神馳。鎮長忽按馬以鞭指曰：此處土地多砂，瘠磽，幸此季雨水充足，故有此現象；不然，旱穡夏時，禾色黃而枯萎，歷一、二月而未有雨下者，農民叫苦連天，亦莫之何也。約四里，遇水滿田徑，深約二尺，馬過水花四濺，歷時五分始已。少頃，入村，村名鹽場村，馬至鄉公所辦事處下馬，由鎮長介紹該所辦事員相識。所設在祠堂內，辦事員正忙田畝調查工作。予寒暄後，出調查表，請其忠實報告，以便余於學問上之研究。該村共五十五戶，盡業農，其中自耕農六戶，餘則盡爲佃農。水田共三十畝，（註：僚縣田畝通常亦有以每年收谷担數計算，每担十二束，每束谷五斤，所以由此推算其面積，極不易獲到確實之數目。）平均每家得半畝強。該村水田，多爲新英港富戶所有。該村佃農之多，能足以維持其最低限度生活者，實賴租此等水田耕種也。村民生活程度低，僅就工資而論，全年男工工資二十元，女工平時每日半毫，供飯、衣、住等。每畝田，普通值價十元，全村負債者佔十分之八，農村經濟之衰落，較諸東路，實相差甚矣。村中以穀、薯爲出產大宗，田租通行納穀，係分租、佃主各半。村中富者，時行高利貸放欵，近兩年來，利息竟達四分之高，雖謂不能驚人，然在此貧窮農村，農民已不勝其苦矣。無何，余等辭行，向大井村首途，轉又向東方西方兩村周遊。所經各村，房屋均簡陋，除少部分用泥築外，餘則均用石築，欲在此數村中索一用磚築者，殆不可得。村中男女衣服襤褸，以視東路一帶，宛如天壤之別 農家多養牛，備有牛車，運貨頗便。余欲知村中農具構造形式，因請鎮長代爲傳達，得一農民出其耕犂一具，視之，其形式板陋，較諸東路一帶爲劣。遊約一小時，遂出村返縣城。時日掛西山，鎮長馳馬，以示其善騎，正得意時，遂與余馬上談騎術，自詡其善騎。余甚慕之。因思縱馬如古之方山子從兩騎，挾二矢，遊西山鵲起於前，突馬出一發而得之，因以論用兵及古今成敗，亦人生之快事。馬不難騎，膽大而小心則可。天下無難事，懼難而畏縮，無有不失敗者。斯由騎馬區區一事徵之，可知矣。晚六時赴縣立中學校校長林耀棠之請，食晚餐於該校校園。林校長係本地人，余到縣署時由縣長之介紹，因以相識；又校長係中大學生，與余誼屬同學，其邀余餐，或以此也。九時由校長派人提燈送余回寓。時尚早，余不能睡，因就縣參議羊書記教余本地話。歷時約十分鐘，余僅識下列數句：

食飯——狹凡，睡覺——「簿邁」昂、起身——克頓，你去那裡——奶可夭羅，你做甚麼——奶做「記愛」懂。

儋縣話，最難學，其音似參官、艾兩話混合變音而成。余來儋縣，幸得該縣之出門者識廣瓊兩語與談；不然，調查方面，不知如何困難矣。

儋縣縣城，異常簡陋，商店寥落，全城住戶不及五百家。屋宇之較爲壯麗者，除縣府與縣中學外，遍索不獲。現縣府對門，正築馬路建屋，將來或能可觀亦未可知。查縣署原在北門江下游（今名老城），因鄉人迷信風水，謂城溝水流方向不利鄉人，屢次建燏塞之不成，遂相積恨成仇。民九年八月間，乘粵桂之戰，官守空虛，鄉人統衆刼城，城遂成爲灰燼。後乃遷縣署於白馬井伏波廟，十弍年又遷於墩教市，至十五年春始遷駐此，名曰新城。其縣治之變遷，可謂複雜矣。

式日早五時許，忽覺腹痛，欲便，急問羊書記以便所。書記指西北百餘步處以對。余急循徑而往，至則廁所積糞騰臭不可嚮邇，因憶彭縣長謂該地人民不利用人糞尿，棄之於地，任猪犬舐食，並非誑言。縣城外有曠野，爲隨處大便之所，該縣曾爲此而籌設廁所者數次；但屢因無人肯負清潔之責，雖出高價亦無應者。此種情形，非僅儋縣一縣爲然，而東路一帶亦莫不如此，憶余民廿年長樂會縣立中學校時，校內廁所曾爲重資僱人清潔，而須時時與之爭鬧始肯二日清潔一次，不覺爲瓊民不顧肥料之棄於地而喟然長歎。七時鎮長應余昨日之請，到來坐談。余因以來儋縣所見聞最奇怪者而問之。其所謂最奇怪者，即婦女所戴之笠。與所飾之耳環。據云笠之種類有叁。一如客家婦女所戴者，笠緣有藍布遮面；壹形小頂尖，如△形者；壹形大而廣如△者。其叁種中，尤以形小而頂尖者爲最奇怪，戴時笠僅貼髮，繫以小繩。至於耳環則有二種。壹有S形者而長，約及肩膊，用銅製，漢時漢人至此，因見其狀，遂名其地爲儋耳，傳說如斯，或亦可信。壹如海口婦女之所帶者，但不如前者好看。已嫁女子，帶前壹種，未嫁女子，帶後壹種；若夫死而寡者，則叁年內不帶耳環，界限分清，絕無混亂，是以見其所帶耳環，遂知其有無丈夫。近來政府擬定女界制服，以分嫁否，終因各種關係而不能成，以視儋縣婦女界限之分清，不亦愧乎？午後弍時，辭彭縣長行，出街搭車返海口○車向東南行，約一小時達長坡，遇北門江水漲，車不能過，因落貨去客，以叁元大洋僱土人數十用竹桿抬過，時水漲甚急，枱時叫囂震耳，歷時約壹小時始過，情形之奇怪，爲向所未見○六時弍分抵那大，出彭縣長書，訪第叁區區長於第叁區公所○蒙區長招待，并留宿焉○

叁日　晨七時由區長(因區長忙於田畝調查)派助理員某君導余往萬發錫鑛公司參觀○該公司距此約二十里，到時由該公司派員指導參觀○該公司於今年四月一日創辦開工，資本三萬元，現容工人三百餘名○工人長工者，普通工資七、八元，零工每担泥一仙計，每日約百餘仙○鑛區平坦，一部分係農田，所種之禾現尚欣欣向榮○鑛藏入地深數寸五、六尺不等，鑛床厚數分或至一、二尺淘鑛砂有二處，現擬再增設一處，淘水爲利用天然水，費約三千元築一閘以調節之○鑛區廣約六、七千公畝，已開者約百公畝○鑛之成分甚高，估百分之七十二，每月出鑛砂八千担，其鎔成鑛磚者，每百斤現價大洋二百元○其獲利之厚，誠足驚人○聞現有鑛苗(那大一帶)六、七處，已着手開工者一處，將來如能陸續盡行開發，則其獲利之雄且厚，豈可以百萬計？十時余等啓程離鑛區，順道至吾圀村調查，十一時始首途返那大○轉瞬遂用早餐，助理員以酒相勸○余酒力薄，不數杯已昏然大醉，醉後醒來，不覺已午後二時，急下樓視助理員，而助理員則竟酩酊大醉迄未覺醒○余以前至吾圀村時曾囑人請該處鄉長來區坐談，因時間已到，尚未見來，急命人呼醒助理員(時區長一早已同縣府辦事員赴洛基辦理田畝調查事宜)而助理員則謂暫待○二時半，該處鄉長始來訪，余問以該處農村經濟狀況，據云：彼處習俗，田畝從未有單位，雖以填報，現候田畝調查完竣後，始行填報○儋縣全縣，田畝往往無單位，其用以表示單位者，乃價之值多少，田畝面積，則全然不知○余到該縣所調查之各村，均係田畝調查完竣後之結果，(田畝調查可靠與否，又一問題○)故在儋縣方面從事農村經濟方面之調查，更爲困難也○余因託其代填表五張後郵寄廣州○晚餐後，余與助理員參觀美國人所辦之福音堂○堂廣而壯麗，內植檳榔花木等，景甚幽緻○堂內附設有醫院及高級小學校，由二、三名美人主持○外國人傳教精神之勇往，眞令人欽佩不置也○夜由友人之介紹，得悉那大熱帶農林場之狀況，茲將其所知，分別列表於下，以供參攷○

那大熱帶農林場狀況表(一)

場　名　僑植公司(原名僑興公司)

所在地	儋縣那大市離市　方　里	
場主姓名	司理區海珊	
開辦年月	宣統末年	
資本數額	拾萬元	
耕地面積	七百畝	
作物種類	主要作物	次要作物
種名	樹膠	咖啡
株數	弍萬餘株（初種四萬株）	五千株
每年總產量	——	最旺時年產二千斤 普通年產二百斤
每担價值	——	——
運銷何處	廣州	——
經營現況	各股東多已恢心現預備收盤欲將園出賣	
失敗原因	（1）膠價慘跌（2）地方不靖（3）交通不便運費昂（4）捐稅繁重（5）牛畜傷害橡樹（6）野火蔓延	

（未完）

（出自《琼农》第十七期，一九三五年）

瓊崖考察記（續完）

林纘春

那大熱帶農林塲狀況表（二）

塲名	新濟公司（合併易通公司在內原名開瓊公司）	
所在地	儋縣那大市白南村離市北方約十八里	
塲主姓名	股東　曾金城　潘季詡等	
開辦年月	民國九年	
資本數額	初辦時約弍萬元後續添資本多次	
耕地面積	約五百畝	
作物種類	主要作物	次要作物
種名	樹膠	——
株數	初種弍萬餘株 現存者約壹萬柒千株	——
每年總產量	——	——
每担價值	——	——
運銷何處	廣州	——
經營現況	新濟公司現已放棄但易通公司現暫免強維持其艱	
失敗原因	（1）膠價慘跌（2）土人放牛羣入園傷害膠樹（3）治安影響	

那大熱帶農林塲狀況表（三）

塲名	聯昌公司（原爲僑立公司）	
所在地	儋縣那大市托盤河離市西北方約三十里	
塲主姓名	股東有數十人股份最大者爲吳有勝	
開辦年月	民國十年轉買與聯昌公司	
資本數額	壹萬壹千元	
耕地面積	——	
作物種類	主要作物	次要作物
種名	樹膠	咖啡
株數	八千餘株	約三百株
每年總產量	——	約產二百斤
每担價值	——	——
運銷何處	——	——
經營現況	全行停割停割後留工人四名看園每月撥四十五元爲伙食現此欵亦停撥園中主持者爲維持伙食計竭力貸借以濟時艱各股東現欲覓人承買	
失敗原因	（1）膠價慘跌（2）本地人放牛羣入園毀壞膠樹（3）放火燒山之波及	

那大熱帶農林塲狀況表(四)

塲名	大富公司	
所在地	儋縣那大市五嶺村離市　方二十餘里	
塲主姓名	司理劉計名	
開辦年月	民國十七年	
資本數額	——	
耕地面積	——	
作物種類	主要作物	次要作物
種名	咖啡	樹膠　波蘿　香蕉
株數	約八千餘株	千餘株
每年總產量	未出產	未出產
每担價值	——	——
運銷何處	——	——
經營現況	現尚繼續種植	
失敗原因	——	

那大熱帶農林塲狀況表(五)

塲名	競業墾植家園	
所在地	儋縣那大市五嶺村離市　方　里	
塲主姓名	董事趙一肩	
開辦年月	民國十九年	
資本數額	數千元	
耕地面積	四方里	
作物種類	主要作物	次要作物
種名	油桐	沙田柚　波羅萱
株數	八千餘株	二百餘株　二千餘株
每年總產量	——	——
每担價值	——	——
運銷何處	——	——
經營現況	稍見成績	
失敗原因	——	

四日　是日黎明辭別區長，六時乘車返海口。途次遇雨，但不大，所苦者，路上積水深數寸，車過時水花四濺，白衣爲之沾污耳。路旁多曠野，牧童三數放牛其間，時天熱，附近無水源，水牛多就車路上積水浴。車路之敗壞，由此可知。瓊崖東路，向稱不良，尤以西南兩路爲最劣。前月省府委員胡繼賢先生來瓊調查，車至萬寧(屬南路)，忽墜山陷，幸人無恙，然而已足爲後來瓊者聞而生畏，裹足不前矣。午後二時車抵海口，仍寓僑安旅店。是日夜，雨降天寒，擁厚氈始克成眠。

五日　早八時，瓊崖實業局技士韓宗浩君來訪，幷介紹予於該局朱局長於永樂街該局辦事處。局長本商界，南洋某埠之富商也，爲人和靄謙讓。與予談瓊崖實業情形，謂欲發展瓊崖實業，首當注重瓊崖特產作物，如椰子，樹膠，梹榔，咖啡等。蓋非如是，不足以與國內產品爭；因瓊崖遠處天南，孤峙海心，交通不便，途路跋涉，其同爲一種農產品而欲運往廣州，香港，或甚至廈門，上海等處發賣，則其成本重大，價格自昂，不能與內地者爭，理甚明然。今局中工作，卽特別扶植各屬經營此種特產而失敗者恢復經營，或鼓吹人民增植此種事業。前此局中曾爲瓊崖樹膠銷途而特呈請省府准免稅運輸出口。現各屬之經營樹膠者，殆盡恢復原狀，而向未經營此業者亦欣然踴躍。玆有二點辦法：卽一爲要求當地軍隊嚴予保護，以使安其業；二爲由局以相當之價格收買（無論多少）其出產品，使其易於推銷。由此觀之，則余前由儋縣乘車返海口，途經那大時，其附近所植之樹膠，向爲雜樹繁植其中，而今已砍伐殆盡者，卽局長提倡之力所致耶？然無論如何，其所見尙稱上乘也。十時告辭，由韓技士導觀局中各種設備，得林彥廷君予余以瓊崖各種鑛石。玆錄于下，俾知瓊崖鑛藏之槪況。

名稱	產地
黃鐵鑛	一、五指嶺喃托村 二、定安化堦黑沙牛灣 三、陵水南實峒 四、定安別滿溝
菱鐵鑛	一、定安喃嗲峒什村之溪 二、梁全黃姜田
錫鑛	儋縣那大
赤鐵鑛	定安縣第六區
鉛黃鐵鑛	一、定安南勞牛鼻溪 二、定安化堦嶺牛鼻灣
白鉛鑛	儋縣海頭
石墨	瓊東牛厭嶺
硫磺鑛	陵水吻喃嶺（附近保亭市）

餘如金鑛，粘板岩等，因所採不多，不能贈予。上舉各鑛，擬帶回校化驗，遂珍藏之。十二時半，由韓技士導乘局車赴府城農事試驗場參觀。場址原爲瓊崖道區苗圃，設立於民六、七年間，十年改爲廣東省第七區模範苗圃，育成苗木甚多，嗣以戰亂停辦，十七年又改爲海南農事試驗場。歷史悠久，費幣約十萬元，然其迄無成績，民廿一年省府遂設立瓊崖實業局，改歸該局辦理，該場址在瓊山縣城南數里，地屬噴出岩，多岩石，表土淺，僅深數寸，且地勢又嶇崎，經

營頗難。其前十年所植下之樹木，如椰樹，石栗等，迄今仍僅高一丈數尺，據韓技士云：其地開闢之工資較種植費多數十倍。余到時正見工人闢地植菠蘿，因石故，菠蘿植列頗多零亂，場址廣約千畝，處處多石，瓊崖荒地正多，其肥美者，殆隨處可擇，既爲農事試驗場，何故而擇此石田不毛之地？當時當局者對於農林知識可謂薄弱矣。場內現設農藝畜牧二部份，農藝方面，種有水稻、棉、菠蘿、牧草，鴨脚粟，甘蔗等；畜牧方面，養有猪、鷄、鴨、鴿等。猪有美國約西亞種三隻，購自廣州嶺南大學農場，公猪一，重約三百餘斤，價銀毫洋一百元；母猪二，一大一小，大者重約四百斤，毫洋一百六十元，小者重約三百斤，毫洋一百元，各設新式猪舍畜之。余到時見其中有一隻傷脚，行頗不便，因覘其地，始知地爲三合土造成，平而滑，猪行時致傷之耳。局中人對於畜牧知識尚淺，於此可見。鷄有三百餘隻、殆爲力行種；鴨有北京鴨，約數隻，白鴿則盡爲軍用白鴿，俱造新式房舍育之。中國農業落後，每事農業者必以外國爲前提，舉凡外國著名之種類，必羅而集之。以爲非如是，則不足以資研究。然是果爲研究而研究乎？抑爲裝門面乎？實一極大疑問也。下午三時，乃先辭韓技士回寓。至晚悉往香港輪明早開行，乃購備船票。摒擋行李，以待下船。

六日　凌晨五時起床，盥漱畢，忽忽下帆船。故鄉之瓊崖又從此告別矣。船向北行，水路灣曲如「之」字。約一小時，東北茫茫處，尚未望見所搭之火輪，此輪名博杜美，爲法國郵船，從香港經廣州灣，海口，北海而海防。今乃由海防經海口，暫停泊二十分鐘，以便寄郵及落客，故搭船者不能不早出海外待候。約半小時，帆船入深海，遇好風，行甚速。至此乃見博杜美輪剛入港抛錨。須臾，登火輪。船面載滿猪牛，不能安位，乃入大艙卸裝。船上搭客甚多，時天熱，氣甚悶臭。已而船啓碇，氣稍凉，始覺舒服，船上有嗜芙蓉癖者，三數成群，吞雲吐霧，談話咕嚕，令人難堪。夜九時船抵廣州灣，余因船上飯難食，甚餓，乃僱艇登岸用膳。十一時開行，夜無語，頗爲寂寞。

七日　是日天氣悶熱，頗難堪，乃出甲板透氣。甲板上多猪牛，氣更臊臭不能久立，旋返大艙。由海口搭船往香港，船上常載猪、牛、鷄、鴨。此類動物，多由北海海口運上。此次船上裝載尤多，因熱故，猪之悶而死，抛入海者共十六隻；如船再遲遲抵香港，則其死者必更多。猪每隻價銀大洋約三十元，十六隻共銀約四百八十元，其損失之大，實足驚人！此路線於運輸上如不設法改良，則于海口、北海一帶農業上，影响不淺也。夜二時船抵香港，搭客多（客多以船明早始能抵步）從夢中驚醒。三時上香港，寓五洲旅店，點清行李，乃更衣就寢。

八日　是日夜十時乘金山輪返廣州，次日早抵步，而瓊崖考察記於是告終。遂擱筆焉。（二三，十，五，脫稿。）

（出自《琼农》第十八期，一九三五年）

瓊崖西路農業概況及農村經濟的危機

麥冠華

一•引言

不提起瓊崖則已，提起來十足令人痛心疾首。擁有十萬方里的幅員，二百二十餘萬居民，氣候之溫和，誠如蘇東坡所謂：「四時皆是夏，一雨便成秋。」土地之肥沃，雨量之充足，不遜於台灣，這樣的一個適於農業之樂園，而人民生活所需之農產品，尚未能自給自足，每年盈千纍萬的人民須跑到南洋——星架坡，吉隆坡等處做帝國主義的奴隸，數千萬噸洋米，洋糖，洋豆，源源運到瓊崖內地傾銷，弄到民窮財盡，社會蕭條；在這種情形之下，除喪心病狂，麻木不仁者外，誰不感覺瓊崖前途危險，而大聲疾呼發展瓊崖農業，以資挽救？然大聲疾呼者，迄今何止一人，爲文奏議者，何止一次？成績安在？充其量祇於吾人腦海中留一印象而已。

要發展瓊崖農業，認識瓊崖農業狀況，與及農業有關之種種條件，而後設計對策，實爲先決問題；徒發高調空論，有何裨益於實際？我爲瓊崖之一分子，對於瓊崖農業知之較詳，願就耳之所聞，眼之所見，及由書報中所得，將瓊崖西路澄、臨、儋、昌、諸縣農業概況，供獻於邦人君子，俾有心研究瓊崖農業者，得一他山之助。至于文字之謭陋，在所不計也。

二農地狀況

農地爲農業要素之一，土壤之肥瘠，面積之廣狹，與地方經濟有甚大關係。澄、臨、儋、昌農地的土壤大概相如，約畧可分爲三種：一、顏色烏褐，富於黏性，乾則膠結堅硬，濕則泥濘粘滑。這種土壤多由冲積而成，然爲數甚少，只于河流岸邊，及低窪地間畧有之，多種植禾穀類作物。二、顏色灰白，滲有石英細粒，約含粘土百分三十至四十間者，即所謂砂質壤土，多由花岡岩風化而成，因花岡岩以石英長石雲母爲主要成分，長石雲母被風化而變爲灰白色粘土，石英變爲細粒。此種土壤儋、昌最多，澄臨亦數見不少，多種植蕃薯、瓜子、波蘿、及荳菽類作物。三，顏色鮮紅，質地細軟，滲透性較烏褐色的冲積土強，但遠不及灰白色的砂質壤土，此種土壤多由噴出岩風化而成之，因噴出岩含輝石，橄欖石，黑雲母，角閃石磁鐵鑛等鑛物成分最多，經浸蝕分解後，鐵分多變爲養化鐵而呈紅色，凡高坡山巔之地，如儋縣北部，高臨之新盈市，那白市附近各地，多屬此種土壤，蕃薯、蘿葡、花生、玉蜀黍、芝麻、及荳類 作物多適於種植

至于西路各縣已墾殖的農地面積如何，因我國農政不良，農民知識薄弱，看清丈田畝爲政府將來收稅加捐之章本，清丈人員屢遭農民白眼，甚或加以危害。所以各縣耕地面積多少尚無確實統計，今姑將瓊州府志所載清代所調查者，列表於後，以示各縣所有耕地面積之梗概。

澄邁	三〇四九頃七三畝四分九毫
臨高	一七九八頃四五畝一分七毫
儋縣	三二九八頃七五畝八分一厘
昌江	三〇六頃六八畝二分八厘八毫

按上表耕地面積係依農民所納錢糧推算，顧錢糧積弊甚深，有糧無田者爲數甚多，有田無糧者亦復不少，兼以各縣科則不同，實際上未必準確。且歷時既久，生齒日繁，爲謀生活計，耕地面積自較前遞增，然根據統計，四縣總面積約二七七〇四方里，即一四九六一頃六十畝，與上表所列耕地面積對比，則耕地面積僅佔總面積百分之六弱。縱令近來耕地面積倍增，亦不過佔百分之十二耳。由此觀之，可知西路各縣荒蕪之地面亟待於墾闢者尚多，又根據統計四縣人口約五六七六六〇人，每人平均約佔耕地面積二畝左右，由此亦可以窺見各地農村經濟的一般狀況。

農地除供求多寡，土壤肥瘠而別其價格外，各地沽價標準亦無一定。有(一)以禾担爲沽價單位者，十二束禾爲一担每束可得穀三升至五升不等，每担約價錢七千至十餘千，(二)以穀種一斗爲地價標準者，每需一斗穀種之田，因優劣而價格由二十至四十千錢不等，(三)以畝爲沽價單位者，亦因地因時而別其價格。

三、主要的農作物

因氣候溫和，雨量充足，植物生長容易，舉凡熱帶植物幾乎應有盡有，最普通而且生產量最多的農作物有稻，蕃薯、瓜子、荳菽、蘿蔔、高粱等，今分述如下。

(一)稻 因瓊崖西部河流溝渠缺乏，灌溉困難，多種植陸稻，水稻只於河流的兩旁，及低濕水田稍有種植，每年有早晚二造收穫，陸稻多於晚造收穫後，隨種雜糧，以完成二造收穫的耕作，亦有晚造收穫後，隨令休息以保全地力，到來年再行播種插苗，一年只一造者，播種時期，普通早造在大

雪前成，晚造在芒種前後，收穫時期前者在夏日小暑之間，後者在霜降立冬之間，普通由播種至收穫約需百三十至五十日，比之經中山大學農學院改良的各種穀種，祇需八十至九十日間者相差甚遠，又普通每畝田收穫，因地方優劣及耕作勤惰不同，有一石至三石不等，比較台灣每畝收穫五六石，亦有天淵之別，凡此種種缺點，皆有待於一般農學者研究及改良。

（二）番薯　為根菜類(Root Crops)作物。儋、昌二縣生產最多，澄、臨亦次之。有紅白二種，亦因品種不同，所含的炭水化合物($C_6H_{10}O_5$)亦不一致，大約白者較紅者含量多，由插苗至收穫約需九十至百日，但有一種儋縣農民稱為「臨高薯」者，只需八十日就可收穫，因其種由臨高縣傳來，故得名，概用條播，惟有高畦低畦之別，高畦種苗疏而結實大，低畦種苗密而結實小，前者只儋縣南境及東境用之，餘概用後者，用途除供食料外，多以釀酒，製澱粉。

（三）瓜子　為普通作物之一種，儋縣之海頭，白馬井，南華及昌江之縣治，北黎等埠出產最富，性耐旱，多雨之秋常遭歉收，生長力甚強，播種後不必需要中耕，人工甚為節省。色有黑紅二種，紅者價格倍於黑者，所以農民多喜種植之，每畝農地約得瓜子六七百斤，倘能利用科學方法，使瓜肉等不需要的部份退化，而促進瓜子發達，及每株瓜顆數增加，則收穫當不只此數。

（四）高粱　一名為稷，北方人通呼秫秫，儋縣生產最多，臨高昌江次之，為單子葉植物之禾穀類，高約六七尺，幹大如拇指，有間節，節與節間的距離約四寸至六寸。葉互生，葉脈平行，穗狀如北方的小麥，所以農民誤稱色赤者為赤麥，色白者為白麥。分為早晚二造，早造於夏曆十二月或正月播種，至來年或同年五月收穫，晚造於夏曆二三月播種，七八月成熟。農民常用以充食料及釀酒。

（五）蘿蔔　亦為根菜類作物，普通分為春，菜二種，菜種實多纖維，且結實較春種小，菜種多在夏曆八九月播種，十月至十一月間收成，昌江城，北黎，海頭，南華，白馬井等處所種者多屬之，春種約在十一月播種，來年二三月成熟，澄邁，臨高及儋縣北境所種者多屬之。瓊崖氣候溫暖，少有霜害，惟幼苗時期最忌霧露，農民常因多霧而遭歉收。但長成後須需適量雨水以供給根部發達。用途除鮮食外，更以切片曬乾當蔬菜之用。

（未完）

（出自《琼农》第二期，一九三四年）

瓊崖西路農業概況及農村經濟的危機（續完）

麥冠華

（六）豆類　有紅豆，黑豆，綠豆，白豆，扁刀豆，黃豆等，多於二三月播種，六七月收穫，又有一種柳豆，莖大如腳拇指，高五六尺許，因上述各種豆類皆為一年生的草本植物，惟柳豆則能生長三數年如木本然，故俗稱木豆。

此外尚有蔗，粟，花生，芋頭等亦為西路普通農作物。惟屬於次要故從畧，

四、田租狀況

資本私有制度所贈給人類社會之敬禮是貧富懸殊，農村裏面足以示達貧富不均者是田主和佃農階級之差異。在這種針鋒相對的利益之下，田租問題自然而然發生了。但貧富不均的程度，常依經濟發達狀態而決，經濟愈發達，則資本愈集中，資本愈集中，則貧富愈不均，幾為金科玉律，瓊崖各地經濟衰落，所以大地主絕無僅有，而佃農為數亦甚少，有之，亦不過準地主及半自耕農狀態的佃戶而已，沿用的田租制，約有下列三種：

一、以穀種為標準　需每斗穀種之田，普通每造收租八斗，較優沃的田收十二斗，劣者僅收四五斗而已。亦分為軟租硬租二種，軟租者具有彈性的一種田租制度。即豐收則如期納完田租，歉收則可以酌量減租或延期繳納，劣等田多沿用此等，硬租者無論歉豐收皆要如期如數納租，優沃的田多沿用之。

二、均分收穫制　此制在西路各地最為通行，即無論收穫多少，概由勞資兩方平均分配。

三、收錢租者　一般田主，因感前兩種制度煩收勞力，且時間管理諸不經濟，乃採用所謂收錢租制，每斗穀種的田地，約收租錢八千至十二千不等，因田之優劣而決定，又官糧田賦概由田主負担，種子肥料及一切耕作費用，由佃戶負責，佃戶應納之租有由田主自行領取者，也有由佃戶送到田主家者，收穫後有的地方佃戶常開樽設筵，以歡宴田主，此原不過一種普通禮節，久而久之，遂成佃戶對佃主必有的責任。在這種狀態之下，可以看出有產的到處佔着便宜，而無產的適與相反，到處吃虧。

五、施肥情形

作物收穫豐歉與施肥甚有關係，德國著名農學家 Vo.Seethest氏說得好：「作物藉肥料之力而增收之量可以達百分之五十，其餘之五十則由於耕耘，品種，及輪作等要素而得之。」肥料對於農業有如此重要，發展農業聲中肥料種類及

分量分析研究，實不容忽視，西路各地農民知識缺乏，耕作概行粗放，淡燐鉀三大肥料要素中，某一種對於作物之效用若何，何種物質中含有某種肥料，概然莫明其妙，其所以能積年累月，胼手胝足而不致令地力遞行減少者全靠經驗化的操作，施用富於有機質的天然肥料，如猪，牛糞及爐灰等。又有將枯葉稻桿等置於畜牲廄中，待發酵腐爛後再行遷置於「糞堆」，必要時必由糞堆而運於田間施用。一般農民亦喜種植荳科作物。收穫後將莖葉翻犂於土中，以增氮，鉀要素。又間有將猪牛骨灰施於水稻以增燐素，促進結實豐美者。雖不明科學之原理，而其所爲仍有與科學原理吻合之處。所可惜者，人糞中含有淡燐鉀三要素最完備，尙未能盡行利用。魚鱗含淡燐素各百分之七，而漁業居民概投諸海中，每年損失不下鉅萬，此肥料種類的大概。至於施肥次數及情形，大約只於播種時施肥一次。由播種以至收穫，間有中耕一二次，但施補肥料者甚少，只於收穫後經相當時間，隨將田犂起，把稻桿枯草等埋藏土中令其腐爛而已。

六·經濟的危機

世界不景象影响於農村經濟崩潰，這是今日普遍而且嚴重的現象。居慣都市裏的濶佬，或者不會感到什麼而依舊過着玩花醉月的生活，倘使你是到過農村裏走一趟的話，那自然會聽到農民叫苦的哀音，看見農村凋敝的慘狀，因貧窮而飢餓，而流離散失的不知多少呀？而所以促成這種現象的原因，約有下列幾種：

一、苛捐雜稅　農民佔中國總人口百分八十以上，匪特國民經濟建立於農業上，卽政府經費的來源，亦莫不是直接間接仰給於農民，近來政府偉人廢除苛捐雜稅的聲浪雖高，然盡屬官樣文章耳。什麼國防公債，建設公債，航空救國捐……等等，名目之新，花樣之巧，無以復加，據調查所得，每種農產品運輸出口，最少須繳六七種地方稅捐，如鄉鎮公所，警衛隊，台炮，教育，關卡………等稅捐是，至於田賦爲人民對政府應負的責任，惟近來田賦有加無已，民國十年前和今日互相對比，遞增百分四十至五十，更可痛心者，民國廿二年度已預征民國廿四，廿五年度的田糧。一般土劣，更借勢敲詐，農民常因繳納稍遲而被重罰，「飯可以不煑，妻可以不娶，官糧不可以阻止，」這句歌謠可表達淋漓致盡，在重重剝削之下，農村經濟崩潰是必然的結果。

二、副產業衰落；最重要的副產業莫畜牧和漁業若，漁業在別地多爲獨立產業的一種，但在儋，臨等縣，多視爲副產，因漁戶亦多兼營農藝之故，近來漁業衰落，幾爲亘古來所未有，漁船較之十年前所差之數，當不下百分二十。其中原因雖多，如鹽價提高，食物及用具騰貴，技術及工具不改良，魚產因被日人常用新式機器在魚區附近打魚，而日形減少，及無適宜的保護設備而遭颶風慘敗等等，而更以最後者影响特甚。去年九月間因颶風而遭損敗的漁船，在高、臨縣完全破壞者十八隻，只損失一部分者三十餘隻。在儋縣有釣船三隻、拖風船八隻。至於畜牧業亦有日落千丈之勢，查牧畜以豬牛爲大宗，前銷路則以海口，亦坎爲最多，近因受世界不景象影响，及禁止私運亦坎之故，價格大跌特跌。以海口而言之，豬價格最高時有達三十六元以上者，現價僅售廿一二元，相差三分一有餘，牛價亦有同樣的趨勢，至於氣候溫暖，病菌繁殖容易，受瘟疫而遭的損失，亦當不少矣。

三、匪共的擾亂　自民國十六年以來，瓊崖受共黨殺人放火的荼毒，使社會荒凉，農村破產、哭聲載道，慘不忍聞。西路雖不如東路之甚，然火燃平地，且及崑崗，直接間接所受的損害，亦豈可以道里計？所謂直接損害者，如共匪殺人焚屋，搶劫銀物，以及人不安室而致田園荒蕪等等。所謂間接損害者，如因防處共匪擾亂，交通阻礙，農產品不能調劑而貶低價格；又如爲防禍未然而組織各種武裝團體，及政府派大隊圍勦、致增農民負担。其他農村種種糾紛，亦莫非受共匪的感應及暗示的結果。

四、災害　要調劑作物過於乾燥，遂要大規模造林，使天然雨量充足，而用人工排水灌溉以補偶爾不足。要防止水災，則當掘溝築隄，以防氾濫。要防除病虫害，則當有相當設備，利用科學方法，以殺滅病菌和害虫。在這樣農民知識缺乏，農村破產的當中，後者當然談不到，即前兩者，造林和排水灌溉，掘溝築隄等，瓊崖西路各地農民亦很少注意。所靠者自然雨水及地勢而已。因此之故，災害幾乎無年不有，又因地當溫熱帶要衝，每年夏秋二季常受風災，更以去年風災和目前旱災爲甚，澄邁縣長最近函省政府有說：「……澄屬去年風災，收成極歉，今年奇旱，雜糧失收，飢民無告，輒闖入田園強取食物，而物主無法制止。並有多人強入人家求食不去者……不獨粒米無存，薯芋亦將食盡……」等語，可見災情的嚴重，平日足以自給自足的農村，遇此魃魃奇災，糧食就須仰給於外來，影响於農村經濟，莫甚如此。

五、銅仙跌價的影响　西路各農村多以銅仙爲本位，市場交易，概以銅仙爲物價標準。近來銅仙價格大跌，三年來的價格由每元大洋找百八十銅仙，而降到三百五十枚，對於農村經濟影响，委實不少，因農村所出的產物，多互相推銷於附近隣鄉，銅仙交易，市價並不見增加；而所需的工業品，如布疋，火油，火柴，用具等因銅仙跌價而倍增價格，從前僅需用百枚銅仙的貨物，現在非二百枚不行了，且此種工業品概仰給於都市及外國，倘不設法救濟，久而久之，農村的流動資本，甚或固定資本，將盛行直接搬給都市，間接搬給外國丁，農村乎！農村乎！危在旦夕矣。

上述數點關於促成農村經濟崩潰的原因，不過彰明較著者，且皆爲外來環境的影响，換言之，即外來的原因，至於內因如農村無生產消費合作的組織，不明白科學原理，使農村爲科學化，工具不改良，缺乏自衛能力等，亦皆足使農村經濟陷入非常狀態，不欲復興農村則已，欲復興的話，必須消除這消極的禍害，而從事於積極的建設。

七、結論

這篇文章的描寫，表面上是關於瓊崖西路各縣農業狀況及其農村經濟的危機，實際上和整個瓊崖的實況差不多。擴而言之，即中國農村的縮影。我們看看，中國農業，除少數試驗場外，那一不是沿用數千年前的耜，犁，鋤頭，農塲裏聽到軋軋的耕田機聲的，絕無僅有，又那一處未嘗受過水旱災，病虫害等等，農村經濟極度恐慌，更爲今日中國普遍的現象。

農村破產，農民生活困難，逃膺都市以謀出路，這是自然的趨勢，因農村破產，貨物銷路不暢，及謀職者衆，而發生失業問題的嚴重，亦不可諱飾。所希望者，救濟農村的棉麥借款，及三年施政計劃，果能支用於農村以實現其計劃耳，我願拭目以觀其後。

（出自《琼农》第三期，一九三四年）

海南島農產業

平間惣三郎

海南島農產業調查，係台灣總督府中央研究所技師平間惣三郎氏，耗時約一月，在瓊所實地調查之報告書。內容豐富，記載翔實，爲研究瓊崖農產業不可多得之書籍。書非賣品，乃本校教授林家齊先生，去夏因事赴台灣，得自著者處，以贈予者。予于感激之餘，擬即迻譯，連續發表于本刊，以供讀者參考；嗣因事羈絆，不克如願，實深遺憾。現適本刊出版「作物特輯」，因特抽暇節譯書中「農產」一章，聊供讀者先睹一斑；其有未完者，候後有機，當續完譯。此誌。——譯者續春

（甲）普通作物

（一）米(Oryza Sativa L.) 海南島的水田，由於人工的利灌溉施設，耕作着的，幾乎沒有；僅在沿河川的沿岸地方，用原始的水車，而在數尺高取水灌溉着的，也是很少。多是不過開鑿可以利用地勢上天雨的低濕地爲水田，所以水田是零散的，很少做着集團的耕作的。這次所實地調查的地方，稍有着集團的水稻耕作的，是在由瓊東縣嘉積市至縣治瓊東市數里之間，這些地方，沿嘉積溪的沿岸，水田多冲積土，土地肥沃，生育概良。南渡江沿岸定安地方，亦多水稻的耕作。由瓊山縣南渡江沿岸及海口，經秀英市至那流市一帶地方，亦見水稻的耕作。其他所謂產米的，如澄邁、臨高、萬寧、陵水、儋縣等處，亦各產額不多。可是全島的水田面積達至幾何，因無可據的統計，即就爲中央官廳或地方官廳的縣長等調查，亦莫知自己統治的境內水田旱田的面積的；所以島內米產額無由知。但據瓊海關的貿易統計，海南島常是米穀的輸入地，每年少也有十一萬擔以上，多則輸入七十七萬擔餘，以圖着需要供給的調節。

可是水稻作與我台灣（著者自稱）相等，年作二次；但因栽植專靠雨水，所以一、二期（早晚造）的耕種期，不能劃然分開。但是早造常概於四月插秧，七月間收穫，晚造七、八月插秧，十月或十一月間收穫。收量方面，經就地方農民作種種的調查，但亦不能得到甚麼正確的回答。在嘉積地方的

普通田，若是降雨分布適當的年，據說種子一斤可收穀三十五斤。下面試以之換算爲地積十六畝。則

穀一升重量　約二四〇匁(日本)　卽一斤半(中國)

十六畝種籽量　約四斗　卽六十斤

十六畝穀收量　二・一〇〇斤　伸石數一四石

十六畝糙米收量　約七石　註：每甲（台灣地積名）約等於十六中畝

卽如年二造，合計每十六畝收量約十五石內外。品種極駁雜，不論何種產米，均有混淆赤米，甚至有混淆五〇%以上赤米的，因此品質如何，不難窺知。且粒形比台灣原來種，更多細長

（二）陸稻(Oryza Sativa L.)　陸稻主爲栽培於瓊山、定安、澄邁、臨高地方的壙地，次於禾穀類中水稻栽培之盛。這作物對于土壤酸性的抵抗力，次於水稻的強力，所以在赭土層發達顯著，多少呈酸性反應的坡地，生育亦槪良好。

（三）高粱(Andropogon Sorghum Brot)　高粱僅被栽培於瓊山縣那流市及豐盈市地方的坡地，其他地方，幾不見種。四、五月播種，七月收穫。

（四）粟(Setaria italicakth.)　粟品種非良好，僅被栽植於瓊山縣那流市、香崁市附近，其他地方，也幾不見種，與前種同是四、五月播種，七、八月收穫。

（五）龍瓜稷(Eleusine coracana Gaert.)　龍瓜稷是熱帶各地的食糧作物之一，瓊山縣豐盈市、那流市、三江市附近的坡地，多少見種，其他地方，殆無所見。

（六）甘薯(Ipomea Batatos Lam.)　甘薯到處散見，培，但少有集團的栽培的地方。品種有數種，如葉有缺刻栽生長點紫紅色而皮色紅的；葉有缺刻，生長點綠色而皮色白的；葉爲心臟形，生長點呈紫紅色而皮色紅的；葉爲心臟形；生長點綠色而皮色白的等等。所栽培的這些作物，概無改良的形跡，質之不良，固不待言，而且形小，收量均少。

（乙）工藝作物

（一）胡麻(Sesamum indicnm L.)　胡麻是本島的主要農作物，各地都有栽培，就中瓊山縣屬內栽培尤盛。品種有烏麻，白麻二種，供製油用外，子實仍是重要的輸出品。三、四月間播種，七、八月間收穫；當余等一行調查的時候，正是收穫的盛期，所以圃場到處乾燥，胡麻成束擁立。據瓊海關貿易統計，最近數年間的輸出如左。

年次	數量	價值
一九弍四	一三・八五五擔	一三八・四四六兩
一九弍五	六・八八八	六八・八八〇

一九式六	三・七四四	三七・五三九
一九式七	一六・六四二	一八〇・三四七

(二)落花生 (Arachis hypogaea L.) 落花生雖如前者耕種不多 但以爲輪作物而栽培的到處均見多少。品種合大粒和小粒有數種，但別無可認爲優良種者。子實仍是帶莢賫熟，販賣於舖門口，此外並以仁供烹飪用。如本島東北部的坡地，豬土層發達，缺乏有機質的地方，能以本作物一類的荳科植物加入輪作式中，實是地力維持上很有望的方法，尤其是一般荳科植物對於土壤酸性的抵抗力弱，本作物可稱爲其抵抗性強，以之爲對於此種地方的輪作物，誠爲大有獎勵的價值的作物。據瓊海貿易統計，花生多年的輸出額如左。

年次	數量	價值
一九二四	一・二二四擔	六・九二七両
一九二五	四九二	二・二七三
一九二六	二八六	一・六一九
一九二七	六六一	三・九九三

(三)甘蔗 (Sacchorum officinanum L.) 據說甘蔗比較現在，往時倒多產額數倍。其衰微的原因雖有種種，但如牛疫的流行，蔗種的不良，耕種肥培法的不進，糖房的橫暴，爪哇糖的壓廹等都是主因。品種現在仍如臺灣往時一樣，僅有竹蔗，蚋蔗，紅蔗等，並沒有改良品種的試種。種苗常行於十月至翌年一月，收穫約在種苗後一年。因此以十月至翌年一月的期間爲製糖期。產地是瓊山、澄邁、臨高、萬寧、陵水、崖縣等處，年產額幾何，無由知。但據瓊海關的統計，關於砂糖的輸出如次

年次	輸出		輸入	
	數量	價值	數量	價值
一九二四	一二・四九一担	七三五・七六二両	六・三九一担	四一 三九八両
一九二五	六〇 九七六	三八八・四一七	一四 一七六	九〇 三三五
一九二六	一一・六六一	六一 八六三	三 四五四	二三・三四五
一九二七	一九・五三六	一三一 四五二	—	—

備考 輸出以赤糖爲主，輸入則全部爲白糖。

(四)黃蔴 (Corchorus Capsularis L.) 現在島內產黃蔴的地方，是南渡江的沿岸及所謂冲積土壤，瓊山縣石橋市及東山市附近，及由定安到金江的南渡江兩岸；就中以澄邁縣瑞溪市附近爲主產地。品種以莖稈及葉柄呈淡紅色的所謂淡紅皮種爲主，亦有少數莖稈及葉柄呈深紅色認爲深紅皮種的。但此等品種，在分類上都是屬于球莢種(Corchorus Capsularis L.)，而可認爲長莢種(Corchorus olitorius L.)的是沒有。四月播種，七月收穫，施用牛糞及大豆粕等(少許)。降

雨分布適度，則可無灌溉之必要。畦幅普通約一尺一寸，株間約八寸左右。收量不能作正確的調查，當余等視察時，適能在收穫中的一圃場大略調查，約四五〇方尺中可得八〇—一〇〇斤的纖維；若大略計算為九〇斤，則當有每十六畝一二·五〇〇斤左右的收量。若果比較台灣中南部十六畝平均收量大略三·〇〇〇斤左右，則生育收量稍為優勝。製造方法及製造器具，與台灣的大同小異，且更為原始的。

（五）木藍　木藍（Indigofera tinctoria L.）即染料作物，歐洲戰爭時栽培稍盛，現在則漸次減少，僅瓊山縣屬內栽培多少。

（六）木薯（Manihot utilissima Poh.）　即澱粉或 Caplek（用木薯根使之乾燥而成的）製造的原料，主為栽培於瓊山，文昌、瓊東各縣。文昌境內因土地不良，生育很不好；瓊山瓊東境內，則成績頗有可觀。就中由瓊東嘉積市經竹山營，大路到黃竹一帶的廣漠的坡地所栽培的，木既伸長一丈六尺，且又分蘗數本，生育頗著良好。畦幅三尺五寸，株間二尺五寸至三尺，三月栽植，十一月以後收穫。

（七）樹膠　樹膠十八，九年前海口有瓊安公司，在瓊東縣嘉積溪上流石壁外二里餘山中，栽植數千株，每月生產額平均六〇〇斤左右，據說產品的品質與新嘉坡產優等品比較，成績概良好，但以無機實地調查為憾。

（八）椰子（Cocos nucifera L.）　海南島的椰子，自古是當做食用來栽培，成績概良好。但迄今所以尚未有大規模栽培的椰子園經營的，是在於事業的性質上要有比較的長年月，資本固定，豐富的資力；否則不能經營。產地是文昌，嘉積，陵水，三亞港以北一帶的海岸地帶。

文昌縣清瀾港沿岸的椰子園，每年大約產椰子二五·〇〇〇·〇〇〇顆，嘉積大約產六·〇〇〇·〇〇〇顆。陵水以南三亞港一帶的地方，因無實地調查的機會，深引為憾，但據說，比文昌、嘉積地方，成績更良好，產額亦遠勝文昌云。

植苗後七、八年始摘果。若管理得宜，六年可結實。初年產額，每株平均二〇顆左右，以後逐年增加，到第十年，每年平均可得六〇——七〇顆，最盛期可得一〇〇顆。

（九）咖啡　咖啡現在正在那大的僑興公司及石壁的瓊安公司的樹膠園中試種，成績未詳。

（十）檳榔（Areca Catechu L.）及其他藥材　海南島，其產額比較的多，自古是當做重要藥材的主要的輸出品。島內所產生的地方，是文昌、萬寧、瓊東、樂會、定安各縣，據瓊海關的統計，多年的輸出量如下。

年次	數量	價額
一九二四	一四・七八四担	一〇三・二一五両
一九二五	一五・五四六	一八九・三八七
一九二六	一〇・八六七	一六五・〇〇五
一九二七	一二・四二三	二一七・四二一

其他野生植物，當做一種藥品而輸出的，是益智及艾粉。前者乾燥其果實，可爲清涼劑、仁丹、清心丹、千金丹的原料。後者取其葉製造，當做等於仁丹、清心丹、千金丹等的清涼劑原料來利用多。由樟腦所精製的龍腦，雖可供其代用，但仍覺效力遠不及艾粉的佳。

(丙) 園藝作物

(一)蕃荔枝(Anona Squamosa L.) 蕃荔枝其果實比台灣產的形稍大，食味佳良。播種後數年結實，栽培極容易。七、八月間生產。

(二)菠蘿(Ananas sativus Schuli) 菠蘿因海南島的氣候適宜，現在栽培着的地方，是瓊東、文昌、瓊山各縣，就中前二縣栽培尤多。品種主爲原來種，比台灣產原來種，形更小，纖維多，質極不良。七、八月間生產多，每個販賣約十銅元。海口勝間田氏(日人)二、三年前輸入「斯莫斯卡英」種，在海口市附近試種，現尚未得十分的成績，但從生育狀態等觀察，使肥培管理適當，比台灣不劣的成績，可以不難舉得。此外在清瀾港附近當做生食用的優良品種「新嘉坡」種，亦有栽培。數年前南洋歸來的華僑輸入這種品種，迄今所生產的果實，並不遜於台灣所產的。

(三)木瓜(Carica Papaya L.) 木瓜結實多，果形極小，質亦不良，無大規模栽培 多不過零散的培於家屋的周園。

(四)芭蕉(Musa sakientum L.) 芭蕉各地均有多少生產，栽培不盛，不過僅供島內的需要。品種主爲中國種，其中亦有南洋種，果實豐滿，皮極薄，食味良好。

(五)其他熱帶果樹 其他栽培的果樹有：

荔枝(Nephelium Litchi Camb.)
龍眼(Euphoria Longana Lam.)
五稜子(Averrhoa Corambola)
蕃石榴(Psidium Guava L.)

等，前二種是當做與其他相當的大樹零散的栽植於家屋的周園。

(六)蔬菜 蔬菜是和其他熱帶地同樣，冬季多且優良生產，夏季生產的倒少。余等調查的七、八月間，圃場及市場搬出的土產是：

薑(Zingber officinale Rosc.)

食用絲瓜(L.uffa aegptica Mill)
菜豆(Phaseolus Vulgaris L.)
薯(Pachyrhizus angnlatus Rich)
西瓜(Citrullus Vugaris Schrad.)
韭(Allium Bakeri Regel.)
葱(Allium fistulosum L.)
菜(Brassica japonico Mak.)
冬瓜(Benincasa cerifesa Savi.)
南瓜(Cucumis Moschata Duch.)
甕菜(Ipomaco afuatiaa Forst.)等等

(丁) 其他

(一)天蠶絲　由定安縣南呂附近，嶺門，五指嶺的山麓水滿至銅甲地方間，楓樹自生，黎人以之飼育楓蠶，製造天蠶絲。輸出主爲日本內地，一〇〇斤約三千元，年產額約一萬斤。(本章譯完)

* * * * *

（出自《琼农》第十五—十六期，一九三五年）

海南島農產業調查

平間惣三郎

> 海南島農產業調查一書，都凡三萬言。就中農產一章，譯者已譯出發表于本刊第十五六號合刊。其有未譯者，現乃逐章譯出，以使讀者得窺全豹焉。
>
> ——纘春——

目次

一　緒言

海南島屬南中國廣東省，面積略等于臺灣，跨北緯一八·九度至二〇·一〇度。因其處于純熱帶圈內，故受光·熱的恩惠饒多；但仍未能完全利用，農者依然不改舊態。而且向來的爲政者無一講究涵養民力，培養國本一類的產業的施設，從而天然的資源，至今仍未開發。試觀最近一九二七年的海南島貿易統計，輸出入合計一一·四三七·〇八六兩（兩是海關兩，約合大洋一·五三元强，一元大洋約合日金一元，以下相同）其中輸入竟占八·一五六·五九一兩，輸出僅占三·二八〇·四九五兩。輸出的主要物，是牛、豚、鮮蛋等的畜產品，或如鹽的海產品，可視爲純農產品的，不過是檳榔、胡麻及赤糖等。而且主食物的米，現在尚不能自產自給，至少每年亦有五十萬兩，多則三百萬兩左右的輸入。島內土地廣大，可能加以人工灌溉的地很多，倘能稍事講究產業的施設，圖謀水利的便利，則可自給有餘，而至于達到輸出的可能。僅此一端，據其事實，其餘農產業的發達程度，亦不難加以推測。即在現下的海南島，雖然農產業上沒有看見甚麼可有價值的地方，但是倘能利用光·熱，投下相當資本，施以科學的產業的施設，則於農產業地上，也許大有發達的餘地呢。

本書題爲「海南島農產業調查」。因爲向來關於農產業沒有甚麼參考的調查資料，詢之關係當局，又幾不能得到確答，所以祇將勾留一個月中，視察旅行所實地見聞的資料和調查地的古言，而草此文。但是當時內地共產黨的餘黨出沒，民情不安，旅行於距瓊州中國里百里(日本約十里)以外的內地，如無護衛兵隨同，實難期身命安全，幸蒙曾視察臺灣的海南島總參謀長黃強氏(廣東南區善後委員陳銘樞居對岸北海及其他地方，不來瓊州；黃氏爲其代理，常居瓊州，統治海南島。)的厚意，借定護衛兵二名，利用汽車，始能視察海南島一府十三縣中瓊州府、瓊山、文昌、瓊東、定安、澄邁、臨高等一府六縣。然以此而比全島之廣，未考查之地尙多。從而調查主爲記載實地經過地之狀況，而關於遍及海南島全部之農產業調查，則俟之於將來的機會。本稿不消說，不過是寫一個月間的見聞，從調查的不備，參考資料的缺乏，其所論不無有不徹底的地方，但也許可爲他日任何人舉行完全調查時的參考資料；它有關係產業的各種廣汎的記載，就中關於可爲黃麻及小麥栽培地的自然要素的適否，則聊加詳論，能得爲之參考，則幸甚矣。

當舉行本調查時，蒙松岡富雄氏于往路陪伴，予以調查上種種的注意與助言，勝間田善作氏·同義久氏及海口稅關長紅松氏，于海南島勾留中，予以多大的厚意與便宜，均於此深致謝意。又在調查旅行時，蒙參謀長黃強氏以厚意授與種種便宜，所採取的土壤的調查，蒙中央研究所技手樋口三雄氏幫忙，於此亦深致謝忱。

一　位置及地形

海南島屬南中國廣東省，四面環海，東面中國海，西南隔東京灣而與法領印度中國相對，北卽隔海南海峽，指呼間而望見雷州半島，南爲北緯一八·九度，北爲北緯二〇·一〇度，跨東經一〇八·三七度至一一一·〇二度，距香港五十浬，法領海防二二五浬，法國租借地廣州灣赤坎一〇〇浬，由高雄至海口直徑六〇〇浬。廣袤二千餘方里，現雖不能舉正確的數字，但據該地官廳的所說，畧與台灣相等。因少山岳，故可利用爲耕地的土地較多，由東北向西南稍長，約六十餘里，幅爲三十餘里至四十餘里。

島東北幾乎沒有山岳，盡是蜿蜒的平原或坡地，可利用的耕地很多。西南部則所謂黎界的山嶽地帶，沃野介乎其間。海南第一高峯五指山(六·三〇〇尺)聳立於北緯一九度東經一一〇·二〇度附近，是全島各川的分水嶺。河流中濫觴于五指山的有六：(一)是南渡江，經臨高、澄邁、定安、瓊山四縣至海口港而入海。(二)是加積溪、貫通樂會、定安、瓊東三縣至博鰲港而入海。(三)是陵水溪，經定安，陵水二縣之境至水口港而入海。(四)是昌化大江，貫流定安、崖、感恩、昌江四縣至南岸港，烏泥港而入海。(五)是北門江，經定安、儋縣至新英港而入海。(六)是文瀾溪，經定安、臨高二縣至博舖港而入海。其他發源于五指山以外的有二：(一)是太陽溪，發源于萬寧縣鷓鴣嶺，入港北港。(二)是龍滾河，發源于萬寧西北境，貫流樂會・萬寧縣境，入博鰲港

三 行政區劃、人口及交通

全島分為一府十三縣，即瓊州府及瓊山、文昌、瓊東、定安、澄邁、臨高、儋、昌江、感恩、崖、陵水、萬寧、樂會等諸縣。

瓊州府即全島政治的中心，廣東南區善後委員公署即設于此，國民政府要人委員陳銘樞在對岸北海，統轄南區全體；曾歷遊臺灣的參長黃強氏則在瓊州府為其代理，統治全海南島。十三縣中昌江、感恩、崖、陵水、萬寧、樂會六縣，其領土均跨黎界，未開闢之地特多。

總人口向來沒有可靠的統計，雖無由知，但據參謀長黃強氏的所說，謂總人口大約二百萬人，內有黎人約二十萬人。

由英領香港一晝夜水路可抵達海口，到法領海防亦約需同時間。有大阪商船孟那多丸二週間把香港——海口——北海——海防線一回往復。其他有英船、法船等，亦往復同航路。

島內交通，迄未有鐵道之設；但是交通路的開鑿，則為現官廳所正最注力的一種政策之一，現在瓊山、文昌、瓊東、定安、澄邁、臨高各縣，開闢有比較的完備的公路，行走汽車，尤其是瓊山、文昌二縣，汽車公路，四通八達，交通極為便利。據最近調查，在主要都市的汽車數，文昌有二五〇架，嘉積五〇架，海口三架()；同時再據官廳的計畫，則為漸次向內地開闢公路，更進而完成縱橫貫通黎界的公路，以謀着地方的開發。目下完成的公路及未完成或將來擬開闢的預定道路如左圖。(註該圖為民國十七年五月二十日瓊崖公路處所製之瓊崖全屬公路路綫圖，因時間太久，多有與今不同，故從略。)

四 氣候

瓊州府誌曰：

南方地氣暑熱，一歲田三熟。冬種春熟，春種夏熟，秋種冬熟。今惟瓊郡則然。

即表示瓊崖（即海南島全土之稱，稱海南島爲瓊崖是清時置瓊州府及瓊州直隸州于本島，分全島各縣爲二，使各管轄其半。民國四年地方制度改正的結果，廢除舊制，改置瓊崖道，使統治全島。所以稱本島爲瓊崖。）地方，氣候高温，作物發育的良好。據現在海口瓊海關（稅關）所觀測的氣温及雨量，自一九二五年至一九二七年三年間平均氣温，夏冬的較差極少。即由五月至九月的期間爲高温季節，由二七・九度昇降爲二九・六度；由十二月至二月的期間爲最低温度的季節，表示平均氣温爲一八・三度至一九・四度。三年中最高氣温爲三七・二度；最低氣温爲七・八度。降雨日數，三年平均爲一三〇日；三年平均雨量爲一・六九二・三耗。即由五月至十月六個月間爲雨期，各月的降雨日數十日餘，月別雨量爲一二八・五耗至三二四・七耗。由十二月至翌年三月，是所謂乾燥期，月別雨量爲一四・六耗至五五・六耗。左爲表示三年平均氣温及雨量，和累年的氣象觀測數。

海口氣象表（自一九二五年至一九二七年三年平均）温度爲攝氏，雨量爲耗，以下同樣。

月別	平均温度	最高温度	最低温度	降雨日數	雨量
一月	一九・四	三〇・六	一一・七	五	一四・六
二月	一八・三	三〇・六	七・八	一三	四四・九
三月	二一・五	三五・〇	一一・一	一一	五〇・六
四月	二四・一	三七・二	一三・三	一二	一一二・九
五月	二八・四	三六・七	二三・八	一〇	一八六・八
六月	二八・七	三六・七	二三・八	一五	三二四・七
七月	二九・六	三七・二	二四・四	一一	一二八・五
八月	二八・六	三七・二	二三・三	一一	一六八・四
九月	二七・九	三七・二	二二・二	一五	三一四・四

月别	平均温度	最高温度	最低温度	降雨日數	雨量
十月	二三·九	三六·一	一六·七	一一	一七八·九
十一月	二二·六	三一·七	一六·一	六	一二二·〇
十二月	一八·八	二九·四	一〇·〇	一〇	五五·六
年	二四·三	三七·二	七·八	一三〇	一·六九二·三

海口累年的氣象調查表

（A）一九二五年

月别	平均温度	最高温度	最低温度	降雨日數	雨量
一月	一八·九	二六·七	一二·八	一一	一二·七
二月	一七·五	二八·三	七·八	一三	一六·〇
三月	二二·〇	三二·八	一二·二	四	五·三
四月	二二·〇	三六·七	一三·三	一〇	四六·五
五月	二八·九	三六·七	二三·三	一五	三六四·三
六月	二八·七	三五·六	二三·九	一五	二六三·一
七月	二九·五	三六·七	二四·四	六	三九·九
八月	二八·九	三七·二	二四·四	一一	一一三·四
九月	二七·三	三三·九	二三·二	一一	一九一·八
十月	二四·二	三一·一	一八·三	一四	三〇六·三
十一月	二三·三	二八·九	一六·七	九	五·六

月别	平均温度	最高温度	最低温度	降雨日数	雨量
十二月	一七·〇	二五·〇	一〇·〇	八	五四·九
年	二四·一	三七·二	七·八	一一六	一·四一九·八

（B）一九二六年

月别	平均温度	最高温度	最低温度	降雨日数	雨量
一月	一九·六	二八·三	一四·四	八	二三·六
二月	一九·六	三〇·六	一一·一	一五	八九·二
三月	二二·三	三五·〇	一四·四	一三	一一四·六
四月	二五·五	三七·二	一八·九	一一	一四四·八
五月	二八·八	三六·七	二二·八	三	一四二·七
六月	二九·九	三六·七	二二·八	一九	四七九·三
七月	二九·七	三六·七	二四·四	一六	一一六·八
八月	二八·七	三五·六	二三·九	一五	二九〇·八
九月	二八·一	三三·三	二三·九	二〇	四三〇·三
十月	二三·九	三六·一	一八·三	六	五九·四
十一月	二一·九	三一·七	一六·一	三	一六·三
十二月	一九·五	二九·四	一〇·〇	一四	七五·七
年	二四·六	三七·二	一〇·〇	一四三	一·九八三·五

（出自《琼农》第十八期，一九三五年）

海南島農産業調查（續）

平間惣三郎

(C)一九二七年

月別	平均温度	最高温度	最低温度	降雨日數	雨量
一月	一九・八	三〇・六	一一・七	六	七・四
二月	一七・八	二七・八	一〇・〇	一二	二九・五
三月	二〇・二	三三・九	一一・一	一六	三二・〇
四月	二四・七	三五・〇	一七・二	一六	一四七・三
五月	二七・五	三六・一	二三・九	一二	五三・四
六月	二九・五	三六・一	二四・四	一〇	二三一・六
七月	二九・七	三七・二	二四・四	一二	二三八・九
八月	二八・一	三四・四	二三・三	七	一〇一・一
九月	二八・二	三七・二	二三・三	一五	三三一・一
十月	二三・六	三二・八	一六・七	一二	一七〇・九
十一月	二二・七	二八・九	一六・七	六	三一四・二
十二月	一九・八	二六・七	一二・八	八	二六・三
年	二四・三	三七・二	一〇・〇	一三二	一・六七三・七

但以氣温及雨量與台灣比較，平均氣温比臺南，除十月外，各月高〇・七至二・五度，與恒春比較，由五月至九月五個月間，各月亦高一・二度至二・一度，由十月至翌年四月七個月間，各月却反低〇・五度至二・五度。惟夏冬的較差少，畧與恒春近似，年平均氣温，海口和恒春均指示二四・三度。

雨量則夏多而冬少，等於日本南部地方。各月的雨量分佈及年雨量等，畧與臺南近似。最高氣温比恒春的三四・九度及臺南的三六・九度，更高三七・二度（華氏九九度）；最低氣温，臺南爲二・四度，恒春爲九・八度，海口爲七・八度（華氏四六度）。年降雨日數，臺南爲一〇七日，恒春爲一五一日，海口則介乎二者之間，爲一三〇日。

左揭示氣象比較表，以供參考。

◆ ◆ ◆ ◆ ◆ ◆

氣象比較表

（A）平均氣温及雨量

月別	平均氣温			雨量		
	海口	臺南	恒春	海口	臺南	恒春
一月	一九・四	一六・九	二〇・三	一四・六	二八・一	二三・八
二月	一八・三	一六・七	二〇・一	四四・九	三六・〇	二七・六
三月	二一・五	一九・六	二二・二	五〇・六	四二・〇	二三・七
四月	二四・一	二三・四	二四・六	一一二・九	六二・〇	五二・八
五月	二八・四	二五・九	二六・三	一八六・八	一五九・九	一八四・四
六月	二八・七	二七・三	二七・四	三二四・七	三四一・七	三七六・〇
七月	二九・六	二七・七	二七・五	一二八・五	三六一・七	四一五・七
八月	二八・六	二七・四	二七・一	一六八・四	四二四・八	五九五・三

九月	十月	十一月	十二月	年
二七・九	二三・九	二二・六	一八・八	二四・三
二七・〇	二四・八	二一・五	一八・三	二三・一
二六・七	二五・三	二三・三	二一・三	二四・三
三一四・四	一七八・九	一一二・〇	五五・六	一・六九二・三
一二六・三	三五・五	二一・六	一一・一	一・六五〇・六
二六〇・九	一六九・九	四〇・九	一五・七	二・一八六・八

（B）最高・最低氣温及降雨日數

月別	最高温度 海口	最高温度 臺南	最高温度 恒春	最低温度 海口	最低温度 臺南	最低温度 恒春	降雨日數 海口	降雨日數 臺南	降雨日數 恒春
一月	三〇・六	三二・四	二九・八	一一・七	一二・六	一〇・二	五	五・五	八・五
二月	三〇・六	三一・三	三一・一	七・八	一二・四	九・八	一三	五・〇	七・〇
三月	三五・〇	三二・〇	三一・七	一一・一	五・七	一一・五	一一	六・二	六・七
四月	三七・二	三四・八	三二・八	一三・三	一一・七	一五・四	一二	七・二	七・八
五月	三六・七	三五・一	三四・四	二二・八	一四・七	一七・一	一〇	一〇・三	一二・七
六月	三六・七	三四・八	三四・九	二二・八	一八・九	一八・六	一五	一五・〇	一七・七
七月	三七・二	三六・九	三四・三	二四・四	二一・四	二〇・九	一一	一六・五	二〇・六
八月	三七・二	三六・六	三三・〇	二三・三	二一・八	一九・五	一一	一八・七	二三・三
九月	三七・二	三六・六	三三・六	二三・二	一五・四	一八・七	一五	一〇・〇	一七・一
十月	三六・一	三四・七	三二・八	一六・七	一四・六	一八・三	一一	四・九	一三・三

十一月	三一・七	三五・二	三一・四	一六・一	六・九	一二・七	六	四・〇	一〇・〇
十二月	二九・四	三〇・六	三〇・三	一〇・〇	五・二	一一・〇	一〇	四・二	七・七
年	三七・二	三六・九	三四・九	七・八	二・四	九・八	一三〇	一〇七・五	一五一・四

瓊州府誌曰：

南方諸郡皆有颶風。颶風者具四方之風也。按瓊夏秋間，颶風或一歲累發，或累歲一發，或起東北而轉西，或起西北而轉東，皆必對時回南大作而後息。將起之前，海鳥預夜羣驚飛投黎山，樹葉皆向南作翻轉之狀，或海吼聲大震，或天脚有暈如半虹，俗呼破篷，即嶺表錄謂之颶母。或踰時即大作暴雨，挾之撼聲如雷，拔木飛瓦，居民皆矮屋避之，人不能行立，牛馬不敢出牧。或風雨中有火飛騰，回南又最大傷損萬物，東坡有颶風賦見藝文。

又曰：

熙安間多颶風，颶風者具四方之風也。一曰懼風，言怖懼也，常以六七月興。未至時三日鷄犬爲之不鳴。大者或至七日，小者一二日，外國以爲黒風。

即於府記事中，亦常散見。原來海南島是暴風頻發的地方，Typhoon（颶風）之利害，雖有如吾人所喧傳，但據瓊海關的觀測，事實上未必盡然。自一九二五年至一九二八年八月中旬間的記載，一九二五年無暴風，一九二六年以後每歲一回，比之臺灣，回數却少發見。

海南島暴風回數及風速度（瓊海關觀測）

年次及月日	風速	
	每時間（觀測數）	每秒（換算數）
一九二五年		
一九二六年九月二七日	五〇——六〇哩	二二——二六・八米
一九二七年八月二一日	四〇——五〇	一八——二二
一九二八年七月一五日	五〇——六〇	二二——二六・八

為便於比較起見，將同年間臺灣颶風回數及風速度示之如左。（據臺北測候所報告）

年次	月日	地名	風速
一九二五年（大正十四年）	七月·九日	基隆	二五·七米
	九·一五	澎湖	二三·三
一九二六年（大正十五年 昭和元年）	八·一四	臺北	一九·六
		恒春	一六·八
	一〇·八	澎湖	二三·七
	六三	高雄	二四·九
一九二七年（昭和二年）	七·一六	基隆	一八·三
		高雄	二三·四
		臺東	三〇·九
	八·一五	臺東	二六·八
	八·一九	高雄	二三·一
	七·一四	高雄	一七·〇
一九二八年（昭和三年）	九·五	基隆	二八·八
	九·六	花蓮港	二〇·七
		澎湖	二三·二

（出自《琼农》第十九期，一九三五年）

海南島農產業調查（續）

平間惣三郎

五 土壤及作物的分佈

山岳地帶，雖然未曾調查，無從洞悉；但東北部地方的坡地，則概爲第四紀古層的洪積土；其色帶赭色，形成所謂熱帶特有的「紅磚」(Laterite)。尤其是跨瓊山及瓊東兩縣境地的坡地，赭土層更爲發達。赭土缺乏一般植物養分，且成爲坡地，不便灌溉，作物的種類，亦自然大受限制，故其生產始終不能擴大。可是例如嘉積地方及金江附近坡地，土地就概爲肥沃，沃野亘綿數里了。

次爲河川流域的低平地，是所謂第四紀新層，占現有的主要農耕地。這等冲積土皆由河川運積的土砂所生成的，土質雖因原來河川流域的地質系統而異，但概富于植物養分，生產力大。左爲就這次所實地考查的地方略述其地形．土壤的狀態及作物等。

瓊山縣是所謂島都瓊州府及唯一的開港埸的海口的所在地，地味概良好，農耕地上利用最多，但三江市及雲龍市，大山市，嶺脚市地方，乃所謂成爲波狀的坡地，赭土層顯著發達，原野廣漠，概爲缺乏生產力，作物的生育不良；僅由于因耕地區劃的形蹟及防風設備所留下的植樹的殘骸上，可以窺見其曾爲耕地了。恐怕這是因爲土地廣大，勞力缺乏的結果，勢必經營掠奪農業，遂致地力的減耗罷了，故在休閑地方，亦是放任着自然的原野的狀態。這等坡地所點點的耕作着的作物，如左所示數種上，無論如何生育亦爲不良。

日本名	學名	中國名
陸稻	Oryza Sativa L.	陸稻
龍瓜稷	Eleusine caracana Gaert.	鴨蹄黍或薏苡米
甘薯	Ipomea batalas Lam.	蕃薯
胡麻	Sesamum indicum L.	芝麻
キヤツサバ	Manihot utilissima Pohl.	參茨
里芋	Colocasia antiquorwm Sehott	芋仔
豈薯	Pachyrhizus angutalus Rich.	刈薯

大山市附近的耕地，是所謂帶有赭色的砂質壤土，表土約三尺，心土稍帶黃色，是粘土層。

瓊山縣內由海口至西豐市的秀英市，那流市，紅山市地方，均面海洋，僅使成爲波狀的平坦的耕地，地味比前記的地方，概屬良好。農村亦稍稍集團成爲部落，住民比較的多，可耕地亦殆全部耕地被利用。即低濕地可利用雨水的地方，盛栽培水稻，我們一行所實地考查的七月下旬，是二期水稻的插秧。旱作方面，雖如左記數種，但就中以胡麻爲主產。

日本名	學名	中國名
水稻	Oryza Sativa L.	水稻
陸稻	Oryza Sativa L.	陸稻

蜀黍	Andropogon Sorghum Brot	高粱
粟	Setaria italica Kth.	粟
龍瓜稷	FLeusine coracana Gaert	鴨踦黍或薏苡米
甘薯	Ipomea batatas Lam.	蕃薯
胡麻	Sesamum idicum L.	芝麻
落花生	Arachis hypogaea L.	土豆
甘蔗	Sacohayum OfficinaaumL.	甘蔗
木藍	Indigofera tinctorial.	菁仔
黑芋	Colocasia antiquorum Schott.	芋仔
薯蕷	Dioscsrea Batatas Dene.	田薯

那流市附近的土壤，稍帶稀薄的赭色，但土壤的反應是中性，土質屬砂質壤土；表土深約三尺，其下約五寸是帶赤色的粘質土，以下再爲砂質壤土。

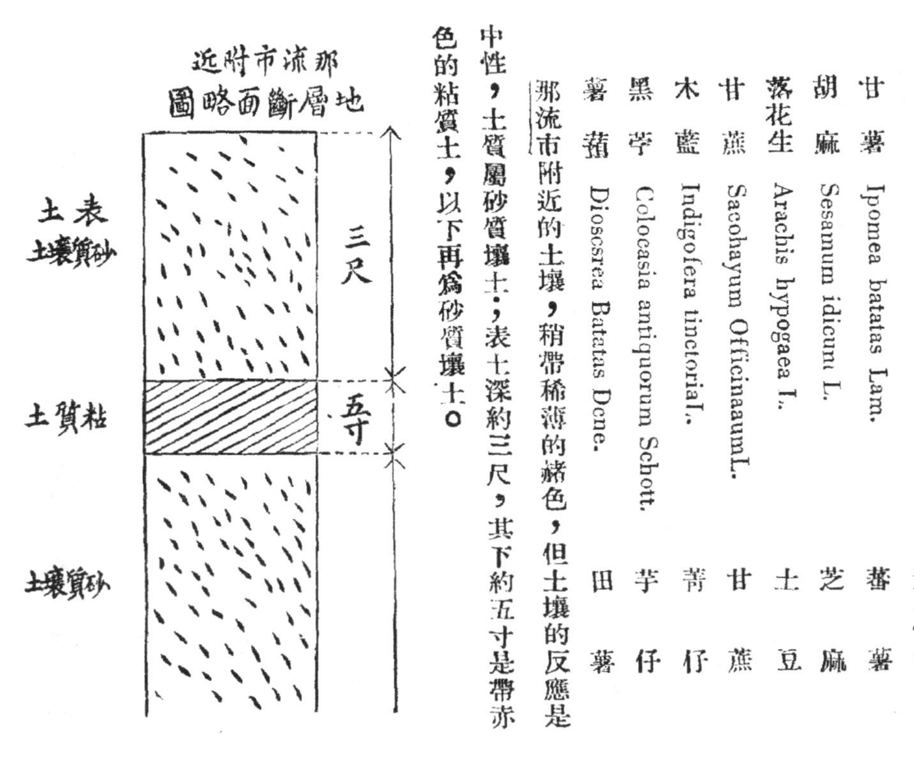

距秀英市的西南約一里的地方，爲帶赭色的赭土，但比前者乃成自更粗土粒的砂質土，表土約三尺，以下是灰褐色的壤土。

此外瓊山縣屬內南渡江沿岸的冲積地，不但土地肥沃，盛栽水稻，而南渡江西岸瓊山縣那有市長筒村附近，更是所謂冲積土，表土爲呈灰黑色的壤質植土，深約一尺五寸餘，心土爲帶黃褐色的粘土層，土地肥沃，爲黃麻產地。至于乾燥細微土百分中的全酸度，則僅〇·三〇四耗而已。

那有市長筒村（黃麻產地）地層斷面略圖

表土 壤土（灰黑色）　一尺五寸

粘土（黃褐色）

（出自《琼农》第二十—二十一期，一九三五年）

海南島農產業調查（續）

平間惣三郎

此外，距瓊州之南約五里的地方，在南渡江之西岸，有廣袤達約一千餘甲（一甲約等於十六・二中畝）的平坦荒蕪地，表土深約三尺，是很缺乏生產力的砂土，且當降雨期，未免有水害之虞。現在倘能栽培落花生之類的作物，還可舉得多少的生產，但對於其他作物的利用，則還未再加以具體的調查，難于確定。

從文昌縣、瓊州府經三江市至大路市的途中，即瓊山縣屬內，其土地是帶有赭色的所謂「紅磚」土（Laterite），表土磽瘠，但在耕地中，木薯，田薯，落花生，甘薯，陸稻，蒟蒻（Hydrosme Rivierl, Engl.），木藍等之類的作物，尚呈相當的生育，而入文昌縣屬的大路市，土壤就不同了，呈灰白色，多極粗的砂土；由此至潭牛市之間，又變爲極平坦的原野，廣袤極其遼廓，但爲很缺乏生產力的灰白色砂土，幾幾乎等於荒蕪地，如沿途星散般的水田，都實行着顯著的密植，更沒有分蘖的形蹟，生產極爲不良。至於旱地則主爲栽培

甘薯 Ipomea Batatus Lam.

木薯 Manihot utilissima Po.l,

田薯 Dioscorea Batatas Dcne

芋仔 Colocasia antiquorum, Schott.

等，而任何種均斷行着未曾見的極度密植（例如甘薯幅六尺畦中約五條植，木薯幅六尺畦中約四條植，但在臺灣則常爲甘薯幅四尺畦中株間爲八、九寸的一條植，木薯幅四尺畦中株間爲二尺五寸的一條植），所以地力磽瘠，生產很不良好，幾乎成爲無利的栽培。文昌縣大路市附近的耕地土壤，表土深約二尺，亦是粗粒的灰白色砂土，缺乏生產力。由此至文昌之間，則稍爲變成波狀的低坡地，地力較前者稍優，但仍然缺乏生產力，作物的生育極不良，所至多是荒蕪地。

從文昌至清瀾港的波狀坡地，是呈灰白色的砂土，地味不肥沃，但一帶適于椰子的栽培，特別是在清欄港附近的平地，生產最佳，栽培極盛。此外，要特爲記載的，是于清港瀾觀察之際，偶爾發現附近攤店販賣着星架坡（Singapore）種菠蘿，立即購買五個試食，其果比嘉義農事試驗場所產的稍大，味幾比美，是生食用的優良品。其傳播的來歷，詳爲調查，乃係曾到星架坡去的華僑，于歸國時輸入繼續栽培於清

瀾港附近。五個僅值華幣三十五錢，于士民間尙稱高價，但較諸土種價則實低廉，需要者亦多。

文昌縣已如前所記多是荒蕪地，農業不振與;，但是當地居民多擅長商事，在南洋謀生的極多，吸收該地財富，所以比較的富于購買力，且僅文昌一市已有汽車二五零架，人民概營謀着文化的生活。

由文昌至南陽及中稅的地方，土壤是呈灰黃色的磽瘠砂質土，栽培有

陸　稻　Oryza Sativa L.
甘　藷　Ipomea Batataa Lam.
椰　子　Cocos nucifera L.
田　薯　Dioscorea Batatas Deme,

等，就中椰子的成績良好。至南陽，中稅及蓬萊市之間，則變爲波狀的坡地，有

波　蘿　Ananas Sativus Schult.

的栽培極盛。

由蓬萊市經定安縣黃竹市至瓊東縣大路市之間，土壤又變爲赭色的坡地，但土地却是極平坦的原野，廣袤達數里，土地亦概肥沃，有如下列

陸　稻　Oryza Sativa L.
甘　薯　Ipomea Batatas Lam.
落花生　Arachis hypogae L.
木　薯　Manilot utilissima Pohl.
甘　蔗　Saccharum Officinarum L.
木　藍　Indigofera tinctoria L.
田　薯　Dioscorea Batatas Deme.
薯　仔　Colocasia antiquorum Schott.

等的星散般地栽培，生育概良好。此外，如木薯已高達六尺餘，分蘖數本，生產亦極良好。

定安縣黃竹市與瓊東縣大路市之間的一大片平野中是可爲調查標準的土壤。其表土帶赭色，惟酸度不高，乾燥細微土百分中的全酸度僅二、二七〇瓩。土質係砂質壤土，其深約二尺，心土稍帶黃色，爲粘土。概富于生產力。

黃竹市附近
地層斷面圖

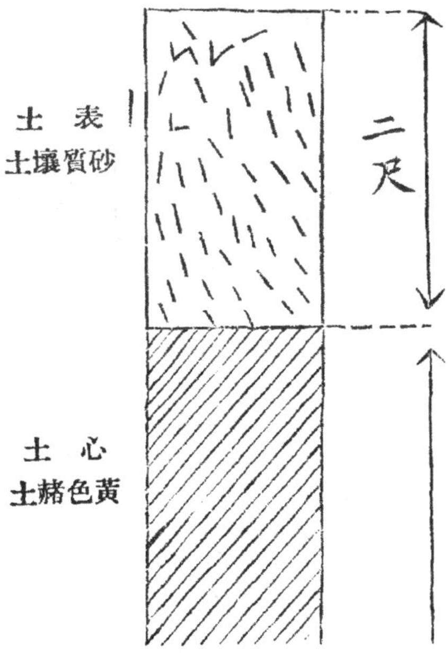

從瓊東縣嘉積市至瓊東縣城之間，土壤係嘉積溪的沿岸冲積土壤，多利用爲水田，土地肥沃，是所謂嘉積米的產地，生育良好。椰子在嘉積地方，亦多散見，較諸文昌附近的，結實數畧少。

從定安縣黃竹市至同縣的倨市之間，又成爲波狀的坡地，如日本內地的山間農村一樣，設着階段的水田來耕作，八月上旬概爲第二期作的插秧的終了期，禾長僅一尺三、四寸。由倨市至仙溝之間，土壤便呈灰白色，雖爲植土，但地方磽瘠，作物的生育概屬不良。由仙溝至定安的坡地，又屬赭土，地味稍良，平地多水田，土壤帶色，地力概良好。

由安定市至澄邁縣金江市的南渡江沿岸，則又變爲所謂冲積土了，土地肥沃，土質係植質壤土或壤土，在兩岸一帶盛栽培

水稻 Oryza Sativa L.

三角藺 Cyperus tegetifanmis Roxb,

甘蔗 Saccharum officinarum L.

黃麻 Corchorus Capsularis L.

等；就中澄邁縣瑞溪市附近的冲積土，廣袤達里餘，盛栽培黃麻。土質係植土，微呈酸性反應，乾燥細微土百分中全酸度不過〇・九二三瓩，此外，此地方亦盛栽培甘蔗。

瑞溪市附近
（黃麻主產地）
地層斷面畧圖

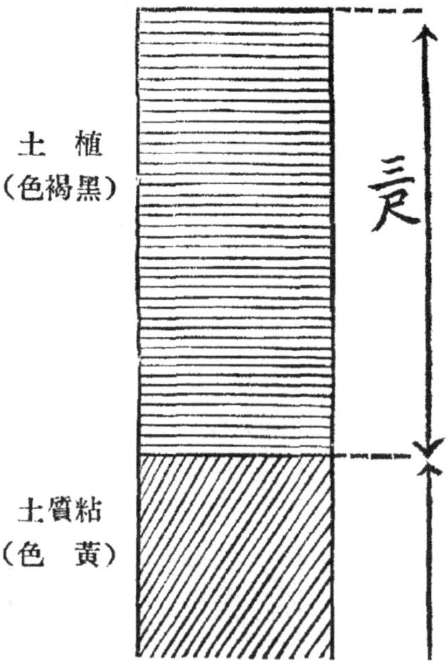

植土
（黑褐色）

粘質土
（黃色）

三尺

從澄邁縣金江市經馬停市至長發市的坡地，土壤係畧呈波狀的赭土，土地概良好，但少耕地，尤其是金江馬停間，幾無耕地可言，盡是平坦的一大原野，草長數尺，土地肥沃。由此經老城至豐盈市之間，土地則又多利用爲旱田或水田，惟地力不及前者，而由豐盈市經那流市，秀英市至海口之間，土地又如前所述了。

此外，由金江市至臨高縣的途中，土壤較金江市附近，更富于生產力，爲一大原野，聽說明治製糖會社社員鈴木氏，曾因製糖事業的見地來調查過，但鄙人由定安至金江市的河船中，剛剛發熱，體溫三十九度，自從到金江市的前日，幾不能飲食，且在金江市的汽車的準備，約需半日，所以頗覺遺憾，該地的調查，只可俟諸他日，於是一直歸還海口了。

茲將這次視察及地方的土性調查，表示如左：

採集地	採集月日	地質	種別	全酸度	土性	表土色	表土深度	心土	摘要
瓊山縣大山市附近	昭和三、七、二四	洪積土	坡地	瓩 —	砂質壤土	赭色	二、〇尺	黃色粘土	作物生育概不良陸稻旱田
同那流市附近	三、七、二三	同	同	〇、〇〇〇	同	褐赭色	二、〇	赤色粘土五寸以下砂質土	作物生育概良好胡麻旱田
同秀英市附近	同右	同	同	—	粗砂質壤土	赭色	三、〇	灰褐色壤土	作物生育概良好休閑地
同距海口市東南約十町附近	三、七、二五	同	同	三、九一八	砂質壤土	灰褐色	二、〇	黃褐粘土	作物生育概良好蔬菜跡地
同那有市長筒村	三、七、二四	冲積土	平地	〇、三〇四	壤質植土	灰黑色	一、五	同	黃麻產地收穫跡地
文昌縣大路市附近	三、八、三	—	同	—	砂土	灰白色	二、〇	—	作物生育不良休閑地
定安縣黃竹附近	三、八、四	洪積土	坡地	二、二七〇	砂質壤土	赭色	二、〇	黃色粘土	同
澄邁縣瑞溪市伯六村	三、八、六	冲積土	平地	〇、九二〇	植土	黑褐色	三、〇	同	黃麻產地收穫跡地

備考

（一）全酸度係據中央研究所農業部樋口技手的檢定

（二）酸度檢定係根據鹽化鉀法，數字係乾燥細微土百分中的全酸度

（第五章土壤及作物的分佈完）

（出自《琼农》第二十二期，一九三五年）

海南島農產業調查（續）

平間 三郎

七 畜產（第六章農產見本刊第十五六號合刊）

島內的畜產業，是以牛，猪爲主體。馬則爲體軀極矮小的土產，爲供馬車及驛馬等的交通用，爲數不多。牛有黃牛、水牛兩種，前者爲供食用或農耕用；食用牛，質良好，主爲向香港輸出，年達約二十萬元，海南島黃牛之名，價倍於香港市塲。後者則主爲供農耕用及食用。島內到處多適於放牧的原野，任從此等牛羣的飽食，故其體軀偉大的不少。

猪是海南島特有的品種，腹部及四肢，全爲白色，其他則呈黑色，並無一爲例外。品種已頗被改良，均頭部團圓，體軀豐滿。居民又善愛畜，觀念頗厚，嘉積地方的村落，有猪羣入屋和家人同居之事，主爲輸出香港市塲，每年爲數頗多，達百餘萬元。其他畜產品主要的，有鮮蛋，牛皮，每種均年輸出額達十萬兩以上。左示主要畜產品的輸出統計，以供參攷。

（一）輸出數量

種別	單位	一九二四年	一九二五年	一九二六年	一九二七年
牛	匹	七·四七〇	一〇·一〇九	二·四二八	八·二四九
猪	頭	一〇四·五九三	八四·一〇九	一九·一〇〇	二二·五四三
鮮蛋	千個	一七·九一六	五·八八五	二·六八二	八·七四一
牛皮膠	担	一·四九八	一·五七七	一·六六六	三三四
生水牛皮	担	一·四九八	四三八	一·〇六一	五八四
生黃牛皮	担	一·三四四	二·四二九	一·六二七	二·六八五
熟牛皮	担	二·八九八	三·三二一	三·一四二	二·三三三

（二）價額（兩）

種別	一九二四年	一九二五年	一九二六年	一九二七年
牛	一八九·七五〇	二七二·九五五	七二·八四〇	二一七·四七〇
猪	一·〇四五·三三〇	八四一·〇九〇	二〇一·六八〇	二七〇·五一六
鮮蛋	二〇六·九三七	六八·一四五	三六·三六八	一四八·一六〇
牛皮膠	一七·三〇二	一七·三四七	一二·二四五	三·七八二
生水牛皮	二七·九一二	一〇·一四四	二六·九八一	一四·八五一
生黃牛皮	二五·八七二	五六·二五六	五一·四七八	八〇·三九七
熟牛皮	一〇四·七四四	一二一·九八六	一一五·四〇六	八六·三五四

八 林產

本島少平地多坡地，山岳地帶殆爲黎界所屬，雖不能得親自實查的機會，但據傳聞的地方，則所謂黎界乃自古爲黎人盤居，以營「切換畑式」農業（卽焚燒一山地耕種後又棄之而焚他山地之謂——譯者），於是鬱蒼的原生林之存在，化爲烏有。各種樹種，均有蓄材量相當的，無交通不便，現在被搬運出的不多。據瓊海關統計，每年却輸入十萬兩左右的木材及略同額的火柴木。

年次	木材 數量（千英方尺）	木材 價額（兩）	火柴木 數量（十二打）	火柴木 價額（兩）
一九二四	四二四	四九·七八二	二九三·〇七七	九三·三六二
一九二五	五六三	六七·三七五	三六二·七三九	一一五·八二九
一九二六	一·〇七六	一四〇·六〇〇	三三五·九九四	一二八·一一〇
一九二七	一·四八八	二〇〇·八八〇	二七七·九九一	一二二·二八五

九 鑛產

據瓊崖實業報告書，曾採掘的，有昌江縣石碌山的銅鑛，及儋縣那大的砂錫鑛，和同元門的砂金鑛等。其他膾炙八口的，有昌江縣金中嶺的金銅鑛，崖縣籐橋的鐵鑛，五指嶺的金銅鑛，儋縣紗帽嶺的砂金鑛，定安南牛嶺的鐵鑛，及崖縣黃金塥的鉛鑛，榆林的鐵鑛和三弓嶺的鐵鑛等，皆爲專門家所調查的資料。倘能派專門技術者調查此等黎界內所埋藏的寶庫，想必當有相當有利的採鑛事業的引起！

十 海產

海南島四面環海，調査其沿岸，魚族不多，捕魚的方法幼稚，現在魚業不盛。惟有海產物，開闢鹽田各處，產額亦不少，據瓊海關統計，鹽爲主要的輸出品，年產額達六七十萬兩。

年次	數量（担）	價額（兩）
一九二四	三〇三·三六七	四四九·九二〇
一九二五	一六八·〇五四	二六二·三一三
一九二六	三九六·〇七二	六六四·八五四
一九二七	五八九·〇〇〇	八五八·七五六

十一 貿易

一九二三（民國十二年）年以前，輸出入額雖不大差，但一九二四年以來，就顯著的輸入額激增，最近二三年間的輸入，總計年額在七·八百萬兩以上，而輸出則依然不過二·三百萬兩，達貿易總計約一千萬圓。

自一九一八年至一九二七年海口貿易價額（兩）

年次	各外國輸入	中國各港輸入	各外國輸出	中國各港輸出	輸出入合計
一九一八	二·三〇三·〇六二	六二·七七八	二·一八八·八八八	六·七七四	四·五六一·五〇二
一九一九	二·五五九·〇五八	二四一·二九六	二·五七七·四七七	三四四·一三七	五·七二一·五六五
一九二〇	二·九一一·三四六	四〇五·六五九	二·二九八·〇八七	二三七·六〇四	五·八五二·六九六
一九二一	三·九五四·三六六	二〇九·七三七	二·九四九·一一七	三八一·五一四	七·四九四·七三四
一九二二	三·九〇三·四九七	二一四·九八三	三·一一二·二八七	四六八·六六一	七·六九九·四〇八
一九二三	三·九一四·七一五	二一九·五四六	三·八二六·七四一	六二一·五一三	八·五八二·五一五
一九二四	四·五七二·五七五	三四一·〇六四	三·一一八·五八五	六九二·五七七	八·七二四·八〇二
一九二五	六·五七四·五三〇	三三四·八三八	二·六五九·九六九	四八七·二二七	一〇·〇五六·五六四
一九二六	二·八〇四·四六六	三·五〇八·二四三	六二八·七一二	一·三七四·一八七	八·三一五·六〇八
一九二七	六·五〇三·一七六	一·六五三·四一五	二·〇五四·四五六	一·二二六·〇三九	一一·四三七·〇八六

一九二七年之海口國外貿易價額（兩）

國名	輸入	輸出	合計	再輸出
香港	五·四九三·〇八七	一·九三四·四六八	七·四二七·五五五	二八·六五〇
澳門	一九四·〇五〇	四·八二七	一九八·八七七	—
法領印度中國	七一〇·六四〇	九八·六八九	八〇九·三二九	—
暹羅	一〇五·三九九	一六·四七二	一二一·八七一	—
星加坡				—
計	六·五〇三·一七四	二·〇五四·四五六	八·五五七·六三二	二八·六五〇

輸出之主要的，是牛、猪、鮮蛋、牛皮、檳榔、胡麻、砂糖及鹽等，而牛、猪及鮮蛋等，主爲供應香港市場。輸入之主要的，是各種綿織物、麵類、米、石油、木材及火柴木等，多積香港然後轉輸入。左據瓊海關統計，可以窺見貿易之大勢。

海口貿易輸出表（兩）

名稱	單位	一九二四年 數量	一九二四年 價額	一九二五年 數量	一九二五年 價額	一九二六年 數量	一九二六年 價額	一九二七年 數量	一九二七年 價額
牛	匹	七·四七〇	一八六·七五〇	一〇·一〇九	二七二·九五五	二·四二八	七三·八四〇	八·二四九	二二七·四七〇
猪	頭	一〇四·五九三	一·〇四五·三三〇	八四·一〇九	八四一·〇九〇	一九·一〇〇	二〇一·六八〇	一三·五四三	一七〇·五一六
家禽	頭	一〇九·九五〇	一五·一六二	一四三·〇二三	一六·五二四	一六·三五〇	五·五一〇	一九·五一〇	一六·七五〇
綿羊	頭	—	—	—	—	—	—	—	—

品名	單位								
其他動物	頭	—	—	五三	一三三	七四	一四八	—	—
鮮蛋	千個	一七·九一六	二〇六·九三七	一五·八八五	六八·一四五	二·六八二	三六一·三六八	一八·七四一	一四八·一六〇
鹹蛋	担	四九六	六·九八二	七六〇	九·七三九	三七九	五·九九六	一·五二二	二六·九四五
鴨毛	担	一二二	一·二五六	九四	一·八九〇	九五	一·八三六	一九二	五·〇八七
墨魚	担	二六四	九·四三八	一七二	六·一七一	一二五	二·六六九	三三	二·〇五一
乾魚鹹魚	担	一·〇四八	七·九八五	三·二一七	二五·五五九	四·四八六	四〇·五五三	二·七七〇	三·四六〇
蝦乾蝦米	担	—	—	五	一七六	—	—	—	—
海產	打	一·九〇四	二·七四二	一·二六八	一·八五五	—	—	—	—
其他魚類	担	—	二六·七九二	—	一七·九三二	—	二二·六〇〇	一七·三九三	一四·七八六
膠牛皮	担	一·四九〇	一七·三〇二	一·五七七	一七·三四七	一·六六六	二三·二四五	三三四	三·六八二
頭髮	担	二	三三	—	—	—	—	—	—
生水牛皮	担	一·四五〇	二七·九二二	四三八	一〇·一四四	一·〇六一	二六·九八一	五八四	一四·八五一
生黃牛皮	担	一·三四四	二五·八七三	二·四二九	五六·二五六	一·六二七	五一·四七八	二·六八五	八〇·三九七
熟牛皮	担	二·八九八	一〇四·七四四	三·三一二	一三二·九八六	三·一四二	一一五·四〇六	二·三三三	八六·三五四
火腿	担	—	—	—	—	五二	二·三二二	—	—
其他皮類	担	三·一一一	一〇·二七三	二五·九九九	一四·六一七	一七·五五二	五·二三一	二五·六九〇	七·四七七
牛油	担	四〇四	五〇·〇三一	五一五	六·五六六	五七九	七·五二七	三三〇	三·七二九
黃臘	担	七四	三·六三二	八二	四·二七四	一六三	八·七五〇	五七	三·五四三
其他畜產品	担	—	一八·四一五	—	一三·一二〇	—	一一·七七四	—	一三·九六三
梹椰	担	一四·七八四	一〇三·二二五	一五·五四六	一八九·三八七	一〇·八六七	一六五·〇〇五	三·二四三	二七·四二一
棉花	担	七五	一〇·一四一	八九三	一〇·二七六	九一七	一一·〇九三	—	—
大麻	担	四·五二八	一四九·四二四	二·六八六	八二·五九五	一·八一四	六五·〇八六	二八	一·二〇二
其他花卉	担	—	二·八六三	—	三·〇九四	—	六·三三三	—	—
荔枝	担	八六四	五·九四二	一四·二二三	九〇·六〇一	四八七	三·〇二九	二·六五八	一三·四七二
乾果及罐頭	打	一八·四八二	一四·〇八一	六五·三二〇	四九·七二一	五一·一五六	三六·八三三	一二九·九八八	九四·四八二
花生(帶莢落花生)	担	一·二三四	六·九二七	四三三	二·二七三	一八六	一·六一九	六六一	三·九九三
其他植物油	担	四·六七四	五一·二六三	四·五三九	六一·六一七	一·三二六	八·六九二	一·二九三	一〇·五二一
瓜子	担	六·〇三八	四四·二〇〇	五·三四三	四二·〇八三	三·五五四	三三·六三一	六·九二六	五九·五六五
芝麻(胡麻)	担	一三·八五五	一三八·四四六	六·八八八	六八·八八〇	三·七四四	三七·五三九	一六·六四二	一八〇·三四二
赤糖	担	二一·三五三	七三四·四八七	六〇·九七六	三八八·四一七	二·〇三四	五六·一六三	一九·五二六	二一·四五二
白糖	担	一三八	一·二七五	—	—	七四七	五·七〇〇	—	—
煙草	担	一八六	三·六八二	三	三六四	—	—	—	—
黃麻袋	個	—	—	二三·九八〇	二·二九〇	二三·七五五	三·四一九	六·一三〇	六〇七
竹	担	—	一·九四五	—	五·九六八	—	四·六二九	—	—
藤條	担	八三七	二·一七九	一·九二六	五·三三四	一·五七一	四·五二四	三·〇四八	一〇·九〇三
魚網	担	四三二	三七·九五四	三八六	五四·六九六	四〇〇	四八·一七三	七五八	九八·八七五
熟皮器		—	六·〇八八	—	八·四〇九	—	三·二五六	—	六·五四〇

草蓆　千條	四七	一三·四九五	七八	一三五·二七七	三三	九·九〇〇	五九	一五·五四〇
藥材	—	一〇·五三〇	—	一〇一·二〇九	—	六七·八八六	—	九七·八七九
鹽　担	三〇三·三六七	四四九·九二〇	一六八·〇五四	一六二·三一三	三九六·〇七二	六六四·八五四	五八九·〇〇〇	八五八·七五六
其他郵政小包	—	一五·五五四	—	二·三一七	—	四·四九一	—	—
其他	—	一四·〇〇七	—	二七七·六五九	—	一三·二六一	—	五四八·八一九
合計	—	三·八二一·一六三	—	三·一四七·一九六	—	二·〇〇二·八九九	—	三·二八〇·四九五

（未完）

（出自《琼农》第二十三—二十四期，一九三五年）

海南島農產業調查（續）

平間惣三郎

海口貿易輸入表（丙）

名稱	單位	一九二四年 數量	一九二四年 價額	一九二五年 數量	一九二五年 價額	一九二六年 數量	一九二六年 價額	一九二七年 數量	一九二七年 價額
淡藍色粗布	疋	四,二三三	一七,八六八	二,七七三	一三,五二一	三,二〇四	二,一七五	—	—
本色洋標布	疋	四,七二九	一二,三〇八	四,六六〇	二一,四二一	三,九六二	一〇,一六六	—	—
漂白或染色	疋	一,二三四	八,九二〇	六〇	四七一	三二〇	一,四四八	三六〇	二,五三五
洋羅	疋	二,六七七	七,二四三	一,六五三	四,五三三	一,〇三三	二,八二四	—	—
粗織布	疋	四,一六〇	一六,二四七	三,四二〇	二〇,七三三	二,三九七	一五,五〇八	六,七七一	四三,九一九
染紗織	碼	—	—	三,〇六〇	三,二三四	四五,五六八	七,二〇四	—	—
羽綾	疋	一八九	一,二九三	—	—	五,六三四	五三,四〇四	六,二三四	五二,六七三
沖西緞	疋	一,四六九	八,三五八	七三	五,二〇八	七,八九〇	五五,四五八	七,〇三〇	四六,一八一
斜羽綢	疋	一,四一七	六,九〇九	二,〇九一	一〇,五四八	三,五七〇	二二,八六〇	二,四二五	三三,五五二
羽繭	疋	—	—	—	—	三,五一四	二五,九七二	—	—
羅緞	疋	三,二五六	一九,八〇四	三,六六八	三四,六六三	一二,三一三	一三七,八二七	九,七二〇	一三四,六六〇
船用帆布	碼	三七,六八七	一一,六一四	一六,〇六三	七,七七一	四四,〇三九	一三,六一五	七二,一一八	三一,〇一五
印花細洋紗	疋	二,一九九	九,三七七	三,五三六	一三,一七九	九一四	四七,七九一	五,三三〇	四二,二〇〇
土布	扭	三,〇二九	一八〇,六三一	一,九三二	一二九,〇四三	六一六	三八,二三四	一〇,七六一	一〇四,〇〇五
毯布	扭	六一六	一六,七五四	三七五	三〇,〇二三	四三三	二五,一九二	—	—
手帕	打	三,二二五	一,六五六	三,〇七四	一,五六四	四,八七四	二,九一〇	—	—
衛生衣著	扭	一七	一,七一〇	三六	二,九一九	一四一	一二,七四二	—	—
棉花	扭	四〇九	八,六七四	五三七	一三,〇五〇	一,〇九九	二七,四七五	三,四二二	二四二,〇九一
末記毛汗衫褲	打	七,七二六	一三,七一八	三,九九四	一一,七五四	三,四八八	九,三七一	—	—
毛布	扭	三六三	二八,六八八	三三四	二五,四六二	一五一	一一,三八三	—	—
棉線	十二打	八,九一四	一一,一六八	六,七八六	八,一五五	三,三九四	三,八五五	—	—
本色綿紗	擔	一〇,六八二	四四七,五二	九,一二七	三七二,五四二	四,七七六	三六一,六九	四,六〇九	二〇四,六一一
大麻黃麻	扭	三,二九六	四九,三九〇	一,九九七	二八,七八五	五一一	七,五四七	—	—
羅紗	碼	一九,五九九	一〇,六七一	一〇,〇八七	四,一一二	一,六一六	四六四	—	—
毯氈	磅	九六八	六三一	一,九九二	八八二	九,六五四	三,七一九	—	—
綿製品	碼	—	—	—	—	三二,九四〇	二九,五八六	三二八,八六八	一〇一,九四四
其他	碼	六〇,八四五	四一,四六八	五二,四四〇	三四,四二七	一四,四四	一〇,七六九	—	—
綾	碼	—	—	—	—	六,六〇二	一三,七三三	—	—
鐵類	扭	八七五	三,四二四	一,一四五	五,〇二七	二,三七七	九,二七〇	—	—
條鋼鐵	扭	一,六一〇	五,八〇四	一,二七三	五,三四二	六五二	二,八七七	—	—
鐵方釘	扭	六〇九	三,六八四	五六四	二,九六八	六六四	三,三二〇	—	—
剪口鐵	扭	四,二九八	一〇,四六八	三,二三五	七,九〇九	三,〇四一	八,三一三	—	—

品名	單位								
鐵線	担	一,〇七五	六,七〇九	九〇六	五,五八二	九三四	五,九三四	—	—
鹹魚	担	二一,三二一	七四,二三六	二一,九一三	四一,〇三七	二,九八四	一三,二九七	一三,九二四	四六,九七〇
餅乾	担	—	一〇,〇八二	—	六,二四三	—	五,一〇〇	三七八	三,七八〇
牛乳	斤	九九四	二八,一九七	一,〇二一	二五,三五八	一,五三二	三九,九四一	—	—
咖啡	担	四,九六〇	一,三九二	九,七九〇	二,二七二	五,六一六	二,四五二	—	—
麵類	担	一三,九一四	一六〇,六二九	一〇,六二六	三一,六八六	五,七六四	八九,九一九	[illegible]	一四六,二七一
醬油	担	二,三八五	一五,九七三	一,二二八	七,五五六	八四八	五,四九五	—	—
茶	担	六八五	一四,六八九	六七	一五,〇一三	四八二	一〇,三二四	—	—
豆類	担	三〇,七〇六	一三七,二六六	三三,六一三	九八,五六一	一〇,八八二	四六,四五四	一,二四八	三一,二二三
米	担	一九一,五四二	七七〇,三八八	七三一,一一〇	二,九七六,四五二	一九九,六九八	五九〇,二四四	一一四,七一二	五七三,五六〇
雜糧	担	二〇一	六三一	二,三四八	一三,七四〇	九八	一,三〇二	五,七九七	三〇,六九二
肉桂	担	六五	六,三九二	四四	四,二五三	六〇	三,八一七	—	—
小麥粉	担	五三,二二九	二八五,〇五六	五〇,一七四	二六七,九〇七	二〇,三八九	一二三,九四七	—	—
雜糧粉	担	六四一	三,一四八	一,九一三	九,六四六	三四七	一,七八二	一,一六五	五,九六二
鮮乾果	擔	三,二二七	二〇,三三〇	三,五〇六	三三,三五九	一,二三三	七,六〇〇	九一五	七,二九七
洋參	斤	一,二八二	六,五五四	五三〇	二,七六三	二三六	一,六六三	—	—
其他藥材		—	一一七,五八七	—	一〇二,五二九	—	六〇,七一一	—	—
乾燥蔬菜	擔	三,八一六	三三,〇八五	三,一七九	一六,五五五	一,〇六六	七,七七三	四四三	一一,七三四
其他蔬菜	擔	—	二五,五一一	—	一九,三〇八	—	一〇,七二三	—	—
白糖	擔	六,三九一	四一,三九六	一四,一七六	九,三二八	三,四四五	二三,三四五	—	—
車糖	擔	九,九九九	六八,六九三	二一,二六七	四〇,三四〇	一五,五〇七	二一,一八二	—	—
洋酒	打	九二一	一一,八二二	九二八	一一,〇四八	九三六	一三,二五四	—	—
其他酒	打	—	一三,〇三六	—	一九,六八二	—	一二,五〇二	—	—
煙紙	千張	三,四六六	六七,六六〇	二七,八二二	七四,五〇〇	八,八二三	三三,四一〇	二六,七一九	六五,九二四
酒類	加倫	五,一三四	二二,二五二	六,三一四	二,九七九	一,五一六	六〇七	—	—
藥劑		—	二六,四三三	—	二〇,七九九	—	二,三二二	—	—
染料		—	一一,四六〇	—	二,六九五	—	一七,八七八	—	—
石油	加倫	一,三六八,八七〇	四四八,六九五	一,三三一,〇八三	四五六,〇六五	八〇四,八五三	三九,三六九	一,〇六八,六七二	二五六,四八一
滑物油	加倫	四,七四九	二二,二〇三	二七,三〇三	一〇,二一六	二八,七〇〇	一〇,三三一	二八四,四六三	一一三,六六五
植物油	加倫	—	三一,六七九	—	一三,六一六	—	二,七六五	—	—
牛骨	擔	五,〇三六	一一,〇七〇	五,七二四	一一,五五三	四,七三九	四九,七六〇	七,八七二	八二,六六七
木材	千英方尺	四二四	四九,七八二	五六二	六七,三七五	一,〇七六	四〇,六〇〇	一,四八八	二〇,八八〇
煤（石炭）	噸	一,四八二	九,二七二	一,四七三	七,三一七	六四六	六,二七七	—	—
三合土	擔	一二,九六三	一三,三六九	二七,二九	二六,二三二	三二,五三一	三一,八八二	二八,五九〇	三,〇二〇
火柴木	兰打	二九三,〇七七	九三,三八二	三六二,七三九	一一五,八二九	三三五,九九四	一二八,一一〇	二七七,九九一	一三,二八五
衣著等		—	五四,一五七	—	三三,九四六	—	一七,四二一	—	—
傢具		—	一三四八八	—	一〇,三九四	—	五五,四〇一	—	九六,五七三

物名								
帽子	—	—	—	一八,二〇八	—	四四,九四三	—	一三〇,八五四
樹膠類	—	四一,一二一	—	三〇,七四三	—	三六,一三九	—	—
燈器	—	三三,六六六	—	九,五七三	—	九,七一四	—	三〇,四七八
其他機械	—	一三,〇六九	—	一九,六九三	—	七,二四五	—	—
香水	—	一二,二五八	—	六,六八一	—	一一,〇〇〇	—	—
家用雜物	—	二四,五九四	—	一三,九一五	—	九,四三五	—	—
汽車（輛）	二	五,四五四	二三〇	八一,五九五	六七	三,五一八	—	—
其他郵件小包	—	八,〇六四	—	六,六四五	—	二一,八一六	—	—
雜貨	—	四八,五〇七	—	五八,三一七	—	四二,三三五	—	—
肥料	—	—	—	—	—	—	二,八一八	一四,〇六〇
合計	—	四,九一三,六三〇	—	六,九〇九,三六八	—	六,三一二,七〇九	—	八,一五六,五九一

海口貿易年額五萬兩以上之輸出品（兩）

物名	一九二四年	一九二五年	一九二六年	一九二七年
牛	一八六,七五〇	二七二,九五五	七二,八四〇	二七一,四七〇
猪	一,〇四五,三三〇	八七一,〇九〇	二〇一,六八〇	二七〇,五一六
鮮蛋	二〇六,九三七	六八,一四五	三六,三六八	一四八,一六〇
生黃牛皮	二五,八七二	五六,二五六	五一,四七八	八〇,三九七
熟牛皮	一〇四,七四四	一二一,九八六	一一五,四〇六	八六,三五四
檳榔	一〇三,二一五	一八九,三八七	一六五,〇〇五	二一七,四二一
大麻	一四九,四二四	八一一,五九五	六五,〇八六	一,二〇二
荔枝	五,九四二	九〇,六〇一	三,〇八六	二三,四七二
乾果及罐頭	一四,〇八一	四九,七二一	三六,八三三	九四,四八二
其他植物油	五一,二六三	六一,六一七	八,六九二	五九,五六五
胡麻	一三八,四四六	六八,八八〇	三七,五三九	一八〇,三四七
赤糖	七三四,四八七	三八八,四一七	五六,一六三	一二一,四五二
魚網	五七,九五四	五四,六九六	四八,一七三	九八,八七五
藥劑	一〇一,五三〇	一〇一,二〇九	六七,八八六	九七,九七九
鹽	四四九,九二〇	二六二,三一三	六六四,八五四	八五八,七五六

海口貿易年額五萬兩以上之輸入品（兩）

物名	一九二四年	一九二五年	一九二六年	一九二七年
羽綾	一,二九三	—	五三,四〇四	五二,六七四
沖西緞	八,三五八	五,一〇八	五五,四五八	四六,一八一
羅緞	二九,八〇四	三四,六六三	一三七,八二七	一三四,二八〇
土布	一八〇,六三一	一一九,四四二	三六,二三四	一〇四,〇〇五
棉花	八,六七四	一二,〇五〇	二七,四七五	二四三,〇九一
本色綿紗	四四七,九五三	三七二,五四二	二六一,一六九	二〇四,六一一
綿製品	—	—	二九,五八六	一〇一,九四四
鹹魚	七四,二二六	四一,〇三七	一三,九九七	四六,五七〇

麵類	一六〇，六二九	一二五，五八六	八九，九一九	二四六，五七一
豆類	一二七，二六六	九八，五六一	四六，四五四	一二一，二一三
米	七七〇，三八八	二，九七六，四五二	五九〇，二四四	五七三，五六〇
小麥粉	二八五，〇五六	二六七，九〇七	一一三，九四七	—
其他藥材	一一七，五八七	一〇二，五〇九	六〇，七一一	—
白糖	四一，三九六	一四〇，三四〇	一二一，一八二	—
煙紙	六七，六六〇	七四，五〇〇	二二，四一〇	六五，九二四
石油	四四八，六九五	四五六，〇六五	二三九，三六九	三五六，四八一
滑物油	二，二〇三	一〇，二二六	一〇，三二一	一一三，八六五
牛骨	一一，〇七〇	一一，五五三	四九，七六〇	八二，六六七
木材	四九，七八二	六七，三七五	一四〇，六〇〇	二〇〇，八八〇
火柴木	九三，三六二	一一五，八二九	一二八，一一〇	一二二，二八五
像具	一三，四八八	一〇，三九四	五五，四〇〇	九六，五七二
帽子	—	一八，二〇八	四四，九四〇	一三〇，八五四
汽車	五，四五四	八一，九九五	三〇，五一八	—
雜貨	四八，五〇七	五八，三一七	四二，三二五	—

三 所見

（一）有增產餘地之海南島稻作

現在島內的水田，幾乎沒有人工的灌漑的設施。此次調查的範圍，利用水車灌水的，僅南渡江沿岸；但這種情形，於沿岸約十里之間，僅有數個。水田不是多在地形上可利用雨水的塲所，就是排水不良的低濕地。而現在的產米數量究是多少，却沒有可靠的統計，質之官廳亦沒有什麼資料，所以迄無從知。但是如果據官廳所云，現在人口二百萬，（黎人在內。但據此次的實地調查，幾是廣漠數里間的原野，幾乎沒有人家，人口甚爲稀薄，究不及台灣人口二分之一；但因沒有他種可據的資料，所以現在只據二百萬之說。）內除黎人二十萬外，（黎人栽培水稻、陸稻及其他的食用作物，有食糧自給的狀態。）則爲數約百八十萬人，以有甘藷、薏

米等的補助食糧推定每人每年的消米費爲一日石（約等於中國一石九斗四升）時，可達總消費年額百八十萬日石，若據瓊海關統計，則米穀的輸入年額如左。

年次	數量	價額
一九二四	一九一、五四二擔	七七〇、三八八兩
一九二五	七二二、一一〇	二、九七六、四五二
一九二六	一一九、六九八	五九〇、二四四
一九二七	一一四、七一二	五七三、五六〇
四年平均	二八七、〇一六	一、二二七、六六一

卽若爲一日石三十七貫（一貫約等於一百中兩），則上記四年的平均大約爲一二四、〇〇〇日石（大約最少五〇、〇〇〇——最多三一二、〇〇〇日石），所以先當做每年約輸入十萬日石看，便可以推定島內的產米爲百七十萬日石。但若推定島內早晚兩造合計平均爲每甲（一甲約等於十六・

二中畝）收穫十二日石（例如嘉積普通田爲十五日石，須當做減少二成），則稻作面積約可爲十四萬二千甲，內陸稻作每期三萬甲，水稻作每期十一萬二千甲，但水田中，因降雨的關係等，每年不能作二次的地有之，以此等觀之，實際的水田面積可推定爲約十三萬甲。若以之與臺灣的水田約四十萬甲比較，則不過三分之一耳。

再按本島的地勢觀之，西南部雖是所謂黎界，屬於山岳地帶，但其地的最高峯不過海拔六千餘尺，其他屬於更低的山嶺之點在地者，若做爲階段水田，則其具有相當開鑿的可能性，更難於計算（因無實地調查，固無確言）。而且東北一帶的平原，利用貫流其間的河川，稍施以人工的灌漑設備，水田開鑿的餘地，想必更有可觀。再加以米種的改良，耕作法的改善等農業技術的改良，兼併施行之，則可至于變現在的輸入爲將來多大的輸出了。

（出自《琼农》第二十五—二十七期，一九三六年）

海南島農產業調查（續）

平間惣三郎

（二）可爲黃麻栽培地的海南島

黃麻本是熱帶地方的原產，所以氣候溫暖的地方，尤其高溫而生育期間常常有降雨爲良。氣候要素中給與本作物栽培上以大障害的，就是暴風；生育期間或於收穫期中受暴風的襲擊，因之，阻害生育，從而蒙減少收量等的損害。即從氣候的方面觀察，黃麻的適地，是以高溫而生育期間常有降雨及少暴風之處爲第一條條件。

土壤是表土深而肥沃，或以粘質壤土爲最適地；但除砂礫多的土地及瘠薄而乾燥甚的砂土等外，無論甚麼土壤都可栽培。對於土壤反應，雖如苧麻對於酸性沒有抵抗性最強；但觀察栽培地的實際，其對於酸性或鹼基性好像有相當抵抗性強。

現在關於海南島的自然要素，可爲黃麻栽培地而果具有以上的條件否？因實地調查的資料少，茲可進而考察。

第一，就氣候要素考察，本來海南島沒有測候所的設立，遍及全島雖不能知代表的地方的氣象狀態，但是在海口所在的瓊海關內是有簡單氣象要素的觀測。因爲海口是在海南島的東北端，所以以同地觀測的數字，原是不能論及全島，但是除西南黎界外的東北地，都是廣漠的平地及極低的坡地，幾沒有山岳可以遮蔽氣流，所以觀測數的應用範圍，是可以比較的廣大。茲就氣溫雨量及降雨日數等與世界的黃麻主要地的印度孟加拉(Bengal)地方及台灣的主產地的台中，一試比較之如左。

海南島及黃麻主產地的氣象比較

平均氣溫及雨量

月別	平均氣溫（攝氏）				雨量（粍）			
	海口	臺中	加爾各答(Calcutta)	答加(Dacca)	海口	臺中	加爾各答(Calcutta)	答加(Dacca)
一月	一九·四	一五·七	一八·二	一九·二	一四·六	三六·五	一一·二	七·四
二月	一八·三	一五·三	二一·五	二二·〇	四四·九	五八·八	二四·六	二四·六

三月	二一・五	一八・二	二六・一	二六・二	五〇・六	九二・八	三三・三	六二・二
四月	二四・一	二二・〇	二九・一	二八・三	一一二・九	一一三・四	六〇・二	一四八・三
五月	二八・四	二四・九	二九・二	二八・四	一八六・八	二四四・六	一三九・二	二三五・〇
六月	二八・七	二六・八	二九・一	二八・五	三二四・七	三三六・二	三九八・九	三三六・六
七月	二九・六	二七・六	二八・二	二八・五	一二八・五	二七八・九	三二九・二	三二八・四
八月	二八・六	二七・三	二八・〇	二八・五	一六八・四	三二九・八	三五四・一	三三九・九
九月	二七・九	二六・三	二八・〇	二八・五	三一四・四	一三五・八	二五二・〇	二五八・八
十月	二三・九	二三・八	二七・一	二七・六	一七八・九	二六・三	一三七・七	一三七・二
十一月	二二・六	二〇・三	二二・五	二三・九	一一二・〇	二一・七	一五・二	一七・三
十二月	一八・八	一七・一	一八・一	一九・四	五五・六	二二・二	八・一	五・八
年	二四・三	二二・一	二五・八	二五・八	一、六九二・三	一、六九六・九	一、六六三・七	一、九〇二・五

備考：印度及臺灣黃麻的栽培期間，由三、四月間——八、九月間，海南島亦略同。
加爾各答爲北緯二二、三三度海拔二呎，答加爲北緯二三、四三度海拔三五呎，都是在印度的黃麻主產地

降雨日數

月別	海口	台中	加爾各答	答加
一月	五	八・一	—	—
二月	一三	九・四	—	—
三月	一一	一二・一	—	—
四月	一二	一〇・二	—	—
五月	一〇	一二・六	—	—
六月	一五	一六・一	—	—
七月	一一	一五・二	—	—
八月	一一	一七・七	—	—

九月	一五	八·二	—
十月	一一	三·八	—
十一月	六	五·四	—
十二月	一〇	六·八	—
年	一三〇	一二五·六	—

依前表，若以黃麻生育期間的氣候要素比較之，則平均氣溫，海口比台中爲高溫，且幾接近印度孟加拉地方的溫度。雨量分布，兩地都大同小異。（據前表三年平均，海口的七月雨量爲一二八·五粍，比他地槪少；但一九二五年的降雨量顯著減少，僅三九·九粍。而一九二七年則有二二八·九粍的雨量，以此推斷，例年七月雨量是未必減少的。）一年的雨量比答加稍少，比其他二地則略同，示一·六〇〇粍左右，降雨日數與台灣亦無大差。

從以上各點考察，海南島的氣象要素之爲黃麻栽培地，是勝於台灣，而近似印度孟加拉地方的。

再從土壤方面觀察，海南島的土壤，是廣漠的坡地，多帶赭色的「紅磚」(Laterite)，概之植物養分。此次實地調查的坡地，其爲黃麻適地而可推賞的土地，幾乎沒有。在調查的範圍中求得的適地，是南渡江沿岸的沖積地。由澄邁金江市經定安至瓊山那有市長篙村的沿岸的沖積土中，爲黃麻栽培地的適地亦不少；就中從定安東山市附近至上流澄邁瑞溪市地方的沖積土，於集團的黃麻栽培地，尤是不難得到的。此外，產品是靠南渡江的水運，有容易搬出海口之便。世界的主產地印度孟加拉地方的土壤，亦是 Ganges 川沖積的所謂淤泥（Delta），此地方，栽培屬於球莢種（Corchorus capsularis)的品種。若果輸入適於印度的坡地的長莢種(Corchorus Olitorius）品種，由嘉積經大路至黃竹的地方，由金江市至臨高的地方及由金江市至馬停市的地方的肥沃坡地，試作之，或可發見如印度 Midnapur（北緯二二·五度）地方適於坡地方面的品種，也未可定。

最後，與本作物栽培以最大障碍的暴風之有無及如何，都很重要。原來海南島是暴風頻發的地方，盛傳颱風是很厲害的；但是事實上，未必盡然。據瓊海關的觀測，一九二五年至一九二八年四年中，風速每秒一八米突以上，二六·八米突以下的暴風，不過每年只一次（參照氣象部分），而且一九二五年並無可記錄的暴風。從此等事實考察，比之台灣，暴風的回數，反見減少。

——未完——

附註：「各地氣溫比較圖」及「各地雨量比較圖」此地從畧翻譯——譯者

（出自《琼农》第二十八期，一九三六年）

海南島農產業調查（續）

平間惣三郎

（三）可為小麥栽培地的海南島

世界上被知為小麥的主產地的，是北美，俄羅斯，加拿大及北歐等。本作物產生在冬期寒冷的地方者，實尤良。但本作物的栽培區域甚廣，自寒冷的溫帶地方互乎高溫的熱帶地方為止，皆在廣大的栽培着；所以永年栽培的結果，終自有產生適應各地風土的品種。世界上高溫地方的小麥產地，首是以印度及埃及二國為主。茲將此等地方和海南島及台灣的氣候要素比較之如左。

海南島和小麥栽培地方的氣象比較

平均氣溫（攝氏）

月別	海口	台南	印度 Patna	埃及 Cairo	英國 Greenwick	德國 Frankfurt	東京
一月	一九.四	一六.九	一六.一	二一.〇	三.七	〇.二	二.八
二月	一八.三	一六.七	一八.九	二一.一	四.二	二.三	三.六
三月	二一.五	一九.六	二五.一	二四.二	五.二	五.〇	六.九
四月	二四.一	二三.四	三〇.二	二八.六	八.四	一〇.〇	一二.四
五月	二八.四	二[illegible].九	三一.一	三二.五	一一.五	一四.一	一六.六
六月	二八.七	二七.三	三一.〇	三五.一	一四.九	一八.一	二〇.四
七月	二九.六	二七.七	二九.〇	三六.一	一六.七	二〇.〇	二四.一
八月	二八.六	二七.四	二八.九	三五.〇	一六.三	一八.八	二五.五
九月	二七.九	二七.〇	二八.九	三二.二	一三.九	一五.二	二二.〇
十月	二三.九	二四.八	二六.五	三〇.一	一〇.〇	九.六	一五.八
十一月	二二.六	二一.五	二一.一	二四.三	六.四	四.三	一〇.一
十二月	一八.八	一八.三	一七.〇	二〇.二	四.四	〇.九	五.二
年	二四.八	二三.一	二五.二	二八.三	九.六	九.九	一三.八

雨量（粍）

月別	海口	台南	Patna	Cairo	Greenwick	Frankfurt	東京
一月	一四.六	二八.一	一七.八	七.四	四七.六	八.〇	五六.八
二月	四四.九	三九.〇	一三.二	四.八	三九.六	三七.〇	七三.三
三月	五〇.六	四二.〇	八.九	三.八	二九.六	四〇.〇	一一一.九
四月	一一二.九	六〇.〇	七.八	二.〇	四四.三	三八.〇	一二九.五
五月	一八六.八	一五九.九	四〇.六	一.五	五二.一	五三.〇	一五二.九

六月	三二四·七	三四一·七	一八九·九	—	五〇·四	七〇·〇	一六六·四
七月	一二八·五	三六一·七	二五〇·七	—	六四·五	六四·〇	一三七·八
八月	一六八·四	四一四·八	一九七·九	—	六一·二	六八·〇	一三·九
九月	三一四·四	一二六·三	七一·四	—	六〇·七	五〇·〇	二〇七·七
十月	一七八·九	二一五·五	五·六	四·一	七二·一	五五·〇	一八五·九
十一月	一一二·〇	二一·六	三·三	四·三	五九·〇	五五·〇	一〇九·二
十二月	五五·六	一一·一	一〇·七	六·四	五〇·六	五〇·〇	五八·三
年	一、六九二·三	一、六五〇·六	八一七·九	三四·二	六四一·一	六二八·〇	一、五〇〇·六

備考——印度，埃及，台灣，十一月播種，三月收穫；英國，德國，四月播種，八月下旬—九月上旬收穫；東京，十一月播種，五月下旬收穫。

小麥生育期間的各地平均氣溫比較圖(畧)

小麥生育期間的各地雨量比較圖(畧)

小麥在氣候寒冷的地方，有當為夏作而栽培者；在高溫的地方如埃及、印度及台灣等，則可選氣候冷涼的期節而栽培，即十一月間播種，明年二三月間收穫。下試將小麥生育期間的各地氣象要素比較之。

小麥生育期間的氣象要素比較

平均氣溫

地方別	第一月	第二月	第三月	第四月	第五月	第六月	第七月	平均
海口	二二、六	一八、八	一九、四	一八、三	二一、五	—	—	二〇、一
台南	二一、五	一八、三	一六、九	一六、七	一九、六	—	—	一八、六
Patna	二一、一	一七、〇	一六、一	一八、九	二五、一	—	—	一九、六
Cairo	二四、三	二〇、二	二一、〇	二一、一	二四、二	—	—	二二、二
Greenwick	八、四	一一、五	一四、九	一六、七	一六、三	一三、九	—	一四、一
Frankfurt	一〇、一	一四、一	一八、一	二〇、〇	一八、八	一五、二	—	一六、〇
東京	一〇、一	五、二	二、八	三、六	六、九	一二、四	一六、六	八、二

雨量

地方別	第一月	第二月	第三月	第四月	第五月	第六月	第七月	計
海口	一一二·〇	五五·六	一四·六	五〇·六	五〇·六	—	—	二七七·七
台南	二一·六	一一·一	三六·〇	四二·〇	四二·〇	—	—	一三八·八
Patna	三·三	一〇·七	一三·二	八·九	八·九	—	—	五二·九
Cairo	四·三	六·七	四·八	三·八	三·八	—	—	二七·〇
Greenwick	四四·三	五二·一	六四·五	六一·二	六一·二	六〇·七	—	三三八·二

Frankfurt	三八·〇	五三·〇	六四·〇	六八·〇	六八·〇	五〇·〇	——	三四三·〇
東　京	五六·三	五六·八	一一一·九	一二九·五	一二九·五	一五二·九	一六六·四	七四七·一

備考——海口，台南，Patna-Cairo 的第一月是十一月；Greenwick Frankfurt 的第一月是四月，東京的第一月是十一月。

在海南島，與埃及 Caino 比較則稍爲低溫，和 Patna 及台南地方比較則概爲高溫，而比產生良質的小麥的英國及北歐的氣溫，則又失之過高。

雨量，比英國及北歐的小麥產地，未必爲多，而比之熱帶圈內的小麥産地的埃及及印度 Patna 方地，則爲頗多。要之，從氣象要素觀之，可以認爲海南島可作爲小麥栽培地，實不及台南地方的甚遠。

再從土壤方面觀察，關於小麥的適土，本來和氣候是相關聯的，現在雖難於一概而論，但肥沃的壤土或含多少的腐植質，下層土排水良好的砂質壤土，皆爲適土。現在要從海南島找此適土，在此次調查的範圍內，殆無具有本條件的土地。然而影響小麥生育及品質的自然要素中，土壤比氣候，果其影響不大敏感，則從土地利用方面，於亙乎全島各地的廣漠的赭土坡地上，來一試作的栽培，異日或能得到一良好參考資料之便，也未可知。但要實行本計畫，就不得不留意品種其物的選擇。本來在高溫之地，白色的大粒，粉質粒形豐滿的所謂軟質的品種，生育概是不良；反之，紅色，玻璃質小形的硬質的小麥，概爲生育良好。可是本種爲製粉原料，則常不及前者。下爲試作用之印度種的小麥品種，大有將之輸入，以一試作的栽培之必要。

屬於硬質者：

Ganga jali　大粒、紅色的玻璃質

Kheri　中粒、褐紅色的玻璃質

Nanbia　小粒、紅色的玻璃質

屬於軟質者：

Dudhia　中粒、白色的粉質，尤其適於製粉用

Piusa　小粒、褐灰色的粉質

(四)其他有研究價值的農產業

(A)椰子栽培及加工業

椰子好氣候炎熱，土地乾燥，若植於陰凉的地方，徒幹葉繁茂，結實遲緩而且尠少。在沿海的冲積土，以排水良好的砂質壤土爲最適，而混以多少礫質或赭土者，生育亦良好。但重粘堅密而保水力強的土壤，則最爲不適于椰子的栽培。海南島十三縣中，適于椰子栽培的佳地，爲文昌、瓊東、陵水及崖縣的沿海地方。此次視察，文昌、瓊東地方的椰子園中，樹齡歷經十數年而能產生百餘顆果實者，所在不少。就附近老農調查之，栽植後六、七年可結實，初一年每株生

產平均約二十顆，後即逐年增加，迨至第十年，每年平均每株約六、七十顆，最盛期可能產百顆云。試以之比南洋的椰子產地者，于結實樹齡及結實數上，並不遜色。現在全島的椰子產額多少，設有統計可據，正確的數字無從探悉。惟推算之，大約不下六〇、〇〇〇、〇〇〇顆（約一一四、六五六畝）。可是既存的椰子園面積，比之栽培適地面積，爲數不過一部。本作物栽培業及加工業即乾椰子肉（Copra）的製造，以及進而關於製油業等的適否的具體的研究，爲不可缺少之實施。

現在海南島產的生椰子，是輸出香港澳門爲食料用，乾椰子肉則輸出新加坡供製油原料。文昌縣清瀾港附近有椰子油製造業者數家，惟均屬舊式，事業不盛。

（B）菠蘿栽培及罐頭業

在這次調查的範圍中，瓊東、瓊山、文昌、澄邁各地，，均有適地；就中瓊東、文昌的坡地及傾斜率遲緩的場所，有互綿相當廣的面積在星散般的栽培着，生育概良好，惟品種不良，生產果實比台灣土種纖維更多，質亦不良。

然而在清瀾港所產的生果用的優品「星加坡」種的果實，品質及果形等，並不遜於台灣之嘉義產者。此外海口地方亦有外國種的試種，惟以管理不得宜，未能發揮充分的成績。若能施以適當的肥培及管理，佳良成績，不難顯著。至于本島倘輸入優良的品種，謀栽培技術的改良，不獨爲罐頭事業有發達的可能性，而栽培供食用的優良品種，海道僅一晝夜可以輸送供給果物的一大消費地香港市場，又實爲有研究價值的農產業。

（C）木薯栽培及加工業

本島氣候高溫，暴風甚少，而適于栽培的未墾的土地又極廣，製造澱粉或於收穫後直接切斷乾燥之以爲澱粉(Gaplek)輸出，必大有相當的需要。而以之和爪哇及其他熱帶主產地的生產費的關係比較，更有調查的價值。

（D）棉花栽培業

據菲律賓 Ilocos 地方的棉花栽培研究者 Alcaraz 氏之說，棉於其全生育期間中，需要攝氏四、五〇〇度至五、五〇〇度之溫度，而在該地自播種以至收穫的全生育期間止，爲期約七個月云。

關於雨量，生育期間中，以時時有適量的降雨爲良好。但成熟期，以天旱無雨爲佳。美國棉產地 Louisiana 地方，生育期間中每月的雨量平均有一二二粍，成熟期中則爲連日降雨。在埃及生育期中雖時時有驟雨，但雨量極少，故棉花栽培者時就圃場而行灌溉及耕作，頗有成效。

土壤有多少的問題，砂土產量不豐，重粘土而濕氣多者，幹葉徒長，棉絲的生產因而減少，最適的土壤莫如肥沃的壤土。

海南島於六、七月間以之播種，經十二月以後乾燥期，可以摘採。茲試於六月播種，經全生育期間七個月，十二月朔果，若達成熟，則此期間的積算溫度爲五、四四七度。全島有互綿廣漠的未墾地，關於本作物栽培的研究，豈可謂爲無價值？

(E)甘蔗栽培及製糖業

現在所栽培的品種，同台灣昔時的品種一樣，爲竹蔗，納蔗，紅蔗等，生產不豐。倘選以適當地點，試植良種，行製糖法的改善，將來自有發展的餘地，誠有調查研究的價值。

至于從此方面的調查研究，據說去年明治製糖股票公司有過詳細調查，惟其結果未詳，深引爲憾。

(五) 將來的調查要項

以上對於調查的大要，均已於各章逐項叙述并客陳鄙見，茲際擱筆之時，特揭將來的調查要項示之於左，以作結論。海南島一地，從純然的技術的方面觀察，倘能投下資本，施以適當的經營，其爲農產業地，誠有可以發達的素質，不可待言。

(A) 氣象要素的調查

若能以氣象的區劃全島，於代表的地方，施行簡單的氣象要素(氣温、雨量、氣壓)的觀測，於企業上誠有良好的參考資料。

(B)土性調查

除河川的沿岸沖積土外，到處都是赭色的「紅壤」土(除黎界外)，若能將此詳爲之鑑別，化學的或物理的不相的地方，必在不少。據專門家云，以科學的調查土地生產力，自可不失爲土地開發上絕好的參考資料。

(C)河川的水量調查

從來海南島北有南渡江，西有昌化大江，東有嘉積，龍滾，太陽三溪，南有陵水，源水二溪，皆發源於五指山的附近，貫流東西南北。若能於人工方面講究水利之便，水田的增設，自在不少。然在現在幾無什麽設施，宜乎調查河水以爲灌溉計劃上的資料。

(D)各種農作物的試作

目下海南島所耕作的農作物的種類，非敢言尠；但於品種，則殆全爲本來的貧弱者，而可認爲被改良的良種不多，宜乎輸入良種試作，同時將新作物輸入，以行試作，而爲實地經營上的參考資料。

據任在瓊崖廣東南區善後委員公署的侯過氏(駒場農科大學出身)談，瓊崖官方，自明年度起，擬計畫開設農事試驗場云。

(E)礦產物的調查

在山岳地帶的黎界，富于相當礦產。但無詳細的調查資料，宜乎派專門家作科學的調查，以爲來日富源開發的資料。

(F)畜產及林產物的調查

畜產爲牛、猪等主要輸出品，品質頗良，而全島可適于放牧的草源地亦甚多。猪乃運往香港市場，爲供給之良質者。林產未詳，宜兼作黎界利用的材質調查，而由坡地造林的水源涵養的調查，亦非徒然者。

(完) 二五、八、三十。

(出自《琼农》第二十九—三十一期，一九三六年)

瓊州海口附近農村之素描

金泉

海口位於海南島之北，屬瓊山縣治，地當南渡江入海之口，前臨瓊州海峽，與雷州半島之海安所南北對峙；海路則汽船可直至廣州灣、安南、香港、各地，陸路出此向東南行，達文昌、瓊東、樂會等縣，西南行達澄邁、臨高、儋縣各屬，是為瓊州各地出海通商之咽喉。商業因此頗繁盛，惟港外沙坭冲積，水道曲折，大汽船不能直泊堤岸，祗能泊於離埠十里之泥步。其運輸貨物，則以小輪轉駁，旅客出入，略形不便，此亦交通之缺憾也。其北有秀英砲台，地勢險要，在軍事上亦佔一重要位置。附近沙灘縱橫，西人多築海浴之所於此。每當炎夏，遊人如鯽，泛舟海浴，甚形熱鬧也。海口市金融俱以大洋為本位，小洋亦兼用之，與汕頭略同，故對內外貿易，其貨價之高低，則視大洋外滙之漲縮為衡。自白銀價漲，現銀外流不少，因此市面銀根，流通頗形拮据。年來因世界不景，僑商滙欵歸國頗少，產業隨之跌價。市上貿易，較前減少百分之十以上；惟糖業出口尚不弱，其出口額，白糖一十萬零七百八十四擔以上，赤糖為十五萬三千八百四十九擔以上，近日糖業商務，尚算繁盛，其他如椰子錫鑛，亦佔出口之大宗，尤以米糧為最。因瓊島土壤肥沃，雨水均勻，且地屬熱帶，故穀米出產與安南、暹羅之禾田略同，更能灌輸農人以科學耕耘之法，且利用機械以補助農業，則農產之收穫，且當倍蓰於今日也。現瓊崖設立實業局，局長為南洋僑商，對於礦商頗多交遊，若能招集僑商，回國投資，興辦實業，則瓊崖之發達，正未可限量也。且瓊崖山林叢密，材木豐富，氣候溫和，極宜農墾，而錫、鐵、水晶、金、銀蘊藏甚夥，我人苟能集合專門人材，與巨量機器與資本而開發之，則瓊崖可立成第二之三藩市也。海口之文化事業亦頗發達，中學校有二所，小學亦有百餘所，其教職員多聘自廣州香港專門學校畢業生，故學生程度較廣州之學生不相伯仲。圖書館亦有數所，惟教會學校設立頗多，崇信耶教者亦不少。由此可知外人之宣傳教化，無地無之，其努力與堅忍，令人注意也。

居民風俗，異常醇樸，能耐勞苦，惟自共匪騷擾後，民衆受赤化所染者不少，都市婦女近亦多習歐化，多已剪辮，服裝亦趨時髦，往日之長髮高髻，今乃如鳳毛麟角矣。惟農村婦女，尚異常刻苦，不變其勤儉之習，抑亦欲變而不可得，變則將餓死矣。女子終日耕耘以助家計，此其農村之美俗也。是處農村，舉凡收穫、耕耘、種植、畜牧等工作，俱由婦人料理，而男子反多閒居家中，優遊度日。婦女往田間工作，男子則料理子女，婦女自奉儉約，即有豐饌佳餚，亦先讓與丈夫子女享用，從無怨言，此亦伊等之美德也。但普通均有土田一二畝，以爲耕種之地，即富有田地者，其家人婦子，亦多執役田間，以視偷閒、懶怠、驕侈、淫佚，徒供男子之玩品者相去遠矣。以故數口之家，若無天災水禍，生活頗能自給。女子又能自織布製線，以自縫衣，衣食絕少外求。至若男女結婚，多在十八至二十歲左右，其定婚時期，乃早在男女三歲至四歲，由雙方父母以禮物銀器定婚，至其長大，然後迎娶，惟無童養媳。親迎之日，男子親往女家，以銀器酒餅等爲迎娶禮物，此其風尚亦與廣州相類也。以上先略述瓊山之風俗習慣，與海口之形勢市況，今將海口附近農村近狀略述之如下：

農產與畜牧近狀

農村自共匪蹂躪後，田地荒蕪，屋宇崩塌，自陳漢光旅長駐瓊督兵圍剿共黨，首要俱已消滅，農民多從外處回鄉，鄉村畧已恢復舊觀，農田往日之荒蕪者，已恢復十之八九，故農產品近日出產亦甚多；且人民多勤樸耐勞，家人婦子，勞力合作，農人生活，已較寬裕。其農產品出口之最大宗者，厥爲椰子。其種椰子則在春初，以椰埋于土中，隨灌以水，過數日後椰子發芽，乃施以肥料，越數月椰樹長成數尺，然後移植園中，晨夕灌溉，待其長至丈餘，則不用人力培植，每年只施肥料數次，聽其自行繁殖而已。其採椰，則於長竹之端，繫以鐵鈎，見其成熟者，以鐵鈎牽引之，椰子隨而墮地。年中若收穫豐富者，每樹可得百數十斤，每園如廣延一畝者，可植椰樹百餘株，每樹可得利一元有奇，全年收入約百餘元，若無風災，其收穫之佳，堪供一家衣食之需。惟椰樹常有蟲類寄生，農人多用石灰煮水灌之，或以硫磺、荆芥煮水遍灑樹莖，則蟲畏而去之，其樹自欣欣向榮矣。椰爲木本，種椰者只植一次，其繁殖甚速，約數年便成實，可享廿餘年之利益。椰之用途甚廣，椰之外皮，剝之製帚，椰肉可製餅餌與糖果，椰殼以火灼之，或以機械壓之，以取其油，其渣滓又可爲肥田料。而椰油分上下二種：上等能作食料燃燒及醫藥用，下等可爲製肥皂用。故椰子近日出口殊多，較往日增加數倍。農人此種經營，獲利甚厚也。

農人除種椰外，以植蔗爲多。其種植之法，與潮廣各地略同，惟赤糖出產較白糖爲多，其推銷多在高雷四邑各地，然甚少運至香港發售。惟近年洋糖充斥，市面土糖受打擊不淺。因此出產減少十分之五以上。至若穀米出產，異常豐裕。因其地水田甚多，河流灌溉甚易，土地肥沃，宜植禾稻，且氣候溫和，每年可植稻三次，其在冬種者而春熟，春種而秋熟，秋種而冬熟。故一年之中，一畝之田，每次可穫穀十餘擔，統計全年可得三四十餘擔之多。故農人對於禾稻種植，頗多經驗。當冬日以牛犂田，而將泥土分成細碎，及除去田中之腐草，待其泥與水混合，溶成泥漿，然後蒔秧，約距離五寸植一株，排列整齊，井然可觀。然其秧之栽培，異常小心。在冬前將穀種置于水中，約浸漬一日夜，漂去上浮之穀，取其下沈者，先擇山畦一段，以鄰近山溪者爲佳，取其易于灌溉也。既以犂分開泥土，使成粉碎，混和豆麵，使之以水混合，成爲泥漿，然後將穀種散播其上，乃以乾山草覆之，于其旁則樹一草人或木偶，使之迎風而動，以警鳥雀，防鳥雀之啄食。晨夕灌以水及肥料水。過月餘，便成數寸之秧。此秧之長成，全賴人力灌溉以水，否則枯黃。若植秧太多，可携至附近墟中出售，分列粘糯紅米各種之秧。未種秧之農夫，樂意購之，其取價亦廉，每百祇值數角而已。故勤勞種秧之農夫，每年可得一種之進益，與種菜種出售亦同。此種種植，祗限於有餘地之農夫，然後能爲之；且其家中，有子女衆多，朝夕有餘暇，方能任灌溉之責，否則種植亦不易也。樹秧之後，則爲除草，此種工作，多僱婦女爲之，以手持竹竿，插於田中，而以足將禾之四周泥土，令其培實，同時除去田中雜草，名之曰耘田。過月餘乃以菸莖搓成繩狀，切斷之長寸餘，乃埋於田禾之兩旁，則田禾有此菸液分泌，而蟲不生，或畏而逃去，故得長成繁盛，而收成異常豐富矣。收穫之時，則有『換禾會』之設。此會爲專售食物於在田中收穫之農夫，成爲專利。惟此會必須爲公衆投承而得。其開投票，以高價者得。當收穫田禾時，則投得者以竹筐載餅食、生果、香烟等物，每一農場必須購買若干，而取價較昂。例如購一餅，其價值之多少，不以錢銀爲交易品，祗以禾一束(約十餘棵田禾)爲交換物，雖田禾之値較餅價數倍，然農人習俗相傳，且收穫豐富，無不樂意購買。而換禾之商人，每次之進益不少，永無虧本之虞。故當投票時，莫不爭先恐後，以謀投得也。

其他農產品則以檳榔、咖啡、蕃薯、芋、落花生、菠蘿、香蕉等爲多，然近日鄉民多以烏桕子搾油，其油可製肥皂，運至香港售於製梘廠者甚夥。此種烏桕樹，遍地野生，無需種植，故農人又多得一種意外進益矣。若夫藥材出產，此地亦甚豐，因山林叢密，地土優美，鄉民登山採藥爲生者，其數甚衆；而藥之佳者，厥爲土茯苓，金銀花，益智與香附。若青蒿、藿香、白頭翁、山甲皮等，遍地皆有。年中出產，亦約値數十萬元。推銷甚廣，遍於各地。至若黎峒所出產之山薯粉，味美幼滑，較西湖之蓮藕粉，不相伯仲。其功用與藕粉畧同，以之製糕，和以糖及香料，香甘適口，余樂食之，且較杭州所售之年糕爲佳也。

農民除種植外，其副產品，則以畜牧爲最。畜牧能獲厚利者，首推養猪。其飼猪多以蕃薯與瓜藤和以米糠爲食料，故其養料價廉。猪母每次產子，有多至二十餘頭者，少亦十餘頭。豢豬者多築一木屋，上蓋以瓦，下鋪以英坭或堦磚，略成斜形，四周圍以樹木，若在夏季，猪居於其中，無炎熱之苦。屋房建一小溝，猪之糞溺，以水洗濯之，使污物俱流入溝內，蓋必使其地清潔而後猪之身體亦無污穢，致生毛虱之患也。屋旁建一水池，中置白沙與清水，使猪常浴其間，遇有污水，則洩而去之，換以清水。各村之旁，多樹林叢密，青草豐富，每日放猪於其間，則猪覓草根與嫩葉而食，若隣近有釀酒廠與製糖廠，則每日取酒糟蔗滓飼之，則猪肥碩異常。若有熱病，則取生苦瓜或苦榮葉，磨水飼之，而猪亦絕少疾病。豢猪者，若猪能繁育，每猪重量約一二擔，每擔之價，約十餘元，若豢數十頭，統計約可得數百元，除食料工資等費，獲淨利百餘元。農人以猪易於銷售，需要亦多，故喜豢之。無論貧富之家，必豢猪數頭，或至數十頭；且猪之生育，無需巨大人力料理，而農家甚富薯芋等食料，其糞溺亦可灌田作肥料之用。故海口附近農家，以豢猪致富者，亦復不少。年中輸運至廣州、香港各地，得價亦甚鉅。無怪農人視之爲利藪也。除豢猪外，則又多養牛羊。瓊地山林密茂，宜於畜牧。養牛羊者，多居於山下木屋中，每晨則驅牛羊至山下，覓青草爲食。遇有羊病，則以毒蛇浸於水中，取其液而飼之，則羊不病。（此地多毒蛇，農人預取之置於水池中，以備病羊之用。）惟所豢之羊，多爲草羊，甚少綿羊，不若蒙古各地養羊，可并取其毛，以作衣料也。牛則以之爲耕種犂田之用。其牧牛羊者多以小童爲之，因其不能任勞苦工作也。其他養鷄鴨者亦甚夥。飼鷄鴨多以雜糧如薯、豆、米糠等，其價甚廉，每斤祇值二角餘，故近日輸運至港中發售貝多。惟其肉不甚佳，較之廣州各縣所養者略異，因其食料不同也。

至若野獸之出產，異常豐盛。如野貓、豹子、狸、穿山甲等，多藏匿深山巨澤中；但長林豐草，虎狼最易生息其間（瓊崖並無虎狼—編者）。獵者多用網罟，佈於山林之路口，或設陷阱於密林中草際，其下置以繩索機關，以猪羊爲引誘，使之陷入，或以火焚其巢窟，兼驅獵犬以逐之。其爲獵也，用智較用力爲多。所捕獲者，皆生擒而來，且售價亦以生者爲昂。其運至香港發售，每年動輒以千計。若捕穿山甲則甚易，遇有穿山甲之巢窟，以火薰之，則穿山甲逃出，以竹竿刺其身，自然蜷伏任人捉捕，絕無抵抗能力。其他如巨蟒與長蛇，亦甚繁衍。其捕蛇者，多以藥塗於手中，然後火薰其穴，以布囊置其出口，若其蛇爲兇猛者，則奮力逃出，捕蛇者必以鐵叉拑其頭，并以手握其尾，方能置於鐵籠中。捕時宜機警，偶一不愼，爲蛇所噬，其中毒頗烈，間有喪其生者；然捕蛇者每年獲利亦不少。其所捕之蛇，多爲「金角帶過樹榕」等，輸運至香港售於蛇店，此亦附近鄉村居民之一種田獵生活。每當農暇之時，農民多聯羣入山，搜捕野獸，捕獲多者除自用外，則出售附近市中商人，年中農人此種收益亦不少也。若田鷄（即蛙—編者）出產，則遍地皆有，且捕之甚易。每當夜雨連緜，田鷄成羣出外覓食，捕者則以燈火照之，而田鷄見火，以爪掩眼，伏而不動，一任捕者所爲，故捕者每次可捕獲百數十頭。而田鷄之繁殖甚速，且地近熱帶，宜其涵淹卵育發達之易也。然田鷄對於田禾利益甚溥，因其居於田間，滅除害蟲，爲農人除害，較於其他害人之獸類，相去何祗霄壤。吾人但求朵頤之快，而忘其有益禾稼，亦殊可惜也。該地之田鷄，每斤只售三角餘，價值較鷄鴨略高，而人多嗜之，無怪其價之高也。近日香港之田鷄，出海口運來者，佔十分之五六，農人亦有以此爲生者。因每夜之獲，動輒十數斤，其值約一二元，故其代價，亦可供數口之家之生活也。

手工業與漁業之近狀

瓊地農人勤苦異常，每當農暇，其家人婦子，多織紗爲布，與擘麻葛製線，或將採棕樹皮裂而分之，以製棕繩與編棕蓆棕刷及織網罟等。其技術之巧，較之用機器所織無異。年中此種製品輸運外埠約值十數萬元。其中以「菠蘿蔴」之布爲最，因其質堅耐用，且布價甚廉，士人與黎民多服之，以天氣炎熱，穿之清凉爽汗，且其價較遜於點梅紗，故可謂之物美價廉。惟自人造絲出後，此物出口甚少，幾已成歷史上名詞，有之亦但供本島居民之服用而已。其他黎人所織之花、鳥、人物、山水等繡品，異常精巧，美艷奪目。白色者爲幛，雜色者爲被，二幅者名之曰「黎單」，四幅者名之曰「黎幔」其最珍貴者，厥以金絲繡成，其價異常昂貴，外人多樂購之。漢人則以日用品如布匹鹽油等，以之交換，然後轉售與外人。然此種繡品，其佳者，亦甚稀，故欲購亦不易也。

若論漁業，則瓊地出產爲百粵冠。因其孤縣海中，四周俱是汪汪海洋，故其產量較各地爲豐。且瓊州海峽附近，魚類繁衍豐富，其最大宗者，厥爲黃魚、石斑、烏賊、魷魚等，其他亦有海參，魚翅之出產，惟其量頗少矣。沿海居民，多以捕魚爲生。漁船之往來，有如星羅棋佈。若至墟期，海口停泊之漁船，動輒百數十艘。漁民多以所捕之魚運至海口魚欄發售，每晨啓市，異常熱鬧。其貨價之高下則視魚額之多少，貨多則賤，物罕則貴。而漁民獲得以勞力博換而來之金錢，又多向酒樓買醉，或僱妓宴飲，盡一日之歡娛，以酬海上風濤之勞苦。蓋漁民飄流海中，其生命與財產，祗有寄託於冥冥之造化，倘遇颶風驟至，駭浪澎湃，檣傾楫摧，即有葬身魚腹之虞，其或天幸不爲波臣所召，然經此險阻，亦飽受人間苦痛，故得有金錢，亦不免揮霍以自酬，此亦人情所不能免也。至若捕魚之工具，俱以網罟爲之，間或以魚砲捕魚，亦非若以科學方法如外國捕魚船之方法。其所售之魚，多以鹽醃之，亦無以冰凍魚者，故以鹹魚爲多。其銷路近則推銷高雷各縣，遠則銷至廣州四邑各屬。年中輸出約值百餘萬元，漁民統計約萬餘人。其漁業之盛，乃甲於潮廣各地。漁民亦有因而致富者。惟自商業不景，魚之銷路已減少較曩日約十分之三以上。幸無風災，漁民生活，尚可維持。惟自共黨騷擾瓊崖後，漁民亦有一部分受其所染，每聯羣隱匿沿海僻地，伺劫商船，行旅受害。近則共匪消滅，萑苻匿跡，而漁民之受其毒者，亦多已趨歸正途矣。

瓊地以氣候溫和，土地肥沃故，農民得領受天然之賜，其生活較之廣潮各縣農村之農民，似爲優異。然自共黨摧殘，田園荒蕪，至今仍有未復舊觀，兼以外洋僑商因商業不景，滙欵甚少，全島之金融亦受影響不鮮，產業亦因之而低，曩日每畝之良田售價三百餘元，而居民爭相購買，近日跌至百餘元，亦多無人過問。商業方面亦然。往日門沽之盛者，每日售百餘元者，今則只售得二三十元而已。其他手工業之製品輸出量更無論矣。此則世界景況變遷，各國所處之環境相類，即在吾粵亦非獨瓊地爲然也。

（錄自民廿四年十二月三——八日香港華字日報）

（出自《琼农》第二十三—二十四期，一九三五年）